हिंदी

भाषा, राजभाषा और लिपि

हिंदी
भाषा, राजभाषा और लिपि

डा. परमानन्द पांचाल

हिन्दी बुक सेन्टर

ISBN No. : 978-93-95310-84-0

मूल्य : Rs 499.00

संस्करण : 2024

प्रकाशक :
हिन्दी बुक सेंटर
4/5-बी, आसफ अली रोड
नई दिल्ली - 110002

लेज़र कम्पोजिंग :
आर. एस. प्रिंट्स, नई दिल्ली—110049

मुद्रक :
आदर्श प्रिंटर्स, नई दिल्ली

PANCHAL, DR. PARMANAND
HINDI : BHASHA, RAJBHASHA AUR LIPI
HBC
Price: Rs 499.00

दूसरा संस्करण

भारत के संविधान में हिन्दी को राजभाषा स्वीकार किए जाने के बाद अब केवल साहित्यिक क्षेत्र तक ही सीमित न रह कर हिन्दी देश की प्रशासनिक न्यायिक, वाणिज्यिक और विधायी क्षेत्र की भाषा के रूप में भी अपनी महत्वपूर्ण भूमिका निभा रही है। हिन्दी अब मात्र उत्तर के एक विशेष क्षेत्र की ही भाषा नहीं, वरन् सम्पूर्ण भारत संघ की राजभाषा समस्त देश की सम्पर्क भाषा और राष्ट्र भाषा है। इस प्रकार हिन्दी को ही यह श्रेय प्राप्त है कि वह विश्व के सबसे बड़े लोकतन्त्र की राजभाषा है। हिन्दी भारत में ही नहीं, भारत के बाहर भी विश्व के अनेक देशों में बोली, समझी और पढ़ाई जाती है। आज विश्व के लगभग 150 विश्वविद्यालयों में हिन्दी के पठन–पाठन की व्यवस्था है। विदेशों में बसे करोड़ों की संख्या में प्रवासी भारतीयों और भारत मूल के लोगों के बीच आत्मीयता के सम्बन्ध सूत्र स्थापित करने और उन्हें भारत, भारतीयता और भारतीय संस्कृति से निरन्तर जोड़े रखने में हिन्दी एक सशक्त माध्यम का काम कर रही है और इसी में वे अपनी अस्मिता की पहचान भी देख रहे हैं।

हिन्दी की इस राष्ट्रीय और अन्तर्राष्ट्रीय भूमिका को दृष्टि में रखते हुए इस पुस्तक में कई नवीन किन्तु महत्वपूर्ण विषयों को समाविष्ट कर इसे सामान्य हिन्दी पाठकों, शोधार्थियों, राजभाषा से जुड़े सरकारी कार्मिकों के लिए और भी उपयोगी और पठनीय बनाने का प्रयास किया गया है।

हिन्दी बुक सेंटर के निदेशक श्री अनिल कुमार वर्मा ने इस परिवर्धित संस्करण को बिना किसी सरकारी अनुदान के प्रकाशित कर सुधी पाठकों तक पहुँचाने की कृपा की है, मैं उनके प्रति अपना आभार प्रकट करता हूँ।

डॉ. परमानन्द पांचाल

9 मई 2003 ई.
(शक, शुक्ल 10 वैसाख, 1925)
232 ए, पॉकेट–1
मयूर विहार–फेज़–1
दिल्ली–110091

प्राक्कथन

हिन्दी का इतिहास प्रायः एक हज़ार वर्ष पुराना है। इस काल अवधि में हिन्दी में विभिन्न विधाओं में निःसन्देह विपुल समृद्ध और सक्षम साहित्य की रचना हुई है। देश की सामाजिक संस्कृति की सबल संवाहिका के रूप में आरम्भ से ही हिन्दी प्रेम, सौहार्द और राष्ट्रीय एकता की प्रतीक रही है। स्वतन्त्रता आन्दोलन के दौरान गांधी जी और अन्य अग्रणी राष्ट्र नेताओं ने राष्ट्रभाषा के रूप में इसकी सही पचनान की थी। स्वतन्त्र भारत के संविधान में हिंदी को राजभाषा के रूप में स्वीकार किए जाने से इसकी भूमिका गुरुतर होकर बहुआयामी ओर बहुउद्देशीय हो गई है। इसे साहित्य ही नहीं, शासन, प्रशासन, ज्ञान–विज्ञान और प्रौद्योगिकी तथा सूचना आदि के क्षेत्र में एक सक्षम और समृद्ध माध्यम के रूप में अपने दायित्वों का निर्वाह करना है। निःसन्देह इस दिशा में हिंदी आगे बढ़ रही है। अपेक्षित आशाओं की पूर्ति न होने के उपरान्त भी हिंदी का स्थान राष्ट्रीय और अंतर्राष्ट्रीय क्षेत्र में निरंतर बढ़ रहा है। विश्व की तीसरी सबसे बड़ी भाषा और विश्व के सबसे बड़े गणराज्य की राजभाषा होने के नाते, हिंदी ने अपनी वैश्विक पहचान भी स्थापित की है। भारत ही नहीं संसार के अनेक देशों में हिंदी बोली और समझी जाती है। विश्व के डेढ़ सौ से अधिक विश्वविद्यालयों में हिंदी का पठन–पाठन भी हो रहा है। अंतर्राष्ट्रीय स्तर पर अब तक छह विश्व हिंदी सम्मेलन भी आयोजित हो चुके हैं। इस प्रकार हिंदी अब प्रादेशिक भाषा ही नहीं, राष्ट्रीय और अंतर्राष्ट्रीय भाषा के रूप में स्वीकृति पा चुकी है।

हिंदी के इस विविध आयामी स्वरूप को दृष्टि में रखते हुए, मैंने हिंदी भाषा और साहित्य तथा लिपि के संबंध में समय–समय पर लिखे गए अपने लेखों को क्रमबद्ध और सुसंगत रूप में पुस्तकाकार रूप देने का प्रयास किया है। विषयों की विविधता की दृष्टि से पुस्तक को तीन भागों अर्थात् भाषा, राजभाषा और लिपि खंडों में विभाजित कर दिया गया है।

हिंदी भाषा और साहित्य के संबंध में मेरे अपने कुछ विचार हैं, जिन्हें मैंने हिंदी के धर्मनिर्पेक्ष व्यापक राष्ट्रीय स्वरूप के परिप्रेक्ष्य में सुधी पाठकों और सुविज्ञ विद्वानों के समक्ष रखा है। आशा है हिंदी भाषा और साहित्य के मर्मज्ञों,

जिज्ञासु अध्येताओं और राजभाषा कार्यान्वयन के दायित्वों का निर्वाह कर रहे भारत सरकार के अधिकारियों में यह किंचित प्रयास स्वीकार्य हो सकेगा। हिंदी शोधार्थियों और हिंदी से संबंधित अधिकारियों को इस से यदि कुछ भी प्रेरणा और सहायता मिलती है, तो मुझे इससे प्रसन्नता होगी। पुस्तक में भारत सरकार की मानक वर्तनी का ही प्रयोग किया गया है।

विषयों के चयन और संकलन में मुझे अपने सहयोगियों और शुभचिंतकों से उपयोगी सहायता और मार्गदर्शन प्राप्त हुआ है, उनके प्रति आभार प्रकट करना मैं अपना कर्तव्य मानता हूं। चि. सुधीर कुमार पांचाल ने सामग्री को व्यवस्थित ओर संकलित करने में मेरा हाथ बटाया है, उन्हें धन्यवाद तो क्या दूं, मेरा आशीर्वाद उनके साथ है। राजभाषा विभाग, केन्द्रीय हिन्दी निदेशालय, साहित्य अकादमी और केन्द्रीय सचिवालय ग्रन्थागार के 'तुलसी सदन' को भी धन्यवाद देता हूं जिन्होनें मुझे अध्ययन और अनुशीलन के लिए समुचित सुविधा प्रदान की।

अंत में, मैं आभारी हूँ केन्द्रीय हिंदी निदेशालय का जिसकी अनुदान सहायता से यह पुस्तक प्रकाशित होकर पाठकों तक पहुंच सकी।

डा. परमानन्द पांचाल

मकर संक्रांति, 14 जनवरी 2001
232 ए, पॉकेट–1
मयूर विहार–फेज़–1
दिल्ली–110091

विषय सूची

भाग एक : भाषा

भाग दो : राजभाषा

भाषा बहता नीर

मनुष्य एक सामाजिक प्राणी है, जिसे अपने विचारों को दूसरों तक पहुंचाने और दूसरों के विचारों को ग्रहण करने की आवश्यकता होती है। विचारों का यह आदान-प्रदान जिस माध्यम से किया जाता है, उसे भाषा कहते हैं। वह सांकेतिक भी हो सकती है, मौखिक भी और लिखित भी। भाषा एक समाज सापेक्ष क्रिया है, एक सामाजिक व्यवहार है। व्यक्ति इसे समाज से सीखता है और समाज में ही इसका प्रयोग करता है। सामाजिक व्यवहार के रूप में भाषा परिवर्तनशील एवं अनेक रूपा होती है और इसके तत्त्वों में यादृच्छिकता के गुण विद्यमान होते हैं।

परिवर्तनशील समाज के साथ-साथ भाषा में भी परिवर्तन होते रहते हैं और आवश्यकतानुसार भाषा में अभिव्यक्ति के लिए नए शब्द और प्रयुक्तियां आती रहती हैं जिससे भाषा के सामर्थ्य में वृद्धि होती है, उसकी क्षमता बढ़ती है। यही भाषा का विकास होता है। कोई भी भाषा सर्वप्रथम एक क्षेत्र विशेष के जन समुदाय की बोली के रूप में विकसित होती है। जब उस समुदाय का संपर्क अंय समुदायों की बोलियों से होता है तो परस्पर आदान -प्रदान से उसकी शब्द-संपदा में भी विस्तार होता है और शैली में भी परिवर्तन आता है। विभिंन बोलियों के परस्पर संपर्क से एक विस्तृत बोली समूह का निर्माण होता है ऐसे ही विभिंन बोली समूहों के पास्पर संपर्क से संश्लिष्ट एक संपूर्ण भाषा का विकास होता। इसके विकास और प्रवाह में इन बोलियों और बोली-समूहों का ही विशेष योगदान होता है, जो उसे जीवंतता प्रदान करती है, विस्तार देती है। भाषा में नए शब्द और शैलियां सामाजिक आवश्यकताओं के अनुसार आते रहते हैं जिससे भाषा में संप्रेषणीयता बढ़ती है, उसकी सजीवता, कुशलता और उसके सामर्थ्य में वृद्धि होती है। सामाजिक बदलाव के कारण कुछ शब्द अपनी प्रासंगिकता भी खो बैठते हैं और कालांतर में वे सामाजिक समृति के पटल से ही ग़ायब हो जाते हैं। ग्रामीण समाज में कृषि से संबंधित ऐसे अनेक शब्द थे, जो आज की पीढ़ी के लिए अज्ञात और अनजाने होते जा रहे हैं। वैज्ञानिक उपलब्धियों और प्रोद्यौगिक विकास के कारण नए-नए शब्द हमारी भाषाओं में आ रहे हैं और कुछ पुराने शब्द शनैः शनैः लुप्त भी होते जा रहे हैं। भाषा की यह प्रकिया स्वाभाविक और सहज रूप से चलती रहती है। कोशाकार भी अपने नए संस्करणों में आगत शब्दों को स्थान देते रहते हैं।

यदि भाषा में नए शब्दों का प्रवेश नहीं होगा तो उसकी क्षमता और उसका स्वाभाविक विकास रुक जाएगा और वह गतिशील समाज की आवश्यकताओं की पूर्ति करने में समर्थ नहीं रह जाएगी। उसके स्वाभविक विकास के अवरुद्ध होने से

एक समय ऐसा भी आ सकता है कि वह भाषा केवल इतिहास की वस्तु बनकर रह जाए। कबीर ने इसीलिए भाषा को 'बहता नीर' कहा था। क्योंकि जिस प्रकार 'बहता नीर' अपने समीपवर्ती सभी जलस्रोतों का जल लेकर और अधिक वेग से प्रवाहमान होता है इसी प्रकार भाषा भी विभिंन स्रोतों से आगत शब्दों से पोषित होकर निरंतर विकास के पथ पर अग्रसर होती है। इसी से वह समृद्धि और जीवंतता प्राप्त करती है। यदि भाषा इन स्रोतों के योगदान से वंचित हो जाए तो इसके विकास का मार्ग भी अवरुद्ध हो जाएगा। इसकी परिणति भी वैदिक युग की महान् सरिता 'सरस्वती' के समान ही हो जाएगी। इतिहास साक्षी है कि वैदिक सरस्वती जो सिंधु और सुरसरिता गंगा से भी विशाल नदी थी और जिसकी यशोगाथा में ऋग्वेद में 89 ऋचाएं मिलती हैं, कालांतर में लुप्त हो गई। क्यों? भूगर्भ शास्त्रियों का मानना है कि यमुना और सतलुज जैसी सहायक नदियों के जलस्रोंतों से सरस्वती वंचित हो गई और वह कालांतर में शुष्क होकर अपना अस्तित्त्व ही खो बैठी। गंगा और सिंधु को निरंतर अनेक नदियों और जल स्रोंतों का जल यथावत् उपलब्ध रहा। इसलिए वे अजस्र वेग से आज भी प्रवाहमान हैं। कहा भी गया है

'जोगी रवां रहे तो बेहतर
आबे -दरिया बहे तो बेहतर।'

अर्थात् जोगी का विचरते रहना और नदी के पानी का बहते रहन ही उत्तम है। कवींद्र रवींद्र नाथ ठाकुर ने भी भारतीय भाषाओं को नदियां कहकर संबोधित किया था - 'भारतीय भाषाएं नदियां हैं और हिंदी महान्दी।' कबीर का 'भाषा' से तात्पर्य हिंदी भाषा से ही था। संस्कृत के 'कूप जल' बताने से उसका आशय संस्कृत का तिरस्कार कदापि नहीं था उसका उद्देश्य केवल यह बताना था कि संस्कृत अब केवल एक सीमित वर्ग की भाषा बनकर रह गई है और जन सामांय में अपनी संवाद क्षमता को खो बैठी है। 'भाषा' अर्थात् हिंदी ही एक जीवंत भाषा के रूप में जन समुदाय के विचारों की संवाहिका है। डॉ. रामकुमार वर्मा ने जनसंपर्क से कटी भाषाओं को जड़ बताया था। उनका कहना था "जिस भाषा में सभी का योगदान नहीं रहता वह भाषा तो देव मंदिर में अधिष्ठित मूर्ति के समान जड़ होकर ही रह जाती है।" एक अमेरिकन लेखक श्री एच. एल. मेनकिन ने 1919 में भाषा के इस गुण को अंय प्रकार से व्यक्त करते हुए लिखा था।" एक जीवंत भाषा उस व्यक्ति के समान है जो हैमरेज से पीढ़ित है जिसे दूसरी भाषाओं से निरंतर नए शब्दों की आवश्यकता रहती है। जिस दिन भी उसके द्वार बंद हो जाएंगे वह मरना आरंभ हो जाएगी।'[1] हिंदी के इस जनसुलभ स्वरूप की कबीर ने ठीक ही पहचान की थी और अपने विचारें की अभिव्यक्ति का सहज और सबल माध्यम बनाया था। कबीर ही हिंदी के ऐसे पहले कवि थे, जिसने हिंदी को व्यापक क्षेत्र की भाषा के रूप में लोकप्रियता प्रदान की और पूर्व से पश्चिम तथा उत्तर से दक्षिण तक इस जन भाषा को अपने विचारों को माध्यम बनाकर इसके व्यापक विकास में अपना अप्रतिम योगदान दिया।

कबीर और उनके परवर्त्ती संत कवियों ने इस भाषा को समस्तउत्तरी और मध्य भारत के विशाल क्षेत्र में संपर्क भाषा के रूप में विकसित होने का मार्ग प्रशस्त किया, इसे गति दी, प्रवाह प्रदान किया। तभी से इस भाषा की पहचान भारत की एक व्यापक भाषा के रूप में होने लगी। कबीर के समय में अवधी, भोजपुरी, ब्रज, मैथिली, और राजस्थानी की बोलियां और खड़ीबोली (देसी भाषा) अपने-अपने क्षेत्र में विकसित हो रही थी किंतु कबीर ने क्षेत्रीय प्रभाव से ऊपर उठकर दस भाषा का प्रयोग किया जो कालांतर में हिंदी के परिनिष्ठित स्वरूप का आधार बनी। हिंदी के लिए कबीर का यह प्रयास एक वरदान के रूप में सिद्ध हुआ। 'बोली मेरी पूरब की' लेकर चले कबीर पश्चिम में भी उतने ही लोकप्रिय हुए जितने पूरब में। यही नहीं उत्तर और दक्षिण में भी उन्हें व्यापक मांयता मिली। इनके व्यापक भ्रमण और इनकी सार्वदेशिक शिष्य परंपरा ने हिंदी को भी व्यापकता प्रदान की जिसके लिए यह भाषा सदा उनकी ऋणी रहेगी। कबीर की भाषा में हमारी सामासिक संस्कृति का प्रतिनिधित्व करने के गुण विद्यमान हैं।

कबीर और उनके अनुयाइयों तथा मध्य युगीन संतों ने इस भाषा को अपने उपदेशों और प्रचार का माध्यम बनाया। साधु - संत गांव -गांव में घूमकर अपनी साखी सब्दियों द्वारा लोगों में धर्म और सदाचार का प्रचार करते थे। रात्रि के समय मंदिरों और पूजास्थलों पर एकत्रित लोगों को इकतारे की तान पर शब्द-साखी सुनाते थे। उसके बाद गांव के लोग उन्हें अगले गांव तक छोड़ आते थे। यह क्रम चलता रहता था। सभी वर्गों और विचारों के लोग बड़े श्रद्धाभाव से उन्हें सुनने आते थे। इस भाषा के व्यापक प्रचार-प्रसार में इस प्रकार इन संतों का ही सबसे अधिक योगदान रहा। सांस्कृतिक और सामाजिक दृष्टि से व्यापक भू-भाग को जोड़ने वाली स्वाभाविक भाषा के रूप में इसका विकास हुआ। कालांतर में इसी से राष्ट्र नेताओं ने इसी रूप में इसकी पहचान की।

मध्यकाल में भाषाओं की न तो कोई सीमा रेखा ही थी और न ही कोई पक्का नाम होता था। सभी लोग एक-दूसरे क्षेत्र की भाषाओं को समझने का प्रयत्न भी करते थे। भाषाई संकीर्णता नाम की कोई चीज नहीं थी। पश्चिम में गुरु नानक देव जी ने व्यापक रूप से देशाटन किया था। उनकी भाषा में भारत की क्षेत्रीय भाषाओं के शब्द समाहित होते गए। उनके बाद के गुरुओं ने भी भाषा के इसी व्यापक रूप को ग्रहण किया। सूफी संतों की भाषा में भी अरबी और फारसी शब्दों के साथ-साथ देशी भाषाओं के शब्द भी समिलित हो गए। शेख फरीद, बुल्लेशाह (पंजाब) से लेकर मौ. दाऊद और जायसी (उत्तर प्रदेश) और बंदानवाज गेसू दराज तथा मीरांजी (मृ. 1496ई.) बुरहानुदीन जानम (1454ई.) भी दक्षिण में लगभग उसी से मिलती-जुलती भाषा में प्रचार कर रहे थे। यही नहीं असम में शंकर देव, राजस्थान में मीरा,महाराष्ट्र में नामदेव (1270ई.), ज्ञानेश्वर (1271ई.) और एकनाथ (1528-99) आदि संतों ने भी भाषा के क्षेत्र में व्यापक दृष्टिकोण अपनाया था। इनसे पूर्व गोरखनाथ की वाणी भी

किसी प्रदेश की सीमाओं में नही बंधी थी। गोरख की शिष्य परंपरा ने पंजाब, हरियाणा, उत्तर प्रदेश, बिहार तक को एक ही भाषाई क्षेत्र में बदल दिया था। राजस्थान में जंमी मीरा गुजरात और दिल्ली में ही नहीं, काशी और प्रयाग में भी उतनी ही लोकप्रिय हुई थी। मध्य भारत में जंमे भूषण की कविताएं छत्रपति शिवाजी महाराजके दरबार में भी उतनी ही श्रद्धा और चाव से सुनी जाती थी। गुरु अंगद देव जी ने गुरु ग्रंथ साहब के संकलन और संपादन में भाषाई संकीर्णता को पास तक नहीं फटकने दिया था। उन्होंने ब्रज, पंजाबी, मराठी आदि भाषाओं के संतों के वचन पवित्र गुरु ग्रंथ साहब में संकलित कर भाषा को उदात और भव्यस्वरूप प्रदान किया था। उस काल में भाषा किसी क्षेत्र की सीमाओं और नाम की कैद में बंद नहीं होती थी। यातायात और संचार के साधन उस काल में भले ही अल्प थे, किंतु लोगों में भाईचारा और सौहार्द, सांस्कृतिक और सामाजिक आदान-प्रदान निरंतर होता रहता था। साधु, संत,जोगी और फकीर पैदल चलकर ही सारे देश को सांस्कृतिक एकता के सूत्र में बांधने का कार्य स्वतः ही करते थे। इसी से भाषाई कड़ियां एक-दूसरे से जुड़ती रहती थीं। शब्द इन भाषाई नदियों में तैरते हुए भाषाओं की परस्पर निकटता में वृद्धि करते थे। यही कारण है कि जनसामांय में भाषाई सहिष्णुता पनपती रहती थी। कोई संकीर्णता या कटुता नहीं आने पाती थी। लोग एक-दूसरे की बातों को ध्यानपूर्वक सुनकर उनमें रस लेते थे।

आज जिसे हम हिंदी कहते हैं ऐसा कोई विशेष नाम इस भाषा के लिए नहीं था। यह केवल 'भाषा' या 'भाखा' के नाम से ही अधिकांशतः जनसामांय में प्रचलित थी। मुसलमानों ने यहां आकर जब यहां के लोगों को 'हिंदू' कहा तो यहां के लोगों की भाषा को 'हिंदूई कहा, वही 'हिंदवी' बनी और फिर 'हिंदी'हो गई।

तुलसीदास जी ने इसे केवल भाषा ही कहा –

'भाषा भनति भूत भल सोई'
सुरसरि सम हितकर सब होई।'

जायसी ने भी इसे 'भाषा' की ही संज्ञा दी थी। 'लिखी भाषा चौपाई कहै।'

'केशव' तो भाषा में लिखते हुए हीनता की भावना से ग्रस्त दिखाई पड़ते हैं--

भाषा बोलि न जान ही, जिनके कुल के दास
तिन भाषा कविता करी जड़मति 'केशवदास'।

कालांतर में यही भाषा विभाजित होती गई। इसे ही अलग जामा पहनाकर 'उर्दू' का नाम भी दिया गया। भारत के विभजन के लिए अंग्रेजी सरकार ने भाषा विभाजन का अपने षड्यंत्र के कारगर साधन के रूप में प्रयोग किया। ब्रिटिश हिंदी लेखक रूपर्टस्नेल भी अपनी पुस्तक 'Hindi and ardu since1800' में इस तथ्य को स्वीकार करते हैं। इस भाषा में व्यापकता और सर्वग्राहता के वे गुण विद्यमान हैं कि आज यही भाषा (उर्दू रूप में) पाकिस्तान और हिंदी रूप में भारत की राजभाषाएं

हैं जिनका आधार मूल रूप से खड़ीबोली ही है। भारत और पाकिस्तान ही नहीं विश्व में भारत मूल के लोग जहां-जहां भी जाकर बस गए हैं, उन्होंने इस भाषा को जीवित रखा है।

मॉरिशस, फीजी, त्रिनिडाड एवं टोबैगो, दक्षिण अफ्रीका सूरीनाम तथा गुयाना आदि देशों में बसे इन लोगों को भारत की इस भाषा और संस्कृति के प्रति अगाध प्रेम है।

किसी भी भाषा का विकास उसके प्रयोग पर निर्भर करता है। प्रयोगशालाओं पर नहीं। आज प्रायोजित भाषा की बात कही जाती है। भाषा का प्रायोजन उसे एक दिशा देने का प्रयास मात्र है। उसका स्वाभाविक विकास तो उसके प्रयोक्ताओं पर ही निर्भर होता है। कृत्रिम भाषा अधिक दिन ठहर नहीं सकती। वह तो बोलने वालों के प्रवाह पर निर्भर करती है। विश्व में 'एस्प्रेंटो' जैसे अनेक भाषाई प्रयोग हो चुके हैं, किंतु वे कितने सफल हुए यह सभी जानते हैं। भाषा एक प्रवाह होता है। उसके उस नैसर्गिक प्रवाह को रोकना या उल्टा मोड़ना उचित नहीं। इस तरह यदि कोई कृत्रिम भाषा बनाई जाएगी तो वह जनता से दूर जा पड़ेगी। इसलिए अपनी सुविधा हेतु भाषा में वैसा कोई मौलिक उलट-फेर करना उचित नहीं, हां विभिन्न प्रांतों के लोग चाहे जैसी हिंदी लिख-बोल सकते हैं। फिर, जो रूप स्वतः ग्राह्य हो जाएगा, जिसे अधिकांश जनता स्वाभाविक रूप में स्वीकार कर लेगी, वह स्थिर हो जाएगा। बाबू राव विष्णु पराडकर ने भी भाषा की इसी प्रकृति को और भी स्पष्टता प्रदान करते हुए लिखा है 'जीवित भाषा बहती नदी है, जिसकी धारा नित्य एक ही मार्ग से प्रवाहित नहीं होती।' भाषा में बदलाव इसकी एक निरंतर प्रक्रिया है हम इसे जड़ स्वरूप नहीं बना सकते और न इसे अपने ढंग से कोई मोड़ दे सकते हैं। आज दूर संचार के माध्यमों के बढ़ते विकास के कारण विश्व बहुत छोटा हो गया है। इसका प्रभाव हमारी भाषा के विकास पर भी पड़ा है। सिनेमा, रेडियो, दूरदर्शन तथा भू-उपग्रहों द्वारा त्वरित समाचार प्रसारण ने संचार जगत् में एक तूफान खड़ा कर दिया है। सिनेमा और फिल्मों के कारण हिंदी की लोकप्रियता में सर्वाधिक बढ़ोतरी हुई है। हिंदी फिल्मों के गीत जन-जन की जिह्वा पर मौजूद हैं। इन्हीं गीतों के कारण हिंदी न जानने वाले भी हिंदी फिल्मों को देखने में रुचि ले रहे हैं, जिससे हिंदी की लोकप्रियता बढ़ी है। इसकी व्यापकता में विस्तार हुआ है। भाषा में भी आश्चर्यजनक बदलाव आ रहा है। कुछ लोग भले ही इसे भाषा में विकार की संज्ञा दें किंतु भाषा का प्रवाह तो रोके से रुकता नहीं। यह अपना रास्ता स्वयं बनाता है। इसीलिए भाषा व्याकरण के आधार पर नहीं चलती। व्याकरण ही भाषा का अनुसरण करता है। व्याकरण तो भाषा के मार्ग की निशानदेही मात्र करती है। उसका नियमन नहीं। सुविधा के लिए जो नियम बनाए जाते हैं वे स्थायी और स्थिर नहीं रह पाते। आज के भूमंडलीकरण के युग में विश्व की भाषाएं बड़ी तीव्रता के साथ एक-दूसरे के समीप आती जा रही हैं। हमें भी हिंदी भाषा में बदलाव की इस प्रवृत्ति को उदारता के साथ स्वीकार करना होगा, ताकि वह सशक्त, समृद्ध और सर्वग्राह्य होकर लोगों को राष्ट्रीय स्तर पर

जोड़े, साथ ही अंतर्राष्ट्रीय स्तर पर वसुधैव कुटुंबकम् की भावना को भी मूर्तरूप प्रदान करे।

संदर्भ

1. A living language is like a man suffering from small·haemorrhage. "Constant transaction of new blood from other tongues. The day the gates go up that day it begins to die".

— H.L. Meneken

हिंदी और भारतीय भाषाएं : एकता के समान स्वर

भारत एक विशाल देश है, जहां कई भाषाएं और अनेक बोलियां बोलने वाले लोग रहते हैं, किंतु भारत की सभी भाषाओं की आत्मा एक ही है, जो भारतीयता का समान संदेश देती रही है। हमारी सामाजिक संस्कृति का केंद्र-बिंदु एक ही रहा है, भले ही इसकी अभिव्यक्ति का माध्यम विभिन्न क्षेत्रीय भाषाएं रही हैं। इतने महान देश में भाषाओं की विभिन्नता का होना स्वाभाविक ही है, किंतु यह विभिन्नता इनकी मूलभूत एकता में कभी बाधक नहीं रही है। इनके भीतर अंतःसलिला के रूप में "भारतीयता" सतत रूप से प्रवाहित रही है। 1985 में "पेन" नामक संस्था द्वारा आयोजित अखिल भारतीय लेखक सम्मेलन में भारत कोकिला श्रीमती सरोजिनी नायडु ने कहा था, "भारत एक और अखंड है। माना कि भारत की जनता विभिन्न भाषा भाषी है, फिर भी सबका हृदय तो एक ही है। डॉक्टर सर्वपल्ली राधाकृष्णन् ने भी ऐसे ही विचार व्यक्त करते हुए स्पष्ट रूप से कहा था, भारतीय साहित्य एक ही है, चाहे वह विभिन्न भाषाओं में लिखा गया हो।"

तमिल भाषा के प्रसिद्ध कवि सुब्रह्मण्य भारती ने अपने एक गीत में इसी स्वर को मुखरित करते हुए कहा था कि भारतमाता तीस करोड़ मुख वाली है, किंतु सबमें चेतना समान है। यहां 18 भाषाएं बोली जाती हैं, मगर चिंतन सबमें समान है।

भारत वास्तव में अनेकताओं का एक महत्त्वपूर्ण संगम रहा है, इसीलिए प्राचीनकाल से लेकर आज तक यहां समन्वय की प्रवृत्ति निरंतर विद्यमान रही है। इसकी यही प्रवृत्ति इसे संजीवनी प्रदान करती रही है। इसी रहस्य से चकित होकर उर्दू के प्रसिद्ध कवि सर महम्मद इक़बाल ने कहा था—

यूनान, मिस्र रोमां सब मिट गए जहां से,
अब तक मगर है बाकी, नामों निशाँ हमारा।

कहीं से भी अच्छी बातों को ग्रहण करना हमारी संस्कृति का विशिष्ट गुण है। ऋग्वेद का यह अमर संदेश "आ नो भद्रा, क्रतवो यंतु विश्वतः" अर्थात् "प्रत्येक दिशा से शुभ एवं सुंदर विचार हमें प्राप्त हों" इसकी गुण ग्रह्यता का प्रमाण है। इसी से अनुप्राणित हमारी सभी भाषाएं प्रेम, सौहार्द और शांति तथा एकता का संदेश देती रही हैं।

उर्दू के महान कवि फ़िराक गोरखपुरी ने भी इसी साम्य को उजागर करते हुए कहा था, "जब हम संस्कृत शायरी, हिंदी शायरी, बंगाली शायरी, मराठी शायरी और हिंदुस्तान की दीगर जुबानों की शायरी की गूंज सुनते हैं तो उनमें एक ही तरह की झंकार और बू बास हम पाते हैं। एक ही दिल धड़कता सुनाई देता है।" भारतीय

वाङ्मय की वह आंतरिक एकता भारत के विचार और संस्कृति की एकता की सूचक है। यद्यपि उस वाङ्मय की आत्मा एक है, तो भी वह इतिहास के परिपाक के अनुसार अनेक भाषाओं, रूपों और परिस्थितियों में प्रकट हुई है। हमारी इस सामासिक संस्कृति का केंद्रबिंदु एक ही रहा है।

पं. जवाहर लाल नेहरू ने भी कहा था, "हमारे लिए यह परम सौभाग्य और गर्व की बात है कि भारत में अनेक महान भाषाएं हैं और ये एक दूसरे से संबंधित हैं" हमारे देश की यह एक विशेषता है कि यहां ऊपर से दिखने वाली विविधता के भीतर गहरी एकता है। विविधता उसके बाहरी नाम रूप में है, एकता उसके विचारों की आंतरिक प्रवृत्तियों और संस्कृति में है।

प्राचीन आचार्यों ने समस्त भारत को एक सांस्कृतिक सूत्र में बांधने और प्रबल बनाने की दिशा में प्रयास किए। इसीलिए संस्कृत भाषा जो देशी बोलियों की परिष्कृत वाणी बनाई गई, सभी मत-मतांतरों की वाहिका बनी। वहीं संपर्क-सूत्र बनकर भारतीयता और भारतीय एकता की साधिका रही। वैदिक, बौद्ध, जैन, शैव और सिद्ध आदि अनेक मतावलंबी पंडितों ने संस्कृत द्वारा भारत को भाव-सूत्र में बांधा। इसके माध्यम से ही सुदूर दक्षिण के केरल प्रदेश से चलकर आदि शंकराचार्य ने सारे भारत को एक सूत्र में बांधने का ऐतिहासिक प्रयास किया। संस्कृत ने ही सभी भारतीय बोलियों, प्रादेशिक भाषाओं को कमोवेश रूप में अनुप्राणित किया, समृद्ध भी किया। संस्कृत में लिखे महाकाव्यों का प्रभाव भारत की प्रायः सभी भाषाओं पर पड़ा, जो आज भी निरंतर विद्यमान है। भारतीय भाषाओं ने सदा ही समाज को जोड़ने का कार्य किया, तोड़ने का नहीं।

भारत में इस्लाम के प्रवेश के साथ जो कटुता और टकराव का वातावरण उत्पन्न हो गया था, उसमें सरसता लाने और विभिन्न संस्कृतियों में समन्वय हेतु हमारे संतों, महात्माओं और चिंतकों ने अपनी भक्ति-रचनाओं और सूफी कवियों ने प्रेमाख्यानकों द्वारा जनता में प्रेम और सौहार्द की भावना पैदा करने के स्तुत्य प्रयास किए। गुरु नानक, कबीर, तुलसी, सूर, दाऊद, जायसी और रहीम हिंदी में उसी युग की देन हैं और यही काल हिंदी का स्वर्ण युग भी कहलाता है। अमीर खुसरो ने तो हिंदी भाषा को एक संजीवनी ही दे दी थी। आज उसी की खड़ीबोली हिंदी. . . मानक हिंदी के रूप में स्वीकृत हो। राजभाषा के पद पर आसीन है, जो सभी के सहयोग और योगदान से आगे बढ़ी है।

यदि हम भारत की विभिन्न भाषाओं में रचित साहित्य पर दृष्टि डालें तो यह तथ्य सहज ही स्पष्ट हो जाएगा कि कश्मीर से कन्याकुमारी और सौराष्ट्र से कामरूप तक के सभी लेखकों और कवियों ने अपनी रचनाओं में समसामयिक विचारधारा से अभिभूत होकर अपनी-अपनी भाषाओं में समान चिंतन की अभिव्यक्ति की है। रामायण और महाभारत को ही ले लीजिए। बाल्मीकि की परंपरा का निर्वाह जहां हिंदी में "रामचरितमानस", "रामचद्रिका" और "साकेत" आदि के रूप में हुआ, वहां तमिल

भाषा में कंबन द्वारा रचित "रामायण" को भी दक्षिण में वही लोकप्रियता मिली। कन्नड़ भाषा में कुमार बाल्मीकि ने "तौरवे रामायण" की रचना की, तो बंगला में भी रामायण और महाभारत के अनेक अनुवाद हुए, जिनमें कृतिवास ओझा द्वारा रामायण का अनुवाद विशेष महत्त्व रखता है। इसी प्रकार कवींद्र परमेश्वर तथा श्रीकर नंदी ने महाभारत के बंगला में अनुवाद किए। उड़िया में कपिलेंद्र देव ने "विलंक़ा रामायण" और अर्जुनदास ने "रामविभा" नाम के रामकाव्य-ग्रंथों की रचना की।

कश्मीरी में "रामावतार चरित" प्रकाशराम की "रामायण" तथा साहिब कौल का "कृष्ण चरित" प्रसिद्ध है। कन्नड़ में भी कुमार व्यास ने 1430 ई. में महाभारत की रचना की और आगे चलकर लक्ष्मीश ने "जैमिनी भारत" लिखा। 14 वीं शती में ही मलयालम में "कणिश्श रामायण" की रचना भी की गई। तेलुगु भाषा में नन्नय भट्ट द्वारा लिखित "आंध्र महाभारत" जनता के बीच सबसे अधिक लोकप्रिय हुआ। "रंगनाथ रामायण"तेलुगु कवियों में अत्यंत लोकप्रिय है, जिसका ज्वलंत उदाहरण विश्वनाथ सत्यनारायण कृत "रामायण कल्पवृक्षम्" है। रंगनाथ से विश्वनाथ तक तेलुगु में लगभग 25 रामकाव्य मिलते हैं। तुलसी के "रामचरितमानस" की भांति ही तेलुगु भाषा में पोतन्ना का "आंध्र भागवत" भक्ति की मंदाकिनी है। आगे चलकर त्यागराज ने तुलसी की रामभक्तिमयी अलौकिक वाणी को अपनाकर दक्षिण भारत में रामकथा का माधुर्य फैलाया। समूचे दक्षिण में तमिल भाषी, कन्नड़ भाषी और मलयालम भाषी बड़ी तन्मयता के साथ उनके गीतों का रसास्वादन करते हैं। यही नहीं, दूर-दूर के स्थानों से उनकी वाणी को सुनने के लिए संत, गायक और कवि दक्षिण आया करते थे।

भावों का यह आदान-प्रदान उत्तर से दक्षिण और दक्षिण से उत्तर तक निरंतर चलता रहा। गोदावरी की गद्गद वाणी को यमुना के सैकत तट पर पहुंचाकर सूरदास को श्याम मनोहर की रूप-माधुरी से परिचित कराने वाले महाप्रभु बल्लभाचार्य भी आंध्र के थे, जिन्होंने मध्यकाल के हिंदी साहित्य को नई स्फूर्ति दी। सूरदास ने इस आलोक-पुंज के प्रति कृतज्ञता प्रकट करते हुए कहा था – "श्री बल्लभ नखचंद्र छटा बिनु सब जग मांझ अंधेरो।"

जब दक्षिण में रामानुज, रामानंद और बल्लभ जैसे आचार्य भक्ति का संदेश दे रहे थे, तो उत्तर भी इससे अछूता न रहा। यहां कबीर, विद्यापति, सूर, तुलसी, मीरा, रसखान, नंददास, पल्टू और रैदास जैसे न जाने हिंदी के कितने संत-कवियों ने अपनी मधुर वाणी से जन-जन में भक्ति का संचार किया। यही नहीं, भक्ति की धारा सुदूर पूर्व से लेकर पश्चिम तक सारे भारत में फैल गई। समस्त भारतीय साहित्य को देखा जाए तो उस काल की सभी भारतीय भाषाओं के कवियों की रचनाओं में भक्ति का यह स्वर स्पष्ट रूप से सुनाई देता है।

समाज में व्याप्त धार्मिक संकीर्णता, रूढ़िवाद और ऊंच-नीच तथा अंधविश्वास के विरुद्ध जो आवाज़ कबीर ने उठाई थी, उसी आवाज़ को दक्षिण में "दक्खिनी" के

कवि बुरहानुद्दीन जानम (1544-1583) ने भी अपनी रचना "सुख सुहेला" में स्वर दिया –

पढ़-पढ़ पंडित जनम गंवाया, मूरक रहें सुन रीज।
पुरान, पुस्तक देख ढंढोले, बसे निराला नीज।

15 वीं सदी में असम प्रदेश में शंकर देव जैसे निर्भीक संतों ने भी यही आवाज़ उठाई। उन्होंने सारे देश का पैदल भ्रमण किया था। कबीर की भांति वे भी वेद-पुराण तथा जप-तप और तीर्थ आदि की भर्त्सना करते और भक्ति को महत्त्व देते हैं –

तप-जप तीरथ करसि गया, काशी बासि वयस गंवाई।
जाति योग युगुति मति मोहित, बिन भक्ति गति नाहीं।।

गुजरात में नरसिंह मेहता, अखा और दयाराम आदि संत कवियों ने भी प्रेम और भक्ति का संदेश जनता को दिया। मराठी में ज्ञानेश्वर, नामदेव, गोरा, एकनाथ, तुकाराम और रामदास जैसे संतों की वाणियां मुखरित हुईं। नामदेव तो उत्तर में पंजाब भी गए थे। उनके अनेक पद गुरुग्रंथ साहब में भी संगृहीत हैं। पंजाब में गुरु नानक देव ने भी सच्चे ब्रह्म की उपासना और मानव-प्रेम की ज्योति जगाई।

कश्मीरी में लल्लद्यद का काव्य भक्ति का ही संदेश है। बंगाल में चैतन्य महाप्रभु और चंडीदास, कर्नाटक में पुरंदरदास, कनकदास और सर्वज्ञ तथा उड़ीसा में पंच वैष्णवों के भक्ति-स्वर भी जनमानस को रस-विभोर करते रहे। तमिल साहित्य के इतिहास में तिरुवल्लुवर के बाद ईसा की छठी से नवीं शती के काल को भक्तिकाल की संज्ञा दी जाती है। यहां अनेक शैव और वैष्णव भक्त कवियों ने उच्च कोटि के भक्ति-काव्य का सृजन किया था। इन शैव तथा वैष्णव भक्तों को क्रमशः नायन्मार और आलवार कहा जाता है। आंडाळ की रचना "तिरूपावे" का धार्मिक ही नहीं, साहित्यिक महत्त्व भी अक्षुण्ण है। आंडाळ को हिंदी साहित्य की भक्तिकालीन कवयित्री मीरा की प्रतिमूर्ति कहा जा सकता है। वे भी कृष्ण की अनन्य भक्त थीं। वे कहती हैं– "उन्हें कृष्ण की कोई भी वस्तु मिल जाए, तो भी उनकी विरहाग्नि शांत हो जाएगी।" यही अद्भुत साम्य हिंदी में "हरिऔध" के महाकाव्य "प्रिय प्रवास" की राधा के समान-कथन में दृष्टि गोचर होता है। उत्तर में जब मौलाना दाऊद की "चंदायन" और जायसी की "पद्मावत" जैसे प्रेमाख्यान प्रधान काव्य लिखे जा रहे थे, तो दक्खिनी हिंदी में भी गवासी जैसे सूफी कवियों द्वारा "मैना सतवंती" जैसे प्रेमकाव्यों की रचना हो रही थी।

भारत में ब्रिटिश साम्राज्य के विरुद्ध जब स्वतंत्रता का आंदोलन आरंभ हुआ तो भारत की सभी भाषाओं के कवियों और लेखकों ने समान स्वर में संघर्ष के लिए जनता का आह्वान किया। हिंदी में जहां मैथिलीशरण गुप्त, दिनकर, सोहनलाल द्विवेदी तथा माखनलाल चतुर्वेदी की गर्जना सुनाई देती है, वहीं उर्दू में जफरखां जैसे कवि भी इन्कलाब का नारा बुलंद करते हुए कहते हैं –

"वक्त आ पहुंचा कि या मर जाओ या आज़ाद हो
तख़्त या तख़्ता है, हुक्मे -ताजदारे-इन्कलाब"

दक्षिण में भी उसी प्रकार राष्ट्रकवि सुब्रह्मण्य भारती...... देश के नौजवानों से संघर्ष का आह्वान कर रहे थे। गुजराती के नान्हाल, बलवंतराय, मेघाणी और सुंदरम् प्रभृति कवियों का आज़ादी का सिंहनाद भी सुनाई पड़ता है। पंजाबी में अजीतसिंह, काबल सिंह, गोबिंद पुरी, दर्द, मुसाफ़िर, भाई वीरसिंह, धनीराम, परवाना और तुलसी जैसे कवि परतंत्रता के विरुद्ध आवाज़ उठाते हैं। बंगला, उड़िया, मलयालम और असमिया में भी राष्ट्रीयता के स्वर समान रूप से गुंजरित होते हैं। यह एकता साहित्य की प्रत्येक विधा में मौजूद है। आज अंडमान-निकोबार के हिंदी साहित्यकारों की रचनाओं में भी एकता का यही स्वर मुखरित हो रहा है।

भावों की दृष्टि से ही नहीं कलापक्ष की दृष्टि से भी भारतीय भाषाओं के साहित्यकारों को संस्कृत के काव्यशास्त्रों से समान रूप से प्रेरणा मिली है। रस, छंद और अलंकार आदि का विधान भी भारतीय भाषाओं में एक समान रूप से विद्यमान रहा है। यह तत्व भी उनकी विविधता में एकता का परिचायक रहा है।

भारतीय भाषाओं की सबसे बड़ी विशेषता यह है कि इनके वाक्य गठन में बहुत बड़ी समानता है। सभी कर्ता से आरंभ करती हैं और वाक्य का अंत क्रिया में होता है। कर्म का स्थान क्रिया से पूर्व होता है। अंग्रेजी आदि भाषाओं में यह क्रम नहीं है। भारतीय भाषाओं की वर्ण मालाओं में अद्भुत समानता है। स्वर और व्यंजनों का क्रम पृथक् है जो अंग्रेजी या अरबी फारसी की लिपियों में नहीं है। डॉ. राम विलास शर्मा ने भारतीय भाषाओं की विभिन्न लिपियों के बावजूद उनमें मूलभूत एकता का उल्लेख करते हुए लिखा है, भारत में अनेक लिपियों का व्यवहार होता रहा है फिर भी यहां राष्ट्रीय चेतना है और उसका बहुत बड़ा कारण यह है कि लिपियों की भिन्नता के बावजूद वर्णमाला की बुनियादी एकता यहां कायम रही है।"

इस प्रकार हम देखते हैं कि भारत में भाषाई विविधता के बावजूद उसमें भावात्मक एकता का सूत्र सदा से विद्यमान रहा है। इसी से प्रेरित हो आचार्य विनोवा भावे ने कहा था कि यदि भारतीय भाषाओं के लिए एक वैकल्पिक लिपि के रूप में देवनागरी लिपि को अपना लिया जाए, तो ये भाषाएं सभी के लिए सहज और सुलभ हो जाएं, क्योंकि सभी की आत्मा एक ही तो है।

भारत की सामासिक संस्कृति और हिंदी

भाषा, संस्कृति की वाहिका होती है और उसके साहित्य में उसकी संस्कृति की गहरी झलक मिलती है। इसीलिए भाषा और संस्कृति का अविछेद्य संबंध होता है। मैडलवान ने ठीक ही लिखा है कि प्रत्येक संस्कृति का सार तत्त्व उसकी भाषा में अभिव्यक्ति पा सकता है और पाया करता है। भाषा न केवल संस्कृत का अविभाज्य अंग है, अपितु उसकी कुंजी भी है। भाषा के बिना यदि संस्कृति पंगु है तो संस्कृति के अभाव में भाषा अंधी। भारतीय संस्कृति विश्व की एक प्राचीनतम संस्कृति है जिसकी आभा विभिन्न संघर्षों से गुजरने तथा हज़ारों वर्षों की यात्रा करने के बावजूद धूमिल नहीं हुई है। वह प्रत्येक परिस्थिति, घात–प्रतिघात और उतार-चढ़ाव को झेलते हुए भी एक रत्न की भांति आज भी देदीप्यमान है। इसी रहस्यमयी चमत्कार से चकित होकर प्रसिद्ध कवि सर मुहम्मद इकबाल ने कहा था..

"कुछ बात है कि हस्ती मिटती नहीं हमारी
सदियों रहा है दुश्मन दौरे जमां हमारा।"

वह कौन-सी बात है जिसके कारण इसका अस्तित्व और उसकी अडिगता अक्षुण्ण रही है ? भारतीय संस्कृति का मूलमंत्र उसकी उदारता, सहिष्णुता और समस्त वसुधा को एक कुटुंब मानने में है। सत्य की खोज इसका चरम लक्ष्य रहा है। तभी तो कहा गया है– "एक सदविप्रा बहुधा वदंति" अर्थात् एक सत्य को विद्वान् अनेक प्रकार से कहते हैं। यही विचारधारा भारतीय संस्कृति का प्राणस्पंदन रही। अतः वह विरोधी में समन्वय को और असत् से सत् को ढूंढ़ती रही है। भारतीय संस्कृति गंगा की तरह निरंतर प्रवहमान, समुद्र की तरह विशाल और गिरि शिखरों की भांति उदात्त है। वह विद्या-अविद्या, श्रेय-प्रेय, अभ्युदय, निःश्रेयस, दयावा-पृथिवी सभी को आत्मसात् करती हुई विश्व के कोने-कोने को ज्योतिर्मय करती आ रही है। अच्छे गुण कहीं से भी मिलें, उन्हें प्राप्त करने की लालसा सदा इसमें रही है। ऋग्वेद का यह आभार संदेश "आ नो भद्रा, कृत्वो यंतु विश्वतः" अर्थात् प्रत्येक दिशा से शुभ एवं सुंदर विचार हमें प्राप्त हों। यही इसकी महानता का प्रमाण है। हिंदी इसी सामासिक संस्कृति का प्रतिनिधित्व करती है।

हिंदी की सांस्कृतिक पृष्ठभूमि को समझने के लिए सर्वप्रथम हमें इसके मुहावरों और लोकोक्तियों पर ध्यान देना होगा। मुहावरे और लोकोक्तियां किसी भी जीवित भाषा के प्राण होते हैं। इनके पीछे उनका सांस्कृतिक इतिहास बोलता है। ये जन सामान्य की भावनाओं की अभिव्यक्ति का समान रूप से माध्यम होते हैं, किसी वर्ग विशेष का नहीं। ये मुहावरे और कहावतें ही हमारी सांस्कृतिक एकता की कसौटी

हैं। यदि हम हिंदी भाषा में प्रचलित मुहावरों और लोकोक्तियों पर एक दृष्टि डालें तो हम देखेंगे कि इनके पीछे जो जातिगत संस्कार छिपे हैं वे स्वतः भारत की सामासिक संस्कृति की कहानी कहते हैं, जो भारत के किसी एक ही वर्ग, संप्रदाय या धार्मिक मान्यताओं वाले वर्ग के लिए नहीं, वरन् सभी के लिए समान हैं।

हिंदी के कुछ मुहावरों और लोकोक्तियों को देखिए-मुल्ला की दौड़ मस्जिद तक, गए थे नमाज़ छुड़ाने, रोज़े गले पड़ गए, मिल गई रोज़ी नहीं तो रोज़ा, ख़ुदा अपने घोड़ों को हलुवा खिलाता है, जब मियां-बीवी राजी तो क्या करेगा काज़ी, मुल्ला की मारी हलाल, सत्तर चूहे खा के बिल्ली हज को चली, तकदीर का सिकंदर होना, खैरात बंटना, ईद का चाँद होना, ख़लीफा बनना, नमक हलाल होना, नमक हरामी करना, कब्र में पाँव लटकना, कब्र खोदना, मियां की जूती मियां के सर, तौबा करना, बाबा आदम के ज़माने का, अल्लाह-अल्लाह ख़ैर सल्लाह आदि।

ऐसे न जाने कितने और मुहावरे तथा लोकोक्तियां हमारी इस मिली-जुली संस्कृति को वाणी देते हैं। इन मुहावरों को क्या हिंदू, क्या मुसलमान सभी बोलते हैं। यही हिंदी हमारी सामासिक संस्कृति की विरासत है। स्पष्ट है कि इनका जन्म इस्लामी संस्कारों से हुआ और अब ये हिंदी की थाती बन गए हैं और सभी वर्गों की समान रूप से अभिव्यक्ति का माध्यम है। यही नहीं हिंदी साहित्य में मसीहा और बाइबल जैसे शब्दों का समावेश ईसाई धर्म के कारण हुआ था। हिंदी भाषा और साहित्य का समग्र इतिहास हमारी समन्वित संस्कृति का इतिहास है। इसके विकास में आरंभ से ही विभिन्न मतानुयाइयों और धर्मावलंबियों का योगदान रहा है। हिंदी की सेवा हिंदीतर भाषियों ने ही नहीं, विदेशियों ने भी की है। साहित्य की इस गंगा-यमुना धारा के प्रवाह में, माँ सरस्वती के न जाने कितने उपसकों ने अपने श्रद्धा कलश उंड़ेले हैं, न जाने कितने भगीरथ पुत्रों ने इसके लिए कठोर परिश्रम किए हैं और न जाने कितने संतों और फकीरों के उपदेशों की यह वाग्धारा रही है। आरंभिक काल में सिद्धों, जैनियों, नाथों, संतों और सूफियों ने इसी भाषा में जनता को संदेश दिए। यद्यपि इनकी भाषा में हिंदी का वह प्राचीन रूप मिलता है जो प्राकृत और अपभ्रंश के समीप है। नाथ संप्रदाय के प्रवर्तक गोरखनाथ की यह वाणी-

"तुंबी में तिरलोक समाया त्रिवेणी शिव चंदर,
बुझो रे ब्रहम भियानी अनहद नाथ अमंगा।
भी इसी भाषा के माध्यम से जन सामान्य तक पहुंची थी।
सिद्ध साहित्य में कण्हपा की यह उक्ति—
"जिम लोग विलिज्जई पाणिरगहं,
तिमधरिण लइचित।
समरस जाई तखणे,
जइ पूणुते समणित।"

(जिस प्रकार पानी में नमक घुल जाता है उसी प्रकार धरणी से प्रेम में लीन हो

जाने पर तत्काल समरस की अवस्था उत्पन्न हो जाती है।)

हमारे देश में सांस्कृतिक समन्वय के समय-समय पर जो प्रयास होते रहे, उनमें हिंदी भाषा का विशेष योगदान रहा है। दक्षिण में जब भक्ति आंदोलन का सूत्रपात होता है तो उसका प्रभाव उत्तर में भी संतों की वाणियों में परिलक्षित होता है। हिंदी साहित्य का समस्त भक्तिकाल उससे अनुप्राणित है। कबीर ने कहा है--

"भगति, द्रविड़ ऊपजी लाए रामानंद"

गुरुनानक, कबीर, तुलसी, सूर, दादू, मीरा सभी ने धार्मिक सहिष्णुता, सौहार्द और प्रेम का उपदेश दिया और हिंदू-मुस्लिम एकता की भावना की वृद्धि में योगदान दिया। शैव और वैष्णव जैसे मतों में समन्वय की भावना स्थापित करने में तुलसीदास जैसे संतों ने अथक् प्रयास किए। तुलसीदास के राम तो स्पष्ट कहते हैं-

"शिव द्रोही मम दास कहावा,
सो नर नहीं सपनेहुं मोहि पावा।"

इतिहास चक्र के साथ इस्लाम धर्म का प्रवेश भी इस देश में हुआ और मुसलमानों ने हिंदुओं के साथ कंधे से कंधा मिलाकर इस देश के विकास में योगदान दिया और हिंदी, हिंदुओं या किसी वर्ग विशेष की भाषा नहीं रही। रामधारी सिंह "दिनकर" के शब्दों में "हिंदी साहित्य केवल हिंदू कवियों का ही निर्माण नहीं है, उसकी शक्ति और शोभा मुसलमानों ने भी बढ़ाई है। अमीर खुसरो, कबीर, जायसी, रहीम और रसखान, अनीस अहमद और कमाल, ताज और तानसेन, नेवाज और फखरुद्दीन, आलम और शेख तथा मुबारक एवं रसलीन—ये सबके सब मुसलमान थे। हिंदी की परंपरा सांप्रदायिकता की परंपरा नहीं, एकता, उदारता, सामाजिक समानता और वैयक्तिक स्वतंत्रता की परंपरा है।" सच पूछिए तो इस भाषा को यह नाम भी हिंदुओं ने नहीं दिया। श्री पद्म सिंह शर्मा लिखते हैं कि हिंदी नाम की सृष्टि हिंदुओं ने नहीं की और न उन्होंने इसका प्रचार ही किया है। उन्होंने तो सर्वथा इसके लिए "भाषा" या "भाखा" शब्द का ही प्रयोग किया है।

भाषा भनति थोर मति मोरी—तुलसीदास।

भाषा के लिए "हिंदी" शब्द के नामकरण का सारा श्रेय मुसलमान लेखकों और कवियों को ही जाता है। केशवदास भी इस भाषा में रचना करने में ग्लानि का अनुभव करते हैं—

भाषा बोलि न जानही जिनके कुल के दास,
तिन भाषा कविता करि, जड़मति केशवदास।

हिंदी जिस समय अपने प्राकृत और अपभ्रंश काल से गुजर रही थी तभी से मुसलमानों ने इसके विकास में अपना योगदान आरंभ कर दिया था। 'संदेशरासक' लिखने वाले अब्दुल रहमान या अद्दहमाण ही थे, जो शहाबुद्दीन गोरी के समय से पहले के कवि हैं। अमीर खुसरो (1253-1325) ने उल्लेख किया है कि उनसे भी पहले ख्वाजा मसऊद साऊद सुलेमान (1125 ई. के पास) ने हिंदी में भी रचनाएं की थीं।

मुस्लिम साहित्यकारों ने पहले इसे हिंदुई, हिंदवी कहा, फिर "हिंदी"। आज से लगभग 700 वर्ष पूर्व इसी हिंदवी (हिंदी) भाषा पर रीझकर अमीर खुसरो ने गर्व से कहा था—

चूं मन तूती-हिंदम अर रास्त पुरसी।
ज़े मन हिंदवी पुरस ता नग़्ज़ गोयम।

(अर्थात् मैं हिंदुस्तान की तूती हूं। अगर मुझसे सच पूछते हो तों हिंदवी में पूछो जिसमें मैं कहीं अच्छी बातें बता सकूं।)

इन्होंने अपनी रचना "खालिक बारी" में 55 बार "हिंदवी और 12 बार "हिंदी" शब्द का प्रयोग किया है।

हिंदी शब्द का व्यापक रूप से प्रयोग हमें दक्खिनी हिंदी के मुस्लिम कवियों में ही मिलता है। बुरहानुद्दीम जानम (1560 ई.) ने अपनी भाषा को "हिंदी" ही कहा—

"यह सब बोलू हिंदी बोल,
पण तू अनु भौ सेती खोल।
ऐब न राखे हिंदी बोल,
मानी तो चख देख ढंडोल।

"बहरी" भी अपनी रचना "मन लगन" में अपनी भाषा को "हिंदी" बताता है—

हिंदी तो ज़बां च है हमारी,
कहने न लग हमन कू भारी।

इस प्रकार दक्खिनी के इन कवियों ने जो प्रायः इस्लाम के अनुयायी थे, दक्खिनी हिंदी में अपनी रचना कर हिंदी साहित्य को मालामाल कर दिया। यहां यह कहना अप्रासंगिक न होगा कि जिस काल में उत्तरी भारत में सूर, तुलसी, और मीरा की स्वर लहरियां गूंज रही थीं, केशव और बिहारी को शृंगारिक रचनाओं से सर्वत्र मादकता व्याप्त थी, उसी समय "नवरस" और "सबरस" जैसी रचनाओं से दक्षिणी पथ का जनमानस भी रस विभोर हो रहा था। कदम राव, पदम राव, कुतुबमुश्तरी, फूलबन व माहियार और मैना सतवंती जैसे प्रेमाख्यानों से साहित्य के भंडार को भरा जा रहा था।

सूफी कवि तो भारतीय रंग में रंगे ही थे। सूफियों का तसव्वुफ़ भारत के अद्वैत से प्रभावित था। ये सूफी ब्रह्म ज्ञानी अध्यात्मवादी और सभी धर्मों से प्रेम करने वाले थे। सूफी इस्लाम के अंतर्गत रहस्यवादी साधक माने जाते हैं। हिंदी के सूफी कवियों ने तसव्वुफ़ के अनुसार "प्रेम की पीर" को ही साधना का मूल मंत्र माना है। भारतीय कथानक में रूढ़ियों (श्रवण-दर्शन, चित्र-दर्शन स्वप्न-दर्शन, सिंहलद्वीप, पद्मनी आदि) का प्रयोग कर सूफियों ने ईरानी मसनवी शैली और भारतीय परंपरा का सुंदर समन्वय प्रस्तुत किया है।

यद्यपि दक्षिण और उत्तर के इन मुस्लिम कवियों ने उस समय फारसी लिपि में ही अधिकतर लिखा, किंतु उनकी भाषा यही हिंदी थी जो नागरी लिपि में लिखी जा

रही थी। जब मुसलमानों में शुद्ध भाषा लिखने के आंदोलन ने जोर पकड़ा तो नूर मुहम्मद जैसे लेखकों पर हिंदी में लिखने पर कटाक्ष किया गया, तो नूर मुहम्मद उत्तर में कहा—

हिंदू मग पर पांव न राखेउ,
का जो बहुते हिंदी भाखेऊ,
मन स्लाम मसल के भाजेऊ,
दीन जेवरी परकस भाजेऊ,
यह मुहम्मदी जन की बोली,
जामो कंद नवाते बोली।

उन्होंने हिंदी को मोहम्मदी जन की बोली अर्थात् मुसलमानों की बोली बताया।

सिक्ख मत के प्रवर्तक गुरु नानक देव जी की वाणी से कौन हिंदी पाठक अपरिचित होगा। गुरु गोविंद सिंह जी ने तो दशम ग्रंथ को इसी भाषा में लिखा था—

दशम कथा भागवत की भाषा करी बनाय।
अवर वासना नाहिं कुछ, धर्म युद्ध को चाय।

गुरु ग्रंथ साहब में अनेक संतों की वाणियां संगृहीत हैं जो हमें एकता का संदेश देती हैं।

हिंदुओं, मुसलमानों जैनियों और सिक्खों के अलावा मिशनरियों ने भी अपने धर्म प्रचार के लिए हिंदी भाषा का सहारा लिया। इसके लिए उन्होंने अनेक ग्रंथों व व्याकरण की रचना की और हिंदी के प्रेस स्थापित किए। हिंदी गद्य शैली के विकास में इनका महत्त्वपूर्ण स्थान है। डॉ. हजारी प्रसाद द्विवेदी इनके योगदान को स्वीकार करते हुए लिखते हैं — "हिंदी भाषा को आधुनिक रूप देने में ईसाई मिशनरियों का महत्त्वपूर्ण हाथ है।"

कैलॉग का व्याकरण और फादर कामिल बुल्के के हिंदी कोश को कैसे नजरअंदाज किया जा सकता है। डॉ जार्ज ग्रियर्सन, पिनकॉट, जॉन केरी आदि मिशनरियों के योगदान को हम कैसे भूल सकते हैं।

इस प्रकार हम देखते हैं कि हिंदी भाषा हमारी सामासिक संस्कृति की सही अर्थों में संवाहिका रही है और आज भी है। इसीलिए तो भारत के संविधान में भारत की सामासिक संस्कृति के परिरक्षण को सुनिश्चित करने के लिए हिंदी के विकास के संबंध में कुछ निर्देश दिए गए हैं। संविधान के 351 वें अनुच्छेद में कहा गया है—

"संघ का यह कर्त्तव्य होगा कि वह हिंदी भाषा का प्रचार, बढ़ाए, उसका विकास करे ताकि वह भारत की सामासिक संस्कृति के सभी तत्वों की अभिव्यक्ति का माध्यम बन सके।"

इस निर्देश के परिपालन के लिए हिंदी निरंतर प्रयत्नशील रही है। हिंदी ही वह भाषा है जो देश की सामासिक संस्कृति का प्रतिनिधित्व आरंभ से ही करती रही है। इसके विकास में सभी धर्मों, संप्रदायों और विभिन्न विचारधाराओं का योगदान रहा

है। सभी भाषाओं से शब्द ग्रहण करने की इसकी क्षमता रही है, इसी से इसकी सरलता और प्रवाह में निरंतर वृद्धि हुई है।

विश्व में हिंदी भाषी जहां भी गए उन्होंने अपनी संस्कृति और भाषा के इन गुणों को अक्षुण्ण रखा है। इसका उदाहरण आज हम त्रिनिडाड-टुबेगो, मॉरिशस, फीजी, सुरीनाम, गयाना तथा दक्षिणी अफ्रीका आदि देशों में प्रत्यक्ष रूप से देख रहे हैं। हमें हिंदी की इस संजीवनी शक्ति को बनाए रखना है, इसी में इसकी लोकप्रियता निहित है। इन्हीं कारणों से हिंदी आज विश्व में लोकप्रिय होती जा रही है।

"हिंदी के विकास में मुस्लिम साहित्यकारों का योगदान"

हिंदी आरंभ से ही जनभाषा रही है। इसने अपने धर्मनिरपेक्ष और सार्वदेशिक स्वरूप को सदा ही अक्षुण्ण रखा है। जिस प्रकार इस देश की सामासिक संस्कृति के विकास में विभिन्न धर्मों, वर्गों और क्षेत्रों का योगदान रहा है। उसी प्रकार से हिंदी के विकास में भी विभिन्न मतमतांतरों, धार्मिक विश्बासों और प्रदेशों का योगदान रहा है और यह सभी के सहयोग से आगे बढ़ी है।

इसके विकास में आरंभिक काल से ही हिंदुओं के साथ-साथ इस्लाम धर्म के अनुयायियों ने भी अपना भरपूर योगदान दिया है। हिंदी जिस समय अपने प्राकृत युग के शैशव काल से गुजर रही थी, तभी से मुसलमानों ने इसके विकास में अपना योगदान देना आरंभ कर दिया था। मुलतान में रहने वाले एक कवि अब्दुल रहमान या अद्दहमान ने (संवत् 1067 विक्रमी) में "संदेश रासक" लिखकर इस परंपरा का आरंभ किया। यह पुस्तक मुहम्मद ग़ोरी के शासन काल से पहले की है। उन्होंने अपनी कविता के लिए तत्कालीन प्रचलित भाषा शैली को अपनाया जो 14वीं 15वीं शताब्दी तक चलती रही। सच पूछिए तो इस भाषा का "हिंदी" नाम भी मुसलमानों द्वारा ही दिया गया था। इसके नामकरण की कहानी के अधिक विस्तार में न जाकर हमें यह तो मानना ही पड़ेगा कि प्राचीन संस्कृत ग्रंथों में कहीं भी "हिंदी" शब्द के दर्शन नहीं होते। श्री पद्मसिंह शर्मा लिखते हैं कि हिंदी नाम की सृष्टि हिंदुओं ने नहीं की, और न ही उन्होंने इसका प्रचार किया। उन्होंने तो इसके लिए सर्वत्र "भाषा शब्द का ही प्रयोग किया है। तुलसी दास के ये शब्द दृष्टव्य हैं—

"भाषा भनित थोर मति मोरी"

इस भाषा के लिए "हिंदी" शब्द के नामकरण का सारा श्रेय मुसलमान लेखकों और कवियों को ही जाता है। श्री पद्मसिंह शर्मा तो यहां तक भी कहने को तैयार हैं कि हिंदुओं का इसमें जरा भी हाथ नहीं। हिंदुओं में तो इसे केवल "भाषा" या "भाखा" ही कहा जाता था और कदाचित् संस्कृत समाज में इसे इतनी प्रतिष्ठा प्राप्त नहीं थी, नहीं तो बेचारे केशवदास जी को यह कहने की नौबत न आती –

"भाषा बोलि न जानही
जिनके कुल के दास।
तिन भाषा कविता करि
जड़मति केशवदास।"

मुस्लिम साहित्यकारों ने पहले इसे हिंदुई और हिंदवी कहा फिर "हिंदी"। हिंदी

अपने विकास काल में जब गुजरात से गुजरी तो गूजरी कहलाई। जब दकन पहुंची तो इसे 'दक्खिनी' या "दकनी" नाम भी दिया गया था। दक्खिनी हिंदी के कई कवियों ने अपनी रचनाएं इस भाषा में लिखीं। पद्य ही नहीं गद्य में भी दक्खिनी हिंदी के अनेक ग्रंथ उपलब्ध हैं।

अमीर खुसरो ने अपनी रचना "खालिकबारी" में 55 बार "हिंदवी" और 12 बार हिंदी शब्द का प्रयोग किया है। हिंदी शब्द का व्यापक रूप में प्रयोग हमें सर्वप्रथम "दक्खिनी" के कवियों की रचनाओं में ही मिलता है। "बुहरानुद्दीनजानम" (1560 ई.) ने अपनी भाषा को हिंदी ही माना है।

वे कहते हैं—

यह सब बोलूं हिंदी बोल,
पन तू अनभौ सेती खोल।
ऐब न राखे हिंदी बोल,
मानी तो चख देखे खोल।

डॉ. रामधारी सिंह दिनकर के शब्दों में "खड़ीबोली को साहित्य की भाषा मुसलमानों ने ही बनाया। हिंदी वाले अपभ्रंश का प्रभाव ढोते हुए एक खास परंपरा में चल रहे थे और इस परंपरा का जो मेल अवधी और ब्रजभाषा से बैठता था वह मेल खड़ीबोली से नहीं। इस बोली की ओर ध्यान मुसलमान कवियों का ही गया, क्योंकि यह वह भाषा थी जिससे उनकी नज़दीकी जान-पहचान हो सकती थी।" कहना न होगा कि हिंदी का जो खड़ीबोली रूप (महापंडित राहुल सांकृत्यायन के शब्दों में दिल्ली, मेरठ के अंचल का "कौरवी" रूप) है, वह पहले से ही विद्यमान था, किंतु दिल्ली के आस-पास के प्रदेशों पर राजनीतिक कारणों से मुसलमानों के छा जाने पर इस बोली को माध्यम के रूप में अपनाया जाने लगा। यही बोली अमीर खुसरो के बाद दक्षिण प्रदेशों में "दक्खिनी" के रूप में विकसित होकर पुनः उत्तर लौटी और इसने आज की परिनिष्ठित भाषा का रूप धारण किया, जो आज भारत की राजभाषा के रूप में समादृत है।

आदिकाल के कवियों में अमीर खुसरो (1253-1325) को खड़ीबोली हिंदी का प्रथम कवि माना जाता है। उसके बारे में रामधारी सिंह दिनकर जी लिखते हैं कि "जब हम खड़ीबोली के इतिहास को उठाते हैं तब निश्चित रूप से हमें मानना पड़ता है कि इस भाषा का प्राचीनतम लिखित साहित्य खुसरो का ही है, किंतु खुसरो से पूर्व "ख्वाजा मसऊद" साअद सुलेमान" (1125-30 ई. के लगभग) का पता चलता है। मसऊद फारसी और अरबी के सिद्धहस्त कवि होने के अतिरिक्त हिंदी भाषा (भाखा) के भी सफल कवि थे, जिसका प्रमाण मुहम्मद औनी साहब के "लब उल लुबाव" और अमीर खुसरो की रचनाओं में मिलता है।"

डॉ. सुनीति कुमार चाटुर्ज्या की भी यह मान्यता है कि "विदेशी उद्भव का हिंदी में लिखने वाला सबसे प्राचीन मुसलमान मसऊद इब्न साअद था। खुसरो ने अपने

ग्रंथ "गुर्रातुल कमाल" में इसका उल्लेख किया है। खुसरो के समकालीन कवि बूअली कलंदर पानीपत के रहने वाले थे। उनका यह दोहा कितना लोकप्रिय है—

सजन सकारे जाएंगे नैन मरेंगे रोय
विधना ऐसी कीजियो, भीर कधी ना होय।

अमीर खुसरो के गुरु ख्वाजा हज़रत निज़ामुद्दीन औलिया के नाम से भी यह गीत प्रसिद्ध है—

परबत बांस मंगाव मेरे बाबुल,
नीके मड़वा छाव रे।
सोना दीना रूप दींना,
बाबुल दिल दरियाव रे।
हाथी दींना घोड़ा दींना,
बहुत बहुत मन भाव रे।

निजामुद्दीन औलिया बतियां बनाय, चले
धरी हो वाके पांव रे।

भारत में तुर्कों का शासन दीर्घकाल तक स्थापित रहा। आरंभ में परस्पर विरोधी सत्ताओं तथा आचार-विचार का टकराव स्वाभाविक था। वीर काव्य की अधिकतर रचनाएं इसी युग की उपज हैं। धीरे-धीरे संपर्क बढ़ने लगे। जिससे आपसी मेल-मिलाप की भावना जागृत होने लगी। ज्ञानमार्गी कवि तथा "खुसरो" ऐसे ही युग की देन हैं। इसका प्रभाव प्रेम-भावना, सौहार्द और सहिष्णुता जैसी उदात्त भावनाओं के विकास पर पड़ा। सूफी मत ने इसमें महत्त्वपूर्ण योगदान दिया। समन्वय तथा सामंजस्य वृद्धि के फलस्वरूप भावना प्रधान प्रेम काव्य एवं भक्ति काव्य का सृजन हुआ। संतों एवं सूफी कवियों की मूल प्रेरणा प्रायः एक ही है और इनमें एक जैसा संदेश मिलता है।

इस काल की साहित्यिक परंपरा को देखने से पता चलता है कि उन दिनों के मुसलमान कवि फारसी की भांति (भाखा) तथा संस्कृत में भी साहित्य सृजन किया करते थे। 7 वीं से 12 वीं शताब्दी के मध्य, बंदीजन, मसऊद, कुतुबअली तथा फैज जैसे अनेक कवि थे। जिनकी रचनाएं आज प्रायः अनुपलब्ध हैं। 12वीं शताब्दी के कवि अकरम फैज ने "वृत्त रत्नाकर" जैसी छंद शास्त्र की रचनाएं प्रस्तुत की थीं। इसी प्रकार सोलंकी नरेश, जय किशन के राज्यकाल (1093-1143 ई.) के समय में कुतुबअली मस्जिद के एक मुल्ला थे, जो हिंदी में काव्य रचनाएं किया करते थे।

ज्ञानमार्गी संत कवि- ज्ञानमार्गी संत कवियों में अनेक मुस्लिम संत हुए। कबीर का अवतरण साहित्य और समाज के लिए एक युगांतरकारी घटना है। कबीर को केवल हिंदू या मुसलमान ठहराना अनुचित ही होगा। भारतीय वेदांत में सूफीवाद के सुंदर सामंजस्य ने कबीर के सिद्धांतों में ऐसी शक्ति भर दी थी जिसकी प्रभावशीलता पर हिंदू और मुसलमान दोनों ही मंत्र-मुग्ध परवाने की भांति खिंचे चले आए और एक

बार पास पहुंच जाने पर उस महान संत के महामहिमापूर्ण वाक्यों ने उनमें प्रेम की वह मधुरिमा डाल दी जिसके अमृत स्वाद में वे अपने वैमनस्य का निषेध कर उठे। कबीर ने "कागद की लेखी" न कहकर आंखों देखी बात कही और दोनों को एक ही रास्ता बताया।

हिंदू तुरक की एक राह है,
सतगुरु इहे बताई।
कह कबीर सुनो हो संतो,
राम न कहेउ खुदाई।।

रज्जब ने राम और रहीम को एक मानते हुए प्रेम और सौहार्द की शिक्षा दी। वे कहते हैं—

रज्जब राम रहीम कहि,
आदि पुरुष करि याद
सदा सनेही सुमिरिए जंम
न आवे बाद।।

इसी परंपरा में आगे चलकर अनेक स्वतंत्र मुस्लिम वाणियां फूट पड़ीं जिनमें बुल्लेशाह, शेख फरीद (1619) यारी साहब (सं. 1725) दरिया साहब, शाह बरकत उल्लाह पेमी, अब्दुल समद, दीन दरवेश, बजहन, वाजिंद, करीम-बख्श, खालस, यकरंग, कायम, स्वामी और अली शेर अली जैसे अनेक संत कवि हुए हैं।

संतों और फकीरों ने ही नहीं अनेक मुस्लिम शासकों ने भी हिंदी को लोकप्रिय बनाने में अपना योगदान दिया था। अनेक मुग़ल बादशाहों ने हिंदी में स्वयं कविता करके कवियों को प्रेरणा दी। कहा जाता है कि बाबर ने भी एक-आध दोहा हिंदी में भी लिखा, जो उनके हस्तलिखित ग्रंथ में मिलता है। मुगल सम्राट अकबर का हृदय तो ब्रज की मधुर भाषा में ही पग गया था, उनके शासनकाल में हिंदी के विकास को जो प्रोत्साहन मिला, वह किसी से छिपा नहीं। हिंदी साहित्य की अमूल्य निधि सूर, तुलसी और रहीम, अकबर युग की ही देन है, जिनके कारण यह युग हिंदी का स्वर्ण युग कहलाता है। अकबर स्वयं तो पढ़े-लिखे नहीं थे, परंतु काव्य मर्मज्ञ अवश्य थे। इसकी पुष्टि तुजुके जहांगारी में होती है। अकबर के नाम से हिंदी में कुछ पद भी प्रचलित हैं। कहा जाता है कि अकबर ने अपनी वृद्धावस्था में अपने प्रियजनों के बिछोह से आहत होकर एक दोहा इस प्रकार कहा था—

पीथल सो मजलिस गई, तानसेन सो राग।
हंसिबो, रमिबो, बोलिबो, गयो बीरबल साथ।

अकबर के दरबारी रहीम खानखाना (1556-1626) प्रधान सेनापति होते हुए भी हिंदी के देदीप्यमान नक्षत्र थे। उन्होंने हिंदी काव्य को जो देन दी है, उसके लिए हिंदी साहित्य सदा उनका ऋणी रहेगा। वे कवि ही नहीं, आचार्य भी थे। उन्होंने हिंदी में काव्य रचनाएं ही नहीं की अपितु बरवै छंदों का आविष्कार भी किया था। उनके

नीति विषयक दोहे आज भी जनता की जिह्वा पर जीवित है।

संगीत विरोधी होते हुए भी औरंगजेब ने "अब्दुल जलील" नामक हिंदी कवि को उच्च पद पर आसीन कर रखा था। औरंगजेब की पुत्री जैबुन्निशा ने भी हिंदी में "नयन विलास" नामक काव्य ग्रंथ की रचना की थी, जिसका अंतिम प्राप्य दोहा यह बताता है—

जैबुन्निशा जहान में, दुखतर आलम गीर।
नैन विलास, विलास में खास करी तहरीर।।

मुगल वंश के ही शाह आज़म का एक पद भी यहां प्रस्तुत है—

बार-बार बरजी ताहि पै,
कौन चतुराई
ज्यूं-ज्यूं प्यारे की प्रकृति, त्योंही
पेच लए याही में बड़ाई
"साह आजम" कहत री धन।
तेरी लेहनो, तेरी कृपा सुखदाई।

इसी प्रकार दक्षिण में भी अनेक बादशाहों और सुल्तानों ने हिंदी में रचनाएं कर हिंदी कवियों को प्रोत्साहन दिया। इब्राहिम आदिलशाह द्‌वितीय की प्रसिद्‌ध रचना "नवरस" हिंदी साहित्य की अमूल्य निधि है। कुल्ली कुतुबशाह का दीवान, दक्खिनी की एक थाती है। इस काल में मुल्ला वजही की कालजयी रचना "सबरस" भी लिखी गई जिसे इस भाषा की पहली प्रौढ़ गद्‌य रचना कहा जा सकता है। दकन में 1330 ई. से 1800 ई. तक हिंदी के अनेक लब्ध प्रतिष्ठ कवि हुए जो प्रायः सभी इस्लाम धर्म के अनुयाई थे। इनमें ख्वाजा बंदानवाज, गेसूदराज, इब्राहिम आदिलशाह, मुल्ला वजही, जानम, इब्ने-निशाती, बहरी, तबई जैसे कवियों ने दक्षिण में हिंदी साहित्य का जो विकास किया, वह इस भाषा के इतिहास की एक अमूल्य निधि है।

उत्तरी भारत में जिस काल में सूर, तुलसी और मीरा की स्वर लहरियां गूंज रही थीं, केशव और बिहारी की शृंगारिक रचनाओं से मादकता व्याप्त थी, उसी समय "नवरस" और "सबरस" जैसी रचनाओं से दक्षिणापथ का जन-मानस भी रस-विभोर हो रहा था। कुतुब मुश्तरी, फूलबन, चंद्रबदन, महियार, मैना सतवंती कदमराव पदमराव जैसे प्रेमाख्यानकों से साहित्य के भंडार को भरा जा रहा था। इन सबके रचयिता मुस्लिम कवि ही थे।

प्रेमाख्यानक काव्य- हिंदी के प्रेमाख्यानक काव्य को देखने से ऐसा प्रतीत होता है कि मानों इस पर मुस्लिम कवियों का ही एकाधिपत्य हो।

सूफी प्रेमगाथा काव्य की कोटि में रखी जाने योग्य सबसे पहली रचना अभी तक मौलाना दाऊद की "चंदायन" ही है। डॉ. रामकुमार वर्मा के अनुसार दाऊद अलाउद्‌दीन खिलजी के समकालीन थे। यह परंपरा गुलाम वंश से लेकर आधुनिक काल तक चली आती है।

शेरशाह सूरी के शासन काल में जायसी ने पद्मावत लिखा और उसके साथ ही प्रेमाख्यानक काव्य लिखने वालों की बाढ़-सी आ गई। जायसी काव्य में वियोग पक्ष की जो पराकाष्ठा हुई है वह हिंदी साहित्य में अन्यत्र दुर्लभ ही है। देखिए।

जेहि पंखी के नियर होई,
कहै विरह की बात,
सोई पंखी जाई जरि,
तरुवर होहिं निपात।।

इन कवियों में दाऊद और जायसी के अलावा कुतबन, मझन, नूर मोहम्मद, कासिम शाह, शेख नबी, आलम, शेख निसार, जान कवि, नसीर शेख, रहीम, फाजिल शाह आदि जैसे असंख्य कवि हुए।

हिंदी साहित्य में मुसलमानों के योगदान को एक दृष्टि में समझने के लिए मध्य काल के हिंदी साहित्य का डॉ. रामकुमार वर्मा द्वारा प्रस्तुत यह रेखाचित्र बहुत ही सुस्पष्ट है। इसमें हिंदी की विभिन्न धाराओं और उनके प्रतिनिधि कवियों को भी दर्शाया गया है—

मध्य काल का हिंदी साहित्य

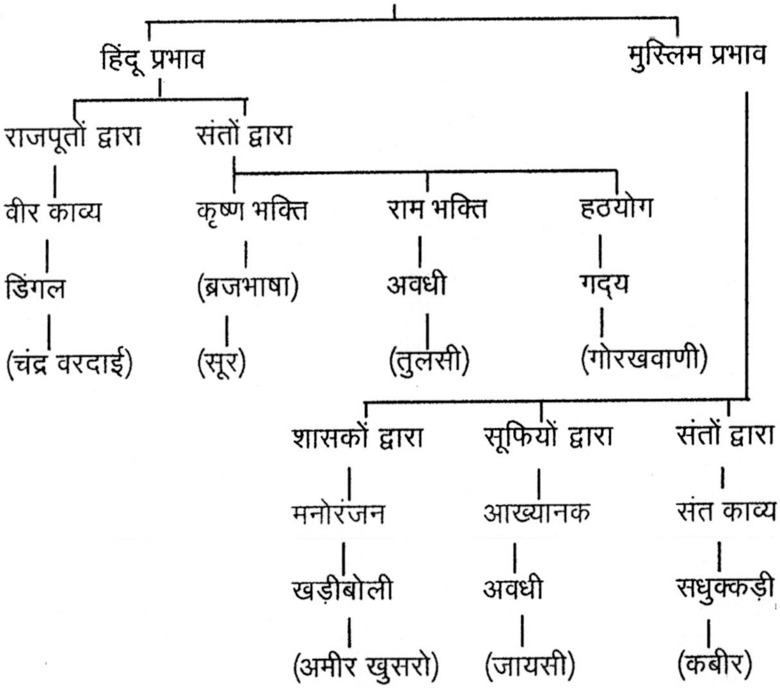

स्फुट काव्य- सूफी और प्रेममार्गी कवियों के अतिरिक्त असंख्य मुस्लिम कवि ऐसे हुए हैं जिन्होंने स्फूट काव्य की रचनाएं की। शिव सिंह सरोज में भी 57 मुस्लिम कवियों का विवरण मिलता है। सेठ कन्हैयालाल पोद्दार अभिनंदन ग्रंथ में श्री जवाहरलाल चतुर्वेदी ने ब्रजभाषा के मुसलमान कवियों की एक लंबी सूची दी है, जिसमें 315 मुस्लिम कवियों का उल्लेख है।

15 वीं शती की एक रचना "कुतुब शतक" है जिसके रचयिता भी एक मुसलमान थे। इसमें उस काल की गद्य-पद्य की शैली के नमूने उपलब्ध हैं। डॉ. माता प्रसाद गुप्त ने इसका संपादन किया है।

15वीं शताब्दी के उत्तरार्ध में अब्दुल कद्दूस गंगोही (1456-1537) ने "मुर्सिद नामा" लिखा। इसी काल में शेख फरीदुद्दीन शकरगंज हुए, जो बाबा फरीद के ही वंशज थे। डॉ. मसऊद खां ने बहाउद्दीन बरनावी का भी उल्लेख किया है। महबूब, आलम, मौलाना, अफ़ज़ल, की हिंदी रचनाओं का ब्यौरा मिलता है। अफ़ज़ल झिंझाना (मुजफ़्फर नगर) के निवासी थे, जिन्होंने बारहमासा अर्थात् "विकट कहानी" लिखी। जमाल कवि जिला हरदोई में हुए, जिनके दोहे प्रसिद्ध हैं—

शतर गिरयो गहराय के
जब आ पहुंचे काल।
अल्प मृत्यु के देखि के
जोगी भयो "जमाल"।

इस काल में क़ादिर, फ़हीम, ताहिर जैसे अनेक ख्याति प्राप्त कवि हुए। कादिर की ये पंक्तियां तो लोकोक्ति के रूप में प्रचलित हो गई हैं—

मन की ना पूछे काउ, औगन की बात पूछे,
कहा भयो दई कलियुग यो खरानौ है।
पौथी और पुरान ज्ञान, ठठन में डार देत,
चुगला चवा इनको, भान ठहरानो है।
"कादिर" कहत याते कछु कहिबे की नाहि।
जगत की रीति देखि चुप मान तानो है।
खोलि देखो हियो सब भांतिन सो भांति-भांति
"गुन ना हिरानो गुन ग़ाहक हिरानो है"।

इनके अतिरिक्त सैयद मुबारक अली बिल ग्रामी, रसखान, महबूब, अहमदुल्ला, मधनायक और रसलीन जैसे लोकप्रिय कवि हुए हैं। रसलीन के इस दोहे को कौन नहीं जानता—

अमीय हलाहल मद भरे सेत श्याम रतनार।
जियत मरत झुकि झुकि परत जेहि चितवत् एक बार।।

"रसखान" तो मानो रस की ही खान थे। उनके कवित्त जन-जन की वाणी पर मौजूद है। ब्रजभूमि के कुरील कुंजों पर ये कितने मुग्ध हैं कि—

कोटिन ये कल धोत के धाम
करील के कुंजन ऊपर वारो।

आज़म खां, पीतम, सय्यद गुलाम हसन, मेमी, कारेखां, लाल जी रंग खां, हफीजुल्ला, नबीबख्श "फलक" सय्यद अमीर अली, मीर हजरत एन शाह, हकीम अज़ब खाँ, निवाज-जैसे अनेक ऐसे कवि हुए जिन्होंने हिंदी सुर सरिता के अजस्र प्रवाह को तीव्रता प्रदान की।

हिंदी साहित्य के विकास में मुस्लिम कवयित्रियों का भी योगदान कुछ कम नहीं है। ताज शेख, सुजान, सुंदर कली, रूपमती, बावरी साहिबा तथा राजकुमारी जेबुन्निशा प्रभृति कवयित्रियों ने अपनी रचनाओं से हिन्दी साहित्य को समृद्ध बनाने में प्रंशसनीय योगदान दिया।

आदिकाल और रीतिकाल तो मुस्लिम कवियों के योगदान से भरा पड़ा है। हिंदी साहित्य को सही अर्थों में दिशा देने वाले ये ही कवि थे। आदिकाल तो इन कवियों का ऋणी है ही, रीतिकाल का शृंगार भी इनके बिना अधूरा है। यदि हिंदी में खुसरो न होते तो खड़ीबोली के गीत कहां से आते? रहीम न होते तो बरवै छंद का आविष्कार कैसे होता? प्रेममार्गी कवि न होते तो हिंदी का प्रेमाख्यानक काव्य कहां से आता और पद्मावत जैसा प्रबंध काव्य कैसे लिखा जाता? "रसखान" न होते तो ब्रज को यह माधुर्य कहां से मिलता? सच पूछिए तो हिंदी को यथार्थता प्रदान करने वाले ये ही कवि हैं।

हिंदी के विकास में मुस्लिम साहित्यकारों का यह योगदान 17 वीं शती के अंत तक निर्बाध गति से चलता रहा। इसी पर रीझकर भारतेंदु हरिश्चंद्र ने ठीक ही कहा था—

इन मुसलमान हरिजन पर
कोटिन हिंदू वारिये।

1800 ई. के बाद एक नया परिवर्तन दिखाई पड़ने लगा जो प्रायः भारत की स्वतंत्रता प्राप्ति तक दृष्टिगोचर होता है। यह वह समय था जब कलकत्ता में फोर्ट विलियम कॉलिज की स्थापना हो गई थी, जिसका प्रत्यक्ष और परोक्ष परिणाम हमारी सामासिक संस्कृति की प्रतिनिधि 'हिंदी' नाम की इस भाषा के विभाजन के रूप में सामने आने लगा। उर्दू नाम से जिस भाषा को इससे पृथक् किया गया था उसे मुसलमानों की भाषा के रूप में प्रस्तुत किया जाने लगा जो अंग्रेजी सरकार की एक सोची समझी चाल थी। शमशुल रहमान फारूकी ने ठीक ही कहा है कि सत्रहवीं शताब्दी के अंत तक यह भाषा अधिकांशतः "हिंदी" या "हिंदवी" नाम से ही जानी जाती थी। उर्दू के प्रोत्साहन के साथ जो मुस्लिम लेखक हिंदी में लिख रहे थे वे भी उर्दू की ओर प्रवृत्त हुए। परिणामतः एक सदी तक हमें हिंदी में कोई प्रसिद्ध मुस्लिम साहित्यकार दिखाई ही नहीं पड़ता। साहित्य अकादमी, नई दिल्ली द्वारा 1963 में प्रकाशित "हिंदी काव्य संग्रह" से भलीभांति इस तथ्य की पुष्टि हो जाती है। इसमें कालक्रम की दृष्टि से जिन एक सौ एक कवियों का चयन किया गया है, उनमें प्रथम

62 कवियों में 15 कवि मुस्लिम हैं किंतु आश्चर्य की बात है कि अगले 39 कवियों में एक भी मुस्लिम कवि नहीं है। इसका कारण स्पष्टतया अंग्रेजों की नीति से प्रसूत भाषाई अलगाव की प्रवृत्ति है जिस पर राजनीतिक रंग चढ़ने लगा था। यह वही काल है जबकि उर्दू का उत्कर्ष पूर्ण वेग पर था। हरीश त्रिवेदी के अनुसार यदि उर्दू एक विकल्प के रूप में न आती तो निश्चय ही अनेक मुस्लिम हिंदी में ही साहित्य रचना करते। इस प्रकार वह मुस्लिम सात्यिकारों के योगदान को तीन कालों में विभाजित करता है।

1. पूर्व उर्दू काल
2. उर्दू काल
3. उत्तर उर्दू काल।

भारत के विभाजन के बाद उर्दू पाकिस्तान की राजभाषा बनी और हिंदी भारत संघ की राजभाषा के रूप में प्रतिष्ठित हुई। मुस्लिम साहित्यकारों की प्रवृत्ति में भी बदलाव आया और उनका योगदान पहले की भांति ही पुनः सक्रिय रूप से दृष्टिगोचर होने लगा। पिछले पचास वर्षों में हिंदी के विकास में मुस्लिम साहित्यकारों का प्रशंसनीय योगदान रहा है। यद्यपि स्वतंत्रता आंदोलन के समय भी नबीबख्श फलक, हफीजुल्ला खां (1913-50), सैयद अमीर अली मीर, (1873-1937), हजरत एन. शाह (1849-1900), हकीम अनवर खां (सं. 1908), जहूर बख्श, रसूल अहमद अबोध, मुंशी अजमेरी, मौलवी लतीफ हुसैन नटवर, अहमद बिलग्रामी, दराब खां अभिलाषी, सैयद कासिम अली, अख्तर हुसैन रामपुरी, अली शेर "अली" (अलि काव्य गीता और अली सतसई के रचयिता), रजिया सज्जाद जहीर जैसी अनेक प्रतिभाएं राष्ट्रीय आंदोलन को धार देने में किसी से पीछे नहीं रही थीं।

स्वातंत्र्योत्तर हिंदी साहित्य की अभिवृद्धि में न जाने कितनी ज्ञात और अज्ञात लेखनियां साहित्य सृजन के क्षेत्र में एक दूसरे से होड़ ले रही हैं। प्रायः सभी विधाओं को मुस्लिम साहित्यकारों ने अपना रचना क्षेत्र बनाया है और अपनी उत्कृष्ट कृतियों से हिंदी साहित्य को समृद्ध किया है। कविता, कहानी, निबंध, समालोचना, नाटक और उपन्यास जैसा कोई भी ऐसी विधा नहीं है जिस पर मुस्लिम रचनाकारों की लेखनियां न उठी हों। राही मासूम रजा (1927-1992) की प्रसिद्ध रचना "आधा गांव", गुल शेर खां "शानी" का उपन्यास "काला जल" मंजूर एहतशाम का "सूखा बरगद" असगर वजाहत का नाटक "जिस लाहौर नहीं देख्या ओ जन्मा ही नहीं" सफदर हाशमी (1954-89) के नुक्कड़ नाटक तथा "अपहरण बेचारे का" अब्दुल बिस्मिल्लाह खां का "वली मोहम्मद और करीमन बी की कविताएं" असद ज़ैदी की काव्य रचनाएं और अली शेर अलि (1916-99), ख्वाजा बदी उज्जमां और मुहम्मद कुंज मेत्तर डॉ० असद अली, डॉ० माजदा असद, डॉ० नज़ीर अहमद, आरिफ नज़ीर, वशीर अहमद मयूख, नासिरा शर्मा तथा आबिद सुरती आदि की बहुआयामी साहित्यिक कृतियां हिंदी साहित्य की ऐसी अनमोल धरोहर है जिन पर हिंदी गर्व कर सकती है।

अमीर खुसरो और उनकी हिंदी रचनाएं

अमीर खुसरो भारत के सच्चे देशभक्त, महान सूफी संत और फारसी भाषा के उच्चकोटि के कवि थे। उन्होंने अपनी मातृभाषा हिंदी में भी काव्य रचना की थी। भारतीय इतिहास में अमीर खुसरो का विशिष्ट स्थान है। प्रसिद्ध विद्वान सैयद सुलेमान नदवी ने 1444 में अखिल भारतीय इतिहास परिषद् के मद्रास अधिवेशन के अध्यक्षीय भाषण में खुसरो के भारत प्रेम की चर्चा करते हुए कहा था,"अमीर खुसरो ने हिंदुस्तान की ख़ाक को अपनी आंखों का सूरमा बनाया। गो, वे नस्ल से तुर्क थे, मगर उनका दिल हिंदुस्तान की मिट्टी से बना था।"

अमीर खुसरो का असली नाम अबुल हसन यमनुद्दीन "खुसरो" था।

इनका जन्म 1253 ई. में पटियाली जिला एटा में हुआ था। किंतु इनका अधिकांश समय दिल्ली में ही व्यतीत हुआ। कुछ विद्वानों का यह भी विचार है कि खुसरो का जन्म दिल्ली में हुआ था। जब ये आठ वर्ष के ही थे तो इनके पिता अमीर सैफुद्दीन महमूद का साया सिर से उठ गया और ये अपने नाना इमादुलमुल्क के पास दिल्ली आ गए। उन्होंने ही इनकी शिक्षा-दीक्षा की व्यवस्था की। इनके पिता तुर्की के लाचीन कबीले के सरदार रहे थे, किंतु मां नव-मुस्लिम भारतीय थी। इस प्रकार इन्हें हिंदवी (हिंदी) मातृभाषा के रूप में विरासत में मिली थी। इन्हें अपने भारतीय होने पर गर्व था। इन्होंने एक फारसी मसनवी नूह-सिपहर में लिखा है—

"हस्त मेरा मौलिद - ओ मावा ओ वतन" अर्थात् हिंद मेरी जन्मभूमि मेरी माता और मेरा देश है। अमीर खुसरो अपनी भाषा को हिंदवी कहते हैं। जो उनके दीवान गुर्रातुल कमाल की भूमिका में व्यक्त विचारों से पूर्णतः स्पष्ट हो जाता है।

खुसरो मूलतः फारसी के महान कवि थे। उन्हें "तूती-ए-हिंद" अर्थात् हिंद की तूती कहा जाता था। किंतु इन्होंने अपनी मातृभाषा हिंदवी में भी कविताएं लिखी थी। यह इस भाषा में लिखने पर गर्व का अनुभव भी करते थे। वे कहते थे-

"चूं मन तूती-ए-हिंदम अररास्त पुरसी
ज़मन हिंदवी पूर्स ता नग़्ज गोयम।"

अर्थात् सच पूछते हो तो मैं हिंद का तोता हूं। मुझसे हिंदवी में पूछो ताकि बेहतर उत्तर दे सकूं।

अमीर खुसरो अरबी और तुर्की के विद्वान् थे, फारसी इनके घर की बांदी थी। खड़ीबोली इन्हें अपनी मां से विरासत में मिली थी। संस्कृत पर भी इन्हें अधिकार था। इन्होंने अपनी एक मसनवी खिज्र खां देवल रानी में लिखा है - "ज्ञान के समर्थक व्यक्ति को ज्ञात होना चाहिए कि संस्कृत का अधिकांश भाषाओं पर अधिकार है।"

इससे उनके संस्कृत ज्ञान की भी भली-भांति पुष्टि हो जाती है। अमीर खुसरो बाल्यकाल से ही बड़े मेधावी थे। उनके नाना ने उनकी शिक्षा-दिक्षा की अच्छी व्यवस्था की थी। जब वे लिख पढ़-चुके थे तो सुल्तान ग़यासुद्दीन बलबन के दरबारी अमीर कत्लू खां के यहां जिन्हें मलिक छज्जू भी कहते थे, नौकर हो गए। फिर आजीवन दिल्ली के विभिन्न सुल्तानों के दरबार में रहे। उन्होंने दिल्ली में सात बादशाहों का ज़माना देखा था। वे सुल्तानों के साथ युद्ध अभियानों पर भी जाते थे। एक बार वे तातारियों के हाथों पकड़े जाने पर बलख़ ले जाए गए। बड़ी मुश्किल से छूटे। ये देवगिरि पर अलाउद्दीन के आक्रमण के समय दक्षिण भी गए थे। ग़यासुद्दीन तुग़लक के साथ वे सोनार गांव (बंगाल) के अभियान पर गए थे, यह उनका अंतिम अभियान था। दिल्ली से उनकी अनुपस्थिति में उनके गुरु हज़रत निज़ामुद्दीन औलिया का देहांत हो गया। दिल्ली पहुंचते ही जब खुसरो को यह दुःखद समाचार मिला तो उन्होंने वस्त्र फाड़ लिये, मुख पर कालिख मल ली और अपने पीर की कब्र पर रोते-रोते यह दोहा पढ़ा—

"गोरी सोवे सेज पर मुख पर डाले केस,
चल खुसरो घर आपने रैन भई चहुं देश।"

छह महीने बाद इसी वियोग में वे भी 1325 ई. में इस नश्वर संसार से चल बसे। अमीर खुसरो ने भारत का अच्छी प्रकार भ्रमण किया था। उसी के आधार पर उन्होंने भारत की भाषाओं और यहां के लोगों के विषय में दिल खोलकर लिखा। उनकी मसनपी "नूह-सिंपहर" का तीसरा सिपहर भारत की प्रशंसा में ही है।

खुसरो हज़रत निजामुद्दीन औलिया के प्रिय शिष्य थे। इसका एक कारण यह था कि उनके हिंदी गीतों का जनसामान्य पर चमत्कारी प्रभाव पड़ता था। खुसरो दिन में सुल्तानों के दरबार में रहते थे और शाम होते ही अपने महबूबे इलाही "सुल्तान जी" हज़रत निज़ामुद्दीन औलिया की खानकाह में लौट आते। इस प्रकार उन्होंने देश के सुल्तान और सहानी (आध्यात्मिक) सुल्तान दोनों के साथ बराबर का संबंध रखा। साथ ही अपनी साहित्यिक उपलब्धियों के कारण "तूती-ए-हिंद" भी कहलाए।

खुसरो की रचनाएं

खुसरो प्रमुखतः फारसी के महान कवि थे। जामी के अनुसार खुसरो ने फारसी में 99 पुस्तकों की रचना की थी। प्रसिद्ध इतिहासकार ज़ियाउद्दीन बरनी ने अपनी तारीख़ फ़ीरोज़शाही में लिखा है कि उनकी इतनी रचनाएं हैं कि एक पुस्तकालय बन सकता है। कुछ विद्वानों के अनुसार खुसरो ने 4 लाख से ऊपर शेर लिखे। मौलाना शिब्ली उन्हें 5 लाख पंक्तियों के रचयिता मानते हैं। खुसरो का महत्त्व इस बात में अधिक है कि उन्होंने फारसी के अतिरिक्त अपनी मातृभाषा हिंदी में काव्य रचना की थी। "तज़करे-अर्फात" में ओहदी ने लिखा है कि उनके हिंदी कलाम का हिस्सा फारसी कलाम से ज़्यादा था। कम-अज़-कम इस कद्र ज़रूर था। अपनी मसनवी

"गुरतुल कमाल" में खुसरो ने उल्लेख किया है कि—

"जुज़्वे चंद नज़्म हिंदवी नज़रे-दोस्तान कर्दा शुदा अस्त" अर्थात् हिंदवी में कुछ पद्य लिखे जो मित्रों को उपहार स्वरूप भेंट कर दिए। इसके आधार पर डॉ. वहीद मिर्ज़ा ने यह निष्कर्ष निकाला कि खुसरो की दृष्टि में हिंदवी रचना की कोई कद्र नहीं थी। इसलिए उसने उन्हें एकत्रित करने की बजाय मित्रों में बांट दिया। किंतु सफ़दर "आह" ने इस अनुमान को सही नहीं माना। उनका कहना है कि खुसरो को अपनी मातृभाषा हिंदवी पर गर्व था। खुसरो हिंदुस्तानी अवाम के घर-घर में अपनी फारसी की बदौलत नहीं, अपनी हिंदवी की बदौलत पहुंचे हैं। वास्तविकता यह है कि उस काल में फ़ारसी अरबी और संस्कृत का तो सम्मान था, किंतु जनभाषा हिंदी को विद्वान हेय की दृष्टि से देखते थे। यही कारण है कि जनभाषा में न जाने कितने कवि और रचनाकार इस काल में हुए किंतु उनकी रचनाएं सुरक्षित नहीं रहीं। यह खुसरो की लोकप्रियता ही है कि उनकी हिंदी रचनाएं आज भी जन-जन की जिह्वा पर जीवित हैं।

अमीर खुसरो का हिंदी के विकास में एक महत्त्वपूर्ण स्थान है। उनका प्रमुख योगदान इस बात में है कि वे ऐसे पहले कवि थे जिन्होंने दिल्ली के आस-पास की जनभाषा खड़ीबोली को अपने काव्य की अभिव्यक्ति का माध्यम बनाया। उन्हें खड़ीबोली का आदि कवि माना जाता है। डॉ. रामकुमार वर्मा ने अपने हिंदी साहित्य का आलोचनात्मक इतिहास में लिखा है कि "अमीर खुसरो जन साधारण की भाषा खड़ीबोली को साहित्यिक रूप देने में सबसे पहले सफल हुए।" वे आगे लिखते हैं कि खुसरो ने जो सबसे बड़ा काम किया वह यह है कि उन्होंने तत्कालीन काव्य आदर्शों में बंधकर जन साधारण की बोली में हिंदी रचना की।

खुसरो की बहुत थोड़ी रचनाएं ही आज उपलब्ध हैं। बहुत अधिक समय व्यतीत हो जाने के कारण उनमें से कुछ के प्रक्षिप्त होने का भी संदेह है, क्योंकि ये रचनाएं हमारे पास मौखिक परंपरा से ही आई हैं। उन्होंने अपनी हिंदी रचनाओं को जैसा कि वे स्वयं भी कहते थे, एकत्रित नहीं किया था। उनके इस कथन से यह तो सिद्ध हो जाता है कि उन्होंने हिंदी में भी रचनाएं की थीं। कुछ विद्वान जो उनकी हिंदी रचनाओं पर संदेह करते हैं, उनका कोई ठोस आधार नहीं है। रामधारी सिंह दिनकर भी स्वीकार करते हैं "हमें मानना पड़ता है कि इस भाषा (खड़ीबोली) का प्राचीनतम लिखित साहित्य खुसरो का ही है।"

अमीर खुसरो ने अपनी मसनवी खिज़्र खां और देवलरानी में हिंदी भाषा को अन्य भाषाओं से श्रेष्ठ बताते हुए लिखा है कि मैं भूल पर था, पर अच्छी तरह सोचने पर हिंदी भाषा फारसी से कम ज्ञात नहीं हुई। अरबी के सिवाय जो प्रत्येक भाषा की मीर और सबों में मुख्य है, रई (अरब का एक नगर) और रूम की प्रचलित भाषाएं समझने पर हिंदी से कम मालूम हुई।

डॉ. रामकुमार वर्मा के अनुसार "खुसरो हिंदी साहित्य के एक युग परिवर्तनकारी

कवि हैं, जिन्होंने हिंदी साहित्य का बड़ा उपकार किया है। वे जन साधारण की खड़ीबोली भाषा को साहित्यिक रूप देने में सबसे पहले सफल हुए।"

खुसरो का हिंदी काव्य

खुसरो की हिंदी रचनाओं की पुरानी पाण्डुलिपि अभी तक नहीं मिली है। सफदर 'आह' के अनुसार हिंदी रचनाओं में से केवल चार सौ अंश हमारे पास रह गए हैं। इन्हें 3 भागों में विभक्त किया जा सकता है : 1. साहित्यिक स्वरूप की रचनाएं 2. लोक रुचि की रचनाएं और 3. ख़ालिक बारी कोश।

जहां तक साहित्यिक रचनाओं का संबंध है उनके कुछ दोहे, ग़ज़लें और स्फुट रचनाएं उपलब्ध हैं। खुसरो का एक सबसे प्रामाणिक दोहा है, जो प्रत्येक वर्ष ख़्वाज़ा निज़ामुद्दीन औलिया के उर्स के अवसर पर गया जाता है—

"गौरी सोवे सेज पर मुख पर डाले केस
चल "खुसरो" घर आपने रैन भई चहुं देश।"

दूसरा दोहा परंपरागत रूप से खुसरो का ही माना जाता रहा है, वह है—

"खुसरो रैन सुहाग की जागी पी के संग
तन मेरा मन पीव को दोऊ भए इक रंग।"

खुसरो का एक प्रामाणिक दोहा दक्खिनी हिंदी के प्रसिद्ध कवि मुल्ला वजही के सब-रस में भी उद्धृत है—

"पंखा होकर मैं ढुली, साती तेरा चाव
मुंज जलती को जन्म गयो, तेरे लेखन बाव।"

यद्यपि सफ़्दर आह जैसे कुछ आलोचकों को इसके खुसरो का होने पर संदेह है, किंतु एक प्रसिद्ध कवि द्वारा इसका उद्धरण उनके नाम से दिया जाना स्वयं एक प्रमाण है।

डॉ. भोलानाथ तिवारी ने अपने ग्रंथ अमीर खुसरो में खुसरो के नाम से प्रचलित 12 दोहों का उल्लेख किया है।

फारसी हिंदी मिश्रित छंद . उनकी अनेक फारसी रचनाओं में हिंदी के शब्द और वाक्य प्रयुक्त हुए हैं। उनकी मसनवी "गुर्रातुल कमाल" में एक ऐसा शेर है जो फारसी का भी हो सकता है और हिंदी का भी —

"आरी-आरी हमा बियारी, आरी
मारी-मारी, बिरह की मारी, आरी।"

मीर तकी "मीर" के तज़करे - निकाअत-उस-शोरा में खुसरो के एक फारसी मिश्रित छंद का उल्लेख किया गया है, जो इस प्रकार है —

"ज़रगर-पिसरे चूं माह पारा,
कुछ घड़िए, संवारिए, पुकारा

नक़द दिले मन गिरफतो-बशिकस्त
फिर न कुछ घड़ा न संवारा।"

इसके अतिरिक्त उन्होंने अपनी मसनवी "तुग़लक नामा" में खड़ीबोली के शब्दों का प्रयोग भी कई स्थानों पर किया है —

1. सुखन शां "मार-मार" व सर बसर "मार"
2. ब ज़ारी गुफ्त" है-है, तीर मार।

एक रुबाई में "तिल" "तेल" और "तेली" का प्रयोग मिलता है। "गुफ्ता कि बरो नीस्त दरीं तिल तेले" इन तिलों में तेल नहीं का मुहावरा स्पष्ट झलकता है। एक मिसरे में हिंदी शब्द देखिए "हर गाह ब गोई दही लेहू दही" इसी प्रकार का एक और मिसरा भी है —

"फरियाद बर आवरद कि दुर-दुर मुए"

इससे स्पष्ट होता है खुसरो अपनी हिंदी कविताओं में ही नहीं फारसी में भी हिंदी शब्दों का प्रयोग करने से नहीं चूकते थे। अमीर खुसरो की एक फारसी हिंदी गज़ल बहुत ही प्रसिद्ध है जिसका एक मिसरा फारसी में और दूसरा हिंदी में है।

"ज़े हाले मिस्कीं मुकुन तगाफुल, दुराए नैनां बनाए बतियाँ,
कि ताबे - हिजरा न दारम ऐ जां, न लेहु काहे लगाए छतियाँ।
शबाने हिजरां दराज़ चूं जुल्फो रीज़े वसलत चूं उम्र कोताह।
सखि पिया को जो मैं न देखूं, तो कैसे काटूं अंधरी रतियां।।

इस मिश्रित ग़जल से पता चलता है कि हिंदी का प्रयोग गज़ल के लिए भी आरंभ हो गया था। यह पहला अवसर है जबकि हिंदी में भी किसी कवि ने गज़ल लिखने का प्रयास किया था। यह समय का तकाज़ा भी था, क्योंकि जन सामान्य फारसी की गजलों का रसास्वादन नहीं कर सकता था। इसलिए धीरे धीरे हिंदी का प्रयोग किया गया। इस गज़ल से यह भी सहज ही प्रकट हो जाता है कि हिंदी में गज़ल उर्दू की अपेक्षा पहले लिखी गई।

यह कथन इसलिए महत्त्वपूर्ण है कि उस समय तक उर्दू शब्द की उत्पत्ति नहीं हुई थी। यदि मान भी लिया जाए कि हिंदवी शब्द ही दोनों के लिए प्रयुक्त होता था, फिर भी इसमें शब्दों का जो चयन है और भाषा की जो ब्रज मिश्रित शैली है, वह निस्संदेह हिंदी की ही है, और आज "उर्दू" कहे जाने वाली भाषा से बिल्कुल मेल नहीं खाती।

डॉ. महमूद शीरानी ने एक और ग़ज़ल उद्धृत की है जो 13 वीं सदी के आरंभ में लिखी गई एक पाण्डुलिपि पर आधारित है। जिसकी आरंभिक पंक्तियां हैं —

जब यार देखा नैन भर, दिल की गई चिंता उतर
ऐसा नहीं कोई अजब राखे उसे समझाय कर।

खुसरो ने लोक रुचि की अनेक रचनाएं की हैं जिनमें प्रमुख हैं—

1. पहेलियां, कह मुकरियां, निस्बतें, सखुने, दो-सखुने, ढकोसले, गीत, कव्वाली

आदि।

पहेलियां- भारत में पहेलियां (प्रहेलिका) की परंपरा बड़ी पुरानी है। अमीर खुसरो ने भी इस लोक परंपरा का निर्वाह करते हुए जन भाषा में जनता के मनोरंजन के लिए दो प्रकार की पहेलियां लिखी। पहले प्रकार की बूझ-पहेलियां हैं, जिनका उत्तर पहेली में ही प्रत्यक्ष या परोक्ष रूप से विद्‌यमान रहता है, जैसे —

1. बाला था जब सबको भाया, बड़ा हुआ कुछ काम न आया।
खुसरो कह दिया उसका नाँव, अर्थ करो नहीं छोड़ो गाँव।

(दिया)

दूसरी बिन बूझ पहेलियां है, जिनका उत्तर ढूंढ़ना पड़ता है, जैसे—

"श्याम वरन की है एक नारी, माथे उपंर लागे प्यारी,
जो मानस इस अर्थ को खोले, कुत्ते की वह बोली बोले।"

(भौं)

आज खुसरो के नाम से अनेक पहेलियां प्रचलित हैं जिनमें सभी खुसरो की नहीं हो सकती। कुछ प्रक्षिप्त हैं। फिर भी इतना अवश्य है कि इनसे खुसरो की लोकप्रियता तो सिद्‌ध होती ही है।

कह-मुकरियां- किसी उक्ति को कहकर मुकर जाना। ऐसी पहेलियां नई नवेली सहेलियों में हंसी-मज़ाक के लिए सदियों से प्रचलित रही हैं। एक सखी दूसरी सखी से पहेली बूझती है, जिसका अर्थ 'साजन' होता है। किंतु जैसे सखी "साजन" अर्थ बताती है। दूसरी मुकर जाती है। देखिए एक उदाहरण—

"वह आये तब शादी होय,
उस बिन दूजा और न कोय।
मीठे लागे वाके बोल,
ऐ सखी साजन, ना सखी ढोल।"

इनसे सहज ही पता लग जाता है कि अमीर खुसरो कितने विनोदी प्रकृति के व्यक्ति रहे होंगे। खुसरो की जीवित लोकप्रियता को देखते हुए भारतेंदु हरिश्चंद्र ने भी उन्हीं की परंपरा में मुकरियां लिखी थी। उदाहरणार्थ—

सब गुरुजन को बुरा बतावें, अपनी खिचड़ी आप पकावें।
भीतर तत्त्व न झूठी तेजी, क्यों सखी साजन नहीं अंग्रेजी।

निस्बत- इसका अर्थ है "तुलना या संबंध"। खुसरो ने कुछ निस्बतें भी लिखी हैं। यह भी एक प्रकार की पहेली है। जैसे—

जानवर और बंदूक में क्या निस्बत है। (अर्थ–मक्खी, घोड़ा, तोता, कुत्ता)

दो-सखुना- इसमें दो उक्तियों का उत्तर एक ही होता है।

जैसे- पंडित क्यों प्यासा ?
गधा क्यों उदासा ? लौटा न था

इसी प्रकार खुसरो ने कुछ "**ढकोसलें**" भी लिखे थे। ये बे सिर पैर की बातें होती थीं, जैसे—

भैंसा चढ़ा बबूल पर लप-लप गूलर खाय,
पूंछ उठा के देखा, तो पूर्णमासी के तीन दिन।

गीत- खुसरो ने विभिन्न पर्वों, उत्सवों और रीति-रिवाजो से संबंधित अनेक गीत लिखे, जो आज तक जन सामान्य में उतने ही लोकप्रिय हैं। सावन में लड़कियों द्वारा आज भी गांवों में उनका यह गीत प्रचलित है—

अम्मां मेरे बाबा को भेजो, कि सावन आया।
बेटी तेरा बाबा तो बूढ़ा री, कि सावन आया।
अम्मां मेरे भाई को भेजो जी, कि सावन आया।
बेटी तेरा भाई तो बाला री, कि सावन आया।

उनका एक अन्य गीत देखिए-

बहुत रही बाबुल घर दुल्हन, चल तेरे पी ने बुलाई।
बहुत खेल खेली सखियन सौं, अंत करि लरिकाई।

अमीर खुसरो अपनी कव्वाली के लिए भी प्रसिद्ध हैं। सभी कव्वाल उन्हें अपना गुरु मानते हैं। उनके नाम से अनेक कव्वालियां हिंदी में भी प्रचलित हैं। देखिए एक उदाहरण—

छापा तिलक तज दीन्हीं रे, तो से नैना मिलाके,
प्रेमवटी का मदवा पिलाके,
मतवारी कर दीन्हीं रे, मो से नैना मिलाके,
खुसरो निज़ाम पर बलि-बलि जइए,
मो सुहागन कीन्हीं रे, मो से नैना मिलाके।

खुसरो बड़े ही प्रत्युन्मति कवि थे। समस्या सामने आई नहीं कि कविता हाज़िर। किम्वदंती है कि एक बार वे कुएं पर पानी पीने गए। वहां चार स्त्रियां पानी भर रही थीं। स्त्रियों ने उनसे कहा कि उन्हें तब पानी पिलाएंगी जब उनके चार शब्द, "खीर", कुत्ता, चरखा, और ढोल को एक ही कविता में पिरो देंगे। खुसरो तो आशुकवि थे, तत्काल यह ढकोसला कह दिया —

खीर पकाई जतन से, चर्खा दिया चलाय।
आया कुत्ता खा गया, तू बैठी ढोल बजाय।

खालिक बारी- खुसरो की सबसे महत्त्वपूर्ण रचना उनकी खालिकबारी है जो एक प्रकार का कोश है, जिसमें 215 शेर हैं। इसमें तुर्की, अरबी तथा फारसी शब्दों के हिंदी पर्याय दिए गए हैं जैसे—

खालिक बारी सिरजनहार,
वाहिद एक बदा करतार

"खालिक बारी" की रचना उस समय की एक ऐतिहासिक आवश्कता थी, क्योंकि

अरब, तुर्किस्तान और ईरान से आने वाले मुसलमानों के लिए भारत के निवासियों की भाषा का सम्यक् ज्ञान बहुत आवश्यक था। अतः मदरसों में खालिक बारी को पाठ्य-पुस्तक के रूप में पढ़ाया जाता था।

खालिक बारी के संबंध में विद्वानों में अभी तक मतभेद बना हुआ है। सबसे पहले महमूद शीरानी ऐसे व्यक्ति हैं, जो इसे अमीर खुसरो की रचना नहीं मानते। वे इसे ज़ियाउद्दीन खुसरो की रचना बताते हैं। किंतु डॉ. मसऊद खां इस संबंध में सावधानी से काम लेने की सलाह देते हैं। फिर भी इसे पूर्णतः खुसरो की रचना मानने के लिए तैयार नहीं। डॉ. वहीद मिर्ज़ा का कथन है कि "मुवाफिक और मुखालिफ़ दलीलों का बगौर मुत्तालआ (अध्ययन) करने के बाद इस नतीजे पर पहुंचा हूं कि खालिक बारी या इसका ज्यादातर हिस्सा अमीर खुसरो की तसनीफ (रचना) जरूर है। यह दूसरी बात है कि इम्तदादे-ज़माना से इसमें तसर्रुफ और तहरीफ़ होता रहा हो और बाज़ हिंदी अल्फाज़ की शक्ल बदल गई हो।"

खालिक बारी की रचना के संबंध में मुहम्मद हुसैन आज़ाद ने लिखा है "खालिक बारी जिसका इख्तिसार (संक्षिप्त रूप) आज तक बच्चों का वजीफ़ा है, कई बड़ी-बड़ी जिल्दों में थी। वे आगे लिखते हैं कि एक भटियारी के लड़के के लिए ख़ालिक बारी लिख दी। सईद अहमद मारेहरवी ने भी कई बड़ी-बड़ी जिल्दों में इसका होना स्वीकार किया है।

मुहम्मद अमीन चिरिया कोटी का कथन है कि 'यह किताब ऐसे वक्त में लिखी गई थी जबकि मुसलमान ज़ोक दर ज़ोक बराहे-ख़ेबर बलख व बुखारा व ईरान व तुरान व तुर्किस्तान से मुग़लों के हाथों तरके-वतन करके हिंदुस्तान आ रहे थे।.... इन अजनबियों ने बाहम तार्रुफ (परिचय) कराने की गर्ज से हज़रत अमीर ने उन तमाम लुग़ात (शब्द) व अल्फाज़ की जो एक दूसरे की ज़बानों पर मौजूद और बारआमद थे, इस खूबसूरती के साथ मुतलिक (संबंध) कर दिया।' प्रो. महमूद शीरानी खालिक बारी को अमीर खुसरो की रचना मानने को तैयार नहीं हैं। उनका कहना है कि इसके रचयिता जहांगीर के शासन काल के ज़ियाउद्दीन खुसरो हैं। शीरानी ने ज़ियाउद्दीन की इस रचना को "हिफ़जुललिसान" के नाम से 1944 में संपादित कर यह सिद्ध करने का प्रयत्न किया है कि खालिक बारी 1031 हि. की रचना है जो खुसरो की रचना नहीं हो सकती। डॉ. श्रीराम शर्मा ने 1964 में नागरी प्रचारिणी सभा की ओर खालिक बारी का हिंदी में संपादन किया तथा शीरानी के इन सभी तर्कों का उत्तर देते हुए सिद्ध करने का प्रयास किया कि रचना खुसरो की ही है। शीरानी ने खालिक बारी में प्रयुक्त "दाम" और "दमड़ा" शब्दों के आधार पर इसे जहांगीर कालीन माना है। उसका कहना है कि "दाम" और "दमड़ा" अकबरी दौर से कब्ल (पूर्व) नामालूम थे इसलिए इसे अकबर के बाद की रचना माना है। किंतु "दाम" शब्द का प्रयोग भारत में बहुत पुराना है। यह यूनानी शब्द "दख्मे" से बना है जो सिकंदर के साथ भारत में आया था। संस्कृत में "द्रम्य" प्राकृत में "दम्भ" शब्द भी इसी की देन है।

दूसरी आपत्ति खालिक बारी के अंत में "खुसरो शाह" शब्द का प्रयोग है—

"मौलवी साहब सरन पनाह,
गदा-भिखारी खुसरो शाह।"

किंतु यहां खुसरो ने अपने को "शाह" (राजा) नहीं कहा, बल्कि "खुसरो" शब्द का पर्याय "शाह" ही बताया है।

इस प्रकार और भी कई आपत्तियां उठाई गई हैं।

सफदर आह ने अल्लाह खुदाई (रचयिता तजल्ली 1060 हि.) में "खालिक बारी" शब्द के प्रयोग का उल्लेख करते हुए लिखा है कि इसमें खुसरो की आत्मा से सहायता मांगी गई है।

"रूहे - खुसरो नमायदम यारी"

तजल्ली इस बात की भी तस्दीक करता है कि खुसरो वही है, जो निज़ामुद्दीन औलिया के शिष्य हैं। इस प्रकार ख़ालिक बारी तजल्ली के समय तक लोकप्रिय थी, इसीलिए, वह खुसरो का उल्लेख अपने ग्रंथ में कर उसकी आत्मा से प्रेरणा लेता है। अतः हमें शीरानी के तर्कों में अधिक दम नहीं दिखाई देता। यहां उर्दू के प्रसिद्ध विद्वान सफ़दर आह के इन शब्दों पर ध्यान देना भी आवश्यक है, जिनमें उसने कहा है "प्रो. महमूद शीरानी मरहूम ने एक मुनज़्ज़िम (व्यवस्थित) मनसूबे के तहत हिंदी-दुश्मनी में किताब "हिफ़ज़ुल्लिसान" लिखकर यह साबित करने की कोशिश की है कि खालिक बारी अमीर खुसरो की तस्नीफ (रचना) नहीं है।"

सफदर आह एक स्थान पर यहां तक लिख देते हैं कि "दरअसल वह (प्रो. शीरानी) खुसुरो के हिंदी पर हमला करने की तैयारियां कर रहे थे। इससे प्रतीत होता है कि प्रो. शीरानी की मान्यता में निष्पक्ष होने का अभाव है।

निष्कर्षतः यह कहा जा सकता है कि खालिक बारी मूलतः अमीर खुसरो की रचना है जो पिछले सात सौ वर्षों से उन्हीं के नाम से सर्वत्र प्रसिद्ध रही है। किंतु यह मानना पड़ेगा कि समय के साथ-साथ इसमें पर्याप्त परिवद्र्धन और प्रक्षेपण भी होता गया है। किसी भी लोकप्रिय रचना के लिए ऐसा होना स्वाभाविक भी है।

खालिक बारी में मुख्य रूप से फारसी और हिंदी के पर्यायवाची शब्द दिए गए हैं। कहीं-कहीं अरबी और तुर्की पर्याय भी हैं। आज उपलब्ध खालिक बारी में शब्दों की संख्या निम्न प्रकार है-

अरबी- 237, तुर्की-2, फारसी, 482, हिंदी 475। कुछ शब्द कई बार आए हैं और कुछ शब्द न होकर वाक्य खंड हैं। यह कोश इतना लोकप्रिय था कि इसकी लाखों प्रतियां लिखवाकर ऊंटों और गाड़ियों पर लदवाकर देशभर में बंटवाई गई थीं। इसके संबंध में किंवदंती है—

"एक लाख ऊंट, सवा लाख गारी,
तेहि पर लादी खालिक़ बारी"

संगीत प्रेम- खुसरो संगीत कला में भी निपुण थे।

अनेक राग-रागनियों का भी इन्होंने आविष्कार किया था। कहा जाता है कि सारंगी, बीन और सितार आदि वाद्य यंत्र उन्हीं के आविष्कार हैं। यह भी प्रसिद्ध है कि अपने समय के जगत् गुरु "गोपाल" को नीचा दिखा कर वे "नायक" बन गए थे। इनके प्रसिद्ध रागों का फारसी अनुवाद आलमगीर के समय में एक "अमीर फकीर अल्लाह" ने किया था और उसका नाम "राग दर्पण" रखा था।

अंत में हम यह कह सकते हैं कि अमीर खुसरो ने दिल्ली के आस-पास की जिस बोली को साहित्य की भाषा बनाने का प्रयास किया था। उसी का परिनिष्ठित रूप आज भारत की राजभाषा के रूप में हमारे देश के संविधान में समाहित है। हिंदी भाषा को अमीर खुसरो की यह सबसे बड़ी देन है।

डॉ. रामकुमार वर्मा के शब्दों में "खुसरो की विनोदप्रिय कविता हिंदी साहित्य के इतिहास की एक महान निधि है। मनोरंजन और कविता का अवतार यह कवि अमीर खुसरो अपनी मौलिकता के लिए सदैव स्मरणीय रहेगा।"

अमीर खुसरो द्वारा प्रस्तुत भारतीय भाषा सर्वेक्षण

अमीर खुसरो (1255-1325 ई.) एक बहुमुखी प्रतिभा के व्यक्ति थे। ये अरबी और तुर्की के विद्वान और संस्कृत के ज्ञाता थे, फारसी इनके घर की बाँदी थी। खड़ीबोली इन्हें अपनी माँ से विरासत में मिली थी। इन्हें खड़ीबोली हिंदी का प्रथम कवि माना जाता है। इन्होंने ही सर्वप्रथम दिल्ली के आसपास की इस बोली का काव्य में प्रयोग किया, जिसे सैनिकों और व्यापारियों द्वारा दक्खिन में ले जाया गया और वह वहां "दक्खिनी हिंदी "के रूप में विकसित हो पुनः उत्तर लौटी[1] और आज उसी का परिनिष्ठित रूप इस देश की राजभाषा के रूप में समादृत है।

वास्तव में खुसरो फारसी के उच्च कोटि के कवि थे। उनकी फारसी कविता शेष सादी और हाफ़िज की कविता से टक्कर ले सकती है। स्वयं ईरानी विद्वान भी इन्हें "तुतीए हिंद" के नाम से पुकारते थे। खुसरो के समकालीन इतिहासकार ज़ियाउद्दीन बरनी का कथन है—

"अमीर खसुरो दर नज़्म व नस्त्र फारसी कुतबखाना तसनीफ़ करदा अस्त[2] (अर्थात् खुसरो ने फारसी पद्य और गद्य के एक पुस्तकालय की रचना की है।)"।

अमीर खुसरो फारसी और खड़ीबोली के महान कवि होने के साथ-साथ उच्च कोटि के भाषाविद् भी थे। उन्होंने सभी भारतीय भाषाओं को निकट से देखा जिनका उन्होंने अपनी रचनाओं में उल्लेख किया है । इनके द्वारा भारतीय भाषाओं का सर्वेक्षण भाषा वैज्ञानिक दृष्टि से तो महत्त्वपूर्ण है ही, साथ ही वह देश की विविधता में एकता का भी द्योतक है। सर जार्ज ग्रियर्सन से लगभग साढ़े छह सौ वर्ष पूर्व भाषाओं की जो स्थिति खुसरो द्वारा बताई गई है प्रायः वही आज भी है। खुसरो पहले व्यक्ति हैं जिन्होंने कश्मीर से कन्याकुमारी और गुजरात से बंगाल तक सारे भारत की भाषाओं का सम्यक् अध्ययन किया था और उनकी सूची तैयार की थी। खुसरो लिखता है कि मैंने स्वयं भारत की कई भाषाओं के संबंध में बहुत कुछ परिचय प्राप्त कर लिया है। और उन सबके बारे में मैंने जानकारी प्राप्त की है। उन्हें मैं बोलता और जानता हूं। मैंने उनकी खोज की है और मैं उनको कमोबेश जानता हूं—

दानम व दरियाफ्ता व गुफता हम
जुस्तो-रोशन शुदा जान बेशो-कम।

खुसरो ने अपनी प्रसिद्ध मसनवी "नूहसिपहर" (नौ आकाश) के एक अध्याय (सर्ग 3 अध्याय-5) में भारतीय भाषाओं का सर्वेक्षण प्रस्तुत किया है। भारतीय भाषाओं के इस सर्वेक्षण का उल्लेख सर जार्ज ग्रियर्सन ने आरंभ (वैत 71, 72) में ही किया है। खुसरो ने सिंदी (सिंधी), लाहौरी (पंजाबी), कश्मीरी, कबर, धूर समंदरी, तिलंगी

(तेलुगु), गुजर (गुजराती), माअबरी (कारोमंडल समुद्र तट की भाषा तमिल), गौरी (गौडी-पश्चिमी बंगला), बंगाल (बंगला), अवद (अवधी-पूर्वी हिंदी) और दिल्ली तथा उसके आसपास की भाषा, इन सभी भाषाओं का उल्लेख किया है।[3]

देखिए—

"सिंदी व लाहौरी व कश्मीर व कबर[4]
घुर समंदरी[5] व तिलंगी, व गुजर
माअबरी[6] व गौरी व बंगाल व अवद,
दिहली व पैरामनश अंदर हमह हद
ईं हमह हिंदवीस्त ज़ अय्यामे-कुहन
आम्मा बकार अस्त ब हर गो न सुखन।"

इस प्रकार अमीर खुसरो भारत की जिन 12 भाषाओं का उल्लेख करता है, वे हैं-1. सिंधी 2. पंजाबी 3. कश्मीरी 4. कन्नड़ 5. तमिल 6. तेलुगु 7. गुजराती 8. मलयालम 9. उड़िया (पश्चिमी बंगाल), 10. बंगला 11. अवधी; तथा 12. दिल्ली और उसके आसपास की भाषा।

हिंदवी भाषा के संबंध में वह कहता है कि इसका अस्तित्व प्राचीन काल में था और आज भी पाया जाता है—

"हिंद हमीन काइदह दारद व सुखन
हिंदुई बूद अस्त दर अय्यामे-कुहन[7]

(अर्थात् भारत में भाषा के नियम बने हुए थे हिंदुई भाषा प्राचीन काल से ही विद्यमान थी और आज भी है)।

इससे जार्ज ग्रियर्सन की इस भ्रांति का निराकरण हो जाता है कि "यहां हिंदी से वास्तव में खुसरो का तात्पर्य संस्कृत से है, न कि उस भाषा से जिसे हम आज इस नाम से अभिहित करते हैं।"

इस बैत का साफ अर्थ है कि हिंदुई भाषा प्राचीन काल में थी और आज भी है। हिंदुई से तात्पर्य "संस्कृत" नहीं है, जैसा कि ग्रियर्सन कहते हैं।

संस्कृत के संबंध में खुसरो का कथन है कि—

"संस्कृत नाम ज़ अहदे कुहनश
आमह न दारद खबर अज़ कुन-म-कुनश"[8]

(अर्थात् प्राचीन काल से इसका नाम संस्कृत है। जन साधारण के साथ उसके व्याकरण की बारीकियों की वार्ता नहीं है।) संस्कृत के संबंध में वह आगे कहता है कि वह ब्राह्मणों के पास है और "दरी" भाषा से किसी भी प्रकार कम नहीं है।

"गरचे कि शीरींस्त दरी व शकरीन
जौके इबारत कम अजानीस्त दरीन"[9]

(यद्यपि "दरी" [10] भाषा मीठी और शक्कर के समान है, किंतु संस्कृत भाषा में

उससे साहित्य सृजनशीलता किसी भी प्रकार कम नहीं है।)

खुसरो के भाषा-सर्वेक्षण में संविधान की 8वीं अनुसूची में उल्लिखित 18 भाषाओं में से कुछ का उल्लेख नहीं है। हाँ "कवर" नाम की जिस भाषा का उल्लेख किया गया है वह अज्ञात है। डॉ. ज्ञानचंद जैन ने अपने एक लेख में इसे डोगरी बताने का प्रयास किया है। (देखिए खुसरो शनाशी-नेशनल बुक ट्रस्ट इंडिया पृ. 226) ग्रियर्सन भी इसे डोगरी कहते हैं जो उचित नहीं लगता। डॉ. भोलानाथ तिवारी का अनुमान है कि "कबर" शब्द "कनर" है और इससे आशय कन्नड़ से है। फारसी लिपि में लिखे होने के कारण बिंदु ठीक से नहीं पढ़ा गया। इसी प्रकार घोर समंदरी शबद "द्वार समुद्री" या धुर समुद्री हो सकता है। ग्रियर्सन ने इसे कन्नड माना है जब कि यह शब्द मलयालम के लिए प्रयोग किया गया लगता है। इसी प्रकार "माअबरी" भाषा को तमिल माना गया है। वास्तव में ग्रियर्सन ने खुसरो के मूल ग्रंथ को देखा नहीं था। उन्होंने इलियट के इतिहास "हिंदी ऑफ इंडिया के आधार पर ही जानकारी प्राप्त की थी। बंगाली के लिए दो क्षेत्रीय भाषाओं "गौड़" और "बंगाल" का उल्लेख खुसरो ने किया है। हो सकता है असमिया भी बंगाल के अंतर्गत ही स्वीकार कर ली गई हो, क्योंकि लगता है कि असमिया तब तक स्वतंत्र भाषा के रूप में भी विकसित न हुई हो। फिर भी खुसरो के इस भाषा-सर्वेक्षण का ऐतिहासिक महत्त्व है।

खुसरो भाषाविद् होने के साथ-साथ एक कोशकार भी थे और उन्होंने अरबी-फारसी और हिंदी का एक पर्यायवाची शब्दकोश "खालिक बारी" नाम से भी तैयार किया था।[11]

खुसरो युग-द्रष्टा थे, उन्होंने तत्कालीन सामाजिक और राजनीतिक आवश्यकता को देखते हुए ही इस ग्रंथ की रचना की थी। क्योंकि बाहर से आने वाले फारसी और अरबी जानने वाले मुसलमानों के लिए यहां की भाषा अपरिचित थी इसलिए कोश के द्वारा इन्हें हिंदी और हिंदी वालों को फारसी का कार्यसाधक ज्ञान करा दिया जाता था। उपादेयता की दृष्टि से खालिक बारी का ऐतिहासिक महत्त्व है।

संदर्भ

1. हिंदी भाषा तथा साहित्य, डॉ. उदय नारायण तिवारी - पृष्ठ 18
2. तारीख फीरोजशाही, ज़ियाउद्दीन वरनी पृ. 259
3. राष्ट्रवाणी, अमीर खुसरो विशेषांक (जून 1972), पूना श्री देवी सिंग चौहान - पृ. 48
4. "कवर" को "कनर" पड़ा जाना अधिक युक्ति-युक्त प्रतीत होता है। इसलिए यह भाषा कन्नड़ हो सकती है।
5. श्री चौहान ने "धुर समंदरी" को "कन्नड़" माना है, किंतु इसमें संदेह प्रतीत होता है। यह भाषा संभवतया "तमिल" थी।
6. "माअबरी" को तमिल के स्थान पर "मलयालम" मानना अधिक युक्ति संगत प्रतीत होता है क्योंकि कारोमंडल पश्चिम तट पर ही है।

7. मसनबी नूह सिपहर-सर्ग-3, अध्याय 5, बैत 49
8. नूह सिपहर सर्ग-3 अध्याय-5 बैत 75
9. वही-बैत-84
10. "दरी" भाषा स्टीनगास के कोश के अनुसार बलख जो आवैसस नदी के तट पर है, "बदखशां, बुखारा आदि प्रदेश में प्रयुक्त होती है। यह फारसीं की एक बोली है। खुसरो के अनुसार फारसी यद्‌यपि ईरान में पैदा हुई किंतु वहां पर उसका स्वरूप शुद्ध नहीं रहा। उसका शुद्ध रूप तो दरी के रूप में मावरा-उन्नहर अर्थात् बलख, बुखारा आदि में पाया जाता है।
11. देखिए अमीर खुसरो कृत खालिक बारी (सं. डॉ. श्रीराम शर्मा, काशी नागरी प्रचारिणी सभा 2021 वि.।)

जायसी कृत
कहरनामा और मसलनामा[1]

कुछ समय पहले हिंदुस्तानी एकेडमी द्वारा प्रकाशित तथा श्री अमर बहादुर "अमरेश" द्वारा संपादित "कहरानामा और मसलानामा" को लेकर हिंदी जगत में काफी चर्चा चली। यह धारणा तो अब लगभग पुष्ट हो ही गई है कि जायसी के विषय में नागरी प्रचारिण सभा द्वारा प्रस्तुत सूची में इन पुस्तकों का कोई उल्लेख नहीं मिलता। आचार्य रामचंद्र शुक्ल द्वारा संपादित "जायसी ग्रंथावली" में पद्मावत, "अखरावट" तथा "आखरी कलाम" का ही समावेश किया गया है। "मसलनामा" (मसलानामा) को सर्वप्रथम प्रकाश में लाने का श्रेय डॉ. शिव सहाय पाठक को ही दिया जाए या नहीं इस पर विद्वान् एकमत नहीं हैं। डॉ. पाठक ने अपनी पुस्तक "मलिक मुहम्मद जायसी और उनका काव्य" के परिशिष्ट में "मसला" के रूप में इसे समाविष्ट किया है। डॉ. राम पूजन तिवारी ने अपनी पुस्तक "जायसी" के अंतिम अध्याय "मसला" में इस मसले पर विशद् रूप से प्रकाश डाला है।

अमर बहादुर सिंह "अमरेश" के अनुसार, स्वर्गीय डॉ. वासुदेव शरण अग्रवाल प्रथम व्यक्ति हैं, जिन्होंने पत्र लिखकर इस संबंध में जानकारी प्राप्त की। बाद में उन्होंने अपने एक अंग्रेज मित्र को इसकी सूचना इंग्लैंड भेजी, जिसका विवरण "एक हिंदी प्रेमी अंग्रेज का पत्र" शीर्षक से "साप्ताहिक हिंदुस्तान" में प्रकाशित हुआ। हिंदुस्तानी एकेडेमी इलाहाबाद ने अपनी पत्रिका "हिंदुस्तानी" के भाग 21: अंक 2 अप्रैल - 1960 में "मसलनामा" का पाठ प्रकाशित किया था तब से आज तक यह ग्रंथ चर्चा का विषय बना हुआ है।

इसमें तनिक भी संदेह नहीं कि स्व. डॉ. वासुदेव शरण अग्रवाल ने मसलनामा की और हिंदी जगत् का ध्यान आकृष्ट कर एक बहुत बड़ा कार्य किया है। अमर बहादुर सिंह "अमरेश" द्वारा संपादित पुस्तक के अनुसार "मसलनामे" में 59 चौपाइयां और 12 दोहे हैं। पांच चौपाइयों के बाद एक दोहा दिया गया है। प्रत्येक दोहे तथा चौपाई में कोई-न-कोई लोकोक्ति अथवा मुहावरा दिया गया है। यहां यह बात दृष्टव्य है कि इन लोकोक्तियों के पीछे आत्मा, परमात्मा अथवा नीति संबंधी कोई-न-कोई ज्ञान छिपा है। जायसी ने अपने सूफी सिद्धांतों की पुष्टि, लोकोक्तियों के आधार पर की है। मुहावरों और लोकोक्तियों को संकलित करने वाले एक अन्य सूफी कवि सैयद बरकत उल्लाह "पेमी" भी हुए हैं, जिन्होंने हिंदी मुहावरों और लोकोक्तियों को "अवारिफे हिंदी" के नाम से केवल स्वतंत्र रूप से ही संगृहीत किया है[2]। पेमी का उद्देश्य इनके माध्यम से कोई नीति संबंधी उपदेश देना नहीं था।

मसलनामा या मसलानामा - "मसलनामा" जायसी की एक महत्त्वपूर्ण रचना है। इनमें हिंदी के तत्कालीन मुहावरों और लोकोक्तियों का प्रयोग किया गया है। यहां जायसी द्वारा इस पुस्तक का नाम "मसलनामा" रखा गया था या "मसलानामा" इस पर विचार किया जाना अप्रासंगिक न होगा।

"मसलानामा" दो शब्द (मसला+नामा) के योग से बना है। इसमें "मसला" शब्द अरबी का है और "नामा" फारसी का। नामा का अर्थ है, चिट्ठी, खत, पत्र[3] अथवा संवाद, किंतु समास रूप में इसका अर्थ कोई ग्रंथ अथवा दस्तावेज होता है। अतः मसला का अर्थ हुआ "मसलों संबंधी ग्रंथ"। यहां "मसला" शब्द पर भी ध्यान दिया जाना आवश्यक है। मसला, मसअल : (अ.) का अर्थ है समस्या, पेचीदा मुआमला, विषय, मौजूदा धर्मशास्त्र संबंधी हुक्म[4]। इस प्रकार मसलानामा (जैसा कि प्रयुक्त हुआ है) का अर्थ हुआ समस्या नामा अर्थात् समस्या संबंधी ग्रंथ। किंतु ग्रंथ का आद्योपांत अध्ययन करने पर भी इसमें कहीं कोई समस्या विषयक विवेचन अथवा वर्णन नहीं मिलता। इसलिए यह नाम भ्रामक मालूम होता है।

वास्तव में यह शब्द "मसलनामा" प्रतीत होता है। क्योंकि मसल (अ.) का अर्थ है - लोकोक्ति, कहावत, समान, तुल्य, मिसाल[5]। इस ग्रंथ में "समस्याएं" नहीं हैं, केवल "मसल" अर्थात् लोकोक्तियां या मुहावरे ही हैं। अतः इसे "मसलनामा" कहा जाना ही अधिक उपयुक्त है, दूसरे बाबा हरिदास कृत "मसल विवेक" नाम की 315 सवैया छंदों की एक अनुपम रचना भी प्रकाश में आई है। गांव की बोली में चलती मसलों (लोकोक्तियों) को लेकर इनकी रचना की गई है। सभी छंदों में भक्ति, सदाचार का उपदेश दिया गया है और प्रत्येक छंद के अंतिम चरण में एक लोकोक्ति प्रयुक्त हुई है[6]। इससे यह भी स्पष्ट हो जाता है कि जायसी की इस कृति का नाम भी निःसंदेह मसलनामा ही है। फिर उस काल की कुछ "मसलें" भी इस प्रकार से आज तक पश्चिमी उत्तर प्रदेश में प्रचलित हैं—

"हज़ामत बनाने को आया था नाई,
हज़ामत बनाते ही मांगी रज़ाई।
"मसल उस वक्त बुढ़िया को यह याद आई,
कि धेले की बुढ़िया टका सिर मुंडाइ।"

अतः मसलनामे में कहीं कोई (समस्या) प्रतीत नहीं होती, अपितु मसलें ही मसलें हैं।

दूसरे, जिस प्रकार जायसी के अन्य ग्रंथ "कहरानामा" में "कहर" (कहर, बला, आफत) का ही अर्थ लिया है और "कहार" जाति अथवा "कहरा" से इसका दूर का भी संबंध नहीं है[7]। इसी प्रकार "मसल" शब्द को भी खींचकर "मसला" बना दिया गया प्रतीत होता है, अन्यथा "मसला" से इसका कोई संबंध नहीं है[8]। पता नहीं फिर भी यह शब्द हिंदी में क्यों रूढ़ हो गया है। यह विषय विद्वानों के लिए विचारणीय है।

"मसलनामा" एक लघु कृति है। इसमें लोकोक्तियों के माध्यम से आध्यात्मिक

तथ्यों का निरूपण किया गया है। संसार की क्षणभंगुरता, असत्यता का दिग्दर्शन भी इनके माध्यम से कराया गया है। यहां इसमें समाविष्ट कतिपय मुहावरों और लोकोक्तियों पर एक दृष्टि डालना भी विषयों की सार्थकता को देखते हुए अप्रासंगिक न होगा।

जायसी ने मसलनामे की प्रथम अर्धाली में अल्लाह मियां से नेह लगाने की बात कही है। इस प्रकार यह "जिसका खाए उसका गाए" के हक को पूरा करने के लिए कहता है।

यह मन अल्लाह मियां ते लाई,
जेहिका खाई, तेहिका गाई।

संसार की असारता पर वह स्थान-स्थान पर संकेत करता चलता है, जीवन कितना है ?

जीवन थोर बहुत उपहास
अंधरी-ठकुरी पीठ बतास।

जीवन का गर्व किस बात का है। चाँदी अर्थात् अच्छे दिन तो चार ही है।, फिर तो जीवन में अंधेरा ही अंधेरा पक्ष है।

जीव न गर्वन भूलेसि नेह नाह को राख,
चार दिनां की चाँदनी फिरि अंधियारा पाख।

परमात्मा से नेह करने का तो बस यही सुअवसर है, फिर ऐसा अवसर नहीं आ सकता जैसे कोल्हू से खल निकाल देने पर फिर वह कोल्हू के पास नहीं फटकती, केवल बैलों के योग्य ही रह जाती है।

अब साईं से नेह कर फिर न यह संजोग
कोल्हू ते खरि ऊतरी, रही बैल के जोग।

जीव निरंजन रूप को छोड़कर माया जाल में फंस गया है, जो अभीष्ट वस्तु थी, उसको छोड़ बैठा है। इस तथ्य को (कहरनामा) जायसी ने कितनी सुंदर लोकोक्ति द्वारा स्पष्ट किया है।

रूप निरंजन छोड़ के माया देखि लुभाय
कुत्ता चौक चढ़ाइए, थाली चाट न जाए,

पुण्य और पाप को एक साथ कैसे मिलाया जा सकता है, उसको तो दूध का दूध पानी का पानी ही रहना पड़ेगा।

पुण्य पाप यह रूप न जानि
दूध का दूध पानि का पानि,

हमारे दैनिक जीवन की कटु सत्यताओं और गृहस्थ जीवन की समस्याओं को उन्होंने अपने दृष्टांत का विषय बनाया था। देखिए जिस घर में सास भी तरुणी हो, तो भला बहू किस प्रकार शृंगार कर सकती है। तरुणी सास भी घर में कलह का कारण होती है, इससे जायसी ने कितने सुंदर ढंग से दृष्टांत के लिए चुना है।

बुद्धि विद्या के कटक मों, हैं "मैं" का विस्तार
जहि घर सासु तरुनियां बहुवाकौन सिंगार।

जायसी मूर्तिपूजा का खंडन भी कितने अद्भुत कौशल के साथ करते हैं।

"पाथर काटि के दैवत साजा
अंधरन का जस कनवै राजा"

अपने सूफीदर्शन की छाप वह पग-पग पर छोड़ता चलता है। आत्मा, परमात्मा को कितने सुंदर ढंग से संगी मानता है। कहता है कि मन-ही-मन क्यों डरता है परमात्मा तेरे साथ ही है उससे चोरी कैसी ?

डरती रहहू मन ही मन मांही
संगी ते कछु चोरी नाहीं,
और करे जो और बतावै
धाही आगे पेट छिपाये,

कबीर की भांति ही उसकी भी यही मान्यता है कि प्रेम के बिना सारा पढ़ना-लिखना व्यर्थ ही है,।

पढ़ै बहुत पै नेह न जाना
सौ गुलाम स्‍ना परिहाना।

जहां प्रेम-ज्ञान नहीं है, वहां तो सभी कुछ शून्य है, जैसे दिगंबरों (वस्त्रविहीनों) के गांव में क्या मिल सकता है,

सारा प्रेम ज्ञान नहीं वाहा
गांव दिगंबर पावै काहा।

जायसी कहते हैं कि संसार में दान-पुण्य करो, खूब खाओ और दूसरों को खिलाओ यहां से धन बटोर कर कहां ले जाओगे। इस प्रकार वह इस्लाम धर्म-सम्मत ज़कात (दान) की ओर संकेत करता है और कहता है—

"खाहु"खवाबहु, देहु कछु नेकन करहु विचार,
आगि लगे ते झोपरा, जो निकषैसी सार।

इस प्रकार हम देखते हैं कि जायसी लोक साहित्य के सच्चे पारखी थे। उन्होंने जहां हिंदी साहित्य को "पद्मावत" जैसी अपनी अमर कृति प्रदान की, वहीं लोक साहित्य को भी अपनी अमूल्य देन दी। वह जनता के बीच में रहने वाले जनता के कवि थे। उन्होंने ही सर्वप्रथम मुहावरों और लोकोक्तियों का खुलकर साहित्य में प्रयोग किया और हिंदी साहित्य में एक नई परंपरा को जन्म दिया। आगे चलकर हिंदी साहित्य में तुलसी, सूर, केशव, पद्माकर आदि ने तो इनका प्रयोग किया ही, आज के युग में अयोध्या सिंह उपाध्याय "हरिऔध" तथा अन्य कवियों ने भी अपनी कविता-कामिनी को मुहावरों और लोकोक्तियों के आभूषणों से सुसज्जित किया।

संदर्भ

1. अमर बहादुर सिंह अमरेश ने इसे "कहरानामा और मसलानामा" लिखा है।
2. कहरानामा और मसलानामा, अमर बहादुर सिंह "अमरेश" पृ. 68
3. देखिए शाह बरकत उल्ला कंट्रीब्यूशन टू हिंदी लिटरेचर - डॉ. लक्ष्मीधर शास्त्री।
4. उर्दू-हिंदी शब्दकोश : संकलनकर्ता - मुहम्मद मुस्तफा खाँ मद्दाह, पृ. 348
5. वही पृ. 483
6. उर्दू हिंदी शब्दकोश - संकलनकर्ता मु. मुस्तफा खाँ मद्दाह पृ. 482
7. "जायसी" रामपूजन तिवारी पृ. 132
8. यहाँ "कहरनामा" के संबंध में भी निर्भ्रांत रूप से यह स्वीकार्य है कि इसका नाम "कहरनामा" होना चाहिए "कहरानामा" नहीं।

हिंदी साहित्य की अभिन्न कड़ी दक्खिनी हिंदी

भारत के संविधान में जिस हिंदी को राजभाषा के रूप में स्वीकार किया गया है, वह अपने आज के परिनिष्ठित स्वरूप तक पहुंचते-पहुंचते विकास के जिन सोपानों से गुजरी है, उनमें देश के उत्तरी क्षेत्रों का ही नहीं, बल्कि दक्षिणी प्रदेशों का भी महत्त्वपूर्ण योगदान रहा है। हिंदी को व्यापकता प्रदान करने में दक्षिण की एक महत्त्वपूर्ण एवं ऐतिहासिक भूमिका रही है। वास्तव में खड़ीबोली पर आधारित हिंदी का आरंभिक विकास भी दक्खिनी हिंदी के रूप में दक्षिण के राज्यों में ही हुआ था। सच पूछिये तो खड़ीबोली को उंगली पकड़कर साहित्य में चलना सिखाने वाले ये दक्षिणात्य ही थे। इन्हीं के योगदान से "राष्ट्रभाषा" और "राजभाषा" का यह पूर्व-रूप स्थिर हुआ था। महापंडित राहुल सांकृत्यायन के शब्दों में "खड़ीबोली हिंदी के सर्वप्रथम कवि ये दक्खिनी के कवि ही थे।"[1]

हिंदी में गद्य रचना की परंपरा का विकास भी दक्खिनी से ही आरंभ होता है और खड़ीबोली गद्य का प्राचीन प्रामाणिक ग्रंथ दक्खिनी में ही मिलता है।[2]

दक्खिनी हिंदी मूलतः उत्तर की खड़ीबोली पर आधारित है, जो दिल्ली और उसके समीपवर्ती क्षेत्र की बोली रही है। इसका यह रूप कहीं बाहर से नहीं आया था, बल्कि मूल रूप में पहले से ही वहां विद्यमान था। कतिपय ऐतिहासिक एवं सामाजिक कारणों से इसका साहित्यिक विकास उत्तर में न होकर प्रायः 14वीं शती से 18वीं शती तक दक्षिण के बहमनी, कुतुबशाही और आदिल शाही जैसे विभिन्न राज्यों के सुल्तानों के संरक्षण में हुआ था। बीजापुर, गोलकुंडा, गुलबर्गा तथा बीदर आदि इसके मुख्य केंद्र थे। यही नहीं बहमनी राज्य में तो हिंदी के इस रूप को राजभाषा का दर्जा भी प्रदान किया हुआ था। प्रसिद्ध इतिहासकार फरिश्ता लिखता है कि शाही दफ्तरों में हिंदी भाषा प्रचलित थी। सुल्तान ने इसे सरकारी जबान का पद दे रखा था।[3] खानी खान ने भी सरकारी कार्यालयों की भाषा में परिवर्तन का उल्लेख किया है।[4]

नसीरुद्दीन हाशमी ने इस बात को स्पष्ट करते हुए लिखा है कि "हिंदी" इसी का नाम था जो शिमाल (उत्तर) से मुसलमानों के साथ आई थी।[5]

यहां यह समझ लेना भी आवश्यक है कि इस भाषा का पुरातन नाम "हिंदुई" या "हिंदवी" था। मुसलमान जब भारत में आए तो उन्होंने वहां के लोगों को "हिंदू" कहा और वहां की भाषा को "हिंदुई"। फारसी लिपि में लिखने के कारण यही हिंदुई "हिंदवी" बन गया और कालांतर में हिंदी हो गया, क्योंकि इस देश को हिंद भी कहा

गया तो भाषा को भी "हिंदी" नाम से अभिहित किया गया। "हिंदुई" नाम का पुराना उल्लेख प्रसिद्ध भारतीय फारसी कवि मुहम्मद औफी (1228 ई.) में मिलता है। वे मसूऊद-ए-साऊद सुलेमान (मृ. 1121 ई.) की रचनाओं का उल्लेख करते हुए उन्हें "हिंदुई" का भी कवि मानते हैं और कहते हैं कि उनका एक दीवान "ताजी" (अरबी) और फारसी के अलावा हिंदी में भी था।[6] अमीर खुसरो ने भी अपनी रचना "गुर्रातुल कमाल" में इसकी पुष्टि की है। अमीर खुसरो (1295-1325) ने इस भाषा को "हिंदवी-देहलवी" और "हिंदी" कहा था। यही इस भाषा का सर्वप्रथम और पुरातन नाम है।[7] अमीर खुसरो के समकालीन सूफी संत हज़रत नसीरुद्दीन रोशन चिराग देहली ने भी अपने ग्रंथ "खैरुल मजालिस" में इसे "हिंदुई" ही कहा है। अमीर खुसरो ने अपनी मनसवी "गुर्रा तुलकमाल" के प्राक्कथन में इसका उल्लेख करते हुए कहा है—

"तुर्क हिंदुस्तानियम मन "हिंदवी" गोयम जवाब।
शकर मिस्री ने दारम क्ज़ अरब गोयम सखुन।"

(मैं हिंदुस्तानी तुर्क हूं और हिंदूई में ही उत्तर देता हूं, मेरे पास मिस्र की शक्कर नहीं है कि मैं अरबी की बात करूं।)

सूफी संत ख़्वाजा बंदा नवाज गेस् दराज (1322-1433 ई.) अपनी वृद्ध अवस्था में फिरोज शाह बहमनी के शासनकाल में गुलबर्गा आए थे, उन्होंने भी अपनी भाषा को "हिंदवी" ही कहा। "अब्दुल" जो इब्राहीम आदिलशाह द्वितीय (1580-626 ई.) के समय बीजापुर पहुंचा था, उसने भी अपनी भाषा को "हिंदवी" ही बताया था—

"जबां हिंदुई मुझ सो हूं देहलवी
न जानूं अरब हौर अज़म मसनवी। (इब्राहीम मनामा)

(अर्थात् मेरी जवान हिंदुई है। मैं दिल्ली का निवासी हूं। अरबी, फारसी की मसनवी को नहीं जानता) इस प्रकार यह नाम दक्षिण में भी पहुंचा और दक्खिनी के कवियों ने अपनी भाषा को पहले हिंदवी ही कहा। दक्खिनी के कवि शाह अशरफ भी अपनी रचना नौसरहार (1503) में इसे "हिंदवी" कहते हैं-

"नज़्म लिखी सब मौजूं आन
यों सब हिंदवी कर आसान"

इस भाषा के लिए "हिंदवी" के संबंध में उत्तर भारत में रचित "कुतुब शतक की हिंदुई" पर एक दृष्टि डालना भी अप्रासांगिक न होगा। "कुतुबशतक के वार्तिक तिलक में अन्य भाषाओं के साथ "हिंदुई" का नाम भी आया है—

"बीबी बीवानां की फारसी हिंदुवी। चयारों ही हकीकति।
तारीफ वेद की। कुरान की।"

............बड़ा भाई हयंदू छोटा भाई मुसलमान। हयंदूई मो पंडित नाम राषो। सोई नाम।"[8]

यहां "हिंदुवी" और "हयंदूई" दोनों ही भाषा के रूप में प्रयुक्त हुए हैं। माता प्रसाद गुप्त के अनुसार यह रचना पंद्रहवी शती ईसवी की होनी चाहिए। स्पष्ट है कि

दक्खिनी और कुतुब शतक की इस भाषा में बहुत कुछ साम्य है।

इस प्रकार उत्तर की खड़ीबोली जिसे "हिंदुई" या हिंदवी" कहा जाता था ऐतिहासिक कारणों से जब दक्षिण में पहुंची तो इसे आरंभ में "हिंदवी" ही कहा गया किंतु बाद में इसे "हिंदी"गूजरी" रेख्ता और "दक़्खिनी" के नाम से अभिहित किया गया।

औरंगजेब के शासन काल से उत्तरार्ध में जिस समय वली जैसे दक्खिनी कवियों द्वारा यह भाषा पुनः उत्तर के संपर्क में आती है तो इसे यहां बड़ी लोकप्रियता मिलती है और यहां के कवि फारसी की बजाय अपनी इस मूल भाषा में ही कविता करने की ओर प्रवृत्त होते हैं और इस प्रकार खड़ीबोली का यह चक्र पूरा हो जाता है। डॉ. उदय नारायण तिवारी ने अपने ग्रंथ "हिंदी भाषा और साहित्य" में इसे और स्पष्टता प्रदान करते हुए लिखा है— "दक्खिनी हिंदी, दक्षिण में ले जाई गई दिल्ली की बोली है, जो बाद में अपने साहित्यिक रूप में दिल्ली में आकर फिर प्रतिष्ठित हो गई।[9]

गजेटियर ऑफ इंडिया में भी "दक्खन" में ले जाई गई पुरानी हिंदी को ही "दक्खिनी" कहा गया है।"[10]

डॉ. मसूद हुसैन खां के शब्दों में "कदीम" (प्राचीन) दक्खिनी को अगर किसी बोली से गहरी निस्बत हो सकती है तो वह दिल्ली के नवाह (समीप) की दो बोलियों यानि खड़ी और हरियाणी है। जिनकी कदामत पर शुबह करना तारीखी (ऐतिहासिक) नुक्तेनजर (दृष्टिकोण) से सरासर ग़लत है। हमारे ख्याल में दक्खिनी की तमाम खासूसियात नवाहे दिल्ली के पास के इजलाह की बोलियों से की जा सकती है।[11]

इस संबंध में प्रो. ज्यूलबलॉख का भी यही मत है — "अतः मेरे विचार में पूर्वी पंजाब (वर्तमान हरियाणा) के जिलों की भाषा लश्करियों के द्वारा दक्खिन में पहुंची है। उनका यह भी कथन है कि ये लोग ही पहले पहल अपनी भाषा को दक्खिन ले गए थे।[12]

आज उत्तर के ग्रामीण क्षेत्रों की जिस बोली को हम गंवारू भाषा कहते हैं एक प्रकार से उसी का साहित्यिक रूप "दक्खिनी" है, जो लगभग पांच सौ वर्ष पहले यहां से गई थी।

दक्खिनी हिंदी क्या है?

बहुधा यह प्रश्न उठता है कि दक्खिनी हिंदी क्या है ? शाब्दिक दृष्टि से "दक्खिनी हिंदी" का अर्थ दक्खिन अर्थात् "दक्षिण की हिंदी" होता है, किंतु इतना कह देने मात्र से ही इस भाषा का ठीक-ठाक बोध नहीं हो जाता। "दक्खिनी हिंदी" "दक्षिणी हिंदी" नहीं है। "दक्खिन" या "दक्ख्न" शब्द इतिहास में अपना एक महत्त्वपूर्ण स्थान रखता है। पुराकाल में "दक्षिणापथ" शब्द का प्रयोग मिलता है। विंध्याटवी से दक्षिण की ओर जाने वाले मार्ग के लिए इसका प्रयोग किया जाता था। गुप्तकाल में नर्मदा से कन्याकुमारी तक की भूमि "दक्षिणापथ संघ" मानी जाती थी। परंतु विगत पांच, छह

शताब्दियों में "दक्कन" का क्षेत्र जितना सीमित रहा है, उतना पहले कभी नहीं था।

"दक्कन" वास्तव में एक विशेष क्षेत्र रहा है। नर्मदा के पार के इलाके को उत्तर वाले लोग दक्खिन कहते आए हैं। मोटे तौर पर इसके अंतर्गत महाराष्ट्र, आंध्र और कर्नाटक राज्यों के क्षेत्र आते हैं। "दक्खिन" नाम के इस भूभाग में प्रचलित होने के कारण खड़ीबोली को "दक्खिनी" का नाम दिया गया। मुल्ला वजही ने अपनी कुतुब मुश्तरी में इसे "दक्खिनी" नाम से ही संबोधित किया है—

"दखिन में जो दकनी मिठीबात का[13]
अदा ने किया कोई इस धात का,

परंतु वास्वतिकता यह है कि दक्खिनी का प्रचार और प्रसार इन्हीं भू-भागों तक सीमित न रहकर सुदूर दक्षिण के केरल और तमिलनाडु तक भी पहुंच गया था। केरल के राजा स्वाति निरुनाल ने हिंदी में काव्य रचना की थी। तमिलनाडु के तंजाऊर नगर में शाह तुराब ने "मन-समझावन" दक्खिनी हिंदी में ही लिखा था।

ज्ञात तथ्यों के आधार पर कहा जा सकता है कि कुरेशी बीदरी ही ऐसा पहला कवि था, जिसने इस भाषा को दक्खिनी कहा था—

सो इस शाह के दौर में बीदर मुकाम[14]
यों शायर किया नज्म दक्खिनी तमाम।

हाशमी भी दकनी में लिखने में गौरव का अनुभव करता है।

"तेरा शेर दखनी है, दखनी च बोल"

इब्न निशाती (1655 ई.) फूलबन में कहते हैं—

उसे हर कस के तै समजा के तू बोल,
दकन की बात सूं सारा बयां खोल[15]

रुस्तमी, नुस्रती, सनअती, राजी, हाशमी, वली और शाह तुराब आदि ने इसे दक्खिनी ही कहा है। कविवर सैयद मीरां हाशमी अपनी भाषा को दक्खनी की संज्ञा देते हुए कहता है—

तेरे शेर का जग में दखनी है नाऊं
न को भौत कर दूसरा बोली मिताऊं

इस भाषा को हिंदी कहने वाले कवियों की संख्या भी कुछ कम नहीं है। बुरहानुद्दीन जानम अपनी रचना इर्शाद नामा (1502 ई.) में इसे हिंदी बताते हुए कहते हैं—

"ये सब बालूं हिंदी बोल
पन तूं अनभौ खेती खोल
ऐब न राखे हिंदी बोल
मानी तो चख देखे खोल[16]

मुल्ला वजही अपने गद्य ग्रंथ "सब रस" (1635 ई.) को प्रारंभ करते हुए लिखते हैं— हिंदुस्तान में हिंदी जबान सो इस लताफत इस छंदा सो नज्म हौर नस्र मिलाकर

गुलाकर यों नई बोल्या।[17]

बहरी मन लगन में अपनी भाषा को हिंदी मानते हैं—

हिंदी तो जबां च हैं हमारी
कहने न लग हमन क्यूं भारी।[18]

जनूनी मौलाना रूम की फारसी रचना का अनुवाद करते समय 1690 ई. में स्पष्ट रूप से इसे हिंदी लिखते हैं—

मैं इसको दर हिंदी जबां इस वास्ते कहने लगा
जो फारसी समजे नहीं, समजे इसे खुश होकर।[19]

वाकर आगह भी इस भाषा को हिंदी ही कहते हैं—

वले बाज यारों का ईमां हुआ,
सो हिंदी जबां यह रिसाला हुआ।[20]

काजी बदरुद्दौला 1280 ई. में हिंदी में लिखने के लिए क्यों विवश हुए, वे कहते हैं—

"लेकिन देखा कि इल्म के जानने वाले दुनिया से गुजर गए.... तब जबाने हिंदी में यह किताब लिखना शुरू किया।[21]

शाह तुराब ने "मन समझावन" के आरंभ में अपनी भाषा के संबंध में स्थिति को और भी स्पष्ट करते हुए लिखा है कि वह दक्खिनी भाषा में लिख रहा है, किंतु यह सरासर हिंदी भाषा है—

"मैं इसका राज सब दखनी में खोल्या, भी, "मन समझावन" उसका नाम राख्या, व लेकिन सरबसर हिंदी है भाका।"[22]

वे आगे कहते हैं—

"गुन तन हौर मन का कह्या तुराब,
है हिंदी भाका सही किताब।

इस प्रकार यह भाषा सामान्यतः "दक्खिनी" और "हिंदी" दोनों ही नामों से जानी जाती थी। नसीरुद्दीन हाशमी का भी यही मत है कि "दकन" में इब्तदा से यह "दकनी" और "हिंदी" नाम से मौसूम थी।[23]

भाषा वैज्ञानिक दृष्टि से डॉ. हरदेव बाहरी ने हिंदी की बोलियों का विवेचन करते हुए दक्खिनी को हिंदी की आकार बहुला बोलियों में रखा है[24]

हिंदी की बोलियां

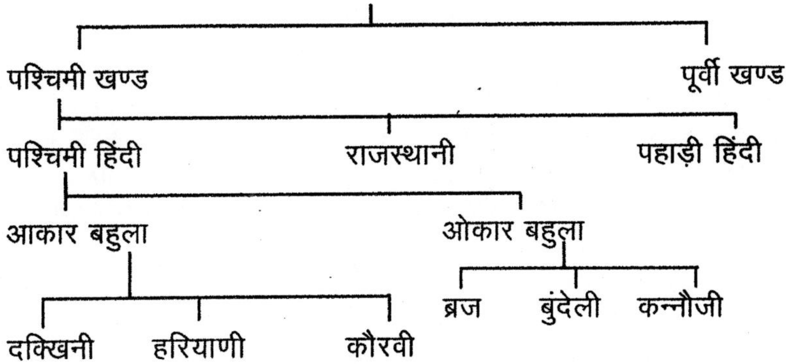

उपर्युक्त तथ्यों के आधार पर हम इस निष्कर्ष पर पहुंचते हैं कि "दक्खनी, हिंदी का वह पूर्व रूप है, जिसका विकास प्रायः चौदहवीं सदी से अठारहवीं सदी तक दक्षिण के बहमनी, कुतुबशाही और आदिल शाही आदि राज्यों के सुल्तानों के संरक्षण में हुआ था। वह मूलतः दिल्ली के आस-पास की हरियाणी एवं खड़ीबोली ही थी जिस पर ब्रज, अवधी तथा पंजाबी के साथ मराठी, गुजराती और दक्षिण की सहवर्ती भाषाओं अर्थात् तेलुगु, कन्नड़ तथा मलयालम आदि का भी प्रभाव पड़ा था और इसने अरबी, फारसी, तुर्की आदि विदेशी भाषाओं के शब्द भी प्रचुर मात्रा में ग्रहण किए थे। इसके लेखक और कवि प्रायः इस्लाम के अनुयायी थे।"[25]

दक्खिनी के लेखकों ने "हिंदी में अरबी और फारसी के शब्दों और शैलियों को समोया है, न कि अरबी और फारसी में हिंदी के शब्दों को। फलतः इसने अपने मूल स्वरूप को अक्षुण्ण बनाए रखा है, भले ही दक्खिनी के कवियों और लेखकों ने अरबी-फारसी लिपि का प्रयोग किया है। लिपि की भिन्नता ही हिंदी के साथ इसकी अभिन्नता में बाधक नहीं है। दक्खिनी का साहित्य अरबी-फारसी लिपि में ही नहीं है, इसके कुछ उदाहरण नागरी, तेलुगु और मलयालम लिपि में भी मिले हैं।

एक नाथ स्वामी (1528-1599) ने भी बहुत कुछ इसी भाषा में लिखा है जो नागरी लिपि में है—

अल्ला रखेगा वैसा रहनाः मौला रखेगा वैसा रहना।
कोई दिन तुरंग ऊपर चढ़ावे, मालस खासा चढ़ावे
कोई दिन शक्कर दूध मलीदा कोई दिन अल्ला मांगत जुदा।

आंध्र के एक नाटककार श्री पुरुषोत्तम कवि ने तेलुगु लिपि में दक्खिनी भाषा के कुछ नाटक लिखे थे। प्रो. महम्मद कुंजमेत्तर की सूचना के अनुसार तीन ताड़ पत्रीय हिंदी ग्रंथ केरल विश्वविद्यालय के प्राच्य विद्या मंदिर एवं अनुसंधान संस्थान में रखे हैं जो मलयालम लिपि में है। दक्खिनी हिंदी के विस्तार की दृष्टि से इनका अध्ययन किया जाना चाहिए। इसकी समस्त संरचना खड़ीबोली की है इसके आरंभिक कवियों

ने अपनी अधिकांश शब्दावली संस्कृत से ही ली है, यद्यपि इसमें अरबी, फारसी के शब्दों का भी समावेश मिलता है, जो स्वाभाविक ही था क्योंकि आरंभ में इसका प्रयोग उत्तर से आए लोगों को इस्लाम और सूफी विचारधारा से जोड़े रखना था।

दक्खिनी हिंदी का विकास

उत्तर भारत में अलाउद्दीन के शासन-काल में अमीर खुसरो हिंदी के जिस रूप को साहित्य में प्रतिष्ठित करने के प्रयोग कर रहे थे, वह क्षेत्रीय और जनपदीय प्रभावों से ऊपर उठकर एक व्यापक क्षेत्र की भाषा के रूप में परिणत होता जा रहा था।

अमीर खुसरो के पश्चात् कई कारणों से उत्तर में इस भाषा को विकास का अवसर नहीं मिल सका, किंतु दक्षिण के प्रदेशों में दक्खिनी के रूप में इसका समुचित विकास हुआ। अमीर खुसरो की रचनाओं का प्रभाव दक्खिनी के कवियों पर भी पड़ा था। मुल्ला वजही की कालजयी रचना "सबरस" में अमीर खुसरो का यह दोहा उद्धृत है—

> "पंखा होकर मैं ढली साती तेरा चाव,
> मुंज जलती को जन्म गयो, तेरे लेखन बाव।

यह अब तक उपलब्ध उनका सबसे प्रामाणिक नमूना माना जाता है। जिस समय उत्तर भारत में खड़ीबोली केवल बोल-चाल की भाषा ही थी, उस समय दक्षिण में वहां के राज्यों का संरक्षण पाकर उसमें विपुल साहित्य की रचना हो रही थी। इन राज्यों के सुल्तानों ने न केवल कवियों और लेखकों को सम्मान तथा संरक्षण ही प्रदान किया था, अपितु इब्राहीम आदिलशाह द्वितीय, अली आदिलशाह, कुली कुतुबशाह जैसे सुल्तानों ने अपनी अनेक ख्याति प्राप्त रचनाओं के द्वारा साहित्यकारों का मार्ग-दर्शन भी किया था।

ऐतिहासिक पृष्ठ भूमि

वैसे तो इतिहास के आरंभिक काल से ही उत्तर और दक्षिण के लोग राजनीतिक, धार्मिक और व्यापारिक कारणों से एक-दूसरे के यहां आते-जाते रहे हैं, जिसका प्रभाव एक-दूसरे की भाषा पर पड़ता रहा है। इससे उत्तर भारत से अनेक शब्द दक्षिण की भाषाओं में और दक्षिण की भाषाओं के अनेक शब्द उत्तर की भाषाओं में आए हैं। भारत में प्राचीन काल से तीर्थाटन की प्रथा रही है और उत्तर भारत में बद्रीनाथ, केदारनाथ, हरिद्वार और वृंदावन से लेकर दक्षिण में कांची, तिरुपति, श्रीरंगम, रामेश्वरम् तथा कन्याकुमारी तक लोगों का बराबर आना-जाना बना रहा है। साधुओं, संतों, पीरों और फकीरों की टोलयों ने भारत को समीप लाने में सेतु का काम किया है। भक्ति आंदोलन भी दक्षिण से ही उत्तर में आया था। कबीर ने कहा था, "भगती द्राविड़ ऊपजी लाए रामानंद।" मराठी के संत कवि नामदेव (1270-1357 ई.) ज्ञानेश्वर (1275 जंम) गोदाबाई (1300-1351 ई.) और एकनाथ (1528-1599 ई.) की खड़ीबोली

हिंदी कविताओं को भी इसी पृष्ठभूमि में देखा जा सकता है। प्रशासन, वाणिज्य और व्यापार आदि क्षेत्रों से संबद्ध शब्दावली भी उत्तर से दक्षिण की भाषाओं में आई। केरल में इस भाषा को "गुसांई" भाषा कहा जाता था, क्योंकि उत्तर से आने वाले तीर्थयात्री "गुसांई" कहलाते थे। केरल में, विशेषकर मालाबार में, इस्लाम के अनुयायी भी इसी भाषा में प्रचार करते थे, जिसका प्रभाव "मोपिल्ला" भाषा पर भी पड़ा था।

अलाउद्दीन खिलजी के 1295 ई. में देवगिरि पर आक्रमण से इतिहास में एक नया युग आरंभ होता है, जिससे भाषा के क्षेत्र में भी एक नया मोड़ आता है। 1327 ई. में मुहम्मद तुग़लक के शासन काल में, जब राजधानी को दिल्ली से बदलकर दौलताबाद ले जाने का हुक्म हुआ तो अनेक राजदरबारी, नागरिक, सैनिक कर्मचारी, शिल्पकार, व्यापारी, सूफी संत और फकीर सभी परिवार दक्षिण पहुंचे, जिनमें अधिकांश लोग दिल्ली के आस-पास के थे और हरियाणी तथा खड़ीबोली ही बोलते थे। वे जिस क्षेत्र में जा पड़े थे, वहां की भाषा उनके लिए दुरूह थी। फारसी और अरबी का ज्ञान रखने वाले उंगलियों पर गिने जा सकते थे। इसलिए उन्होंने इस ग्रामीण बोली (बांगरू या जाटू) और हरियाणी को ही माध्यम बनाया, जो आज से लगभग 500 वर्ष पूर्व दिल्ली के आस-पास बोली जाती थी। इस्लामी और सूफी संतों ने भी खड़ीबोली के माध्यम से उनमें धर्म का प्रचार किया। क्योंकि यही भाषा उनके लिए सहज बोधगम्य थी। मौलवी अब्दुल हम इन सूफियों के संबंध में लिखते हैं—

"इन बुजुर्गों के घरों में भी हिंदी "हिंदवी" बोलचाल का रिवाज था और चूंकि यह उनके मुफीदे मतलब था इसलिए वे अपनी तालीम व तलकीन में इसी से काम लेते थे" नितांत अपरिचित होने के कारण दक्खिन की मराठी, तेलुगु और कन्नड़ भाषाओं को नवागंतुक मुसलमान अपना नहीं सकते थे।[26] फिर भी, इस भाषा पर दक्षिण की सहवर्ती भाषाओं का प्रभाव अवश्य पड़ा और इन भाषाओं के अनेक शब्द इसमें समाहित हो गए और डॉ. धीरेंद्र वर्मा के शब्दों में "हिंदवी" दक्खिनी बन गई। दक्खिनी की इस लोकप्रियता के संबंध में "सनअती" का यह कथन भी ध्यातव्य है—

"जिसे फारसी का न कुछ ज्ञान है
सौ "दक्खिनी जबां उसको आसान है"

जनूनी ने भी (1690 ई.) में इस बात को स्वीकार करते हुए लिखा है—

"मैं इसको दर हिंदी जबां इस वास्ते कहने लगा
जो फारसी समजे नहीं समझे इसे खुश होकर"

दक्खिनी का साहित्य

उत्तर भारत में जिस काल में सूर, तुलसी और मीरा की स्वर लहरियां गूंज रही थीं, केशव और बिहारी की शृंगारिक रचनाओं से सर्वत्र मादकता व्याप्त थी, उसी समय "नवरस" और "सबरस" जैसी रचनाओं से दूर दक्षिणापथ का जन-मानस भी रस-विभोर हो रहा था। कुतुब मुश्तरी, फूलवन, चंद्रवन, व महियार, मैना सतवंती

जैसे प्रेमाख्यानकों से साहित्य के भंडार को भरा जा रहा है। इस साहित्य को जब-तक हम हिंदी साहित्य की धरोहर नहीं मानेंगे, तब तक हिंदी साहित्य का इतिहास अधूरा ही रहेगा और हिंदी भाषा का समग्र अध्ययन भी अपूर्ण।

यहां दक्खिनी के साहित्य और इसके साहित्यकारों पर एक दृष्टि डालना भी अप्रासंगिक न होगा। दक्खिनी हिंदी का प्रारंभ चौदहवीं शताब्दी के प्रारंभ से माना जाता है। सुविधा की दृष्टि से हम दक्खिनी हिंदी साहित्य को निम्नलिखित तीन कालों में विभाजित कर सकते हैं—

1. प्रारंभिक काल 1300-1490 ई.
2. मध्य काल 1491-1687 ई.
3. उत्तर काल 1688-1850 ई.

इसके प्रारंभिक काल में, जिसे बहमनी काल कहा जाता है। ख्वाजा बंदा नवाज गोसू दराज़ (1322-1423) के अतिरिक्त सैयद मुहम्मद अकबर हुसैनी, निजामी बीदरी (रचयिता मसनवी कदम राव, पदम राव), कुरैशी लुत्फी, फीरोज, अशरफ (नौसर हार के रचयिता)[27] शाहमीरां जी तथा शाह बाज हुसैनी प्रभृति कवि इसी काल में हुए।

अशरफ की भाषा का एक नमूना प्रस्तुत है—

नामा कितना बोल संवार, जानूं मोतियों केरा हार,
सोने की ज्यों खूंटी घड़, मानक मोती हीरे जड़।
एक-एक बोल मैं मानक मोल, सीम तराजू सेती तोल
बंद पराये सोने हार, सच्ची हवा नौसार हार।
अशरफ ने अपनी भाषा को हिंदवी ही कहा था—
"नज्म लिखि सब मौजू आन, यों सब हिंदवी कर आसान"

वह तुर्क और हिंदू को एक ही तराजू पर तौलता है और परमात्मा के स्वरूप को निर्द्वंद्व ही मानता है—

"आपी छिप्या खेले छंद
तुर्कन हिंदू न लाया दंद।

मध्यकाल में दो राज्य वंशों (क) आदिल शाही (1400-1508) तथा (ख) कुतुब शाही (1508-1687) में अनेक लब्ध प्रतिष्ठ कवि हुए जिनके कारण हम इस काल को दक्खिनी का स्वर्ण युग कह सकते हैं। इस काल में सुल्तानों ने कवियों को संरक्षण ही नहीं दिया स्वयं कई शासकों ने दक्खिनी में काव्य रचना कर कवियों का मार्गदर्शन भी किया। इब्राहीम आदिल शाह द्वितीय़ ने "नवरस" की रचना की। दक्खिनी में इसका अद्वितीय स्थान है। बुरहानुद्दीन जानम, अब्दुल, मुकीमी, नुस्रती, हाशमी, बहरी, मुल्ला वजही (सबरस के रचयिता) गवासी, तबई जैसे सिद्धहस्त कवि और लेखक इसी काल में हुए। वजही गोस्वामी तुलसीदास के समकालीन थे। इनके अतिरिक्त कुली कुतुबशाह (1611-1625) इब्ने निशाती, कुतबी, जुनैदी तथा मुख्तार

आदि अनेक कवि हुए हैं।

कुल्ली कुतुब शाह की गजल की ये पंक्तियां आज भी लोगों पर जादू का असर रखती हैं।

"पिया बाज प्याला पिया जाए ना,
पिया बाज एक पल जिया जाए ना।
मैं कैसे पिया बिन सबूरी करूं,
खया जाए अमां, किया जाए ना,
नहीं इश्क जिस वह बड़ा कूड है
कधी उससे मिल वैसिया जाए ना।
कुतुबशाह न दे मुंज दिवाले कूं पंद,
दिवाले कूं कुच पद दिया जाए ना"[28]

उत्तर काल में (मुगल प्रभाव का कारण) इस भाषा के स्वरूप में परिवर्तन होने लगा था। अरबी और फारसी के बोझिल शब्दों के कारण यह भाषा अपने मूल से दूर हटती गई और वली दकनी (1668-1741) के बाद इसका महत्त्व घटता ही चला गया। फिर भी, रूही, जईफी, नूरी, कादरी राजी, दरिया, जलील और शाह तुराब जैसे प्रसिद्ध कवि दक्खिनी में रचनाएं करते रहे। बोलचाल की भाषा में दक्खिनी का बहुत कुछ प्रयोग आज भी आंध्र, कर्नाटक, महाराष्ट्र, केरल, तमिलनाडु आदि प्रदेशों में होता है।

दक्खिनी में गद्य की परंपरा

दक्खिनी की सबसे बड़ी विशेषता यह है कि इसमें गद्य का समुचित विकास हुआ और साहित्यकारों ने गद्य रचना की परंपरा का निरंतर निर्वाह करते हुए इसे लोकप्रिय बनाने में अपना योगदान दिया। खड़ीबोली में गद्य की यह परंपरा ही उत्तर तक पहुंची और इसी का विकसित रूप कालांतर में हिंदुस्तानी (हिंदी और उर्दू) के रूप में संचार माध्यम का साधन बना। वर्तमान हिंदी ने भी खड़ीबोली के इसी मानक रूप को स्वीकार किया है। दक्खिनी में ख्वाजा बंदा नवाज गेसू दराज़ से लेकर, मीरांजी, शम्शुल उश्शाक, शाह कलंदर, बुराहनुद्दीन जानम, अमीनुद्दीन आला, मुल्ला वजही, अब्दुस्समद, खुदा नमा, शाह राजू, शाह आविद, कादरी, मीरा याकूब, शाहमीर अब्दुल हमीद मुहम्मद इस्माइल, प्रभृति अनेक सफल गद्यकार हुए हैं। मुल्ला वजही की रचना "सबरस" अनुप्रास युक्त शैली का उत्कृष्ट नमूना है। इसका एक अंश यहां प्रस्तुत है—

"नज़र बोल्या कि ऐ बन की परी, ऐ नार सुंदरी ऐ दुनिया के सुरग की अपछरी, ऐ गुनवंती गुन भरी। तूं दिल लाई है। तुझे बहुत बड़ी हरस आई है। तू हुस्न, तुजे दिल सूं दिल लाना सुहाता है। दिल कूं भी हुस्न बहुत भाता है। बले मैं क्यूं तुझे दिल सूं मिलाउं, मैं दिल कूं क्यूं तेरे कने ल्याउं, मैं तुझे क्यूं दिखलाऊं। यकायक क्यूं ल्याया

जाता है, क्यूं मिलाया जाता है।---- दिल बादशाह कूं तन के कोट में असीर किया है। कई जावे कर तदबीर क्या है ? न किधर जान देता न किधर आन देता।"[29]

नारी के सौंदर्य का वर्णन करते हुए वह आगे लिखता है— "हुस्न नार, अवतार— दीद्यां का सिंगार, दिल का आधार। फल डाली ते खूब लटकती, चलने में हंस कूं हटकती। रावीं ते मीठी बोले। बात आवाज ते कुमरी कूं करे शहमात, कंवल के फूल की पंखुड़ियों जैसे हात।"[30]

आधुनिक हिंदी और उर्दू की पूर्वगामी भाषा

जैसा कि पहले कहा गया है इस भाषा को अनेक नामों से विहित किया गया है। यह समझने की बात है कि "उर्दू" शब्द का प्रयोग उस समय तक नहीं था और न ही दक्खिनी के किसी कवि ने इसका उल्लेख किया है। पाकिस्तान के प्रसिद्ध आलोचक सुहेल बुखारी ने अपनी पुस्तक "सबरस पर एक नजर" में उस समय की उत्तर की भाषा को हरियाणी ही कहा है और उसी के विकसित रूप को दक्खिनी के कवियों ने अपनाया था। इस भाषा में "असवार" इंघे, कंधी, कीर, गांडा, घालना, चौंतरा, जिनाबर जुवान, तत्ता, थोबड़ा, दीवा, मौक्का, न्यारा, वळद, मुंडासा, सेती, हांडना, सपड़ना हांक जैसे शब्द शुद्ध साहित्यिक रूप में प्रयुक्त हुए हैं, जो हरियाणी के हैं। इन शब्दों का प्रयोग निजामी की मसनवी "कदम राव पदम राव" में तो प्रचुर मात्रा में मिलता है। सुहेल बुखारी का मानना है कि 1635 ई. तक जबकि वजही ने "सबरस" लिखा, शहर दिल्लह में उर्दू का रिवाज ही नहीं था। दिल्ली में उर्दू का दाखिला पहली बार 1645 ई. में उर्दू-ए-मौअला (मोहल्ला) बसने के बाद होता है। क्योंकि इसी सन् में शाहजहां आगरे से अपनी राजधानी दिल्ली उठाकर ले गया था। दिल्ली इस जबान से बिलकुल खाली था।[31] उनका मत है कि "मेरे नज़दीक दकनी अदब को उर्दू-ए-क़दीम कहना न सिर्फ ग़लतफहमी है बल्कि गलती है।[32]

यहां यह भी उल्लेख करना अप्रासंगिक न होगा कि वली दकनी (1668-1741 ई.) जब मोहम्मद शाह रंगीले के जमाने में दिल्ली पहुंचा तो उसकी भाषा को सुनकर दिल्ली के नागरिकों ने उसे हाथों पर उठा लिया और उसके काव्य से बड़े प्रभावित हुए। अपनी बोली में पहली बार ग़ज़ल सुनकर वे उछल पड़े क्योंकि अब तक दिल्ली में फारसी गजल का ही रिवाज था। दिल्ली के आम नागरिकों की भाषा उसी हरियाणी से प्रभावित थी, जिसे दक्खिनी के रूप में स्वीकार किया गया था। अनेक कवियों ने भी वली का अनुकरण करना आरंभ कर दिया और इस प्रकार दिल्ली में खड़ीबोली में साहित्य रचना की लोकप्रियता बढ़ी।

वली स्वयं दिल्ली में अपनी प्रशंसा पाकर गद्गद हो उठा जो उसके इस शेर से प्रकट होता है—

"दिल वली का ले लिया दिल्ली ने छीन
जा कहो काई मुहम्मद शाह सूं।"

इसी खड़ीबोली के गद्य से देवनागरी में लिखी जाने वाली गद्य भी प्रभावित हुई और हिंदी ने भी खड़ीबोली का यही परिनिष्ठित रूप ग्रहण कर लिया, क्योंकि व्याकरणिक दृष्टि से उर्दू और हिंदी समान भाषाएं हैं। सभी जानते हैं कि इनका सम्मिलित नाम भी "हिंदी" ही रहा था। यह अंग्रेजों की-- "विभाजन और शासन" की नीति थी कि इनको अलग-अलग कर दिया गया । 1800 ई. में फोर्ट विलियम कॉलेज ने उर्दू और हिंदी की अलग-अलग पहचान स्थापित कर भाषा का विभाजन कर दिया।

दक्खिनी, उत्तर की परिनिष्ठित हिंदुस्तानी का भ्रष्ट रूप नहीं है, बल्कि ऐतिहासिक दृष्टि से आज की हिंदुस्तानी, दक्खिनी का ही विकृत रूप है। सर जार्ज ग्रियर्सन ने लिंग्विस्टक सर्वे आफ इंडिया में ठीक ही कहा है कि हिंदुस्तानी ही विकृत "दक्खिनी" है। इस प्रकार इसके साहित्य के अध्ययन की विशेष आवश्यकता है।

दक्खिनी का महत्त्व इस बात से स्वतः स्पष्ट हो जाता है कि यही यह भाषा है, जिससे खड़ीबोली हिंदी का साहित्यिक विकास क्रम पूरा होता है। प्रश्न यह उठता है कि खड़ीबोली हिंदी का साहित्यिक विकास दक्कन में ही क्यों हुआ? उत्तर में उसके सामने क्या बाधाएं थीं? खड़ीबोली का जो प्रयोग 13 वीं और 14 वीं शताब्दी के बीच अमीर खुसरो और बू अली कलंदर जैसे कवि कर रहे थे, वह उत्तर में आगे क्यों नहीं बढ़ी ? "भारतेंदु हरिश्चंद्र" के बाद हिंदी साहित्य को खड़ीबोली एकदम कहां से मिल गई ? इसके बीच के चार-पांच सौ वर्षों की वह कड़ी कहां गई? क्या भारतेंदु के बाद यकायक खड़ीबोली इतनी समृद्ध हो गई कि सभी साहित्यिक रचनाएं इसमें लिखी जाने लगीं ? निश्चय ही खड़ीबोली का यह विकास अवश्य कहीं होता रहा और वह स्थान था—दक्षिण भारत, जहां दक्खिनी के रूप में अपार साहित्य लिखा गया। इस अवधि के दौरान यहां अनेक लब्ध प्रतिष्ठ कवियों ने इसी भाषा में अपनी रचनाएं कीं, प्रबंध काव्य लिखे, मसनवियां लिखीं और गद्य ग्रंथ लिखे।

श्री देवी सिंग चौहान का यह कथन कितना सटीक है— "अंतर्राष्ट्रीय कीर्ति के भारतीय भाषा विज्ञानी भी इस गलतफहमी के शिकार हो गए हैं कि हमारी राष्ट्रभाषा का विकास 1820 ई. के बाद कलकत्ता फोर्ट विलियम कॉलेज आदि की स्थापना के बाद हुआ। इन विद्वानों ने यह नहीं सोचा कि खड़ीबोली डेढ़ सौ सालों के अल्पकाल में राष्ट्रभाषा पद पर आसनस्थ होने के लिए कैसे सुसज्ज बन सकी। पुरानी खड़ीबोली का छोटा-सा पौधा मुसलमानों ने गुजरात और महाराष्ट्र की भूमि और उसके आसमंत में बहमनी राज्यकाल में लगाया था और जिसको वे चार-पांच शतियों तक खाद-पानी देते रहे थे। "दक्खिनी के इतिहास और साहित्य से अनभिज्ञ लोग ही सत्य को समझने में असमर्थ हैं।[33]

खड़ीबोली का विकास दक्षिण में ही क्यों?

इसका पहला कारण यह है कि उत्तर में गुलाम वंश के बाद मुगल शासन आया। मुगलों की राजधानी अधिक समय तक आगरा ही रही। आगरा ब्रज भाषा का केंद्र था। उस समय की राजभाषा फारसी थी। इसलिए ब्रज भाषा में तो कविताएं हुईं, किंतु खड़ीबोली में नहीं। सरकारी दफ्तरों में फारसी छाई रही। इसलिए उत्तर में आज तक यह कहावत है—

"हाथ कंगन को आरसी क्या,
पढ़े लिखे को फारसी क्या?"

दक्षिण के मुस्लिम राज्यों ने फारसी को नहीं अपनाया, बल्कि हिंदी अर्थात् दक्खिनी को ही राजभाषा का दर्जा दिया। मुगलों से उनके संबंध सौहार्दपूर्ण नहीं थे। मुगल शासन में 75 प्रतिशत से अधिक सरकारी पद फारसी जानने वालों को ही मिलते थे, जबकि दक्षिण में यह बात नहीं थी। दूसरे जो लोग वहां बस गए थे वे समीपवर्ती भाषा तेलुगु, मराठी और कन्नड़ आदि से परिचित नहीं थे। वे मुख्यतः खड़ीबोली क्षेत्र से आए थे। इस्लाम की शिक्षा भी उन्हें उसी खड़ीबोली के मिश्रित रूप में दी जाती थी। यही कारण है कि दक्खिनी के रूप में खड़ीबोली का विकास दक्षिण के प्रदेशों में ही हुआ।

आज दक्खिनी के रूप में अपार साहित्य उपेक्षित पड़ा है, जिसका साहित्यिक दृष्टि से ही नहीं, अपितु ऐतिहासिक एवं सांस्कृतिक दृष्टि से भी बहुत महत्त्व है। आवश्कता इसे प्रकाश में लाने की है।

काव्य सौंदर्य की दृष्टि से भी यह साहित्य अपना सानी नहीं रखता। वानगी के लिए इब्राहीम आदिलशाह द्वितीय (1580-1626) के नवरस में वर्णित चंद्रमुखी नायिका की छटा तो निहारिए—

"सोम सेत मध स्याम मानो नैन सुंदरी रूप लछन
बादर आंचर तापर मुरत लागे कबगुपत कब प्रकट दिसे बदन।"[34]

श्वेतचंद्र में कालिमा ऐसी प्रतीत होती है मानो वह कोई सुंदर स्त्री है। इसके ऊपर बादल ऐसा लग रहा है, जैसे उसके सुंदर मुख पर कोई आंचल हो, जो हवा के कारण कभी उड़ जाता है और कभी उसे ढक देता है।

नायिका की छवि का वर्णन कठिन है। उसके प्रतिपल बदलते सौंदर्य में बिहारी की नायिका का चित्रण "लिखन बैठ जाकी खबी, गहि-गहि गरब गरूप" भी पीछे रह जाता है, क्योंकि रूप-लावण्य प्रतिपल इस प्रकार परिवर्तित हो रहा है, जैसे पानी पर लहरें। भला चित्रकार उसका चित्रण कैसे कर सकता है?

"एक नार देख्या खड़ी सामने,
पूनम रात की मकर चांदनी
या झमके मेघ रूत सौदामिनी

चितारी चित न सके हुए "मानी"
ज्यों मौज पे मौज आवे पानी"[35]

हर्ष का विषय है कि हिंदी शोधार्थियों का ध्यान इस ओर गया है और हिंदी साहित्य की इस अमूल्य कड़ी को फिर से जोड़ने की दिशा में प्रयत्न आरंभ हो गए हैं। खेद का विषय है कि दक्खिनी को अभी भी हिंदी साहित्य में यथोचित स्थान नहीं मिल पाया है। विश्वविद्यालयों की पाठ्य-पुस्तकों में दक्खिनी के कवियों की रचनाओं को शायद ही कहीं सम्मिलित किया गया हो। यह एक चुनौती है। हिंदी साहित्य के अध्येता जहां मैथिली के "विद्यापति" ब्रज के "सूर" और बिहारी तथा अवधी के "जायसी" और "तुलसी" राजस्थानी के राठोर राज "पृथ्वीराज" की रचना "बेलीक्सिन रूकमणीरी" का अध्ययन स्नातक और स्नातकोत्तर स्तर पर आवश्यक समझते हैं, वहां दक्खिनी के "मुल्ला वजही" "निजामी" और "इब्नेनिशती" की रचनाओं को उनका अपेक्षित स्थान क्यों नहीं देते ? हमें इस ओर ध्यान देना चाहिए। इसका पहला उपाय है— दक्खिनी के समस्त साहित्य को देवनागरी लिपि में उपलब्ध कराना। तभी हम हिंदी भाषा की इस कड़ी को मुख्यधारा के साथ जोड़ सकेंगे। निश्चय ही इस ओर ग्रंथ अकादमियों और हिंदी अकादमियों तथा हिंदी शोध संस्थानों को ध्यान देना होगा।

हिंदी के अखिल भारतीय और धर्म-निरपेक्ष स्वरूप को दृष्टि में रखते हुए भी दक्खिनी हिंदी के अध्ययन की विशेष आवश्यकता है। इससे हिंदी साहित्य का इतिहास अपनी परिधि से निकलकर दक्षिण तक विस्तृत हो जाएगा।

संदर्भ

1. दक्खिनी हिंदी काव्यधारा-महा पंडित राहुल सांकृत्यायन (दो शब्द) पृ. 15
2. हिंदी भाषा-डॉ. भोलानाथ तिवारी पृ. 234
3. ब दफ्तर फारसी बरतरफ खाख्ता हिंदवी कर्द व बहामना रा साहब दखल गरदानीद-तारीख फरिश्ता-जिल्द- 2 पृ. 27
4. मुंतख़बुल लुबाब, भाग-3 पृ0. 359
5. दक्कन में उर्दू-नसीरुद्दीन हाशमी- पृ. 49
6. यके ब ताजी व यके ब पारसी ब यके ब हिंदी।
7. इब्राहीम नामा- सं. देवी सिंग चौहान-पृ. 89
8. कुतुब शतक और उसकी हिंदुई-डॉ. भाता प्रसाद गुप्त-पृ. 25
9. हिंदी भाषा और साहित्य - डॉ. उदय नारायण तिवारी- पृ. 18
10. The form of old Hindi speach to deccan came to be nown as 'Dakhini' the speach of the South.The Gazetteea of India vol. I 1865 p. 393.
11. अलीगढ़ तारीख अदब, उर्दू पृ. 41
12. वही पृ. 41
13. कुतुब मुश्तरी, मुल्ला वजही-पृ. 29
14. पिरतनामा।
15. फूलबन-इब्न निशाती सं. देवीसिंग चौहान, पृ. 9

16. कदीम उर्दू (इर्शाद नामा) सं. मुहम्मद अक्बरुद्दीन सिद्दकी - पृ. 135
17. सबरस, मुल्ला वजही-पृ. 10
18. मनलगन, बहरी-पृ. 21
19. यूरोप में दक्कनी मख्तूतात, नसीरुद्दीन हाशमी-पृ. 22.
20. दक्न में उर्दू, नसीरुद्दीन हाशमी-पृ. 14
21. वही पृ. 14
22. मन समझावन, शाहतुराब सं. डॉ. विद्यासागर तथा डॉ. सैयदा जाफर, पृ. 1
23. यूरोप में दकनी मख्तुतात नसीरुद्दीन हाशमी पृ. 5
24. हिंदी : उद्भव, विकास और रूप, डॉ. हरदेव बाहरी-पृ. 72
25. दक्खिनी हिंदी : विकास और इतिहास, डॉ. परमानंद पांचाल पृ. 124
26. उर्दू की इब्तदाई नशोनुमा में सूफाए कराम का काम, मौ. अब्दुल हक-पृ.8
27. अशरफ को मध्य काल में ही माना गया है। ये निजामशाही काल के प्रसिद्ध कवि थे।
28. कुलियात मुहम्मद कुली कुतुब शाह- पृ. 195
29. इंतखाव सबरस, नूरूल हसन हाशमी - पृ. 57
30. वही, पृ. 46
31. सबरस पर एक नजर, सुहेल बुखारी, पृ. 64
32. लिसानी मकालात, भाग-3 डॉ. सुहेलुखारी, पृ. 442 (पाकिस्तान) इस्लामाबाद, 1991 ई.
33. इब्राहीम नामा, सं. देवी सिंग व्यं. चौहान, पृ. 70
34. किताबे नौरस, इब्राहीम आदिलशाह द्वितीय सं. डॉ. नजीर अहमद, पृ. 68
35. वही, पृ. 78

दक्खिनी हिंदी पर हरियाणी का प्रभाव

"दक्खिनी हिंदी बीज रूप में हरियाणी तथा खड़ीबोली ही है, जिसका विकास ईसा की चौदहवीं शती से अठारहवीं शती तक दक्खिनी के बहमनी, कुतुबशाही और आदिलशाही आदि राज्यों के सुल्तानों के संरक्षण में हुआ था।

डॉ. मसूद हुसैन खां के शब्दों में कदीम (प्राचीन) दक्खिनी को अगर किसी बोली से गहरी निस्बत हो सकती है तो वह दिल्ली के नवाह (समीप) की दो बोलियां यानी खड़ी और हरियाणी हैं। जिनकी कदामत पर शुबा करना तारीखी (ऐतिहासिक) नुक्ते-नज़र (दृष्टिकोण) से सरासर ग़लत है। हमारे ख्याल में दकनी को तमाम खसूसियात नवाहे दिल्ली के पास के इज़लाह की बोलियों से की जा सकती है।[1]

हरियाणी के संबंध में प्रो. ज्यूलब्लाख का भी यही मत है — "अतः मेरे विचार में पूर्वी पंजाब (वर्तमान हरियाणा) के ज़िलों की भाषा लश्करियों के द्वारा दक्खिन में पहुंची है। उनका यह भी कथन है कि ये लोग पहले पहल अपनी भाषा को दक्खिन ले गए थे।[2]"

अलीउद्दीन के देवगिरि पर आक्रमण (1295 ई.) के बाद से ही दिल्ली के समीपवर्ती लोगों का दक्खिन जाना आरंभ हो गया था। 14वीं शती के प्रथम चरण में मुहम्मद तुगलक की आज्ञा से दिल्ली के राजदरबारी सैनिक कर्मचारी, व्यवसायी, व्यापारी, सूफी संत फकीर सबको देवगिरि या दौलताबाद में सपरिवार जाकर बसना पड़ा था। राजनीतिक दृष्टि से इस घटना का महत्त्व कुछ भी हो, पर भाषायी दृष्टि से यह घटना इतिहास में युगांतरकारी सिद्ध हुई। इसी युग में उत्तरी भारत की खड़ीबोली हरियाणी दक्खिन पहुंची और इसे दक्खिनी हिंदी के रूप में विकसित होने का अवसर मिला क्योंकि ये लोग अधिकांशतः इसी भाषा को बोलते थे। यह सिलसिला आलमगीर (औरंगजेब) के समय तक चलता रहा जिसका देहांत भी दक्खिन में ही हुआ था।

संबंध तत्त्व की दृष्टि से तो दक्खिनी हिंदी हरियाणी का अंग है ही, अर्थ तत्त्व की दृष्टि से भी अनेक शब्द हरियाणी बोली के दक्खिन की इस हिंदी में उपलब्ध हैं। कितने संयोग की बात है कि प्राचीन हरियाणी बोली के अनेक ग्रामीण शब्द दक्खिनी की साहित्यिक रचनाओं में समाहित हैं। उससे सहज ही यह धारणा पुष्ट होती है कि दक्खिनी हिंदी की साहित्यिक भाषा हरियाणा प्रदेश से प्रसूत ग्रामीण बोली का ही रूप है।

डॉ. मसूद हुसैन खां का यह मत है कि "दक्खिनी" भाषा में शब्दों के वही रूप मिलते हैं जो उत्तर भारत में आज से नौ सौ वर्ष पहले प्रचलित थे या जो अब केवल

घरेलू और ग्रामीण भाषा में पाए जाते हैं[3] इस धारणा को और भी पुष्ट करता है।

उदाहरण के लिए हरियाणी के कुछ शब्दों पर विचार किया जा सकता है—

असवार (अश्वारोही) - सवार "कीते शाह असवार उस पथ आए" इब्राहीम नामा, (अब्दुल) पृ. 2।

इंघे - इधर (यह शब्द तमिल में भी है) न इंघे है ना पिछे है। (खुदानुमा)

कधी - कभी, 1. कधी चांद का से थे बिसनिस झरें - इब्राहीम नामा।
2. कधी इससे मिल के सिया जाए ना" - कुली कुतुबशाह।

कीर - लकीर, कोई बालों दरम्यां यूं मांग चीर
दिसे ज्यूं कसौटी में सोने की कीर"- अब्दुल

गांडा - गन्ना, "हतीसात गांडें न को खाने जा" - (तूतीनामा पृ. 45)

घालना - (क्रिया) - डालना
1. चटाख के दोजख अपस घाल्या - (प्रितनामा - पृ. 354)
2. कुंडल घाले वैठ्या भुजंग भाल पर - ग़वासी

गिलावा- गीली मिट्टी फेरने का कार्य।
चुने कांद कू ज्यूं गिलावा करें- (लैला मजनूं - पृ. 80)

चौखा- अच्छा "वह तो चोखे बूझने हार (देखिए दक्खिनी हिंदी का उद्भव और विकास - पृ. 216)"

चौंतरा - चबूतरा - फरश बांध रतनो कुंदन चौंतरे (इब्राहीम नामा - पृ. 155)

छोरी - लड़की, तू नन्हवाद छोरी, तुझे फाम क्या ? (मैना सतवंती - पृ. 13)

जानवर - वलेचित जिनावर न कर सक उड़ान"[4] (इब्राहीम नामा)

जुवान - जवान, "सो मुख खोल हस्ती दुनिया जुवान यूं"- (इब्राहीम नामा)

तत्ता" - गर्म, "तत्ते अंझू बैठे ढाल"- (नौसर हार)

थोबड़ा - मुख "बड़े थोबड़े और बड़े जात। (सैफल मुलूक व बदी उल जमाल - पृ. 74)

दीवा- दिया, धर्या रात परदा दीवा देस लाए - इब्राहीम नामा पृ 133)

नेड़े - नज़दीक।
"जीव का साती जीव की कीरी, नेड़े खां ढूंढूं दूर" (जानम)

न्यारा- अलग।
देखो सब (सूं न्यारे यूं आज़ाद हैं[5]

पतियाना - विश्वास करना, भरोसा करना
इस जमाने के मर्दों कू क्या पतियाना[6]

परधान— सरदार, बड़ा। गूजरों में बड़े आदमी के लिए सम्मानजनक शब्द के रूप में अब तक इसका प्रयोग होता है। कभी-कभी "पधान" शब्द का भी प्रयोग किया जाता है।

बलद - (बळद) - बैल।
बलद फिर तिस घाने ज्यूं[7]

बार - द्वार। भितर पैस महरम हुआ वार का[8]

मोकला- (मोकळा ढीला, खुला हुआ
तू दिल कूं नको मोकला छोड़ यू)[9]

मुंडासा - पंगड़ी, सर पर बांधने का वस्त्र

लौट - लहर।
"बहती देख दर जो पानी को लोट[10]

सपड़ना - समाप्त होना।
न सपड़े जरम अते तुझे शाखा ज्ञान[11]

सेती - से, सहित, के साथ
गुलाबी फूल पर दावा लग्याकरने समन सेती[12]

हांक मारना- आवाज देना।
अगर हांक मारे तो आ हाल में[13]

हांडना - घूमना
हंडन निकल्या इरकनर यक दिन जंगल-प्रितनामा - पृ. 350।

होर - और- देवो हौरे सांपा का यो ठार है - (कुतुब मुश्तरी - पृ. 90)

ऐसे अनेक अन्य शब्द साहित्यिक दक्खिनी हिंदी में प्राप्य हैं जो ग्रामीण हरियाणी में आज भी उपलब्ध हैं। डॉ. ग्रियर्सन के अनुसार दक्खिनी में, हिंदी व्याकरण के ऐसे रूप (जैसे -"मुझको" के लिए "मेरे को") सुरक्षित हैं जो उत्तर भारत के ग्रामीण लोगों में प्रचलित हैं, किंतु साहित्यिक भाषा में प्रयुक्त नहीं होते।[14] हरियाणी की भांति ही दक्खिनी में भी "ड़" और "ढ़" के स्थान पर "ड" और "ढ" का प्रयोग पाया जाता है। यथा कुतुबमुश्तरी में छोड (छोड़), पढ़े (पढे) बडा (बड़ा), चढना (चढ़ना) आदि प्रयोग मिलते हैं।

इसी प्रकार और भी शब्द हैं जो हरियाणी और खड़ीबोली से दक्खिनी हिंदी में आए हैं। अनेक फारसी शब्द भी फारसी के माध्यम से दक्खिनी में पहुंचे हैं जिनका वही तद्भव रूप वहां मिलता है जो हरियाणी में था । जैसे -

1. उस्ताज – उस्ताद
2. खपसूरत – खूबसूरत
3. खिज़मत – खिदमत
4. जास्ती – ज्यादती
5. दरोजा – दरवाज़ा
6. नुवाज – नमाज़
7. फजीता – फज़ीहत
8. मदत – मदद आदि।

साधारण भूतकाल बनाने के लिए हरियाणी की ही भांति दक्खिनी में भी "या" लगाने से क्रिया बनती है, जबकि हिंदी में "आ" लगाने से जैसे—

धातु	हिंदी	हरियाणी और दक्खिनी
मारना	मारा	मार्या
चलना	चला	चल्या
कहना	कहा	कह्या
लगना	लगा	लग्या
बोलना	बोला	बोल्या

हरियाणी और दक्खिनी दोनों भाषाओं में दीर्घकाल से "ने" विभक्ति "कर्त्ता" और "कर्म" दोनों को बतलाती है।[15] किंतु हिंदी में "ने" केवल कर्त्ता और वह भी सकर्मक क्रिया के साथ आता है जैसे —

हरियाणी - मन्नै साहब ने मार्या (मुझे साहब ने मार्या अथवा मैंने साहब को मारा)।

दक्खिनी - इस खातिर जुलेखा ने क्या करी[16] - कर्त्ता आदमी बरा अच्छे तो सराब ने क्या करना[17] -कर्म

इस प्रकार यह स्पष्ट रूप से कहा जा सकता है कि दक्खिनी हिंदी के विकास में सबसे अधिक योगदान हरियाणी का ही है।

संदर्भ

1. अलीगढ़ तारीख अदब उर्दू - पृ. 41
2. अलीगढ़ तारीख अदब उर्दू - पृ.41
3. मुक़दमा तारीख़ ज़बान उर्दू - डॉ. मसूद हुसैन खां - पृ. 263
4. इर्शादनामा, पृ. 70
5. गंजमखुफी, पृ. 89
6. दक्खिनी हिंदी काव्यधारा, पृ. 57
7. दक्खिनी हिंदी का उद्‌भव और विकास, पृ. 77
8. प्रित नामा, पृ. 355
9. दक्खिनी उर्दू की लुगत, पृ. 341
10. दक्खिनी उर्दू की लुगत, पृ. 322
11. इब्राहीम नामा, पृ. 2
12. दक्खिनी हिंदी का उद्‌भव और विकास, पृ. 19
13. दक्खिनी उर्दू की लुगत, पृ. 368
    पंजाबी में भी प्रयोग होता है।
14. भारत का भाषा सर्वेक्षण खंड -1, भाग-1- सर जार्ज ग्रियर्सन, पृ. 306
15. हरियाणा प्रदेश का लोक साहित्य - डॉ. शकर लाल यादव पृ. 103
16. तारीख़ जबाने-उर्दू- डॉ. मसूद हुसैन खां - पृ. 56
17. वही पृ. 16

मुल्ला वजही और उनकी रचनाएं

मुल्ला वजही का स्थान दक्खिनी हिंदी साहित्य में अद्‌वितीय है। यह मुहम्मद कुल्ली कुतुब शाह (1580-1611) के समकालीन थे। वजही का काव्य-काल मुहम्मद कुल्ली कुतुब शाह के पिता इब्राहीम कुल्ली कुतुबशाह के शासन काल से आरंभ हो जाता है।

इन्होंने 1600 ई. में "कुतुब मुश्तरी नाम से एक मसनवी की रचना की थी।[1] इस प्रकार ये तुलसीदास के समकालीन थे। कुतुब मुश्तरी में भागमती के साथ बादशाह के प्रेम की कहानी को रूपक के रूप में लिया गया है। भागमती की ओर से ध्यान हटाने के उद्‌देश्य से मुहम्मद कुल्ली की प्रेमिका का नाम "मुश्तरी" रखा गया है तथा उसे बंगाल की राजकुमारी बताया गया है। यह पुस्तक अपनी आकर्षक शैली और विचारों की गहनता के कारण प्राचीन दक्खिनी की सर्वश्रेष्ठ रचना समझी जाती है। इसकी भूमिका में वजही अपने काव्य की प्रशंसा स्वयं इस प्रकार प्रकट करता है—

न पहुंचे न पहुंचा है गुण ग्यान में
सो तूती[2] मुंज ऐसा हिंदुस्तान में,
कि बातां यह सुनकर मेरी ग्यान कियां
रह्या थक हो तूतबाँ खुरासान कियां
जिते शायरां-शायर हो आएंगे।
सो मुंज ने तरज़ शेर का पाएंगें"

अपनी प्रशंसा के साथ ही इस मसनवी में उसने अपने देश की भी बहुत सराहना की है। इसी कारण आज तक उनकी ये पंक्तियां दक्खिन में बहुत अधिक लोकप्रिय हैं। देश प्रेम की उनकी ये पंक्तियां देखिए—

दखिन सा नहीं ठार संसार में,
निपज[3] फाजिलां[4] का है इस ठार में
दखिन है नगीना अंगूठी है जग
अंगूठी कूं हुरमत नगीना ही लग।
दखिन मुल्क कहन धन अजब साज है
कि सब मुल्क सिर होर दखन ताज है
दखल मुल्क बहुती च[5] खासा अहे
तिलंगाना इसका खुला सा अहे।

उनके देश प्रेम को देखकर अनुमान लगाया, जा सकता है कि वजही का जन्म गोलकुंडा में हुआ था और उस काल में गोलकुंडा तेलंगाना की जान था।

इस मसनवी की भूमिका में वजही ने काव्य कला पर भी प्रकाश डाला है। इससे ज्ञात होता है कि कुतुब शाह के समय काव्य कला का एक बहुत ऊंचा स्तर स्थापित हो चुका था। मौलवी अब्दुल हफ ने कुतुब मुश्तरी का संपादन 1938 ई. में हैदराबाद से किया था।[6] उन्होंने इस पुस्तक में वर्णित काव्यं कला के उच्च आदर्शों का उल्लेख इस प्रकार किया है।

सबसे पहली बात वह यह है कि शेर सलीस (सादा) होना चाहिए। अधिक कहने का मोह न करके एक शेर कहे पर अच्छा कहे, किंतु इसमें कुछ नज़ाकत होनी चाहिए. ....” दूसरों की नकल करना आसान है, किंतु कवि वही है जो अपने दिल से नई बात पैदा करे”। वजही के शब्दों में देखिए—

"कहता हूं तुझे पंद की एक बात
किहै फायदा इसमें धात-धात[7]
जो बेवक्त बोले तो बतियां पचीस
भला है तो इक बेत बोले सलीस"

कुतुब मुश्तरी की रचना के समय वजही की ख्याति अपनी चरम सीमा पर पहुच चुकी थी यद्यपि इस काल में अन्य कवि भी उपस्थित थे किंतु वजही ने अपनी इस मसनवी में उनके प्रति जो घृणा के भाव प्रकट किए हैं उनसे ज्ञात होता है कि बादशाह की उन पर विशेष कृपा दृष्टि थी, अन्यथा वह इस प्रकार के विचार रखने का दुस्साहस कभी न करता।

अगर टुक जो दौड़ बुलंद धाऊ कूं।
उड़ूं जग कूं सब बांध कर पाऊं कूं।

“गवासी” उसका एक समकालीन कवि था। ग़वासी के काव्य की ख्याति भी दूर-दूर तक फैली हुई थी। वजही भी ग़वासी की बढ़ती हुई प्रसिद्धि से अपरिचित नहीं था। उसे भय रहता था कि कहीं ग़वासी उसकी ख्याति पर राहु की भांति ही न चढ़ बैठे। इसी ईर्ष्या को दृष्टि में रखते हुए उसने परोक्ष रूप से ग़वासी के प्रति व्यंग्य पूर्ण ये पंक्तियां कही थीं—

अगर गोते लख बरस ग़वांस खाए,
तो इक गोहर इस घात अमोलक न पाए
ये मोती नहीं वह जो ग़वास पाएं
ये मोती नहीं वह जो किस हाथ आएं

किंतु वजही की आशंका निर्मूल सिद्ध नहीं हुई। कुल्ली कुतुब शाह के उत्तराधिकारी मुहम्मद कुतुब शाह (1611-1625) के शासन काल में 15 वर्षों तक वजही का कहीं भी कोई नाम सुनने को नहीं मिलता। आलोचकों का कहना है कि ग़वासी के तेज के सामने अंत में वजही इतना धूमिल हुआ कि उसने "कुतब मुश्तरी" की रचना के 26 वर्ष बाद तक कलम ही नहीं उठाई और यदि लिखा भी तो केवल "गद्य" ही लिखा।

वजही एक उच्च कोटि का कवि था। मसनवी के अतिरिक्त उसने गज़लें और मर्सिए (शोक गीत) भी लिखे हैं।

वजही की निम्नलिखित पंक्तियों से ज्ञात होता है कि उनका भाव पक्ष कितना सबल था। कबीर की भांति उनको भी "सपने में साईं मिलते हैं।"

पिउ अपने को टुक आज में निस सपने देखी सोय कर
जब पिउ चल्या सुट। सेज मुंज नित सोय उठी रोय कर
हाथ बढ़ा अपना सारने मुंज चलचल लग्या मारने
ना जाऊं साई कारने जब अजहों क्यका-क्या होय कर
क्यों टालूं बिरहा घाल सके, नहीं सकती हूं संमाल सेखी
अब क्यों कर पाऊं लाल सखी, जो बैठी हथ से खोय कर

विरहिणी नायिका अपने प्रीतम के वियोग में दिन-दिन घुलती जा रही है। उसका सारा शरीर क्षीण होता जा रहा है। उसमें अब इतनी शक्ति शेष नहीं रह गई है कि वह प्रतीक्षा की और घड़ियां गिन सके।

ताकत नहीं दूरी की अब तो बेगिआमिल रे पिया,
तुज बिन मुझे जीना बहुत होता है मुश्किल रे पिया
खाना बिरह केती हूं मैं, पानी अंजू[8] पीती हूं मैं।,
तुज से बिछड़ जीती हूं मैं क्या सख्त है दिल रे पिया
हर दम तूं याद आता मुझे, अब देश नहीं भाता मुझे,
बिरह यूं सताता मुझे, तुझ बाज[9] तिल-तिल रे पिया

वजही मर्सिया लेखन कला में भी पूर्णतया सिद्धहस्त थे। दुख दारुण से संतप्त नारी को इस व्यथित दशा पर किसको तरस नहीं आता—

काली न गोरी चीर बंदी बैठी है ज्यों कालिंदी
काले लटां काले भुआं काली गले में गलसरी
सौणा तेरा तन इस दुखों हर रंग सब पीला हुआ
खपे में सब लहू आरह्या यू क्या बला है देख री

नीलम के नीले दिखाई पड़ने का कारण केवल वेदनाएं ही हैं और लाल भी इसीलिए लाल हैं, क्योंकि उसके हृदय में रक्त जम गया है तथा मोतियों में छेद होने का कारण भी यह है कि उनके हृदय में असह्य दुःख दारुण के कारण विदीर्ण हो जाता है। वेदना के इस वर्णन में उन्होंने जायसी को भी मात दे दी है, देखिए—

नीले हुए नीलम सकल
        लालन के दिन में लहू जम्या
मोतियां के सब रोज़न पड़े,
        बिस खाके पाच हुई सब हरौ।"

वजही का गद्य काव्य

वजही सर्वतोमुखी प्रतिभा के स्वामी थे। उन्होंने अपनी काव्य रचना "कुतुब मुश्तरी" के अतिरिक्त 'सबरस' तथा 'ताजुल हक़ायक' नाम के दो गद्य ग्रंथों की रचना भी की थी। इनकी प्रथम पुस्तक "सबरस" को हिंदी गद्य की सबसे प्रथम रचना माना जा सकता है। वजही ने इसकी रचना 1635 ई. अर्थात् कुतुब मुश्तरी से 27 वर्ष पश्चात् अब्दुला कुतुब के अनुरोध पर की थी। डॉ. मौलवी अब्दुलहक ने 1632 में औरंगाबाद से इसका संपादन उर्दू में किया था। प्रसन्नता का विषय है कि डॉ. श्रीराम शर्मा ने भी हिंदी साहित्य सम्मेलन की ओर से इसका हिंदी में संपादन कर दिया था। इस पुस्तक में वर्णित कथा एक प्रकार का रूपक है, जिसे सांसारिक घटनाओं पर घटाया गया है। गद्य का एक नमूना निम्न प्रकार है।[11] "नक्ल एक शहर था, शहर का नाउं, सीस्तान। इस सीस्तान के बादशाह का नाउं अक्ल। दीन व दुनिया का सारा काम उससे चलता। उसके हुक्म बाज जरां कईं नहीं हिलता। इसके फर्माए पर जिनो चले, हर दो जहां में वे चले। दुनिया में खूब कहवाये। चार लोकां में इज़्ज़त पाए।"

वजही का दूसरा गद्य "ताजुल हकायक" अभी तक अप्रकाशित ही है। मौलवी अब्दुल हक़ ने इसके संबंध में लिखा है कि इसमें नैतिक बातों और "तस्ववुफ" पर कुछ बहस की गई है और सबरस के कुछ स्थानों से, जहां उसने इस प्रकार के तर्क दिए हैं बहुत मिलते हैं।[12]

इसमें कोई संदेह नहीं कि इसकी शैली में वजही की पूरी झलक मिलती है। किंतु वह सजीवता और प्रवाह नहीं जो "सबरस" में विद्यमान है। इसका एक नमूना यहां प्रस्तुत है—

"अरे भाई गांडा था सो शकर हुआ, शकर थी सौ अबलोज[13] हुई,
अबलोज था सौ नवात हुई। यो जहूर पकड़ते आई खुदाई--
शकर का खानहार, आग के खानहारे कौन क्या पहचाने।
शर्बत का सौदा देख्या सो जहर का सौदा क्या जाने"

गार्साद तासी ने इनकी एक रचना 'किस्सा माह सीमा व परी रूख का' भी उल्लेख किया है, जो अप्राप्य है।

वजही का देहांत 1656 और 1681 के बीच किसी समय हो गया। इब्ने निशाती ने "फूलबन" (1656) में, उन सभी साहित्याचार्यों के नाम लिये हैं जिनकी मृत्यु 1656 तक हो चुकी थी। इनमें वजही के नाम का उल्लेख नहीं मिलता। "तबई" ने अपनी मसनवी में सर्वप्रथम उनकी मृत्यु का उल्लेख किया है।

"यों वजही मेरे ख़्वाब में आय कर,
मुख अपना सो[14] रूख नाम दिखलाय कर
सरासर सुना जो मेरी मसनवीं
कह्या बात "तबई है तैरी नवी"

संदर्भ

1. राहुल सांकृत्यायन कुतुब मुश्तरी का रचना काल 1608 मानते हैं।
2. तोता।
3. उपज।
4. निपुण।
5. हल (मराठी)
6. कुतुब मुश्तरी का संपादन हिंदी और मराठी में भी हो चुका है। हिंदी में डॉ. विमला बाघ्रे और नसीरुद्दीन ने 1954 में हैदराबाद में इसका संपादन किया था।
7. भांति-भांति
8. आंसू (पंजाबी)
9. बिना
10. सुंदर (पंजाबी)
11. दक्खिनी का पद्य और गद्य डॉ. श्रीराम शर्मा
12. सबरस- डॉ. अब्दुलहक
13. मिस्री
14. समान

शेख बहाउद्दीन बरनावी और उनका हिंदी लेखन

हिंदी आरंभ से ही प्रेम और सौहार्द, एकता और मेल-मिलाप कीं भाषा रही है इसके विकास में ख्वाजा मसूऊद साअद सुलेमान (1125 ई. के लगभग) और अमीर खुसरो (1253-4325) से लेकर आज तक न जाने कितने ज्ञात और अज्ञात संतों, सूफियों और फकीरों का योगदान रहा है। इनमें से असंख्य कवि और सूफी संत ऐसे हैं, जिन पर अभी भी हिंदी मनीषियों और शोधार्थियों का ध्यान नहीं गया है। ऐसे ही अज्ञात हिंदी कवियों में एक नाम शेख बहाउद्दीन बरवानी का भी लिया जा सकता है, जिनके काव्य का मूल्यांकन किया जाना नितांत आवश्यक है।

शेख बहाउद्दीन का जन्म उत्तर प्रदेश के महाभारत कालीन स्थल बरनावा (जि. मेरठ) में सन् 1511 ई. में हुआ था। कृष्णी और हिंडन नदियों के संगम पर स्थित यह वही प्राचीन नगर है जो महाभारत काल में वारणावत् के नाम से प्रसिद्ध था और कहा जाता है कि यहीं पांडवों को जलाने के लिए लाक्षागृह का निर्माण किया गया था जो आजकल "लाखामंडप" के नाम से प्रसिद्ध है।

शेख बहाउद्दीन संगीत कला में निष्णात थे। सैयद ज़हीरुद्दीन मदनी के अनुसार खुसरो के बाद हज़रत बहाउद्दीन बरनावी उन सूफियों में थे जिन्होंने कई-कई राग और धुनें बनाई जो संगीत में अनमोल इज़ाफा है। इनके संबंध में यह कहा जाना अत्युक्ति न होगी कि यदि अमीर खुसरो इस कला की भूमिका है तो बहाउद्दीन उसकी परिणति है। फकीर अल्लाह के "राग दर्पण" में इनका उल्लेख मिलता है। मखदूम अलाउद्दीन द्वितीय ने अपनी पुस्तक "किताब चिश्तिया" में इनकी कविताओं के नमूने दिए हैं।

प्रो. महमूद शीरानी ने अपनी पुस्तकें "पंजाब में उर्दू" में इनकी संक्षिप्त जीवनी उद्धृत की है। शेखबहाउद्दीन ने मुल्ला अनवर रोहतकी से शिक्षा ग्रहण की। तदुपरांत उन्होंने पानीपत के शेख अलादाद से दीक्षा ली। इन्हें प्रकृति से विशेष प्रेम था और देशाटन में अधिक रुचि लेते थे। प्रातः नमाज के बाद शिकार के बहाने जंगल में निकल जाते और तीस-तीस कोस तक जंगलों में घूमते। आरंभ में तीर से शिकार खेलते थे। बाद में बंदूक से आखेट करने लगे थे। सैयद एकबाल जौनपुरी ने "शर्की राज्य जौनपुर का इतिहास" के पृ. 613-14 पर इनके संबंध में एक किंवदंती का उल्लेख करते हुए लिखा है कि एक बार शेख बहाउद्दीन ने एक हिरन पर बंदूक चलाई। हिरन ने कहा, बहाउद्दीन क्या अल्लाह ने तुझे इसीलिए पैदा किया ? मखदूम ने दाहिने-बाएं देखा। तीन बार ऐसा ही हुआ। अंत में हिरन ने कहा, मैं हूँ हिरन। उस समय बहाउद्दीन को ईश्वर का स्मरण हो उठा और तौबा किया। सन्

1526 ई. में ये फकीर हो गए और सभी सांसारिक वस्तुओं का परित्याग कर दिया और "खातिमुत्तारकीन" (अंतिम विरक्त) कहलाए।

इन्होंने भारत के अनेक स्थानों की यात्रा की थी। 1526 ई. में जब इन्होंने दक्षिण की ओर प्रयाण किया तो विजय नगर में कृष्णदेव राय और गोलकुंडा पर, दक्खिनी हिंदी के प्रसिद्ध कवि सुल्तान कुली कुतुबशाह (1518-43 ई.) बीजापुर पर इस्माइल आदिलशाह (1510-34 ई.) अहमदनगर पर बुरहान निजामशाह (1508-53 ई.) शासन कर रहे थे। 1567 ई. में यह अपनी जन्म भूमि लौटे, यह मुगल सम्राट अकबर का शासन काल था। इन्होंने विवाह नहीं किया था और हरे रंग के वस्त्र धारण करते थे। एक सौ तेरह वर्ष की लंबी आयु के बाद इनकी मृत्यु 1628 ई. में हुई थी, जब शाहजहां के शासन का दूसरा वर्ष था। इन्होंने गुजरात, जौनपुर, पटना, सरहिंद, लाहौर, पट्टन, अजोधन, हांसी, हिंसार आदि स्थानों का भी भ्रमण किया था। ये चिश्ती संप्रदाय से संबंधित थे। संगीत में ध्रुवपद, कवित्त, ख्याल और तराना की अच्छी रचना करते थे। अत्यंत निपुण गायक होने के साथ-साथ बीन, रबाब और हमरती सब बजाते थे। इन्होंने "खयाल तराना" नामक एक वाद्य का भी आविष्कार किया था।

इनकी काव्य रचना के नमूने "किताब चिश्तया" में उपलब्ध हैं, जिनसे उस काल की काव्य भाषा का परिचय भी सहज ही मिल जाता है। इनमें से कुछ एक यहां प्रस्तुत हैं।

वर्षा ऋतु पर उनकी यह रचना देखिए —

काहे ए बदरा न बरसत
काहे ये नाहक गरजत
काहे न झड़ लावत
काहे ये बरखारन देवत
बिरहन मन चितवत
काहे ये ना घोर घोर सतावत
चतुर दिसा तेरा है आना हो
दाता मेघ महावत।
गरबन जिया को दी जगमट थीं
अदल-बदल ले आवत।"

ख्वाजा खिज्र के लिए उन्होंने लिखा है—

"दायम हयात कायम करामात मुलाकात नेमत पावत हम
नदी तीर दुरम भारी भीर फिरत मरहत हो तिहां तिहारी रमपरत
रहम कीजे कृपा थी दीजै का कसों जादरी सम
तुम कहां अज कहदोरे महतर इलियास रह दो पास
जगत में अगम।

स्वास्थ्य लाभ के लिए उनके एक ख्याल के बोल है—

"ठाकुर गुरु कज हियों चित न धरी
जिंहीं अनपराध अपराधीकरी।
महाछीन रोगी की बेदन
अपने माथे छण में हरै।

एक स्थान पर वे बताते हैं कि नयनों का क्या धर्म है—

इन नैनन का यही लेख
हो तुझ देखूं तू मुंज देख।

जहांगीर और खुर्रम का युद्ध बहाउद्दीन के समय में ही हुआ था, उस पर अपनी प्रतिक्रिया व्यक्त करते हुए उन्होंने लिखा था—

ऐ ऐ भाई जीता मसाफ साहन सरताज
जिसरी तू मिला नित नित राज।

सुल्तान उल औलिया के संबंध में इन्होंने कहा था—

कारी काज तिहारी हूं ना थक भयो कर भीतरो
आज भाग जाग पड़ै हमारे परसन दरसन पावत तेरो।
अनंद अनंद महा हो दुख मोश गयो सो हरो
तृप्त भई पतित सबनासी ओलिया चरनन लक माथो मेरो।

वर्षा के बंद होने के लिए एक राग के बोल हैं—

अब मन मान्यो री बदरा नैकि भांति जुरजुर दयो
नैकि में घटा ली आ तो नैकी गरज सुनायो।

इस प्रकार हम देखते हैं कि शेख बहाउद्दीन ने न केवल ख्याल और दादरा की ही रचना की थी अपितु ध्रुवपद, कवित्त और तरानों की भी अच्छी रचना करते थे। प्रो. महमूदशीरानी ने लिखा है कि संगीत के साथ इनका संबंध प्रेम की सीमा तक पहुंच गया था। मध्यकाल के इस अज्ञात कवि की हिंदी रचनाओं पर हिंदी समीक्षकों का ध्यान जाना अपेक्षित है। इससे हिंदी साहित्य के इस युग पर एक नई रोशनी पड़ सकेगी।

संदर्भ

1. अमीर खुसरो - महाराष्ट्र सभा पुणे - पृ. 91

संतों ने पहुंचाई असम तक हिंदी

भारत की गौरवपूर्ण सामासिक संस्कृति के विकास में भारत के महान संतों, सूफियों, दार्शनिकों, साधुओं और भक्तों का योगदान रहा है। ये संत देश के विभिन्न क्षेत्रों में घूम-घूमकर मानव-प्रेम, सौहार्द और सद्भावना का संदेश देते थे। शंकराचार्य, रामानंद, बल्लभाचार्य, कबीर, तुलसी और सूरदास-- जैसे महान संत और कवि गांव-गांव पैदल चलकर दुर्गम राहों से गुजरकर दूर-दूर तक अपने मत का प्रचार करते थे, जबकि यातायात के इतने साधन भी उपलब्ध नहीं थे। इन्हीं से देश की सांस्कृतिक एकता को सुदृढ़ करने में सहायता मिली थी। भारत में भले ही राजनीतिक दृष्टि से समय-समय पर बदलाव आता रहा हो, किंतु सांस्कृतिक दृष्टि से यह देश सदैव ही एक रहा है। हमारी एकता के सूत्रधार सर्वदा से भारत के संत, साधू और फकीर ही रहे हैं। साहित्यिक क्षेत्र में रामायण और महाभारत -- जैसे महान महाकाव्यों की प्रस्तुति भारत की प्रायः सभी मुख्य भाषाओं में हुई है। इसी कारण से भारत की सभी भाषाओं में शब्दों का परस्पर आदान-प्रदान होता रहा है।

जनभाषा का प्रयोग

मध्यकाल में जबकि देश में बड़ी राजनीतिक उथल-पुथल थी और विदेशी आक्रमणकारियों के कारण सर्वत्र अव्यवस्था व्याप्त थी, तो ऐसे कठिन समय में इन्हीं संतों ने समाज का मार्गदर्शन किया था और धार्मिक कट्टरता, रूढ़िवाद तथा अंधविश्वास के विरुद्ध आवाज़ उठायी थी।

असम में आज से लगभग साढ़े पांच सौ वर्ष पूर्व ऐसे ही एक महान संत शिरोमणि श्री शंकरदेव का जन्म हुआ था। उन्होंने असम क्षेत्र में व्याप्त रूढ़िवाद और धार्मिक कट्टरता का विरोध किया और परमात्मा की एकता तथा वैष्णव भक्ति का प्रचार किया, जिसमें जाति-पांति और वर्गीय भेद-भाव तथा ऊंच-नीच का कोई स्थान नहीं था। उन्होंने परमात्मा की प्राप्ति के लिए जो मार्ग दिखाया, वह छोटे-बड़े, राजा और रंक सभी के लिए खुला था। उन्होंने अपने वैष्णव मत के प्रचार के लिए कबीर की भांति ही जन-भाषा का प्रयोग किया और जन सामान्य को अपनी और आकर्षित किया।

असमिया साहित्य का वैष्णव काल

शंकरदेव जी ने सारे देश का पैदल भ्रमण किया था। उन्होंने भारत की दूसरी भाषाओं के शब्दों को लेकर असमिया भाषा में एक नया प्रयोग किया। उन्होंने भागवत पुराण तथा भगवत् गीता से प्रभावित होकर वैष्णव मत का प्रचार किया था। उनकी

रचनाओं का असमिया साहित्य पर इतना अधिक प्रभाव पड़ा कि 1449 से 1650 ई. तक के काल को साहित्य का "वैष्णव काल" कहा जाता है। शंकरदेव जी का भक्ति मार्ग "एक शरण" धर्म के नाम से प्रचलित हुआ, जिसमें एक परमात्मा अर्थात् विष्णु की आराधना का विधान है।

"तुमि परमात्मा जगतर ईश एक
एको वस्तु नाहिके तोमात वितरेक"

नवधा भक्ति अर्थात् श्रवण, कीर्तन, स्मरण, पद सेवन, अर्चना, वंदना, दास्य, साख्य और आत्मनिवदेन में से शंकरदेव ने केवल श्रवण और कीर्तन को ही महत्त्व दिया और आम आदमी के लिए परमात्मा तक पहुंचने का यही एक उत्तम मार्ग बताया। तत्कालीन प्रचलित कठोर धार्मिक रूढ़ियों और अंधविश्वासों को असंगत और व्यर्थ माना। उनका कहना था कि जो भक्त मूर्ति से मोक्ष की कामना करता है वह एक बैल से भी बदतर है। अपने ग्रंथ "कीर्तन घोषा" में उन्होंने लिखा है कि परमात्मा सभी प्राणियों के हृदयों में विराजमान है। जब हम इस सत्यता से विमुख हो जाते हैं, तभी हम उसे बाहर खोजते हैं। मूर्ति पूजा का शंकरदेव की उपासना में कोई स्थान नहीं था। कबीर की भांति ही वे वेद, कुरान, पोथी पढ़कर भी अज्ञानी रहने की भर्त्सना करते। तप-जप, तीर्थ-यात्रा को भी वे व्यर्थ का आडंबर मानते थे। उनका कहना था—

"तप-जप तीरथ करसि गया काशी वासि वयस गंवाई
जानि योग युगुति मति मोहित विन भक्ति गति नाई
राम-नाम मह निखिल पुण्य रह ओहि निगम-तत्त्व वाणी
कलिको परम धरम हरि-नामा पढ़ि पुनु मरम नजानि।।

कबीर ने भी यह कहा था—

"पोथी पढ़-पढ़ जुग मुआ पंडित भया न कोय
ढाई आखर प्रेम का पढ़े सो पंडित होय।

शंकरदेव ने कहा कि पंडित तो शास्त्रों का पाठ करता है किंतु भक्त उसके सार को ग्रहण करता है। जिस प्रकार पानी तो कमल के ऊपर तैरता है, किंतु मधुमक्खी उससे शहद एकत्रित करती है।

पंडिते पढ़े शास्त्र मात्र सार भक्ते लिए
अंतरजल फुटथ कमल मधु मधुकरे पिये
जाहे भकति ताहे मुकति भक्ते ऐ तत्त्व जाना
जैसे वाणिक चिंतामणिक जानिया गुण बखाना,

सार्वदेशिक भाषा की कल्पना

शंकरदेव का जन्म असम में अक्तूबर, 1449 में शिरोमणि कुसुमवर भूयान के घर हुआ था। पुत्र जन्म के लिए उनके पिता ने शिव की उपसना की थी, इसलिए उन्हें

"शंकर" अथवा "शंकरवर" कहा गया। उनके शिक्षक ने उनकी महानता को देखते हुए उन्हें "शंकरदेव" के नाम से विभूषित किया। शंकरदेव ने 1481 में 32 वर्ष की आयु में देश के विभिन्न तीर्थों की यात्रा की। उन्होंने जगन्नाथ पुरी में कई वर्ष रहकर विद्वानों और धर्म गुरुओं का साहचर्य प्राप्त किया और वैष्णव पथ से प्रेरित हुए। भागवत पुराण में प्रगाढ़ आस्था उत्पन्न हुई। वे शास्त्र धर्म और उस काल में प्रचलित बलि प्रथा के विरुद्ध थे। उन्होंने कहा भक्ति मार्ग परमात्मा से मिलन का एक सरल मार्ग है, जो जाति-भेदभाव के बिना सबके लिए खुला है। ब्राह्मण और शुद्र सबके लिए इसके दरवाजे खुले हैं। उन्होंने कहा था—

"चांडाल पर्यंत कही-हरि -भक्ति अधिकाई"

अर्थात् चांडाल से लेकर सभी को हरि से प्रेम का अधिकार है। उन्होंने भागवत पुराण तथा अन्य ग्रंथों का बहुत ही सरल असमी गीतों में अनुवाद किया, जो समाज के सभी वर्गों के लिए सुलभ थे, क्योंकि सभी इन गीतों को आनंदविभोर होकर गा सकते थे। उनकी लोकप्रियता का यह एक बहुत बड़ा कारण था। उन्होंने जिस भाषा का प्रयोग किया, उसमें भारत की अन्य भाषाओं से विशेषकर ब्रज और मैथिली आदि भाषाओं से अनेक शब्द ग्रहण किए थे। इस प्रकार उन्होंने असम में एक ऐसी मिश्रित भाषा का प्रयोग किया, जिसे "ब्रजबुलि" कहा जाता है। इस प्रकार भाषा के क्षेत्र में शंकरदेव का दृष्टिकोण बहुत ही व्यापक और उदार था।

आचार्य काका कालेलकर के मतानुसार उन्होंने एक सार्वदेशिक भाषा की कल्पना की थी- पंद्रहवीं सदी में ही उनके नाटकों में साधारणतया प्रयुक्त ब्रजबुलि नामक इस भाषा को आगे चलकर इतनी लोकप्रियता मिली कि उस काल के खुले रंगमंच की वही एकमात्र नाट्य भाषा बनी। इस मिश्रित भाषा में नाटक रचना की यह परंपरा अंग्रेजों के यहां आगमन के बाद तक अर्थात् 1828 ई. के बाद भी चलती रही। असम के कविवर श्री देवकांत बरुवा ने एक स्थान पर इसी कारण से कहा था कि "शंकरदेव जी ने असम को भारत में विलीन कराया और भारत को असम के समीप पहुंचाया। काका कालेलकर का मत है कि मैं मानता हूं कि भारतवर्ष की समग्र यात्रा करने के बाद शंकरदेव ने चाहा होगा कि प्राग्ज्योतिष और कामरूप, बाकी के भारतवर्ष से पृथक् एकांत में न पड़ा रहे। उन्होंने अनुभव किया होगा कि यह तभी होगा जब असम के लोग पड़ोस के प्रांतों की भाषा समझ लें और सीख लें। संस्कृत तो पुरानी संस्कृति की भाषा थी ही, वैष्णव संस्कृति की तत्कालीन प्रतिनिधि भाषा जो ब्रज और मैथिली थी, उनका स्वतंत्र अध्ययन करने की प्रेरणा वे अपने प्रांत के लोगों को कराना चाहते थे।

इस प्रकार उन्होंने भाषा के क्षेत्र में एक युगांतरकारी प्रयोग किया।

आधुनिक भारतीय भाषाओं के प्रथम नाटककार

शंकरदेव आधुनिक भारतीय भाषाओं के सर्वप्रथम नाटककार भी हैं। असमिया

भाषा में इनके द्वारा लिखे गए नाटकों को "अंकीया नाटक" कहते हैं जो एक अंक के होते हैं और इनमें ब्रजबुलि भाषा का प्रयोग किया जाता है। इनके नाटकों में "राम विजय", "काली दमन", "पारिजात हरण", "रुकमिणी हरण" और "पत्नी प्रसाद" प्रधान हैं। अंकीया नाटकों के पद्यांश को "वरगीत" कहते हैं। इनमें भक्ति भावना के दर्शन होते हैं।

शंकरदेव असमिया साहित्य के नव निर्माता ही नहीं हुए, बल्कि उन्होंने संपूर्ण असमिया जीवन का नए प्रकार से निर्माण किया।

असम के साहित्य, समाज, संस्कार, धर्म, काल, संगीत और सामाजिक संगठन को उन्होंने अपने सबल हाथों से पुनर्निर्मित किया।

शंकरदेव की प्रमुख रचना "कीर्तनघोषा" है। इसमें पुराणों से भक्तिपरक आख्यानों को अनुवाद करके संग्रहीत किया गया है। "भक्ति प्रदीप" उनके धर्म सिद्धांतों का सिद्धांत - मूलक ग्रंथ है। इनके अतिरिक्त "निविनवसिद्ध", "रुकमिणी हरण काव्य", गुणमाला", "लीला माला", आदि ग्रंथों की रचना की। उन्होंने संस्कृत में भी "भक्ति रत्नाकर" नामक ग्रंथ लिखा। माधव कंदली द्वारा अनुदित रामायण का कुछ अंश खो जाने के कारण शंकरदेव ने उसके उत्तरकांड को भी अनूदित किया।

असम में वैष्णव मत की जड़ें जम जाने के कारण दूसरे मतों के साथ भी समन्वय स्थापित हुआ और शनैः - शनैः धार्मिक साहित्य के साथ-साथ धर्म-निरपेक्ष साहित्य की भी रचना होने लगी थी।

कालांतर में हिंदी के कुतुबन के "मृगावती" और मंझन के "मधुमालती" नामक सूफी काव्य के कथानक के आधार पर दो काव्य भी असमिया भाषा में लिखे गये।

कबीर की भांति निगुरे

शंकरदेव के उदार दृष्टिकोण के कारण रूढ़िवादी और संकीर्ण विचारों के पंडितों ने उनका विरोध भी किया। उनकी प्रसिद्धि से वे उद्विग्न हो उठे। वैष्णव मत के अनुयायियों का तांत्रिक बौद्धों से भी टकराव उत्पन्न हुआ। उन्होंने अपने प्रमुख प्रतिद्वंद्वी विद्वान ब्राह्मणों को शास्त्रार्थ के लिए आमंत्रित किया शंकरदेव ने अपने सरल स्वभाव और विद्वत्ता के बल पर उन्हें अपनी महत्ता को स्वीकार करने पर विवश किया। शंकरदेव जब दूसरी बार भारत के विभिन्न तीर्थों की यात्रा पर पुरी पहुंचे तो कहते हैं कि श्री चैतन्य महाप्रभु से उनका साक्षात्कार हुआ था किंतु यह बात काल्पनिक ही प्रतीत होती है। कुछ लेखकों का मत है कि गया होते हुए जब वे पुरी पहुंचे तो उन्होंने कबीर मठ के भी दर्शन किए। कबीर की भांति वे भी निगुरे थे और उन्होंने किसी को अपना आध्यात्मिक गुरु नहीं बनाया था।

शंकरदेव ने सभी वर्गों के लोगों को अपने मठ में दीक्षा दी। उनका एक अनुयायी मुसलिम दरजी "चांद सांई" भी था, जिसने आध्यात्मिक दृष्टि से बहुत प्रसिद्धि प्राप्त की। शंकरदेव की वैष्णव परंपरा में हमें शूद्र गुरुओं के ब्राह्मण शिष्यों के भी दर्शन

होते हैं। शंकरदेव के शिष्यों में चांद सांई के अलावा जयाहाजी भी मुसलमान था। गोविंद गारो थे और जयानंद भूतिया तथा माधव कुम्हार थे। दामोदर बनिया जाति के थे। इनके शिष्यों में नागा, आहोम, कोच, कछारी तथा मरान और दूसरी जनजातियों के लोग भी शामिल थे, जिन्होंने वैष्णव मत की दीक्षा ली थी। इस प्रकार उन्होंने विभिन्न वर्गों के लोगों को एक ही आध्यात्मिक विचारधारा के सूत्र में बांध दिया था।

प्रेममार्गी संत परंपरा से प्रभावित

शंकरदेव पर यद्यपि सूफी मत का प्रत्यक्ष प्रभाव नहीं था, किंतु वे प्रेममार्गी संत परंपरा से प्रभावित थे। यही कारण है कि उन्होंने ऊंच-नीच और जाति-पांति का भेद किए बिना मानवता के प्रति प्रेम का मार्ग प्रशस्त किया। वे भक्ति को ही भक्ति का साधन मानते थे। इनका कहना था कि ईश्वर भक्ति से ज्ञान प्राप्त होता है और ज्ञान से मोक्ष का मार्ग प्रशस्त होता है।

इस प्रकार हम देखते हैं कि शंकरदेव इस देश के एक ऐसे महान संत कवि थे जिन्होंने आज से पांच सौ वर्ष से भी पहले भारत के सूदूर पूर्व असम प्रदेश में रहकर देश को एकता के सूत्र में बांधने के लिए अथक प्रयास किए थे। उन्होंने धार्मिक सहिष्णुता, मानव प्रेम, क्षेत्रीय सद्भावना तथा भाषाई एकता के विकास में अनुकरणीय योगदान दिया था। वासुदेव शरण अग्रवाल के शब्दों में हम कह सकते हैं "शंकरदेव एक देदीप्यमान सूर्य की भांति थे, जिसके मनस्तेज के बल पर असम सहस्र दल कमल की भांति खिल उठा था।"

दिल्ली हिंदी साहित्य के आरंभिक इतिहास पर एक दृष्टि

भाषाई दृष्टि से दिल्ली एक ऐसा संगम-स्थल है, जहां कई भाषाएं और बोलियां आकर मिलती हैं। इसके उत्तर-पश्चिम में हरियाणी, दक्षिण- पश्चिम में मेवाती और राजस्थानी, दक्षिण-पूर्व में ब्रज और उत्तर-पूर्व में खड़ीबोली या कौरवी का क्षेत्र है। भाषाई भूगोल की दृष्टि से देखें तो दिल्ली को खड़ीबोली और हरियाणी की सीमाएं ही अधिक दूर तक घेरे हुए हैं।

दिल्ली की भाषा का नाम

अमीर खुसरो (1253-1325) ने अपनी मसनवी "नूह-सिपहर" के तीसरे सिपहर में भारतीय भाषाओं का सर्वेक्षण करते हुए बारह[1] भाषाओं का उल्लेख किया है, इनमें यहां की भाषा को 'देहली व पैरामनश' अर्थात् दिल्ली और आस-पास की भाषा कहा है। इससे स्पष्ट है कि अमीर खुसरो इसे देहलवी भाषा ही कहते थे। पाकिस्तान के एक प्रसिद्ध भाषा शास्त्री सुहेल बुखारी दिल्ली की भाषा को उर्दू न कहकर हरियाणी ही कहना पसंद करते हैं। अपनी पुस्तक "सबरस पर एक नज़र" में वह लिखते हैं कि "उर्दू ज़बान देहली के चंद घरानों तक महमूद थी। शहर में दूसरी ही ज़बान (यानि हरियाणी) का सिक्का चलता था और यह फर्क ताहाल कायम है"[2]। यह तथ्य पूर्णतः सत्य नहीं है। फिर भी, हरियाणी के प्रभाव को नकारा नहीं जा सकता।

इस प्रकार प्राचीनकाल से ही दिल्ली की भाषा पर खड़ीबोली और हरियाणी का प्रभाव रहा है। किंतु एक लंबे समय तक भारत की राजधानी होने के कारण यहां की भाषा पर अनेक भाषाओं का भी प्रभाव[3] पड़ता रहा है और विभिन्न भाषाओं के

शब्दों और मुहावरों को आत्मसात् करते हुए यह भाषा आगे बढ़ती रही है। खड़ीबोली का उद्गम और विकास दिल्ली और उसके आस-पास के क्षेत्रों से ही हुआ था। इतिहास की बदलती करवटों के साथ ही यहां की इस भाषा को समय-समय पर अनेक भाषाओं के प्रभावों को भी झेलना पड़ा, समय-समय पर न जाने कितने देसी और विदेशी भाषी वर्गों के सैलाब यहां आए और वे इसके ऊपर अपनी छाप छोड़ते गए। किंतु खड़ीबोली की इसकी मूल प्रकृति फिर भी बनी रही।

अमीर खुसरो ने, जैसा कि ऊपर कहा गया है, नूह-सिपहर में भारत की जिन भाषाओं की गणना की है, उनमें लाहौरी (पंजाबी) और "अवधी" के अलावा "दिल्ली और उसके आसपास की भाषाओं" का तो उल्लेख किया है, किंतु ब्रज का नहीं। पंद्रहवीं सदी के अंत में शेख बहाउद्दीन बाजन (1488-1506) ने भी अपने काव्य की भाषा को दिल्ली की भाषा (ज़बान-ए-देहलवी) कहा है।[4] सोलहवीं शताब्दी में अब्बुल फज़ल ने भी अपने ग्रंथ "आइने-अकबरी" में भारतीय भाषाओं की सूची तैयार की थी। उसने पूरे हिंदी क्षेत्र में "देहलवी और मारवाड़ी" (राजस्थानी) दो भाषाओं का नाम लिया है। ब्रज का उल्लेख उसने भी कहीं नहीं किया[5]। इसका अर्थ यह है कि तेरहवीं- चौदहवीं सदी तक अंबाले से आगरे तक की भाषा को एक ही भाषा के अंतर्गत माना जाता था। इसी भाषा के लिए हिंदुई, हिंदवी और हिंदी का प्रयोग होने लगा था।

अमीर खुसरो ने अपने दीवान "गुर्रातुल कमाल" की भूमिका में स्वीकार किया है कि उनसे पहले 11 वीं सदी में फारसी के एक कवि मसऊद-बिन साअद सुलेमान (1054-1131) ने भी हिंदवी में काव्य रचना की थी। उसने तीन दीवान अरबी, फारसी और हिंदवी में लिखे थे[6]। मुहम्मद औफ़ी (1228 ई.) ने भी अपने ग्रंथ लुबाब-उल-अललाब में इसकी पुष्टि करते हुए लिखा है "यके ब ताज़ी व यके ब पारसी व यके ब हिंदवी" अर्थात् अरबी, फारसी तथा हिंदवी में उनके एक-एक दीवान थे।[7] इस प्रकार प्राचीन काल में भी इस भाषा में काव्य रचना की पुष्टि सहज ही हो जाती है। दिल्ली की इस भाषा को खुसरो के समकालीन और उनके गुरुभाई हज़रत नसीरुद्दीन महमूद रोशन चिराग़ देहलवी (1277-1356) ने अपने ग्रंथ खेरूल मजालिस में हिंदवी ही कहा था। उसने इसके दो वाक्य उद्धृत किए हैं।

"अली मौला चूं दीद आगाज़ कर्द ब ज़बाने हिंदुई" अरे मौलाना यह बड़ा होसी "यानि अए मौलाना, ई मर्द बुजुर्ग ख़्वाहिद शुद" अली मौलाना ने जब यह देखा तो "हिंदई" भाषा में उसने कहा "अरे मौलाना, यह बड़ा होगा" अर्थात् मौलाना यह मर्द बुजुर्ग होगा। इससे ज्ञात होता है कि खुसरो के ज़माने में इस भाषा का नाम "हिंदवी" समझा और कहा जाता था। खुसरो ने अपनी मसनवी "गुर्रा-तुल-कमाल" में इस भाषा को "हिंदवी" का ही नाम दिया है।

"तुर्क हिंदुस्तानियम मन हिंदवी गोयम जवाब,
शकर मिस्री न दारम कज़ अरब गोयम तुखन।

अर्थात् मैं हिंदुस्तानी तुर्क हूं और हिंदवी में उत्तर देता हूं। मेरे पास मिस्र की शकर नहीं है कि मैं अरबी में बात करूं।

बीजापुर के सुल्तान इब्राहीम आदिलशाह द्वितीय (1580-1626) ने अपने दरबारी कवि अब्दुल को बुलाकर कहा कि वह एक ऐसी रचना करें जिसका कोई जवाब न हो। अब्दुल ने जब शाह से पूछा कि वह किस भाषा में लिखे—

सो यों बचन सुन शाह उस्ताद कान
पुछ्या जगतगुर शेर कह किस ज़बान ?

अब्दुल ने बताया कि वह दिल्ली का रहने वाला है और उसकी ज़बान हिंदवी है। वह अरबी और फारसी की मसनवी को नहीं जानता।

ज़बान हिंदवी मुंज सो हूं देहलवी
न जानूं अरब हौर अज़म मस्नवी।[9]

मसऊद हुसैन ने दक्खिनी को "देहलवी" भाषा ही कहा है। वे कहते हैं कि दक्खिनी (उर्दू) तेरहवीं और चौदहवीं सदी की ज़बान दहेलवी[10] है।

इस प्रकार हम देखते हैं कि दिल्ली की भाषा को पहले हिंदुई, हिंदवी और फिर "हिंदी कहा गया। " अमीर खुसरो ने अपने ग्रंथ "खालिकबारी में "हिंदवी" शब्द का 30 बार और "हिंदी शब्द का 5 बार" प्रयोग किया है।"

डॉ. भोलानाथ तिवारी भी स्वीकार करते हैं कि मोटे तौर पर तो दिल्ली के आस-पास की बोली "देहलवी" या उस पर आधारित साहित्यिक भाषाओं के लिए "हिंदवी" नाम का प्रयोग होता रहा है और इस रूप में हिंदवी, हिंदू-मुसलमान दोनों की भाषा रही है।[11]

दिल्ली हिंदी साहित्य का इतिहास भी प्रायः उतना ही प्राचीन है जितना स्वयं हिंदी साहित्य का इतिहास। श्री बालमुकुंद गुप्त तो यहां तक कहने को तैयार हैं कि वर्तमान हिंदी भाषा की जन्मभूमि दिल्ली है।[12] पंजाब की जनगणना 1881 की रिपोर्ट की यह टिप्पणी भी द्रष्टव्य है "यह सामान्य बोली प्राचीन राजधानी दिल्ली और उसके आस-पास के क्षेत्र में उत्पन्न हुई। बोलचाल की यही भाषा हिंदी भाषा के नए रूप का आधार बनी, जिसमें संज्ञा और क्रियाओं का रूप-परिवर्तन हिंदी का था और अत्यंत प्रचलित शब्द भी रखे गए। किंतु फारसी-अरबी यहां तक कि तुर्की के शब्द भी इसमें इस तरह से सन्निविष्ट हो गए जैसे अंग्रेजी में लैटिन और ग्रीक शब्द[13]" ऐसे शब्दों ने भाषा को किसी भी प्रकार परिवर्तित या प्रभावति नहीं किया। ज़ान बीस के विचार भी लगभग समान हैं।[14]

डॉ. हरिहर निवास द्विवदी ने अपने सुप्रसिद्ध ग्रंथ "दिल्ली के तोमर में स्पष्ट रूप से लिखा है कि तोमर वंशीय दिल्ली पति अनंगपाल द्वितीय के शासन (1051-1881) में संस्कृत-अपभ्रंश पर आधारित लोक भाषा ही दिल्ली राज्य की संपर्क भाषा बनी थी, वही वास्तविक "खड़ीबोली" है। 12 वीं शताब्दी में दिल्ली नरेश पृथ्वीराज चौहान के शासन काल में लोक भाषा के रूप में यह भाषा यहां प्रचलित थी। इसीलिए

उनके राजकवि चंद्र बरदाई ने अपने महाकाव्य "पृथ्वी राज रासो" में डिंगल-पिंगल के साथ खड़ीबोली का भी प्रयोग किया है। आगे चलकर दिल्ली के मुस्लिम सुल्तानों के राज्य काल के दौरान हिंदू और मुस्लिम कवियों तथा जैन मुनियों की साझी साहित्यिक भाषा बनी। एपिग्राफिया इंडो-मोस्लेमिक (1913-14)" में एक संस्कृत प्रस्तर लेख मुद्रित है। उसके अंत में हिंदी भाषा के एक दो वाक्य आ गए हैं। ये हिंदी के आद्य भाषिक रूपों की दृष्टि से अत्यंत महत्त्वपूर्ण है। लेख 1281 ई. का है। यह हिंदी भाषा का प्रथम उपलब्ध प्रस्तर लेख हो सकता है - "किआशाणंदीण शुरिताण रजि हरिआण इ देश है। पंच कोश ढिली अहुपथि पालम प्रदेश है।" यहां किआशाणदीण (गयासुद्दीन) शुरित.ाण (सल्तान) शब्द ही ध्वनि परिवर्तन के फलस्वरूप है। ढिली से दिल्ली बना है।

हिंदी साहित्य का इतिहास सामान्यतः एक हजार वर्ष पुराना है। दिल्ली के पास की बोली खड़ी और कौरवी में भी प्रायः उसी काल से कुछ स्फुट लोक कथाएं आरंभ हो गई थीं। सौरसैनी अपभ्रंश से जिस भाषा का स्वरूप दिल्ली के आस-पास के क्षेत्र में विकसित हो रहा था उस पर ऐतिहासिक कारणों से अरबी, फारसी का प्रभाव भी पड़ रहा था। साथ ही सिद्धों, नाथों और जैन आचार्यों का प्रभाव भी दृष्टिगोचर हो रहा था। पंजाब के नाथ पंथी साधुओं और संतों की वाणियां भी दिल्ली के वायुमण्डल में फैल रही थीं। दिल्ली पर आधिपत्य का संघर्ष चल रहा था। इसलिए इस युग में हमें दिल्ली पति पृथ्वीराज चौहान जैसे नरेशों की शौर्य गाथा के स्वर भी सुनाई देते हैं और दूसरी ओर सूफी संतों द्वारा रचित स्फुट काव्य भी श्रद्धालुओं को आकर्षित करते दिखाई पड़ते हैं। इसलिए हम देखते हैं कि दिल्ली के प्रारंभिक हिंदी साहित्य में हमें दो प्रकार की काव्य रचनाएं उपलब्ध हैं — पहली, प्रबंध काव्यों के रूप में समकालीन शासकों की प्रशस्तियां और दूसरी, स्फुट रचनाएं।

जहां तक वीर रस प्रधान प्रशस्त्यात्मक प्रबंध काव्य का प्रश्न है, हमें दिल्ली नरेश पृथ्वीराज चौहान की यशोगाथा और शौर्य का वर्णन करने वाले चंद्र बरदाई कृत "पृथ्वीराज रासो" के दर्शन होते हैं जिसे हिंदी का सबसे प्रथम महाकाव्य माना जाता है।[15] इसके रचनाकाल के संबंध में अभी विद्वानों में मतैक्य नहीं है, फिर भी इतना अवश्य है कि इसकी भाषा पर राजस्थानी सहित कई भाषाओं का प्रभाव है। यह एक प्रशस्ति काव्य था। डॉ. राम गोपाल शर्मा दिनेश के अनुसार— "लगभग अड़सठ प्रकार के छदों में लिखा गया यह महाकाव्य सभी दृष्टियों से आदि काव्य की एक श्रेष्ठ कृति सिद्ध होता है।"[16]

प्रशस्ति इतर काव्य

हिंदी के आदिकाल में लौकिक विषयों पर ग्रंथ लिखने की प्रवृत्ति भी मिलती है। इस काल में दिल्ली की लोक भाषा को अपने काव्य का माध्यम बनाने वालों में सबसे प्रमुख नाम हज़रत अमीर खुसरो का है। अमीर खुसरो के समकालीन कई सूफी संत

भी दिल्ली और उसके आस-पास की भाषा में स्फुट काव्य रचना कर रहे थे। इनमें पानीपत के बू-अली क्लंदर जैसे सूफी कवि विशेष रूप से उल्लेखनीय हैं। श्री रामफल सिंह ने अपनी पुस्तक "हिंदू-मुस्लिम सांस्कृतिक एकता का इतिहास" में हज़रत निजामुद्दीन औलिया के एक शिष्य का उल्लेख करते हुए लिखा है "उनका ज्येष्ठ शिष्य भगवान कृष्ण की प्रशंसा में हिंदी कविता लिखता था जो शीघ्र ही दिल्ली की सड़कों पर गाई जाने लगी।[17] यहां अमीर खुसरो दहेलवी के योगदान पर विशेष रूप से प्रकाश डालना अधिक समीचीन होगा।

अमीर खुसरो

यद्यपि अमीर खुसरो का जन्म 1253 ई. में पटियाली जिला एटा में हुआ था, किंतु इनका अधिकांश समय दिल्ली में ही व्यीत हुआ। कुछ विद्वानों का विचार है कि खुसरो का जन्म दिल्ली में हुआ था।[18] इनके पिता तर्की के लाचीन कबीले के सरदार रहे थे किंतु मां नव-मुस्लिम भारतीय थी जो दिल्ली में रह रही थी। इनके घर में प्रचलित रीति-रिवाज ही नहीं, बल्कि भाषा भी भारतीय ही थी। इस प्रकार इन्हें हिंदवी (हिंदी) मातृभाषा के रूप में विरासत में मिली थी।

अमीर खुसरो अपनी भाषा को हिंदवी कहते हैं। जो उनके दीवान गुर्रातुल कमाल की भूमिका में व्यक्त विचारों से स्पष्ट हो जाता है। अमीर खुसरो की हिंदी रचनाओं को लेकर विद्वानों में मतभेद है, क्योंकि आज उनके नाम से जितनी रचनाएं प्रचलित हैं, उनमें बहुत-सी प्रक्षिप्त रचनाएं हैं। फिर भी उनकी लोकप्रियता में कोई कमी नहीं आती। किसी भी लोकप्रिय कवि के नाम पर ही कालांतर में प्रक्षिप्त रचनाएं जोड़ी जाती रही हैं। इनसे तो उनकी मौलिक रचनाओं की ही पुष्टि होती है। खुसरो ही ऐसे पहले कवि हैं, जिन्होंने दिल्ली के आस-पास की जनभाषा को अपने काव्य की अभिव्यक्ति का माध्यम बनाया। डॉ. रामकुमार वर्मा इसके समर्थन में कहते हैं, अमीर खुसरो जनसाधारण की भाषा, खड़ीबोली को साहित्यिक रूप देने में सफल हुए। इनके हिंदी काव्य का उल्लेख मौलाना मुहम्मद हुसैन आजाद के आबे-हयात (1896) में मिलता है। इसके पश्चात् जवाहरे-खुसरो, खुसरो की हिंदी कविता तथा "अमीर खुसरो" में भी खुसरो के हिंदी काव्य का उल्लेख किया गया है। आचार्य रामचंद्र शुक्ल ने भी हिंदी के साहित्य के अपने इतिहास में खुसरो की रचनाओं का उल्लेख किया है। डॉ. श्रीराम शर्मा ने इनकी लोकप्रिय रचना "खालिकबारीं" का संपादन कर इनके हिंदी काव्य की पुष्टि की है। मौलाना मुहम्मद अमीन चिरियांकोटी और सफदर "आह" भी खालिकबारी को अमीर खुसरो की रचना मानते हैं।

खुसरो के हिंदी काव्य में दोहे, फारसी - हिंदी मिश्रित छंद, गजल, पहेलियां, कहमुकरिया, ढकोसले, निस्बत, सखुना तथा दो सुखना, गीत, कव्वालियां और प्रसिद्ध रचना खालिकबारी समिलित हैं।

अमीर खुसरो की लोकप्रियता दकन तक पहुंची थी। दक्खिनी हिंदी के प्रसिद्ध

कवि मुल्ला वजही ने अपनी रचना "सबरस" में खुसरो का यह दोहा उद्धृत किया है।

"पंखा होकर मैं ढुली, साती तेरा चाव
मुंज जलती को जन्म गयो, तेरे लेखन बाव,

उनके द्वारा लिखित सावन का गीत आज भी लड़कियों द्वारा दिल्ली के आसपास गांवों में गाया जाता है जिसके बोल हैं—

"अम्मां मेरे बाबा को भेजोजी, कि सावन आया।
बेटी तेरा बाबा तो बूढ़ा री, कि सावन आया।

खुसरो संगीत कला में भी निपुण थे। अनेक राग-रागिनियों का भी इन्होंने आविष्कार किया था।

इस प्रकार हम यह कह सकते हैं कि अमीर खुसरो ने दिल्ली के आस-पास की जिस बोली को साहित्य की भाषा बनाने का प्रयास किया था। उसी का परिनिष्ठित रूप आज भारत की राजभाषा के रूप में हमारे देश के संविधान में समादृत है।

खुसरो का प्रभाव और अन्य कवि

हिंदी साहित्य के प्रारंभिक काल में दिल्ली में अमीर खुसरो के समान यशस्वी अन्य कोई कवि आगामी अनेक वर्षों तक दिखाई नहीं देता। फिर भी, अमीर खुसरो की काव्य परंपरा के प्रभाव हमें दक्षिण भारत और पूर्व के अनेक भागों में अवश्य दिखाई देते हैं, जिसका श्रेय अमीर खुसरो और उनके गुरु हज़रत निजामुद्दीन औलिया को ही जाता है। हज़रत निजामुद्दीन औलिया यद्यपि एक सूफी संत थे, किंतु उनका प्रभाव शाहंशाहों से किसी भी प्रकार कम न था। उन्हें आदर से "सुल्तान जी" और "महबूबे-इलाही" कहा जाता था। अमीर खुसरो दिन में दिल्ली सुल्तानों के दरबार में होते थे तो रात को अपने पीर ख्वाजा हजरत निजागुद्दीन औलिया की खान काह में हाज़िरी देते थे। हज़रत निजामुद्दीन के देहावसान के बाद शेख नसरुद्दीन महमूद चिराग देहली (1277-1356 ई.) उनकी गद्दी पर सज्जादानशीन हुए। उनके प्रसिद्ध ग्रंथ खैरूल मजालिस में 6-7 सरल हिंदी के वाक्य स्वतः प्रयुक्त हुए मिलते हैं। शेख साहब हजरत मूसा के समय की एक कहानी लिखते हुए कहते हैं कि एक मूर्ति पूजक जिसने कभी भी अपने इष्ट से कुछ नहीं मांगा था, एक दिन बीमार हो गया और उनसे मूर्ति के चरणों में बैठकर प्रार्थना की—

"तू मेरा गुसाई, तू मेरा करतार, मुझे इस ताप से छुड़ा।"

शेख नसीरुद्दीन महमूद चिराग देहलवी के भांजे और शिष्य शेख ज़ैनुद्दीन थे। वे भी एक बड़े सूफी संत थे "अखबारुल अखिसयार के अनुसार, हिंदी के प्रथम प्रेमाख्यान "चंदायन" (रचना 1370) के रचयिता मौलाना दाऊद इन्हीं दिल्ली निवासी शेख जैनुद्दीन के शिष्य थे।" "चंदायन" के आरंभ में मौलाना दाऊद इनकी प्रशंसा में लिखता है —

सेष जैनदी हों पथ लावा

धरम पंथु जिह पापु गवावा।

मौलाना दाऊद ने अपने गुरु जैनुद्दीन की ही प्रशंसा नहीं की, बल्कि दिल्ली के शाहे-वक्त फीरोज शाह तुगलक और उनके वजीर जुनाशाह, खानेजहां की भी प्रशंसा की है -

"शाह फिरोज देहली सुल्ताना, जोनाशाह वज़ीर बखाना।"

मौलाना दाऊद की रचना "चंदायन" पर प्रत्यक्ष या परोक्ष रूप से अमीर खुसरो का स्पष्ट प्रभाव है। अमीर खुसरो ने फारसी में अनेक मसनवियां लिखी थीं। उन्हीं के प्रभाव से मौ. दाऊद ने भी यह "मसनवी" हिंदवी में लिखी थी। क्योंकि दाऊद भी अपने दिल्ली सुल्तान के कृपा पात्र के रूप में दिल्ली से सीधे संबंधित थे, जहां अमीर खुसरो हिंदवी में कविता लिख रहे थे। मौलाना अब्दुल कादिर बदायूनी मुंतखब-उल्तवारीख में लिखते हैं- किताब चंदायन रा कि मसनवी अस्त ब जबान हिंदवी अर्थात् "चंदायन" मसनवी हिंदवी" जबान में लिखी गई थी।

स्वयं मौ. दाऊद लिखते हैं–

"तुरकी लिखि लिखि "हिंदुकी" गाई[24]

अर्थात् तरकी में लिखकर हिंदुकी (हिंदवी) को गया है। इस प्रकार बदायूनी इस कृति को "हिंदवी" की रचना मानते हैं। श्री अमृतराय बदायूनी के कथन को उद्धृत करते हुए कहते हैं। वह चंदायन की भाषा का विश्लेषण करते हुए इसकी तुलना "राऊर बेलि" और "उक्ति व्यक्ति" से करते हुए "चंदायन" और इनकी भाषा में अंतर बताया है और इस निष्कर्ष पर पहुंचता है कि चंदायन की भाषा अवधी नहीं, बल्कि दिल्ली की भाषा "हिंदवी" है।[25] इस प्रकार हम देखते हैं कि चंदायन पर अमीर खुसरो की भाषा "हिंदवी" का स्पष्ट प्रभाव है। हो सकता है कि इसकी बहुत कुछ रचना दिल्ली में अपने गुरु जैनुद्दीन की शरण में ही हुई हो, क्योंकि यह रचना "तुर्की" की तत्कालीन लिपि अर्थात् फारसी में की गई थी। स्वामी वाहिद काज़मी का कथन है कि हिंदी में रचा गया मौलाना दाऊद का यह प्रेमाख्यान काव्य दिल्ली में अपने समय में ही नहीं आगे भी सदियों तक ऐसा प्रसिद्ध रहा कि लोग इसे सीनों से लगा हृदयों में बसाए रहे।" हरिहर निवास द्विवेदी का यह कथन "कि मुसलमानी हिंदी और हिंदू-हिंदी का, काव्य-रचना के क्षेत्र में दिल्ली के मौलाना दाऊद समन्वय कर रहे थे।[26] दाऊद की चंदायन को दिल्ली में लिखी जाने की और संकेत करते हैं। वे आगे लिखते हैं, इसके पश्चात् दिखाई देते हैं दिल्ली के मौलाना दाऊद" जिनका रचना काल 1375 ई. माना जाता है[27]" द्विवेदी जी को इसके अवधी होने पर भी संदेह है क्योंकि वे आगे लिखते हैं, "हमारा स्वयं का मत है कि उनकी "चंदायन" जिस रूप में अभी प्राप्त हुई है वह उसकी सन् 1480 ई. के पश्चात् प्रस्तुत की गई "वाचना" है।[28] यहां "वाचना" शब्द इसके मूल से भिन्न "वाचन" की ओर भी संकेत है। इस दिशा में निश्चय ही शोध की आवश्यकता है। संभव है कालांतर में इसका पाठांतर अवधी से प्रभावित भाषा में किया गया हो। इसकी संभावना उस चौपाई शैली से भी प्रतीत

होती है जो अमीर खुसरो ने खालिक बारी के लिए अपनाई थी। चूंकि चंदायन पहला हिंदी प्रेमाख्यान है। इसमें प्रयुक्त चौपाई छंद का अनुसरण प्रायः सभी प्रेमाख्यानकों में किया गया है।

बुअली कलंदर

ह. निजाजुद्दीन का प्रभाव दिल्ली के आसपास के क्षेत्रों की भाषा पर भी पड़ रहा था। अमीर खुसरो के समकालीन सूफी संत सर्फुद्दीन बू अली कलंदर (मृ. 1323 ई.) पानीपत में इसी भाषा में काव्य रचना कर रहे थे। ये इस युग के एक प्रतापी संत थे जिनका जनता पर अत्यधिक प्रभाव था। कहा जाता है कि अमीर खुसरो ने इन्हें गा-बजाकर रिझाया था और अलाउद्दीन खिलजी के लिए इनका अनुग्रह प्राप्त किया था। उनका यह दोहा प्रसिद्ध है—

"सजन सकारे जाएंगे नैन मरेंगे रोय
विधना ऐसी कीजियो भौर "कदी" न होय।"

यहां "कदी" शब्द द्रष्टव्य है। हरियाणी और दिल्ली की भाषा में अभी भी कभी को 'कधी' ही कहा जाता है।

सिकंदर लोदी ने फारसी को सर्वप्रथम राजभाषा बनाया था किंतु उसके शासन में हिंदी का भी प्रचलन था। उसी की दिल्ली के एक कोने में काघस्थ ईश्वर दास (1500 ई.) हिंदी में पौराणिक कथाएं सुना रहा था।"[20]

हजरत नसीरुद्दीन चिराग देहलवी के एक शिष्य ख़्वाजा बंदा नवाज गेसू दराज (1322-1433 ई.) 80 वर्ष की आयु में फिरोज शाह बहमनी के शासन में गुलबर्ग (दक्षिण) में आए थे। वे वहां दिल्ली से मुहम्मद तुगलक के समय आए लोगों को धर्मोपदेश देने और उन्हें इस्लाम की मुख्य धारा से जोड़े रखने के लिए दकन में गए। उन्होंने कई ग्रंथों की रचना हिंदवी (दक्खिनी) में की थी। जिनमें प्रमुख है "मेरा जुल आशकीन, हिदायतनामा, तिलावतुलवजूद, शिकारनामा और रिसाला सहबारह तथा दारूल इसरार आदि (कुछ आलोचक मेराजुल आशंकीन को बंदा नवाज की रचना नहीं मानते)[21] फिर भी वे जो भाषा दिल्ली से लाए थे उसका प्रयोग दक्खिनी के रूप में उन्होंने यहां किया था। एक नमूना देखिए—

देखो वाजिव तन की चक्की,
पीऊ चातुर होके सक्की।

उनके साथ ही दिल्ली की इस भाषा का दकन में साहित्यिक भाषा के रूप में प्रवेश हुआ। जो वहां दक्खिनी हिंदी कहलाई। इस बोली का साहित्य जब उत्तर में विकसित नहीं हो रहा था तो दक्खिनी के रूप में दक्षिण के प्रदेशों में यही खड़ीबोली साहित्यिक भाषा के रूप में खूब पुष्पित और पल्लवित हो रही थी। वहीं खड़ीबोली एक विकसित भाषा के रूप में पुनः दिल्ली लौटी। डॉ. उदय नारायण तिवारी भी इस कथन की पुष्टि करते हुए लिखते हैं। दक्खिनी हिंदी दक्षिण में ले जाई गई दिल्ली की

बोली है जो बाद में अपने साहित्यिक रूप में दिल्ली में आकर फिर प्रतिष्ठित हो गई।[22] दक्खिनी हिंदी के रूप में आज भी खड़ीबोली का अपार साहित्य उपेक्षित पड़ा है। जिसका अध्ययन हिंदी साहित्य के समग्र इतिहास को जानने के लिए आवश्यक है। यदि हम दिल्ली के समीपवर्ती क्षेत्र को लें तो ज्ञात होगा कि दिल्ली के पास "बरनावा" (मेरठ) में बहाउद्दीन बरनावी (जंम 1511 ई.) भी इसी भाषा में रचना कर रहे थे। उनके काव्य का एक नमूना देखिए—

"इन नैनन का यही विसेख
हौं तुझ देखूं तू मुझ देख।[23]

16वीं शती में अफ़ज़ल झिंझानवी (मुजफ्फर नगर) ने अपनी प्रसिद्ध विकट कहानी (बारह मासा) भी लिखी थी। जिसकी भाषा बहुत ही प्रांजल है। देखिए—

पड़ी है गल में मेरे प्रेम फांसी
मरन अपना है और लोगों की हांसी।
मुसाफिर से जिन्होंने दिल लगाया
उन्होंने सब जन्म रोते गवाया।[19]

अब्दुल कद्दूस गंगोही (1456-1537) ने रूशदनामा लिखा। ये अलखदास के नाम से लिखते थे। उनके काव्य का एक नमूना प्रस्तुत है—

यह मन सकती, यह मन सीव यह मन तीन भुवन का जीव
यह मन लै जो उन्मनि रहे । तीन भुवन की बात कहे।

इस प्रकार हम देखते हैं कि दिल्ली हिंदी साहित्य का आरंभिक काल समग्र हिंदी साहित्य के इतिहास में अपना एक महत्त्वपूर्ण स्थान रखता है। हिंदी साहित्य के इतिहास का यह भाग अभी भी शोध की अपेक्षा रखता है। इस पर नाथ सिद्ध और जैन साहित्य का भी बहुत प्रभाव है। लगता है यहां जैन साहित्य की प्रचुर रचना हुई थी जो अभी तक प्रकाश में नहीं आ पाई है। डॉ. दशरथ ओझा द्वारा "जैनरास" के नाटक का उल्लेख भी इस दिशा की ओर संकेत करता है। महरौली स्थित "कुव्वतुल इस्लाम की मस्जिद में जिन जैन मंदिरों का पत्थर प्रयोग में लाया गया था। वह इस बात का साक्षी है कि यहां अपभ्रंश और प्रारंभिक हिंदी में साहित्य रचना अवश्य हुई होगी।

आगे चलकर बेदिल, बुराहानुद्दीन गरीब (1731) तथा मध्यकाल में चरणदास, यारी साहब, गरीबदास, दयाबाई तथा सहजोबाई (दोनों गुरु बहनें) प्रभृति अनेक संतों और कवियों ने दिल्ली में साहित्य रचनाएं लिखीं जिस पर अलग से अध्ययन किया जाना चाहिए। फिर भी, देवनागरी लिपि में लिखे अनेक ग्रंथों को फारसी के वर्चस्व और प्रभाव के कारण उस काल में सुरक्षित नहीं रखा जा सका होगा। नहीं तो अमीर खुसरो के बाद के लगभग चार सौ वर्ष तक क्या दिल्ली साहित्य रचना से वंचित ही रही होगी।

संदर्भ

1. "सिंदी" ओ "लाहौरी" ओ "कश्मीर" ओ "कबर"
   "धूर समंदरी" "तिलंगी" ओ "गुजर"।
   "मअबरी" ओ "गोरी" ओ "बंगाल" ओ "अवध"
   "देहली" ओ पैरामनश" अंदरहमा हद।
   ई हमा हिंदवीस्त ज़ अय्याम-ए-कुहन आमा
   बकार अस्त ब हर गो न सुखन। - नूह सिपहर, अमीर खुसरो।
2. सब रस पर एक नज़र - सुहेल बुखारी पृ. 64.
3. भारत विभाजन के बाद पंजाबी का सबसे अधिक प्रभाव पड़ा और अब भोजपुरी का भी प्रभाव स्पष्ट रूप से दिखाई देता है।
4. A House Divided - Amrit Rai, Page - 19.
5. वही पृ. 136.
6. गुर्रातुल कमाल (दी बाचा) अमीर खुसरो - पृ. 3.
7. लुबाब-उल-लुबाब-मुहम्मद औफ़ी पृ. 246.
8. अलीगढ़ तारीखे-आदब उर्दू, खण्ड-1, पृ. 17.
9. इब्राहीमनामा, सं. हुसैन खां - पृ. 6.
10. बिकट कहानी (मुकद्दमा) मसऊद हुसैन खां - पृ. 15.
11. हिंदी भाषा - डॉ. भोलानाथ तिवारी पृ. 243.
12. खड़ीबोली काव्य में अभिव्यंजना - आशा गुप्त, पृ. 4.
13. वही पृ. सं. 6.
14. The Common dialect had its origin apparently in the country around Delhi, the ancient capital and the form of Hindi spoken in that neighbourhood was adopted by degrees as the basis of new phase of the language in which though the inflexion of nouns and verbs remained purely and absoloutely Hindi and a vast number of the Commonest vocables were retained" --- John Beams.
15. हिंदी साहित्य का इतिहास - पं. रामचंद्र शुक्ल - पृ. 35.
16. हिंदी साहित्य का इतिहास - पं. डॉ. राम गोपाल शर्मा दिनेश
17. हिंदू मुस्लिम संस्कृति का इतिहास - रामफल सिंह - पृ. 269.
18. अमीर खुसरो और उनका साहित्य - डॉ. भोलानाथ तिवारी - पृ. 10.
19. विकट कहानी सं. नूरल हसन मसऊद हुसैन खाँ - पृ. 14.
20. महाभारत - हरिहर निवास द्विवेदी पृ. 98.
21. तहरीक (अक्तू. 1972) डॉ. हुसैनी आदि का लेख - पृ. 54.
22. हिंदी भाषा तथा साहित्य - डॉ. उदय नारायण तिवारी - पृ. 18.
23. उत्तर प्रदेश पत्रिका जनवरी 1992 में (लेख डॉ. परमानंद पांचाल) पृ. 40.
24. चंदायन - पृ. 8.
25. A House Divided, Amrit Rai, Page 150.
26. महाभारत (पांडव चरित) हरिहर निवास द्विवेदी - पृ. 66.
27. वही - पृ.100.
28. वही - पृ. 100.
29. चंदायन - सं. माता प्रसाद गुप्त - पृ. 8.
30. भारतीय साहित्य (जुलाई 1961) सैयद हसन अकबरी का लेख - पृ. 169.
31. हिंदी साहित्य का आलोचनात्मक इतिहास - डॉ. रामकुमार वर्मा - पृ. 131.

संत गंगा दास की काव्य भाषा

संत गंगादास खड़ीबोली हिंदी में कविता करने वाले आरंभिक कवियों में सबसे प्रमुख कवि हैं। हिंदी साहित्य के इतिहासकारों ने प्रायः भारतेंदु हरिश्चंद्र से ही खड़ीबोली हिंदी काव्य रचना का प्रारंभ माना है। भारतेंदु हरिश्चंद्र ने अपनी प्रारंभिक रचनाएं ब्रज भाषा में ही की थी। 1874 तक की सभी रचनाएं ब्रज में हैं, क्योंकि उन्हें विश्वास ही नहीं था कि खड़ीबोली में भी काव्य रचनाएं संभव हैं। श्री अयोध्या प्रसाद खत्री के द्वारा सरजार्ज ग्रियर्सन को लिखे गए पत्रों के उत्तर से इस तथ्य की सहज ही पुष्टि हो जाती है। ग्रियर्सन ने "खड़ीबोली के पद्य में प्रयोग" को असंभव बताते हुए भारतेंदु बाबू के दृष्टिकोण को भी उद्धृत करते हुए कहा था, मुझे "खड़ीबोली का पद्य" और आपका पत्र मेरी राय जानने के लिए मिला। मुझे खेद है कि मेरी आलोचना आपके लिए उपयोगी नहीं है क्योंकि खड़ीबोली में कविता करना सफल नहीं होगा। इस विषय पर मैंने कुछ वर्ष पूर्व बनारस के बाबू हरिश्चंद्र से पूरी तरह विचार-विमर्श किया है और मैं समझता हूं कि उनके तर्क युक्ति संगत हैं।[1]

इससे स्पष्ट है कि जिस समय भारतेंदु खड़ीबोली को काव्य रचना के लिए उपयुक्त भी नहीं समझते थे उस समय संत कवि गंगादास अपनी प्रौढ़ रचनाओं से साहित्य की अभिवृद्धि में सर्वात्मना संलग्न थे। डॉ. गोपीनाथ तिवारी ने भी इस तथ्य की पुष्टि करते हुए लिखा है कि जब भारतेंदु जी तथा उनके साथी ब्रज भाषा को ही काव्य के उपयुक्त स्वीकार कर रहे थे, तब संत कवि गंगादास केवल खड़ीबोली को लेकर ही ग्रंथ रचना कर रहे थे। डॉ. रामकुमार वर्मा ने भी हिंदी साहित्य में खटकने वाले इस अभाव को स्वीकार करते हुए लिखा है कि इनकी रचनाओं की उपलब्धि न होने से हिंदी साहित्य के इतिहास में इनका उल्लेख होने से रह गया है। इस अभाव की पूर्ति का सारा श्रेय डॉ. जगन्नाथ शर्मा तथा उनके सहयोगी शोधकर्ताओं, को जाता है, जिन्होंने बड़े परिश्रम के साथ संत गंगादास की रचनाओं को खोजकर हिंदी पाठकों के समक्ष रखा है। इससे निःसंदेह खड़ीबोली के संबंध में हिंदी साहित्य में प्रचलित मान्यताएं बदली हैं, और हिंदी साहित्य के इतिहास के पुनर्लेखन की आवश्यकता को सभी ने एक स्वर से स्वीकार किया है।

ऐतिहासिक पृष्ठ भूमि

यहां संत गंगादास की रचनाओं की ऐतिहासिक पृष्ठभूमि पर भी प्रकाश डालना अप्रासांगिक न होगा। संत गंगादास पश्चिमी उत्तर प्रदेश के जिस भू-भाग के रहने वाले थे, वहां खड़ीबोली या महापंडित राहुल सांकृत्यायन के शब्दों में "कौरवी" भाषा की परंपरा बड़ी प्राचीन रही है। यदि अमीर खुसरो से आरंभ करें तो यह परंपरा

13वीं शती से भी पूर्व की है। अमीर खुसरो खड़ीबोली को काव्य की भाषा बनाने का जो प्रयोग कर रहे थे, उसे आगे चलकर पश्चिमी उत्तर प्रदेश और पूर्वी पंजाब * के अनेक कवियों ने अपनाया। इसी परंपरा में शेख बहाउद्दीन बरनावी (1511 ई.) अब्दुल कुद्दूस गंगोही, अफजल झिंझानवी (विकट कहानी के रचयिता) तथा हुसनु प्रभृति कवियों ने खड़ीबोली में काव्य रचनाकर हिंदी साहित्य की अभिवृद्धि की थी। संत गंगादास भी ऐसी परंपरा की एक कड़ी है। खड़ीबोली की यही परंपरा दक्खिन में भी पहुंची और वहां बंदा नवाज गेसू दराज से लेकर लगभग 400 वर्षों तक दक्खिनी के रूप में हिंदी की इसी भाषा शैली में रचनाएं हुई थीं जो हिंदी साहित्य का एक अभिन्न अंग है।

संत गंगादास का जन्म 1823 ई. में अर्थात् भारतेंदु हरिश्चंद्र से 27 वर्ष पूर्व बावूगढ़ छावनी के पास रसूलपुर बहलोलपुर गांव (जिला गाजियाबाद) में हुआ था। यह स्थान खड़ीबोली हिंदी के उस क्षेत्र में आता है, जिन साढ़े सात तहसीलों का उल्लेख महापंडित राहुल सांकृत्यायन ने मेरठ के एक समारोह में किया था। निःसंदेह संत गंगादास की रचनाओं पर इस बोली का प्रभाव पड़ना सहज और स्वाभाविक ही था। उनके मुखारविंद से निःसृत ये शब्द इस क्षेत्र की टकसाली जबान का सहज ही परिचय दे देते हैं।

"संजम का कर थाल लिया है
ज्ञान का दीपक बाल लिया है

इस स्थान पर वे कहते है—

"एकन ने हाथ जोड़े एक चले भाज के,
कोई आंख मींच कोई कान रहा भींच कोई,
स्वांस खींच भजे कोई धात मारे लाज के।

संत गंगादास की रचनाएं

डॉ. जगन्नाथ शर्मा द्वारा प्रस्तुत विवरण के अनुसार संत गंगादास जी की लगभग 50 रचनाएं हैं, जिनमें से 45 प्राप्त हो चुकी हैं। इनमें से 14 रचनाओं का प्रकाशन हो चुका है और 21 ग्रंथ अभी भी हस्तलिखित रूप में अप्रकाशित ही पड़े हैं। इनके द्वारा रचित लगभग 8000 पद प्राप्त हैं जो हिंदी साहित्य की अमूल्य निधि हैं। प्रसन्नता की बात है कि "आखिल भारतीय गंगादास हिंदी संस्थान " इन ग्रंथों के प्रकाशन और अनुरक्षण की दिशा में स्तुत्य प्रयास कर रहा है।

काव्य भाषा का स्वरूप

संत गंगादास की भाषा परिमार्जित और परिनिष्ठित खड़ीबोली है, जिस पर सहवर्ती बोलियों और भाषा का भी प्रभाव पड़ा है। इनका काल रीतिकाल का अवसान काल था। अभी छंद के बंद नहीं टूटे थे। अतः स्वाभाविक ही था कि वे भी हिंदी काव्य

की प्रचलित लीक पर ही चलते। उन्होंने विभिन्न छंद शैलियों में अनेक सुलभ और दुर्लभ अलंकारों का समायोजन कर अपनी कलात्मक रुचि का परिचय दिया है। बानगी के लिए उनके द्वारा प्रयुक्त एक दुर्लभ अलंकार सिंहावलोकन का उदाहरण यहां प्रस्तुत है। जिसमें कवि ने स्वंय इस अंलकार की विशेषता का भी दिग्दर्शन एक आचार्य के रूप में कराया है —

"सिंहावलोकन की गति को कोई गावे चतुर सुजान
लागेगा तो भय भागेगा, भागेगा तज मान
मान कही सतगुरु की, ज्ञानी सुन कवियों की वाणी।
वाणी करे कष्ठ की हानी, हानी सुनधर ध्यान।

संत गंगादास की काव्य भाषा में मध्यकालीन हिंदी काव्य में प्रचलित कवित्त एवं सवैयों के दर्शन होते हैं, जिन पर ब्रज का प्रभाव परिलक्षित होता है। गंगादास जी ने अपनी काव्य साधना गढ़मुक्तेश्वर में गंगा तट के समीप बैठकर की थी और उसके थोड़ी दूर ही ब्रज का क्षेत्र भी आरंभ हो जाता है। अतः इनकी रचनाओं पर उसका प्रभाव पड़ना स्वाभाविक ही था। इनकी लावनियों, निर्गुण पदों, कुंडलियों तथा "गंगा विलास" के पदों में खड़ीबोली का परिनिष्ठित रूप देखने को मिलता है। खड़ीबोली की एक विशेषता यह है कि इसमें संस्कृत के तत्सम शब्दों का प्रयोग बड़ी सरलता से किया जाता है। इसीलिए इनके दार्शनिक प्रसंगों में संस्कृतनिष्ठ शब्दावली का प्रयोग हुआ है। द्रष्टव्य है—

"प्रकृति माया वृत्ति से, महत्त्व भयो प्रकृति से।
समझ के देख जरा घृति से अर्थ शब्द गंभीर का।।

संत गंगादास की भाषा संतों की भाषा होते हुए भी सधुक्कड़ी नहीं कही जा सकती। इनकी भाषा परिमार्जित, काव्य शास्त्र सम्मत और प्रवाहमयी सुरसरिता की भांति स्वच्छ और निर्मल है। इन्होंने ऐसे अनेक छंदों का खड़ीबोली में सफल प्रयोग किया है जो अभी तक केवल ब्रज या अवधी भाषा में ही संभव थे।

इनकी भाषा में खड़ीबोली और ब्रज के साथ-साथ पंजाबी और हिंदी की अन्य बोलियों जैसे हरियाणी और भोजपुरी आदि का भी प्रभाव दृष्टिगोचर होता है। अंग्रेजी भाषा के भी अनेक शब्द स्वतंत्रता से प्रयुक्त हुए हैं। अंग्रेजी के अलावा अन्य विदेशी शब्दों में अरबी, फारसी और तुर्की के शब्द भी शामिल हैं।

पंजाबी के शब्दों और पंजाबी भाषा की पुट इनके काव्य में उपलब्ध होने का कारण ऐतिहासिक परिप्रेक्ष्य में देखा जाता है। संत गंगादास के पूर्वज कभी पंजाब से यहां आकर बसे थे, जिन्हें ढेवे[1] जाट कहा जाता है। हापुड़ तहसील में अनेक गांवों में इस जाति के लोग बसते हैं, जिनकी बोलचाल में अनेक पंजाबी शब्द प्रयुक्त होते हैं। यही कारण है कि संत गंगादास की कविता में कहीं-कहीं पंजाबी भाषा का पुट है जैसे—

सतगुर हुण पार लगावंदा, साडा बेड़ा जांदा है।
वेख असी नूं भय लगदा है, नीर वहे बल यों वगदा है।।

गंगादास की भाषा में भोजपुरी का प्रयोग भी सकारण है। इनकी शिक्षा-दीक्षा का अधिकांश समय काशी में व्यतीत हुआ था। वे वहां लगभग 20 वर्षों तक रहे थे, जहां उन्होंने वेदांत दर्शन, गीता, भागवत्, रामायण, महाभारत आदि धार्मिक ग्रंथों का अध्ययन किया। इतने लंबे समय तक काशी में प्रवास के कारण उनकी रचनाओं में उस क्षेत्र की बोली के शब्दों और शैलियों का प्रवेश अस्वाभाविक नहीं था। उनके विरह के गीतों में भोजपुरी की चाशनी है। देखिए—

"पिया के ननरवा की सखी डगरवा भुलानी हो
पिया परदेश गए गुरिया जब ते,
पाती भी ना भेजी पिया गरब गुमानी हो।
अब क्या जतन करन मेरी सजनी
सजनवा न दीनी कोई हाथ की निशानी हो।

हरियाणी का प्रभाव

हरियाणी बोली भी खड़ीबोली और कौरवी की सहोदरा है। दोनों के बीच यमुना नदी बहती है। कबीर, दादू, और घीसा पंथ के संत और नाथ पंथी साधू इन प्रदेशों के गांव-गांव में घूमकर उपदेश देते रहे हैं। इस प्रकार हरियाणी बोली के साथ इनका संबंध था जो इनके अनेक पदों में दृष्टिगोचर होता है। उदाहरण के तौर पर—

जहां गंगाजल परकास रे, उस घर में पाप कड़े सै ?
जो गंगा पे दान करे सै,
सरधा सेती पिंड भरे सै,
सती ऊत और भूत तरे सै,
मन करे ले विस्वे बीस कै,
गंगा की धार अड़े सै।।

जैसा कि कहा गया है संत गंगादास की भाषा में अनेक विदेशी शब्दों का प्रयोग भी मिलता है। फारसी, अरबी और तुर्की के बहु प्रचलित शब्द जैसे- गुलाम, सौदागर, बेअदबी, गर्द, दोजख, फर्द, दफ्तर, आतिश, तथा दरगोश आदि इनके काव्य में यत्र-तत्र उपलब्ध हैं।

इनकी भाषा में अरबी और तुर्की के शब्दों का समावेश लंबे समय तक मुगल शासन के कारण था यह प्रभाव भारत की अधिकांश भाषाओं और बोलियों पर सहज ही दृष्टिगोचर होता है। अंग्रेजी भाषा के शब्दों का उन्मुक्त भाव से प्रयोग भी किन्हीं ऐतिहासिक कारणों से ही है। संत गंगादास जी के गांव के समीप ही बाबूगढ़ की पुरानी छावनी है, जहां अंग्रेज अफसर और सिपाही भी रहते थे और आस-पास के लोगों के साथ उनके संपर्क से अनेक शब्द लोगों की जबान पर चढ़ गए थे। इसीलिए

अपील, ड्राइवर, जनरल, अफसर, रपट, पास, रेल आदि जैसे शब्द गंगादास जी के काव्य में प्रयुक्त हुए हैं।

जैसाकि पहले कहा गया है गंगादास एक सफल कवि ही नहीं सफल आचार्य भी थे। इनके काव्य में छंद का आग्रह पिंगल शास्त्रीय पद्धति पर हुआ है। छंद शास्त्र के विरुद्ध चलने वालों को ये फटकारते भी थे। इनके काव्य में 23 प्रकार के मात्रिक छंदों एवं13 प्रकार के वार्तिक वृत्तों का प्रयोग हुआ है। इनके काव्य में कतिपय छंदों के लक्षण प्रस्तुत करने वाले छंद भी प्राप्त होते हैं।

इन्होंने अपने काव्य में उपमा, उत्प्रेक्षा, रूपक, उदाहरण, विभावना, संदेह, भ्रांति, अतिशयोक्ति आदि अलंकारों का प्रयोग किया है।

इस प्रकार हम देखते हैं कि संत गंगादास खड़ीबोली हिंदी के ऐसे सफल कवि हैं, जिन्होंने अपनी सशक्त रचनाओं से खड़ीबोली में काव्य रचना का मार्ग प्रशस्त किया था, किंतु खेद है कि हिंदी साहित्य के इतिहास में उनको यह गौरवपूर्ण स्थान अभी तक नहीं मिल पाया है। आचार्य क्षेमचंद्र सुमन के शब्दों में "संत गंगादास खड़ीबोली के पितामह, आधुनिक काल के प्रेरणा स्रोत और कुरु प्रदेश के गौरव हैं। उन्होंने खड़ीबोली में रचना करके हिंदी को जो स्वरूप प्रदान किया वही बाद में विकसित होकर हिंदी काव्य का शृंगार बना।"

संदर्भ

1- I have recieved "khari Boli Ka Padya' and Your letter for a opinion on it. I regret no criticism of mine can be of use to you, writing poetry in "khari Boli must be unsuccessful. The matter was fully discused some years ago by Babu Harish Chandra of Benaras and I consider his arguments conincing. Sd. G.A. Grierson

2. ढिल्लों का विकृत रूप।

आग़ा हसन "अमानत" लखनवी की "इंदरसभा"

"इंदरसभा" सैयद आग़ा हसन "अमानत" की अमर कृति है। यह रचना सन् 1268 हिज़री की है। जब कि मुगल शासन का चिराग अंतिम बार टिमटिमा रहा था। लखनऊ के प्रसिद्ध नवाब बाजिद अली शाह के जीवन काल में इसका अभिनय भी हुआ था।

वाजिद अली शाह से इस रचना का कितना संबंध है, इस पर अभी विद्वानों में मतभेद है। "नाटक सागर" के रचयिताओं ने लिखा है कि यह किसी फ्रांसीसी के विचारों का परिणाम है और "अमानत" साहब ने इसे वाजिद अली शाह की प्रेरणा से लिखा। इसको पहले कैसर बाग़ में स्टेज किया गया और स्वयं वाजिद अली शाह ने इसमें राजा इंदर का पार्ट अदा किया। किंतु मौलाना अब्दुल "हलीम" शर्र और प्रो. मसूद हसन रिजवी "अदीब" ऐसा नहीं मानते। यह अभी तक साहित्यिकों में अनिर्णित विषय ही है।

खैर, कुछ भी हो यह कृति न केवल उर्दू साहित्यिकों के मनन एवं शोध की वस्तु है अपितु हिंदी मनीषियों के लिए भी बराबर विचारणीय है। यही कारण है कि इसके सैकड़ों संस्करण प्रकाशित हो चुके हैं। इंडिया ऑफिस लाइब्रेरी लंदन में "इंदरसभा" के अड़तालिस विभिन्न संस्करण मौजूद हैं, इनमें 11 नगरी लिपि में, 6 गुजराती तथा एक गुरमुखी लिपि में है। प्रो. डॉ. अब्दुल सत्तार "सिद्दकी" के पास "फ्रेड्रिस रोजन" (Friedrich Rosen) का जर्मन संस्करण भी उपलब्ध है।

इंदरसभा की प्रसिद्धि आगे चलकर यहां तक फैली कि इस प्रकार के नाटकों का नाम ही "इंदरसभा" पड़ गया। बहुत से लेखकों ने तो और भी कई इंदर सभाएं लिखीं जिनमें "मदारी लाल" की "इंदरसभा" का नाम उल्लेखनीय है।

इंदरसभा की कथावस्तु एकदम पौराणिक होते हुए भी "प्रख्यात" के अंतर्गत नहीं रखी जा सकती। इसे "मिश्र" प्रकार की कथावस्तु ही कहा जाएगा। नायक "धीर ललित" है और पात्रों का चयन भी उसी आधार पर किया गया है। चरित्र-चित्रण कोई विशेष स्थान नहीं रखता। कथोपथन पर समुचित बल दिया गया है। किंतु यह सब कुछ कविता के सहारे ही होता है। जैसे—

दिखा चुकी तू करतब सारे,
पहलू में अब बैठ हमारे
किया सभा में तूने नाम,
अब है लाल परी का काम।

इंदर सभा को पढ़ने से यह ज्ञात हो जाता है कि इसे एक विशेष प्रकार की

महफिल में समिलित होने वालों के मनोरंजन के उद्देश्य से लिखा गया था। इसी हेतु इसमें संगीत को विशेष स्थान दिया गया है। इसमें मुगल काल के पतनोन्मुख विलास का आभास पूर्ण रूप से विद्यमान है। उस समय की काम पिपासा एवं श्रृंगारोचित सामग्री इसमें सहज ही मिल जाती है।

कथावस्तु

कथावस्तु संक्षिप्त-सी है। सर्वप्रथम नेपथ्य में ठहर-ठहर कर नूपुर की ध्वनि सुनाई पड़ती है और आरंभ एक गज़ल से होता है, जिसकी पहली पंक्ति इस प्रकार है—

सभा में दोस्तों इंदर की आमद[1] आमद है
परी जमालों के अफसर की आमद आमद है।

चूलिका के पश्चात् पर्दा उठता है और राजा इंद्र एक "चौबोला" गाते हैं

राजा हूं मैं कौम का इंदर मेरा नाम,
बिन परियों की दीद[2] के मुझे नहीं आराम।
मेरा सिंहल दीप में मुल्को मुल्को राज
जी मेरा यह चाहता जलसा देखूं आज।

फिर पुखराज परी की आमद गाई जाती है,

महफिले राजा में पुखराज परी आती है।

वह अपनी प्रशंसा और परिचय के बाद राजा को आशीर्वाद देती है, फिर एक ठुमरी गाती है

आई हूं सभा में छोड़ के घर,
काहू की नहीं मोहे आज खबर।
चेरी तेरी राजा इंदर,
रखना दिन रैन दया की नजर।
सोने का बिराजे शीश मुकुट,
रुपये के तख्त पे बैठे निडर।

तदनंतर बसंत राग

ऋतु आई वसंत अजब बहार
खिले जर्द फूल विरवन की डार।
चिटके कुसुम, फूल लागी सरसों,
फपकत चलत गेहूअन की बार।
हर के द्वार माली का छोरा
गरवा डालत गेंदन के हार।
टेसुआ फूले अंबुआ बोराने,
चंपा की रुख कलियन की बहार।

गड़वा लिए उस्ताद के द्वारे,
चलो सब सखियां कर कर सिंगार।

फिर एक होली इस प्रकार गाई जाती है—

पा लागी कर जोरी—श्याम मोसे खेलो न होरी
गैया चरावन मैं निकसी हूं सास-नंद की चोरी।
सिगर चुनरिया न रंग में भेज्यौ इतनी सुनो बात मोरी।
श्याम मोसे......

कई गजलों के पश्चात् राजा नीलम परी को तलब करता है

खुश हुई तुझसे महफिल सारी
अब है नीलम परी की बारी।

यवनिका उठती है और नीलम परी गाती हुई आती है। वह दो-दो छंद ठुमरी होली और तीन ग़ज़लें गाती हैं।

ठुमरी

राजा जी करो मोसे बतिया रे, दिल तड़फत दिन रतियां रे।
हमारी और से तुम से दिन दिन, सौतिन जाके लगतियां रे।
जीयरा डरत तुम रे रूसना से, धड़कत है मोरी छतियां रे।
दरस उस्ताद का चाहिये मोको, लिख के पठा दियो पतियां रे।

फिर लाल परी की आमद गायी जाती है—

सभा में लाल परी की सवारी आती है,
जमाने रंग अब इंदर की प्यारी आती है।
दुपट्टा देख के बिजली गिरेगी बिजली पर,
किनारों पर वह लगा के किनारी आती है।

लालपरी भी अपने परिचय के बाद छंद, ठुमरी सावन, होली और तीन गज़लें गाती है।

ठुमरी को सुनिए
मोरे जीवन मां लाल जरे, बहुत खरे ओ, महराज रे।
कोऊ, मूंगा, कोऊ चुन्नी कहत है, परखन वालों पर गाज परे।
बहुत खरे महाराजा रे।

सावन का मल्हार देखिए

तो "घन घमंड नभ गरजत घोरा" का दृश्य उपस्थित हो जाता है
पिया बिन घटा न भावे
उमड़-घुमड़ के कारी बदरिया, मोहे नाहक सतावे।
कोई पवन पुरवाई से जा कहिये, और मुल्क बरसावे जावे।।
पिया बिना घटा न भावे....

भीजत है आसुन की बुंदन, मेघा झर न लगावे।

इसके पश्चात् सब्ज परी आती है। वह चौबोला गाती है—

राजा जी तो सो गए, दिया न कुछ इनाम,
जाती हूं मैं बाग में यहां मेरा क्या काम।

वह "काला देव" को बुलाती है और उससे कहती है कि मैंने रास्ते में छत पर एक राजकुमार को सोते देखा है। उसका जीवन देखकर मेरी जान निकल गई है। तू जाकर उसे उठा के ला दे। उसके बिना मेरा दिल नहीं रह पाता।

काला देव पता पूछ कर जाता है और क्षण-भर में सिंहल द्वीप से राजकुमार को लेकर लौट आता है। प्रश्न उठता है कि इतनी देर तक स्टेज पर क्या होता रहा है ? सब्ज परी उसे पहचान लेती है। राजकुमार उठता है और आश्चर्य में रह जाता है तथा पूछता है मुझे यहां कौन ले आया है। परी उसको शांत करती है। राजकुमार गुलफाम और परी का वार्तालाप एक संवाद के रूप में होता है—

तुझ पे मैं आशिक हुई चलते चलते राह
उठा मंगाया या तुझे, भेज के देव स्याह।

गुलफाम उसे बुरा भला कहता है और इस शर्त पर रजामंद होता है कि वह उसे इंद्र का दरबार अवश्य दिखलाएगी। परी इससे पहले तो सहमत नहीं होती क्योंकि वह इंद्र से डरती है, किंतु अधिक आग्रह पर वह मान जाती है। वह गुलफाम को ले जाकर वृक्षों में छिपा देती है। और आड़े समय में उसे याद करने को कहती है। उसे चेतावनी देती है कि यदि राजा इंद्र को पता चल गया तो तुझे कैद करके कुएं में डाल देगा। राजा जागता है और सब्ज परी को बुलाता है। परी इंद्र की सभा में आती है और दो ठुमरी गाती है —

सुध लाग रही तोरी आठ पहर,
निस वासर मोहे कल न परत है,
दिखला दे झसक कहू एक नज़र।
सुध लाग.....

उधर लाल देव बाग में हवा खा रहा था। उसे अकस्मात् मानस गंध आई और आकर इंद्र से इसकी शिकायत की। परी सुनकर पीली पड़ गई और वह बोली—

न कर लाल देव इस तरह के कलाम,
अरे बे मुर्व्वत ज़बान आपनी थाम।

इंद्र देव पर क्रोधित होता है कि मेरी वाटिका में मनुष्य का प्रवेश असंभव है। यह कार्य किसी परी का हो ही सकता है गुलफ़ाम को राजा के पास लाया जाता है। राजा ने उससे वहां आने का कारण पूछा। राजकुमार गुलफ़ाम ने बताया—

"सब्ज परी है जो अखाड़े में यां,
उसी का दीवाना मैं हूं नीम जा।

यहां कथा का विकास फारसी के छंद "मसनवी" ढंग पर होता है। परी को लाया

जाता है। और इंद्र उसे ताड़ना देता है। परी गुलफ़ाम से रोती हुई विदा लेती है। गुलफ़ाम को कैद कर कुएं में डाला जाता है और परी के पर नोच कर अखाड़े से निष्कासित किया जाता है।

फिर लाल पर्दा गिरता है और जोगन की आमद गाई जाती है। परी जोगन के वेश में उपस्थित होती है। दो ठुमरी और एक ग़ज़ल उसके द्वारा गवाई जाती है—

एक ठुमरी में विरह वेदना की तीव्रता चरम सीमा को पहुंच जाती है, किंतु वास्तविकता का दामन कभी नहीं छूट पाता—

"मैं तो शहजादे को ढूंढ़न चलियां रे।
शीश बकस गयो, पांय झुलस गयो
धूप में बन-बन चलियां रे।
तन कुंभलाय गयो, मुख मुरझाय गयो।
जैसे गुलाब की कलियां रे।

काला देव इंद्र की सभा में आकर जोगन के ग़ाने की प्रशंसा करता है। राजा इंद्र के गाने सुनने की इच्छा प्रकट करने पर काला देव उसे सभा में लाता है। जोगन काला देव से कहती है कि "ये बातें ज़बान पर न लाना कभी, फकीरों से अच्छी नहीं दिल लगी।" इंद्र कहता है—

सुना अपना गाना मुझे भी ज़रा,
उड़ा भैरवी छेड़ या जोगिया।

राजा गाना सुनकर गिलौरी मुंह में देता है और फिर सुनता है—

बिन सैंया देह सुलगत मोरी
बिन पिया मुख मार के थापर।
खूब गुलाल मलोरी।
नैनन की पिचकारी बना के अंसुवन रंग मानबोरी।

राजा खुश होकर रूमाल प्रस्तुत करता है। जोगन स्वीकार नहीं करती और मुंह मांगा इनाम मांगती है—

होता है कोई आन में अब काम हमारा,
इनाम में दीजिए हमें गुलफ़ाम हमारा।

इंद्र अब गुलफ़ाम को मंगवाता है और परी को दे देता है। यहां दोनों में परस्पर वार्तालाप होता है। परी खुश हो जाती है। अंत में सब परियां मिलकर मुबारकबाद गाती हैं।

हूरे जन्नत को मुबारक हो, फलक[3] को तारे
बाग को गुल हमें गुलफ़ाम मुबारक होवे।

वास्तव में "इंदरसभा" अपने समय में मनोरंजन की अमूल्य सामग्री रही है। इसका आधार नौटंकी और स्वांग पर ही है, किंतु रूपक के रूप में यह एक बहुत

उपयोगी प्रयास रहा है। कहना न होगा कि, अमानत साहब ने मसनवी और "रहस" (रास) की मिली-जुली नींव पर साहित्य में एक ऐसी चीज लिखी है जो वर्तमान हिंदुस्तानी ड्रामे का आधार बनी। यह पद्‌य मय होते हुए भी गद्‌य से बिल्कुल रहित नहीं है। भाषा में चुस्ती है और मुहावरों द्‌वारा और सजीव बन पड़ी है। यदि इसकी कुछ गजलों से फारसी मिश्रित शब्द निकाल कर देखें तो यह हिंदी के बिल्कुल पास बैठ जाती है। यह शृंगार रस प्रधान गद्‌य-पद्‌य रूपक, साहित्य में अपना स्थान सुरक्षित किए हुए है।

संदर्भ

1. आगमन
2. दर्शन
3. आकाश

अरबी भाषा में गृहीत कुछ भारतीय शब्द

संसार की कोई भी भाषा अन्य भाषाओं के संपर्क से अछूती नहीं रह सकती। प्रत्येक भाषा पर अन्य भाषाओं का कुछ न कुछ प्रभाव अवश्य पड़ता है। इस प्रकार विभिन्न भाषाओं के बीच शब्दों का परस्पर आदान-प्रदान होता रहता है। हिंदी भाषा में जहां अनेकानेक शब्द विदेशी भाषाओं के आए हैं, वहां हिंदी तथा अन्य भारतीय भाषाओं के शब्द भी विदेशी भाषाओं में गए हैं, जो आज उन भाषाओं की थाती बन चुके हैं। शब्दों के आदान-प्रदान से ही विभिन्न देशों की प्राचीन घनिष्ठता का बोध होता है। व्यापारिक, सांस्कृतिक तथा राजनीतिक संबंधों का इतिहास इन शब्दों में अंतर्निहित होता है। दक्षिण पूर्वी एशियाई देशों की भाषाओं में आज भी हजारों भारतीय शब्द विद्‌यमान हैं। इंडोनेशिया (जावा, सुमात्रा, बाली, बोर्नियो), मलेशिया, थाई आदि देशों के अनेक शब्द आज भी अतीत में भारतीय संबंधों की कहानी सुनाने के लिए शेष हैं। उदाहरण के लिए थाई देश की भाषा में इंजीनियर को आज भी फिसवकम (विश्वकर्मा) कहते हैं। चंद्र को "चन" , बुद्‌ध को "फुत", शुक्र को "शुक" तथा शनि को "साउन" कहते हैं।

इसी प्रकार अरबी भाषा में भारतीय उद्‌गम के कुछ शब्द विद्‌यमान हैं, जिन पर हम संक्षेप में विचार करेंगे।

अरबी एक सामी भाषा है, जो भारोपीय परिवार की भाषाओं से सर्वथा भिन्न है। इसलिए शब्द अथवा वाक्य के गठन की दृष्टि से दोनों में कुछ भी साम्य नहीं है। फिर भी एक प्राचीन भाषा होने के नाते विश्व की अन्य भाषाओं से इसका संपर्क रहा है। कहना न होगा कि भारत के साथ अरब के बहुत पुराने संबंध हैं। इस्लाम के उदय होने के पूर्व से ही अरब और भारत के व्यापारिक संबंध चले आ रहे हैं। "कुरान" में भी तीन भारतीय शब्दों का प्रयोग मिलता है, जिनसे भारत और अरब के प्राचीन संबंधों की सहज ही पुष्टि हो जाती है। सैयद सुलेमान नदवी ने कुरान में प्रयुक्त "मसक", "जंजबील" तथा "काफूर" शब्दों को भारतीय उद्‌गम का माना है।[1]

समुद्री व्यापार से संबंधित शब्द

भारत और अरब के बीच व्यापारिक संबंधों से कुछ शब्दों का आदान-प्रदान आवश्यक ही था। अरबी में कुछ ऐसे नए शब्दों का भी निर्माण हो गया जिनका उद्‌गम भारतीय भाषाओं में है। एक शब्द है, "बारजा", यह हिंदी का बेड़ा शब्द ही है (अरबी में "ह" का "ज" हो जाता है), अल्बेरूनी में भी इसको बेड़ा ही कहा है।

आजकल लड़ाई के जहाज को "बारजा" कहते हैं। इसका बहुवचन "बवारिज" हो गया है।[2]

2. दोनीज - जिसका अर्थ नाव है, यह हिंदी के "डोंगी" शब्द से बना है।

3. नाखुजा- जिसका अर्थ है मल्लाह। इस शब्द का इतिहास बड़ा ही रोचक है। यह शब्द फारसी से दुबारा अरबी में गया प्रतीत होता है। फारसी में इसे "नाखुदा" कहते हैं। जो (नाव+खुदा) से बना है। इसमें "नाव" शब्द हिंदी है और "खुदा" फारसी। "नाव खुदा" का अर्थ है नाव का स्वामी अर्थात् "मल्लाह"।

4. इसी प्रकार "ब्लीज", "जोश" तथा "कनेर" शब्द भी भारतीय उद्गम के ही हैं।[3]

इलायची-इसका उद्गम "हेली" नाम के अंतरीप से है, जो कारोमंडल और मालाबार के बीच स्थित है। यह सुगंधित मसाला यहीं से जाता था, इसलिए इसका नाम "इलायची" पड़ा है। संस्कृत में भी इसे "एला" कहते हैं।

गणित और विज्ञान के शब्द

आज अंकों का जो अंतर्राष्ट्रीय रूप प्रचलित है उसे लोग भ्रम-वश अभी भी अरबी समझते हैं, किंतु अब यह स्पष्ट हो चुका है कि अंकों की यह प्रणाली भारत से अरब हो कर ही यूरोप में पहुंची थी। अरब वाले कहते हैं। कि उन्होंने 1 से 9 तक के अंक लिखने का ढंग हिंदुओं से सीखा है।[4] इसलिए अरब वाले अंकों को "हिंद सा" और इस प्रणाली को "हिसाब-हिंदी" या "हिंदी हिसाब" कहते हैं। यह प्रणाली अरबों से यूरोप की जातियों ने सीखी, इसीलिए उनकी भाषाओं में इसे अरेबिक फिगर्स (Arabic figures) कहा जाता है। यह तो ठीक-ठाक पता नहीं कि यह ढंग अरबों ने कब सीखा था, किंतु समझा जाता है कि सन् 156 हिजरी में सिंध से जो पंडित "बृहस्पति सिद्धांत" नामक की पुस्तक लेकर मंसूर के दरबार में गया था उसी ने अरबों को यह ढंग सिखाया था। श्री सैयद सुलेमान नदवी का कथन है कि "मेरी समझ से ठीक बात यह है कि जिस सिद्धांत" का अनुवाद हुआ था उसी के तेरहवें और चौबीसवें प्रकरण में गणित और अकेरे का उल्लखे है। उसी के द्वारा यह ढंग अरबी में चला था। अरबी में पहले अक्षरों में संख्या लिखी जाती थी फिर यहूदियों और यूनानियों की भांति अबजद[5] के ढंग से लिखने लगे। अभी भी अरबी ज्योतिष में प्रत्याहार शैली में शुद्ध लिखने के विचार से यही ढंग चलता है और इसी पद्धति से अरबी-फारसी आदि में तिथि और सन् लिखे जाते हैं। जैसे "बिस्मिल्लां उर्रहमान रहीम" को "अबजद" की भाषा में केवल 786 लिखकर ही प्रकट करते हैं। "जो भी हो, सर्वप्रथम "मुहम्मद बिन मूसा ख्वारिज्मी ने इस भारतीय हिसाब को अरबी सांचे में ढाला था।"[6]

अरबी में मामू रशीद के दरबारी ज्योतिषी ख्वारिज्मी (सन् 780-840) ने इन अंकों के स्वरूप को ठीक किया, वही रूप अंदलुस के मार्ग से यूरोप में पहुँचे। यूरोप में गणित की एक विशेष शाखा को Algorithm, Algoritems या Algorims कहते हैं। ये सब इसी "अलख्वारिज़्मी" के बिगड़े हुए रूप हैं।[7]

अंदलुस वाले इन्हीं भारतीय अंकों को "हिसाबुल गुबार" कहते हैं। हो सकता है यह संस्कृत के धूलि कर्म का ही रूप हो। भारत में प्राचीन काल में धूल में बैठकर ही

शिष्य अंकों को सीखा करते थे। इसी क्रिया को धूलि कर्म कहते थे। यूरोप के अंक भी इन्हीं "गुवारी" से निकले हैं। अरब वाले मानते हैं कि ये अरब के नहीं, बल्कि बाहर के हैं जो बाएं से लिखे जाते हैं। इब्न नदीम ने इन्हें सिंधी कहा और एक हजार लिखने का ढंग इन्हीं के द्वारा ग्रहण किया।

मुसलमानों में दूसरा व्यक्ति, जिसने भारतीय गणित का प्रचार किया, अली बिन अहमद नसवी (980-1040 ई.) था जिसने "अलमुकन्न अ-फिल-हिसा-बुल हिंद लिखा था।

आर्यभट्ट की पुस्तक का भी अरबी में अनुवाद हुआ था, जिसे उस भाषा में "अर्जवंद" कहते हैं। इसी प्रकार ज्योतिष और गणित के अनेक ग्रंथों का अरबी में अनुवाद हुआ था।

अरबी में प्रयुक्त, भारतीय पारिभाषिक शब्द

अरबी में गणित के कुछ पारिभाषिक शब्द संस्कृत मूल के ही हैं। सर्वप्रथम इस "जैब" शब्द को लेते हैं। अरबी गणित तथा त्रिकोणमिति में इसका प्रयोग होता है। यह संस्कृत शब्द "जीवा" "ज्या" का ही रूप है। इस जैव से "जेबुल तमाम" (सुमात जीवा) आदि शब्द बने हैं। बाबू रामचंद्र वर्मा इस कथन से सहमत हैं कि जेब (पॉकेट) भी इसी शब्द से बना है। दूसरा शब्द "कर्दज" है, जो आधुनिक अरबी में कम प्रयोग किया जाता है। इसका मूल संस्कृत "क्रम ज्या" है। एक अन्य शब्द "ओज" है जिसका अर्थ ऊंचा होता है। वह भी "उच्च" से ही बना है, जो फारसी के रास्ते फिर भारत आ गया है। इसी प्रकार एक शब्द "उरैन" है, जो माध्यमिक स्थिति के लिए आता है। यह शब्द "उज्जैन" का ही विकृत रूप है क्योंकि भारत "उज्जयिनी" से देशांतर रेखाओं का हिसाब लगाते थे। भारतीय ज्योतिष में उज्जयिनी की वही स्थिति थी जो इंग्लैंड के ग्रीनविच की है।

विविध

इस प्रकार भारतीय उद्गम के जो अन्य शब्द अरबी भाषा में गए हैं उनमें से कुछेक निम्न प्रकार है—

1. इतरीफल- यह शब्द "त्रिफला" का ही विकृत रूप है जो आयुर्वेदिक ज्ञान के साथ-साथ अरब में चला गया था।
2. काफूर - कपूर अर्थात् कर्पूर का रूप है।
3. करनफल- लौंग के लिए प्रयुक्त होता है जो कनकफल से बना है।
4. फिल फिल - पिप्पली, अंग्रेजी भाषा में पहुंचते-पहुंचते यही पेपरमेंट बन गया।
5. मुस्क - मूषिका से बना है।
6. तंबोल- तांबूल अर्थात् पान।

7. कोफल- गोपदल (सुपारी)।
8. जंजबील- जंरजा बीरा (अदरक) जिंजर शब्द भी इसी से बना है।
9. नीलोफल- नीलोत्पल।
10. शखीरा - शिखर, शिखिकंड अर्थात् तूतिया।
11. वली लह - बहेड़ा।
12. हली लज- हर्रे के लिए प्रयुक्त होता है।
13. बलादार - भिल्लातक से बना है, जिसे भिलावां कहते हैं।
14. नार जील का नारगील- नारियल से बना है। संस्कृत रूप है नारिकेल।
15. अंबज- आम को कहते हैं।
16. लेमू- निंबू से बना है। अंग्रेजी में जाकर यही लेमन हो गया है।
17. सुकर- संस्कृत "शर्करा" से बना है।
18. नीलज - नील का रूप ही है।
19. मोज - मोचा केला को कहते हैं।

इनके अतिरिक्त कुछ शब्दों में तो आज भी हिंदी शब्द जुड़ा हुआ है। जैसे-

1. अद हिंदी - अगर अद मालाबार के तट कोरोमंडल से जाती थी इसीलिए इसका नाम मंदल भी है।
2. किस्त हिंदी - कुट से कुस्त बन गया है।
3. साजज हिंदी- तेल पत्ते के लिए प्रयुक्त होता है।
4. कुर तुम हिंदी- कुंसुब के लिए बोला जाता है।
5. तमर हिंदी- इमली, इसी से अंग्रेजी का तेमरिंड (Tamrind) बना है।

इस प्रकार ऐसे अनेक शब्द और भी हो सकते हैं जिनका उद्‌गम भारतीय भाषाओं में हो।

संदर्भ

1. अरब और भारत के संबंध-मौलाना सैयद सुलेमान नदवी।
2. किताबुल-हिंद-अल्बेरूनी पृ. 102.
3. सवा उस सवील फिल मौलिद वद दखील।
4. तबकातुल उम्मा; साइद अंवालसी, पृ. 114 (बेरुत)।
5. "अबजद" प्रणाली में प्रत्येक अक्षर की संख्या होती है जैसे अ से 1, ब से 2, ज से 3, द से 4 इनमें से कुछ इस प्रकार हैं: अबजद, हव्वज़, हुत्ती, कलमन, साफ़स, कुर्शत, जज्ग।
6. अरब और भारत के संबंध-मौलाना सैयद सुलेमान नदवी, पृ. 109 तबकातुल उमम; साइद अंदलसी, पृ. 14 (बेरूत)।
7. इंसाइक्लोपीडिया ब्रिटेनिका, 19 वां खंड, पृ. 867, दूसरा कॉलम।

हिंदी मुहावरों और लोकोक्तियों में बोलता इतिहास

लोकोक्तियां और मुहावरे किसी भी जीवित भाषा के प्राण होते हैं। आचार्य हजारी प्रसाद द्विवेदी के शब्दों में मुहावरों के न रहने से भाषा जीवंत और प्रवाहमयी नहीं रह पाती। भाषा को समृद्ध बनाने के लिए विदेशी भाषाओं के शब्द तो लिए जा सकते हैं किंतु विदेशी मुहावरे और कहावतें कदापि ग्राह्य नहीं हैं। इनसे भाषा में जीवन नहीं आ सकता। घटनाओं के साथ पाठकों का तादात्य ये नहीं कर सकते। कहावतें और मुहावरे भाषा विशेष की थाती होते हैं। इससे भाषा सजीव हो उठती है उसकी नीरसता समाप्त हो जाती है, प्रवाह बढ़ जाता है। जिस भाषा में जितने अधिक मुहावरे होंगे उसमें उतनी ही अधिक प्रौढ़ता होगी। थोड़े में बहुत कुछ कह देने की उसमें उतनी ही क्षमता होगी। घटना विशेषों का सामान्यकरण (Generlisation) करने में वह उतनी ही सशक्त होगी।

भाषा में कहावतों का वही स्थान है, जो ज्यामिति में प्रमेयों (Theorm) का होता है। जिस प्रकार ज्यामिति में किसी परिणाम पर पहुंचने के लिए प्रमेय सहायक होती हैं, उसी प्रकार भाषा में भी कहावतें किसी घटना की पुष्टि करती हैं। भाषा में किसी दृष्टांत के लिए उनका प्रयोग निगमनात्मक (Deductive) रूप में होता है। यद्यपि इनके सिद्धांत निरूपणों का रूप किसी समय आगमनात्मक (Inductive) ही रहा होता है।

मुहातरों की सांस्कृतिक पृष्ठभूमि

मुहावरों और कहावतों के रूप में देश जाति तथा भाषा के हज़ारों वर्षों के अनुभव और संस्कार छिपे रहते हैं जो आगामी पीढ़ियों का सिद्धांत रूप में मार्ग दर्शन करते हैं। निश्चय ही यह कार्य किसी विदेशी भाषा के मुहावरे नहीं कर सकते। विश्व की विभिन्न भाषाओं के मुहावरे और लोकोक्तियां यद्यपि सर्वमान्य लोक-सत्यों का ही बोध कराते हैं किंतु उनके निर्माण और विकास की प्रकृति से उनके बोलने वालों की सांस्कृतिक प्रवृत्ति का बोध अवश्य हो जाता है। उदाहरण के लिए अंग्रेज़ी भाषा का एक मुहावरा है। 'To kill two birds with one stone'.

इसकी प्रवृत्ति हिंसात्मक संस्कृति की परिचायक है। एक पत्थर से दो चिड़ियां हिंदी भाषा की प्रकृत्ति के अनुकूल नहीं पड़ती यहां तो इसके लिए एक पंथ दो काज ही प्रचलित है, जो भारत की संस्कृति के सर्वथा उपयुक्त है। इसी प्रकार 'कोल बैकटू न्यू कैसल' कहने से किसी भी अंग्रेज़ को उक्त घटना से जितना शीघ्र तादात्मय होगा, उतना 'उल्टे बांस बरेली' को कहने से नहीं होगा। अतः भाषा में विदेशी मुहावरों को

शब्दशः अनुदित रूप में ग्रहण करना अवांछनीय ही नहीं हानिकारक भी होता है।

प्रत्येक भाषा के अनेक मुहावरे और लोकोक्तियां कुछ ऐतिहासिक घटनाओं पर आधारित होते हैं। कालांतर में इनके निर्माण की घटनाओं का तो लोप हो जाता है किंतु भाव अवश्य शेष रह जाता है और साधारण प्रयोगकर्ता उसकी घटनाओं से इतना अपरिचित हो जाता है कि उसे उस घटना का बोध तक भी नहीं रहता। जैसे अंग्रेजी की एक लोकोक्ति है 'रोम वाज़ नाटे बिल्ट इन ए डे'

इसके पीछे रोम के निर्माण का पूरा इतिहास छिपा है। इसी प्रकार 'डेमोक्लिस स्वोर्ड' भी राजा डेमोक्लिस संबंधी ऐतिहासिक घटना पर ही आधारित है। हिंदी भाषा में भी ऐसे ही अनेक मुहावरे और लोकोक्तियां हैं जिनके पीछे भारतीय इतिहास की घटनाएं आज भी बोल रही हैं। यहां हम इनमें से कुछेक लोकोक्तियों की ऐतिहासिक पृष्ठभूमि पर प्रकाश डालने का प्रयास करेंगे।

1. **हुन बरसना** जिसका अर्थ है धन-दौलत की वर्षा होना। यह मुहावरा उत्तरी भारत में दिल्ली के आस-पास बोला जाता है। इसके पीछे दिल्ली के मुस्लिम शासकों की दकन के शासकों से युद्धरत होने की घटनाएं छिपी हैं। 'हुन' दकन में प्रचलित एक छोटा सिक्का था। दिल्ली की शाही सेना में भरती होकर जाने वाले उत्तर के सैनिक दकन से पर्याप्त मात्रा में हुन के सिक्के लाया करते थे। किंतु आज इसका प्रयोग केवल धन बरसने के रूप में ही होता है। औरंगज़ेब दकन में गए थे उनके साथ अनेक स्थानीय सैनिक भी दकन में गए थे। इसके प्रमाण में आज भी ये पंक्तियां प्रचलित हैं।

"दिल्ली शहर सुहावना कंचन बरसे नीर
सबके कंत बटोर के ले गए आलमगीर
बैठी रहो करार से मन में राखो धीर
अब के बिछुड़े तब मिले जल वोहरें आलमगीर"

2. **अभी दिल्ली दूर है** (हनोज़ दिल्ली दूर अस्त) इस कहावत का संबंध दिल्ली के सुल्तान ग़यासुद्दीन तुग़लक से है। घटना इस प्रकार हुई कि ग़यासुद्दीन किसी कारण से हज़रत निज़ामुद्दीन औलिया से चिढ़ गया। उसने सौनार गांव (बंगाल) के अभियान पर जाते समय आज्ञा दी कि हज़रत निज़ामुद्दीन उसके दिल्ली लौटने से पूर्व ही राजधानी छोड़कर चले जाएं, वरना उनके हक में अच्छा नहीं होगा। जब बादशाह अभियान से लौट रहे थे तो निज़ामुद्दीन के भक्तों और शिष्यों ने उन्हें दिल्ली छोड़ देने का परामर्श दिया, किंतु वे शांत रहे और बोले 'हनोज़ दिल्ली दूर अस्त' अर्थात् अभी दिल्ली दूर है। ग़यासुद्दीन को दिल्ली लौटना ही नसीब न हुआ। वह अपने ही पुत्र जूना खां के द्वारा निर्मित महल में दबकर मर गया। अब यह एक ऐतिहासिक घटना बन चुकी है।

3. **तिरिया तेल हमीर हट चढ़ै न दूजी बार** हमीर एक राजपूत सरदार थे, दिल्ली के सुल्तान अलाउद्दीन खिलज़ी ने जब उसके राज्य पर आक्रमण किया तो

वे निर्भय होकर रणक्षेत्र में जा डटे। रणभूमि में शत्रु से लोहा लेते हुए मर मिटने को तैयार हो गए किंतु अपनी हठ से ज़रा भी टस से मस नहीं हुए। आज हमीर देव की यह हठ एक कहावत के रूप में प्रसिद्ध है और दृष्टांत के रूप में कहा भी जाता है कि तिरिया के तेल जीवन में केवल एक ही बार चढ़ता है। इस संबंध में यह दोहा द्रष्टव्य है—

सिंह गमन, सत्पुरुष वचन कदलि फले एक बार
तिरिया तेल, हमीर हठ चढ़े न दूजी बार।

4. **कहां राजा भोज कहां कहां गंगू तेली** यह लोकोक्ति आकाश-पाताल का अंतर प्रकट करने के रूप में प्रयोग में आती है। इसके पीछे राजा भोज और गांगेय तैलंगी की कथा छिपी है। कुछ लोगों का कथन है कि एक बार राजा भोज को विवश होकर गंगू तेली के घर रहना पड़ा था और वहां उसे कोल्हू की पाट पर बैठकर बैल हांकने पड़े थे तथा कोल्हू से तेल निकालना पड़ा था। भोजपुरी में इस पर यह रूप प्रचलित है— 'कहां राजा भोज कहां भोजू तेली'

5. **ये मुंह मसूर की दाल** इस लोकोक्ति के विषय में दो मत हैं- 1. एक विचार यह है कि शाही बावर्ची खाने में मसूर की दाल एक विशेष व्यंजन था। यह इतनी लागत और परिश्रम से तैयार की जाती थी कि इसकी प्राप्ति साधारण व्यक्ति की पहुंच के बाहर थी। अतः यह मुहावरा ही प्रचलित हो गया था कि 'यह मुंह मसूर की दाल'।

इस मुहावरे के विषय में एक दूसरी कथा भी प्रचलित है जो अधिक प्रामाणिक प्रतीत होती है। कथा इस प्रकार है 'मंसूर' नाम के एक बहुत बड़े सूफी संत हुए हैं। वे आत्मा और परमात्मा को एक ही मानते थे और शंकराचार्य के वेदांत की भांति ही वे भी 'अन-अल हक' (मैं खुदा हूं) कहा करते थे। इसी अपराध पर उन्हें फांसी की सज़ा दे दी गई थी। जब जनता को इसका पता चला तो वह विश्वास भी नहीं कर सकी कि मंसूर जैसे संत को भी फांसी पर लटकाया जा सकता है। इस घटना को बताने वाले की बातें सुनकर जनता अवाक् रह गई और लोग कहने लगे कि ये मुंह और मसूर को दार (फांसी)? दार कर अर्थ फांसी भी होता है। तभी से यह लोकोक्ति प्रचलित हो गई।

6. **हाथ कंगन को आरसी क्या, पढ़े लिखे को फारसी क्या** इस लोकोक्ति से भी इतिहास के एक सत्य का उद्घाटन होता है। मुगल काल में भारत की राजभाषा फारसी थी अतः फारसी का ज्ञान होना और पढ़ा-लिखा होना एक प्रकार से एक-दूसरे के पर्याय ही थे। फारसी ज्ञान की महत्ता के संबंध में इसी प्रकार की एक अन्य कहावत भी प्रचलित है, जो इस प्रकार है।

'पढ़े फारसी बेचे तेल, ये देखो कुदरत के खेल'

7. **भानुमती का पिटारा** विक्रमादित्य की पत्नी का नाम भानुमती था जो इंद्रजाल की विद्या में बड़ी निपुण थी।

उसी के अद्‌भुत और कौशलपूर्ण कार्यों को लेकर यह लोकोक्ति तैयार हो गई प्रतीत होती है।

इसी प्रकार द्रोपदी का चीर, रामबाण और 'घर' का भेदी लंका ढाए राम राज्य तथा नादिर शाही शासन और भीगीरथ प्रयत्न, भीमकाय, बला का गौना तथा जटल मारना आदि के पीछे भी ऐतिहासिक पृष्ठभूमि सर्वविदित ही है।

आंचलिक तथा जनपदीय लोकोक्तियां

कुछ लोकोक्तियों का क्षेत्र देशव्यापी न होकर केवल जनपदीय अथवा प्रादेशिक ही होता है। हिंदी में ऐसी अनेक ऐतिहासिक जनपदीय कहावतें हैं। उदाहरण के लिए मेवाड़ की कुछ कहावतों को प्रस्तुत किया जा सकता है।

1. **काल पड़े तो कुंभा घणी मेह बरसे तो मजूरी घणी** मेवाड़ के राजा कुंभ की प्रजा कहती है कि यदि अकाल पड़ा तो हमारे राजा मालिक हैं अतः वे हमारा पालन-पोषण करेंगे और यदि वर्षा हुई तो मज़दूरी बहुत मिल जाएगी। हमें किसी प्रकार की चिंता नहीं है।

2. **हाड़ो ले डूब्यो गणगौर** प्रसिद्ध है कि हाड़ा राजा ने पानी पर गणगौर की सवारी निकाली। राजा की नाव डूब गई तो इसके साथ गणगौर भी डूब गई। दोषी व्यक्ति के साथ रहने से निर्दोष ही मारा जाता है।

3. **इसी प्रकार अवध प्रांत की एक कहावत है**, 'जिसको न दे मौला, उसको दे आसुफुदौला। आसुफुदौला अवध के नवाब थे, जो दीन-दुखियों पर बड़ी कृपा दृष्टि रखते थे। उन्हीं के नाम से यह कहावत वहां प्रसिद्ध हो गई।

4. **ऐसी ही एक लोकोक्ति है** 'डंडा सी पूंछ बढ़ाने का रस्ता' यह कहावत उत्तर प्रदेश के मेरठ, मुजफ्फर नगर और सहारनपुर आदि जिलों में प्रचलित है, जिसका अर्थ है ..... बिना किसी योजना अथवा उद्‌देश्य के कोई काम करना। बात यों हुई कि 'बुढ़ाना' कस्बे (मुजफ्फर नगर) के पास जंगल में एक दंडी स्वामी रहते थे जिन्हें डंडा स्वामी या डंडा शाह कहा करते थे। जब लोग रास्ता भटक जाते थे तो वे डंडी स्वामी से ही रास्ता पूछा करते थे। रास्ता चलने वाले सभी भटके यात्रियों को डंडी स्वामी से मार्ग पूछने की सलाह दिया करते थे। मार्ग बताते डंडी स्वामी तंग आ गए और खीज कर कहने लगे कि हर कोई व्यक्ति कह उठता है कि 'डंडी से पूछ बुढाने का रास्ता'। तभी से यह कहावत इस अंचल में प्रचलित है कि 'डंडी से पूछ बुढ़ाने का रास्ता'। इस प्रकार के अनेक मुहावरे और कहावतें अपने पीछे एक इतिहास को छिपाए हुए हैं। इनके लिए भाषा वैज्ञानिक और ऐतिहासिक विश्लेषण की आवश्यकता है।

शतरंज से आगत हिंदी मुहावरे और प्रयुक्तियाँ

बहुधा सुनने को मिलता है कि यदि उसने तनिक भी "बुर्दबारी" से काम लिया होता तो यह नौबत न आती। उसे अवश्य किसी की "शह" है, नहीं तो वह ऐसी "चाल न चलता"। उसकी "बिसात" ही क्या है जो मुझे "मात" दे दे। आखिर वह "बाजी मार ही गया"। वह भी किसी का "मोहरा" बन गया है आदि-आदि।

आखिर हमारे जन-जीवन में इस प्रकार की शब्दावली और ऐसे मुहावरे कहां से आए ? निश्चय ही इसके पीछे हमारा हजारों वर्ष का इतिहास और संस्कृति ही है। भाषा में किसी भी मुहावरे अथवा लोकोक्ति का जन्म अथवा प्रचलन समाज के अधिकांश लोगों द्वारा एक-सी अनुभूति के लिए समान शब्दों के प्रयोग से होता है। फिर जनमानस पर बैठी तथा सार्वजनिक रूप से निरंतर अनुभूत घटना को दृष्टांत के रूप में थोड़े शब्दों में व्यक्त करने के लिए मुहावरों और लोकोक्तियों का प्रयोग होने लगता है, जो पृष्ठभूमि के रूप में किसी घटना या कहानी को व्यक्त कर देते हैं। इससे समय और शब्दों की बचत होती है। दर्शनशास्त्र के शब्दों में हम कह सकते हैं कि मुहावरों अथवा लोकोक्तियों की उत्पत्ति "आगमनात्मक" रूप में होती है और फिर उसका प्रयोग "निगमनात्मक" रूप में होने लगता है।

अधिकांश मुहावरे और लोकोक्तियां अपने कलेवर में एक युगीन संस्कृति और इतिहास को छिपाए रहते हैं जो पीढ़ी-दर-पीढ़ी हमें विरासत में मिलते रहते हैं, जिनका प्रयोग हम सर्वमान्य सत्य के रूप में करते हैं। समय गुजर जाता है किंतु मुहावरे अतीत की अनुभूतियों को परोक्ष रूप में अभिव्यक्ति देते रहते हैं। यही बात ऊपर व्यक्त "बुर्दबारी", "शह देना", "बिसात होना", "बाजी मारना", "मात देना", "चाल चलना", "रुख करना", "मोहरा बनना" आदि जैसे मुहावरों और शब्दों से प्रकट होती है, जिनका संबंध शतरंज के खेल से रहा है। इससे पता चलता है कि हमारे देश में शतरंज कितना लोकप्रिय खेल रहा है, जिससे हमारी भाषा में इतने अधिक शब्द और मुहावरे आ गए हैं। कुछ शब्द तो हमारे दैनिक जीवन, हमारी बोल-चाल में इतने रच-पच गए हैं कि हमें अहसास ही नहीं होता कि ये शब्द शतरंज के खेल से उद्भूत हैं।

शतरंज के इतिहास पर ध्यान देने से पता चलता है कि यह एक प्राचीन और विश्वव्यापी खेल है, जिसके आविष्कार का श्रेय भारत को ही है। इस खेल की उत्पत्ति कब और कैसे हुई, यह निश्चित रूप से नहीं कहा जा सकता। एक किंवदंती है कि इस खेल का आविष्कार लंका के राजा रावण की रानी मंदोदरी ने इस उद्देश्य से किया था कि उसका पति रावण अपना सारा समय युद्ध में व्यतीत न कर सके। एक पौराणिक मत यह भी है कि रावण के पुत्र मेघनाद की पत्नी ने इस खेल का प्रारंभ किया था।

वास्तविकता कुछ भी हो, किंतु यह सत्य है कि इस खेल का प्रारंभ प्राचीन काल में भारत में हुआ था। भारतीय साहित्य में सर्वप्रथम इसका उल्लेख सातवीं शती के सुबंधु रचित "वासवदत्ता" नामक संस्कृत ग्रंथ में मिलता है। बाणभट्ट रचित "हर्ष-चरित्र" में भी "चतुरंग" नाम से इस खेल का उल्लेख किया गया है। इससे स्पष्ट है कि यह राजसी खेल था और मनोरंजन के साथ-साथ इसमें विज्ञान और कला का भी समावेश था। बुद्धि एवं विवेक पर आधारित होने के कारण इससे मनोविनोद के साथ-साथ बुद्धि का विकास भी होता था। प्राचीन काल में इसे चतुरंग अर्थात् सेना का खेल कहा जाता था। चतुरंग (सेना) में चार अंग होते थे— पैदल, अश्वारोही, रथ और गज। इसीलिए इस खेल के नियम बहुत कुछ युद्ध जैसी प्रथा पर आधारित हैं। भारत से यह खेल धीरे-धीरे पड़ोसी देशों में पहुंचा। मध्य युग में इस्लाम धर्म के उत्थान के साथ यह खेल पश्चिमी एशिया के देशों में विशेषकर, अरब देशों में पहुंचा। खलीफाओं के शासन में यह खूब लोकप्रिय हुआ। वहीं से यूरोप के देशों में पहुंचा। फारसी भाषा में इसका प्रयोग "शतरंग" नाम से हुआ जो विकृत होकर अरबी में शतरंज हो गया।

मुगल काल में भारत में इसका विशेष प्रचलन हुआ। मुगल बादशाहों ने इसमें विशेष रुचि दिखाई। शाही परिवारों, नवाबों और मनसबदारों तथा सैनिकों में यह खूब लोकप्रिय हुआ। फलतः जनसाधारण के लिए भी यह मनोरंजन का साधन बना। इसी कारण से इसका प्रभाव भारतीय जन-जीवन और भाषा पर भी पड़ा, जिसके परिणामस्वरूप हमारी भाषा में भी इस खेल से संबंधित अनेक मुहावरों और शब्दों का समावेश हो गया जो आज भी प्रचलित हैं। इनमें से कुछ शब्दों तथा मुहावरों का उल्लेख यहीं किया जा सकता है।

शतरंज के खेल में विभिन्न आकृतियों के दो रंगों के लकड़ी आदि के मोहरे होते हैं, यह काले और दूसरे सफेद, जो संख्या में 16-16 होते हैं। एक पक्ष के 16 मोहरे, अर्थात् एक बादशाह, एक फर्जी (वजीर), दो रुख (हाथी), दो ऊंट (फीले), दो घोड़े और आठ प्यादे होते हैं। सारा खेल इन्हीं मोहरों की चाल पर निर्भर करता है। मोहरे चूंकि बेबस होते हैं और इनका चालक कोई और होता है, इसीलिए हमारी भाषा में किसी का "मोहरा बनना" मुहावरा आ गया। हम सब शतरंज के मोहरे हैं।

कपड़े आदि के जिस चौकोर टुकड़े पर शतरंज खेली जाती है, उसे 'बिसात' कहते हैं। इसी शब्द से "बिसात होना" मुहावरा आया, जैसे उसकी बिसात ही क्या है जो इतना बड़ा काम करता। उर्दू के प्रसिद्ध कवि "जौक़" ने एक शेर में इस शब्द को लेकर कितना सुंदर रूपक अलंकार प्रस्तुत किया है —

"कम होंगे इस बिसात पे मुझ जैसे बदकुमार
जो चाल हम चले, सो निहायत बुरी चले।

सामान्य रूप से काम आने वाली छोटी-मोटी चीजों को कपड़े बिछाकर बेचने वाले को भी इसीलिए "बिसाती" कहते हैं। सब जानते हैं कि वह बिसात खाने की

चीजें रखता है।

विभिन्न रंगों की सूत की दरी को "शतरंजी" कहा जाता है जो बहुधा विवाह-शादियों और अन्य उत्सवों में बिछाई जाती है। इसकी व्युत्पत्ति भी शतरंज खेल से हुई है। ऐसी दरी पहले शतरंज के खेल में प्रयुक्त होती थी। बाद में सामान्य रंग-बिरंगी बड़ी दरियां भी "शतरंजी" कहलाने लगीं।

शतरंज का एक बार का खेल "बाज़ी" कहलाता है। इससे अनेक मुहावरों और शब्दों को जन्म मिला है जैसे "बाज़ी मारना" (विजयी होना), "बाज़ी लगाना" (शर्त लगाना), बाज़ीगर, बाजिंद (चालाक, खिलाड़ी), "बाज़ी चह" (खिलौना) आदि। मिर्जा गालिब ने भी कहा था—

"बाज़ी चहे" इतफ़ाल है दुनिया मेरे आगे
होता है शबो-रोज तमाशा मेरे आगे।"

"चाल चलना" (तरकीब निकालना) भी इसी खेल से उद्भूत मुहावरा है, जिसका सर्वत्र प्रयोग होता है। "शह देना", किसी को अपरोक्ष रूप से सहायता का संकेत करना। शतरंज के खेल में यदि बादशाह पर विरोधी खिलाड़ी का कोई मोहरा ज़द दे तो कहा जाता है कि बादशाह को शह पड़ी है। इसी से यह मुहावरा भी आया है। "मात देना" अर्थात् परास्त कर देना। जैसे आपने तो सभी को मात दे दी। अबकी बार मात खा गया आदि मुहावरों का स्त्रोत भी यह खेल है।

"बुर्दबार" का अर्थ है - सहनशीलता , गंभीरता। यह शब्द "बुर्द" से बना है। जिसका अर्थ शतरंज की वह बाजी है जिसमें आधी मात मानी जाती है और हारने वाले के पास बादशाह के सिवाय कोई मोहरा नहीं रहता।

"शातिर" का उद्‌गम भी इसी खेल से हुआ है। जिसका अर्थ चालाक और काइयां है। मूल रूप से शतरंज के दक्ष खिलाड़ी को शातिर कहा जाता था। इसी प्रकार कुछ और शब्द जैसे "ज़द" (चोट) रुख, ऐराव आदि भी इसी खेल से संबंधित शब्द है।

शतरंज में "प्यादा" सीधा चलता है फर्जी टेढ़ा भी चल सकता है। इसीलिए रहीम ने तत्कालीन समाज में शायद पदोन्नति पर होने वाली ऐंठ को व्यक्त करते हुए कहा था—

"प्यादे से फर्ज़ी भयो टेढ़ो टेढ़ो जाए।"

इस प्रकार हम देखते हैं कि भारतीय जन-जीवन और भाषा पर शतरंज के खेल की अमिट छाप विद्यमान है। हिंदी में अनेक मुहावरों और प्रयुक्तियों का जन्म इसी के आधार पर हुआ था।

हिंदी अपनी उप-भाषाओं और बोलियों का ही समष्टि रूप है

आज हिंदी के सामने सबसे विकट प्रश्न स्वयं हिंदी वालों ने ही खड़ा कर दिया है। आज हिंदी की परिभाषा को ही बदलने की चेष्टा की जा रही है। क्षेत्रवाद के स्वार्थी और संकीर्ण स्वरों में हिंदी भाषा के विघटन के स्वर भी मुखरित होने लगे हैं। हमारे संविधान निर्माताओं ने हिंदी को देश की राजभाषा बनाते समय बड़ी दूरअंदेशी से काम लिया था। हिंदी के पक्ष में सबसे प्रबल तर्क यही था कि यह देश के अधिकांश भागों में अधिकतर लोगों द्वारा बोली और समझी जाती है। इसकी व्यापकता और सरलता ही इसे देश की राजभाषा के रूप में स्वीकार किए जाने की सबसे बड़ी कसौटी थी, जिस पर यह खरी उतरती थी। इसमें संदेह नहीं कि भारत की कई भाषाएं हिंदी से कहीं अधिक प्राचीन और समृद्ध भाषाएं हैं, किंतु वे सारे भारत में स्वाभाविक रूप से संपर्क सूत्र का काम नहीं कर सकती। हिंदी ही एक ऐसी भाषा है जो व्यापकता के अपने गुणों के कारण देश में संपर्क भाषा के रूप में कार्य कर सकती है, इसीलिए इसे देश की राजभाषा के रूप में स्वीकार किया गया है।

भारत एक विशाल देश है, जहां कई भाषाएं और अनेक बोलियां तथा उप-भाषाएं हैं।[1] भारत के संविधान की आठवीं अनुसूची में आज 18 प्रमुख भाषाएं हैं, इन सभी की अपनी-अपनी बोलियां और उप-भाषाएं हैं। हिंदी की भी अपनी कई उप भाषाएं और बोलियां हैं। इन्हीं बोलियों और उप-भाषाओं का सामूहिक नाम "हिंदी" है। श्री नर्मदेश्वर चतुर्वेदी के शब्दों में "हिंदी वास्तव में किसी एक ही भाषा अथवा बोली का नाम नहीं है, अपितु एक सामासिक भाषा परंपरा की संज्ञा है, जिसका आकार-प्रकार विभिन्न उप-भाषाओं और बोलियों के ताने-बाने द्वारा निर्मित हुआ है।" इस प्रकार हिंदी एक भाषा समाष्टि का ही नाम है।

यहां हिंदी भाषा के संबंध में व्यक्त कुछ विद्वानों के विचारों पर ध्यान देना भी आवश्यक जान पड़ता है। श्री एस. एच. कैलाग ने हिंदी शब्द का प्रयोग मध्य देश में बोली जाने वाली सभी भाषाओं के समूह के अर्थ में किया है, जिसमें हिमालय की तराई के पूरे क्षेत्र से लेकर दक्षिण में नर्मदा नदी तथा विंध्य पर्वत श्रेणियों, पश्चिम में पंजाब, सिंध और गुजरात तथा पूर्व में बंगाल और छोटा नागपुर का संपूर्ण क्षेत्र सम्मिलित है। डॉ. धीरेंद्र वर्मा ने हिंदी प्रदेश की सीमाएं पश्चिम में जैसलमेर, उत्तर पश्चिमी में अंबाला, उत्तर में शिमला से लेकर नेपाल के पूर्वी छोर तक के पहाड़ी प्रदेश, पूर्व में भागलपुर, दक्षिण में रायपुर तथा दक्षिण पश्चिम में खंडवा तक के क्षेत्र

तक बताई है। मोटे तौर पर हिमाचल प्रदेश, हरियाणा, राजस्थान, उत्तर प्रदेश, बिहार, मध्य प्रदेश तथा दिल्ली हिंदी भाषी क्षेत्र हैं। राजभाषा नियम, 1976 के अनुसार इन राज्यों को "क" क्षेत्र के अंतर्गत रखा गया है और अब इस क्षेत्र में अंडमान तथा निकोबार को भी शामिल कर लिया गया है। हिंदी भाषा के इस क्षेत्र के अंतर्गत गई उप-भाषाएं और अनेक बोलियां आ जाती है। डॉ. विमलेश कांति वर्मा द्वारा हाल ही में लिखी पुस्तक "हिंदी और उसकी उप-भाषाओं में" हिंदी की उप-भाषाओं का स्पष्ट उल्लेख किया गया है। भारतीय जनगणना में हिंदी के अंतर्गत **मैथिली, मगही, भोजपुरी, जयपुरी, मेवाती, मालवी, गढ़वाली, कुमाऊंनी, खड़ीबोली, हरियाणी, ब्रज, बुंदेली, कंनौजी, अवधी, बघेली और छत्तीसगढ़ी** बोलियों की गणना हिंदी की उपभाषा के रूप में की गई है।" हिंदी साहित्य के इतिहासकारों ने मैथिली, अवधी, ब्रज, खड़ीबोली तथा राजस्थानी आदि सभी उपभाषा रूपों में रचित साहित्य को हिंदी साहित्य की सीमारेखा में आबद्ध किया है। 1991 की जनगणना के अनुसार 48 से अधिक बोलियों और भाषाओं को हिंदी के अंतर्गत माना गया है। भारत में कुल जनसंख्या के 39.85 प्रतिशत से अधिक लोगों की मातृभाषा हिंदी है। स्पष्ट है कि अंय किसी भी भारतीय भाषा की मातृभाषा के रूप में प्रतिशतता इतनी अधिक नहीं है। 1961 की जनगणना के अनुसार हिंदी के 97 भाषा रूप हैं। इन भाषा रूपों को पांच उपभाषा खण्डों अर्थात् पश्चिमी हिंदी, पूर्वी हिंदी, राजस्थानी हिंदी, बिहारी हिंदी और पहाड़ी हिंदी में विभाजित किया गया है। बिहारी के अंतर्गत 34, राजस्थानी में 73, पहाड़ी के अंतर्गत 15 भाषा रूपों की गणना की गई है। इन सबको संमिलित करके हिंदी की बोलियों का योग 220 हो जाता है।

वास्तव में देखा जाए तो भाषिक दृष्टि से उर्दू और हिंदी भी एक ही भाषाएं हैं। इस भाषा की एकता पर सबसे पहला प्रहार अंग्रेजों की "विभाजन और शासन" की नीति द्वारा उस समय हुआ जब 1800 ई. में कलकत्ता में फोर्ट विलियम कॉलिज की स्थापना की गई थी। इससे पहले इस भाषा को हिंदी, हिंदवी या भाखा ही कहा जाता था और उर्दू नाम भी "हिंदी के लिए ही प्रयुक्त होने लगा था। डॉ. भोलानाथ तिवारी ने ठीक ही कहा है, "यदि गिलक्राइस्ट ने मध्य देश की वास्तविक प्रतिनिधि भाषा को (जो न तो अधिक अरबी-फारसी की और झुकी हुई थी और न संस्कृत की और) अपनाया होता तो, आज हिंदी-उर्दू नाम की दो भाषाएं न होतीं और हिंदी भाषा एवं उसके साहित्य का नक्शा कुछ और ही होता।"

मैं बोलियों के विरुद्ध नहीं हूँ। बोलियों में ही भारत की संस्कृति की जड़ें हैं। इनका विकास अवश्य होना चाहिए। किंतु भाषा के विघटन के रूप में न होकर भाषा के संवर्द्धन के रूप में होना चाहिए।

हिंदी के सामने बिखराव की समस्या आज के संकुचित राजनीतिक स्वार्थों के कारण उत्पंन हो रही है। पिछले दिनों दिल्ली में भोजपुरी का विश्व संमेलन आयोजित किया गया, जिसमें भोजपुरी भाषा साहित्य और संस्कृति की अस्मिता को लेकर जो

विचार व्यक्त किए गए उनके पीछे एक ही उद्देश्य था कि भोजपुरी भाषा को स्वतंत्र भाषा के रूप स्वीकार कर उसे संविधान की 8वीं अनुसूची में स्थान दिया जाए, जिसका स्पष्ट आशय उसे हिंदी से पृथक् करना है। इसी पृष्ठभूमि में भोजपुरी लोक नाम की पत्रिका में भी अनेक ऐसे लेख लिखे जाते रहे हैं जो भोजपुरी भाषा को हिंदी से पृथक् भाषा मानकर, भोजपुरी राज्य की वकालत भी करते हैं। अब. पिछले दिनों "मैथिली" भाषा को संविधान की आठवीं अनुसूची में शामिल कर लिया गया है। यही रास्ता "राजस्थानी" को भी हिंदी से स्वतंत्र भाषा घोषित करने के लिए अपनाया जा रहा है, जब कि सब कोई जानता है कि "राजस्थानी" नाम की कोई एक मानक भाषा है ही नहीं। राजस्थान में कई पृथक् बोलियां जैसे मारवाड़ी, मेवाती, जयपुरी, मालवी आदि हैं। बिहार में श्री उमेश राय ने मैथिली और भोजपुरी के साथ-साथ बिहार की "वज्जिका" "अंगिका" और "मगही" को भी संविधान की आठवीं अनुसूची में शामिल करने की मांग की है और इन बोलियों को बिहार लोक सेवा आयोग की भाषा बनाने पर भी जोर दिया है। बिहार के तत्कालीन मुख्यमंत्री श्री लालू प्रसाद यादवच ने सार्वजनिक रूप से घोषणा भी की थी कि वे भोजपुरी को आठवीं अनुसूची में संमिलित कराने की भरपूर कोशिश करेंगे। बिहार के अंय कई प्रमुख राजनेता भी ऐसा ही नारा देकर इन भाषाओं को बोलने वालों का भावनात्मक शोषण भी कर रहे हैं। यह स्थिति हिंदी को ही कमजोर नहीं करती, बल्कि राष्ट्रीय एकता पर भी चोट करती है क्यों कि हिंदी को राष्ट्रीय एकता की कड़ी माना जाता है।

हमारे संविधान के अनुच्छेद 343 के अनुसार हिंदी को भारत की राजभाषा के रूप में स्वीकार किया गया है जिसे अंग्रेजी का स्थान लेना है। हिंदी अंग्रेजी का स्थान न ले सके इसके पीछे अनेक तत्त्व काम कर रहे हैं। इनमें से यह भी है कि हिंदी के कद को काटकर छोटा कर दिया जाए, ताकि यह एक व्यापक क्षेत्र की भाषा होने का भी दावा न कर सके और एक छोटे क्षेत्र की भाषा बनकर रह जाए। यह हिंदी के विरुद्ध चलाया जा रहा एक दुश्चक्र है जिसके तहत हिंदी की अपनी उप-भाषाओं और बोलियों को हिंदी से अलग संविधान की आठवीं अनुसूची में शामिल कराए जाने का षड्यंत्र काम कर रहा प्रतीत होता है, ताकि यह सिद्ध किया जा सके कि हिंदी या कोई भी भारतीय भाषा बहुसंख्यकों की भाषा नहीं है, इसलिए अंग्रेजी को ही बनाए रखा जाए। यह एक सोची-समझी चाल है।

इस चाल का आरंभ होता है साहितय अकादमी से, जिसने भाषाओं के नाम पर हिंदी क्षेत्र की कई उप-भाषाओं से अलग स्वतंत्र भाषा का दर्जा दिलाने की दिशा में विशेष प्रयत्न किए हैं। साहितय अकादेमी की इस भाषा नीति के विरुद्ध 1971 में भारतीय हिंदी परिषद् के 25 वें वार्षिक अधिवेशन में भारतीय विश्वविद्यालयों के 300 से भी अधिक हिंदी प्राध्यापकों ने कड़ी आलोचना की थी और एक प्रस्ताव पारित कर अकादेमी से अनुरोध किया था कि "वह हिंदी क्षेत्र की संश्लिष्ट भाषा, साहित्य और संस्कृति की परंपरा को क्षेत्रों में खंडित करने के प्रयासों को अविलंब बंद कराएं।

हिंदी के व्यापक और संश्लिष्ट रूप का निर्माण उसके साहित्य की एक हजार वर्ष की लंबी परंपरा ने किया है और किसी अकादमी को यह अधिकार नहीं है कि वह इस प्रकृति को उल्टी दिशा में मोड़े।"

आज जो मांग हिन्दी की इन बोलियों, उपभाषाओं को संविधान की आठवीं अनुसूची में हिंदी से पृथक् भाषा के रूप में शामिल कराए जाने के संबंध में हो रही है, यदि कल ऐसी ही मांग अवधी, छत्तीसगढ़ी, कंनौजी और ब्रज तथा हरियाणी जैसे भाषाओं को लेकर होगी तो हिंदी किस क्षेत्र की भाषा रह जाएगी ? यह तो इन सभी उपभाषाओं और बोलियों का एक सामूहिक नाम है। हिंदी का समस्त साहित्य ही विखंडित होकर रह जाएगा। जैसा कि पहले कहा गया है धर्म के नाम पर हिंदी का विभाजन पहले ही ब्रिटिश काल में हो गया था, अब क्षेत्र के नाम पर भी इसके विभाजन का खतरा मंडराता नज़र आ रहा है।

संविधान की आठवीं अनुसूची में हिंदी की इन उपभाषाओं को शामिल करने का पहला परिणाम यह होगा कि जनगणना के समय इन भाषाओं के बोलने वालों की गणना हिंदी से अलग हो जाएगी और हिंदी बोलने वालों की संख्या घटती चली जाएगी। आज जनसंख्या की दृष्टि से विश्व में हिंदी बोलने वालों का नंबर तीसरा है। यूनेस्को के प्रतिनिधि श्री अशर डिलियन ने भी इसकी पुष्टि की है। इसी आधार पर अब तक हुए सभी विश्व हिंदी संमेलनों में प्रत्येक बार यह मांग की जाती रही है कि हिंदी को संयुक्त राष्ट्र संघ की एक भाषा स्वीकार किया जाए। किंतु यदि हम हिंदी को इसी प्रकार छोटा करने पर लगे रहें, तो जरा सोचिए कि हम किस मुंह से हिंदी को संयुक्त राष्ट्र संघ की भाषा बनाए जाने का दावा कर सकेंगे।

आठवीं अनुसूची में हिंदी की इन उपभाषाओं को शामिल किए जाने का दूसरा परिणाम यह होगा कि संघ लोक सेवा आयोग की भारतीय प्रशासनिक आदि सेवाओं में भर्ती के लिए इन भाषाओं में परीक्षा देने की छूट मिल जाएगी। जितनी अधिक भाषाएं परीक्षा का माध्यम होंगी उतनी ही अधिक जटिलता आयोग के सामने उपस्थित होगी। संघ लोक सेवा आयोग की परीक्षाओं में अंग्रेजी का तो एक प्रश्न-पत्र अनिवार्य है, किंतु हिंदी की अनिवार्यता नहीं है। इस प्रकार हिंदी पढ़ने की अनिवार्य आवश्यकता तो नहीं रहेगी किंतु अंग्रेजी अनविार्य रूप से बनी रहेगी और वर्चस्व कम होने के बजाय बढ़ता चला जाएगा। ऐसी स्थिति में वह दिन शायद ही जल्दी से कभी आ सके, जब हिंदी देश की राजभाषा के रूप में अंग्रेजी का स्थान ले सकेगी।

खेद है कि आज हिंदी की इन उपभाषाओं और बोलियों को संविधान की आठवीं अनुसूची में शामिल कराने के व्यामोह में जाने-अनजाने अनेक नेतागण और स्वयं हिंदी विद्वान् भी फंस गए है।

संदर्भ

1. 1991 की जनगणना के अनुसार यहां 114 भाषाओं और 216 मातृभाषाओं के लोग रहते हैं। मातृभाषाओं की गणना 10 हजार से अधिक व्यक्तियों द्वारा बताई गई भाषा को माना गया है।

विश्व पटल पर हिन्दी

हिन्दी मात्र एक भाषा ही नहीं, भारतीय संस्कृति की सबल, समर्थ संवाहिका भी है। इसमें सम्प्रेषणीयता के ऐसे अद्‌भुत गुण विद्यमान हैं जिनके कारण वह सदियों से इस देश के लोगों में सम्पर्क भाषा के रूप में निरन्तर व्यवहृत होती आ रही है। हिन्दी भारत में ही नहीं, भारत के बाहर भी विश्व के अनेक देशों में बोली, समझी और पढ़ाई जाती है। यह मानव मूल्यों को वहन करनेवाली व्यापक भाषा के रूप में विश्व के पटल पर अपना स्थान बनाती जा रही है। भाषाई दृष्टि से देखा जाए तो विश्व में हिन्दी जानने वालों की संख्या दूसरे स्थान पर है। 1999 में मशीन ट्रांसलेशन सम्मिट में टोकियो विश्वविद्यालय के प्रो. होजुमि तनाका ने जो भाषाई आंकड़े प्रस्तुत किए थे, उनके अनुसार विश्व भर में चीनी भाषा बोलने वालों का स्थान प्रथम और हिन्दी का द्वितीय है। अंग्रेजी तीसरे स्थान पर ही रह जाती है। एक करोड़ बीस लाख भारतीय मूल के लोग विश्व के 132 देशों में बिखरे हुए हैं, जो अधिकांशतः हिन्दी से परिचित ही नहीं, उसे व्यवहार में भी लाते हैं। संयुक्त राष्ट्र की एक रिपोर्ट के अनुसार आज भारत के 60 लाख से अधिक लोग विदेशों में हैं। अकेले अमेरीका में ही 20 लाख से अधिक भारतीय लोग हैं। इस प्रकार देखा जाए तो आज संसार में हिन्दी जानने वाले अंग्रेजी से कहीं अधिक संख्या में ही हैं।

यदि चीनी भाषा का भी विश्लेषण किया जाए तो यह भाषा पूरे चीन में नहीं बोली जाती, जैसे कि इंग्लिश भी पूरे ब्रिटेन में नहीं बोली जाती, वहाँ स्कोटिश, वेल्स और ऑयरिश भाषी लोग भी हैं। डॉ. जयंती प्रसाद नौटियाल तो नवीन तथ्यों के आधार पर यह कहने को तैयार हैं कि विश्व में सर्वाधिक लोग हिन्दी जानने वाले ही हैं। हिन्दी का महत्व इस बात से भी आंका जा सकता है कि आज विश्व के लगभग 150 विश्वविद्यालयों में तो हिन्दी का पठन–पाठन ही नहीं, शोधकार्य भी हो रहा है। मॉरिशस, फीजी, सूरीनाम, हालैंड और इंग्लैंड जैसे कई देशों में हिन्दी में सृजनात्मक साहित्य की रचना भी हो रही है।

विदेशों में बसे करोड़ों की संख्या में भारतीयों और भारत मूल के लोगों के बीच आत्मीयता के सम्बन्ध–सूत्र स्थापित करने और उन्हें भारत, भारतीयता तथा भारतीय संस्कृति से निरन्तर जोड़े रखने में हिन्दी एक सशक्त माध्यम का काम कर सकती है। इसी में वे अपनी अस्मिता की पहचान भी देख रहे हैं। इस प्रकार आज हिन्दी की अन्तर्राष्ट्रीय भूमिका निरन्तर बढ़ती जा रही है और विश्व के मानचित्र पर हिन्दी का उदय एक विश्व भाषा के रूप में हो रहा है। वह दिन दूर नहीं जबकि हिन्दी को संयुक्त राष्ट्र संघ की एक आधिकारिक भाषा के रूप में उसका देय स्थान प्राप्त होगा।

भारत से बाहर जिन देशों में हिन्दी का प्रयोग बोलने, लिखने–पढ़ने तथा अध्ययन और अध्यापन की दृष्टि से होता है उन्हें हम 5 वर्गों में विभक्त कर सकते हैं–

1 जहां प्रवासी भारतीय विपुल संख्या में रहते हैं, जैसे–मॉरीशस, फीजी, सूरीनाम, गयाना, ट्रिनीडाड एवं टोबैगो, दक्षिणी अफ्रीका तथा हालैंड आदि।

2 भारत के पड़ौसी देश, जैसे–पाकिस्तान, नेपाल, भूटान, बंगलादेश, म्यांमार, श्रीलंका और मालदीव आदि।

3 भारतीय संस्कृति से प्रभावित दक्षिणी–पूर्वी एशियाई देश, जैसे–इंडोनेशिया, मलेशिया, थाइलैंड और चीन, मंगोलिया, कम्बोडिया, कोरिया तथा जापान आदि।

4 अमेरिका, ऑस्ट्रेलिया, कनाडा और यूरोप के देश जहां हिन्दी को विश्व की आधुनिक भाषा के रूप में पढ़ाया जाता है।

5 अरब और अन्य इस्लामी देश, जैसे–संयुक्त अरब, अमीरत, दुबई, अफगानिस्तान , कतर, मिस्र, उजबेकिस्तान, कज़ाकिस्तान, तुर्कमेनिस्तान आदि।

सर्वप्रथम हम प्रवासी भारतीयों की विपुल आबादी वाले देशों को लेंगे, जहां प्रायः 150 वर्षों से भारतीय मूल के लोग एग्रीमेंट के आधार पर मज़दूरी करने गये थे और बाद में उनमें से अधिकांश लोग वहीं बस गए थे जो गिरमिटिया मज़दूर कहलाते थे। आज इन देशों में भारतीय मूल के लोगों ने सामाजिक, आर्थिक और राजनैतिक क्षेत्रों में अपनी सुदृढ़ स्थिति बना ली है और मॉरिशस, त्रिनीडाड तथा सूरीनाम जैसे देशों में वे शासन के सर्वोच्च पदों पर भी विराजमान हैं।

मॉरीशस :– यहां भारतीय मूल के लोगों की जनसंख्या कुल आबादी का 52 प्रतिशत से अधिक है। यहां गिरमिटिया मज़दूरों के रूप में भारतीयों का आगमन 1830 ई. में आरंभ हुआ। ये लोग अपने साथ रामचरित मानस, हनुमान चालीसा और आल्हा जैसी पुस्तकें लेकर आये थे। यही उनकी सांस्कृतिक और धार्मिक धरोहर थीं। इनमें अधिकतर लोग पूर्वी उत्तर प्रदेश और बिहार के थे, जो भोजपुरी बोलते थे। शेष भारत के लोग भी थे किन्तु सभी लोग परस्पर बोलचाल में मिली जुली हिन्दी का ही प्रयोग करते थे। हिन्दी को अन्तर्राष्ट्रीय रूप प्रदान करने में मॉरीशस की महत्वपूर्ण भूमिका रही है। 1901 में महात्मा गांधी ने मॉरीशस की यात्रा में भारतीयों की राजनीति में सक्रियता और शिक्षा पर विशेष बल दिया था। यहां 1910 में आर्य समाज की स्थापना के बाद हिन्दी को विशेष बल मिला। आज यहां कई हिन्दी सेवा संस्थाएँ–आर्य सभा, हिन्दू महासभा, हिन्दी प्रचारिणी सभा, हिन्दी परिषद तथा हिन्दी लेखक संघ हिन्दी के शिक्षण तथा प्रचार–प्रसार में सक्रिय हैं। यहां के प्रसिद्ध हिन्दी साहित्यकारों में श्री अभिमन्यु अनत, जघनारायण राय वासुदेश, विष्णुदयाल, स्व. सोमदत बखोरी, बीर सेन जागा सिंह, रामदेव धुरंधर, पूजानन्द, नेमा, मुकेश, धनराज, शम्भू मधुकर प्रभृति लेखक और कवि उल्लेखनीय हैं, जो हिन्दी में अपनी मौलिक रचनाओं के द्वारा हिन्दी की अभिवृद्धि में संग्लन हैं। यहां से आर्योदय, आक्रोश, इन्द्रधनुष तथा महात्मा गांधी संस्थान की ओर से 'बसंत' जैसी पत्रिकाएं निरन्तर प्रकाशित हो रही हैं। यहां

300 सरकारी तथा 75 गैर सरकारी स्कूलों में 25 हजार छात्र प्रतिवर्ष हिन्दी का अध्ययन करते हैं। 1990 से मॉरीशस विश्वविद्यालय से बी.ए. का कोर्स आरम्भ हो गया है।

मॉरीशस में अब तक 1976 तथा 1993 में दो हिन्दी सम्मेलन आयोजित हो चुके हैं।

फीजी :– यहां भारतीय मूल के लोगों की जनसंख्या 51 प्रतिशत है। फीजी में 70 प्रतिशत से अधिक लोग हिन्दी बोलते तथा समझते हैं। यहाँ बाजारों में नामपट्ट अंग्रेजी के साथ हिन्दी में भी हैं। भारतीय स्कूलों में पहली और दूसरी कक्षाओं का माध्यम हिन्दी है। भारतीय फिल्में यहां खूब लोकप्रिय हैं। रेडियो और दूरदर्शन से हिन्दी में कार्यक्रम प्रसारित होते हैं। यहां योगेन्द्र प्रसाद चौधरी हरनाम सिंह प्रभृति साहित्यकार हिन्दी में मौलिक रचनाएँ कर रहे हैं।

सूरीनाम :– यहां भारतीय मूल के लोगों की जनसंख्या 40 प्रतिशत है। यहां की स्थानीय हिन्दी का रूप 'सरनामी हिन्दी' के नाम से विकसित हुआ है, जो देवनागरी के साथ–साथ रोकन लिपि में भी लिखी जा रही है। मानक हिन्दी ही साहित्यकारों की रचना का माध्यम है। पारामारिबो में 1977 में गठित हिन्दी परिषद यहां हिन्दी की परीक्षाएं आयोजित करता है। यहां के भारतीय सांस्कृतिक केन्द्र में भारत की ओर से एक अध्यापक भी नियुक्त है। राष्ट्र भाषा प्रचार समिति,वर्षों की परीक्षा भी यहां आयोजित होती है। 2003 में सातवां विश्व हिन्दी सम्मेलन सूरीनाम में आयोजित किया गया था।

त्रिनिडाड एवं टोबेगो :– यहां भारत वंशियों की आबादी 45 प्रतिशत से अधिक है। 1996 में यहाँ पांचवां विश्व हिन्दी सम्मेलन आयोजित किया गया था। विदेशों में हिन्दी प्रचार योजना के अन्तर्गत इस देश में भारत की ओर से हिन्दी के दो प्रोफेसर नियुक्त हैं। हिन्दी निधि, सनातन धर्म महासभा तथा भारतीय विद्या संस्थान द्वारा यहां हिन्दी की कक्षाएं चलाई जाती हैं।

गयाना :– यहां कुल जनसंख्या के 51 प्रतिशत लोग भारतीय मूल के हैं। यहां के विश्वविद्यालय में बी.ए. के स्तर पर हिन्दी के अध्ययन की व्यवस्था है। भारत की ओर से जार्जटाऊन में भारतीय सांस्कृतिक केन्द्र की स्थापना की गई है और यहां हिन्दी का एक अध्यापक भी नियुक्त है।

कैरेबियन सागर के इन द्वीपों में भी भारतीय लोग गिरमिटिया मज़दूरों के रूप में आए थे। इन्होंने यहां भारतीय संस्कृति और हिन्दी को अनेक यातनाओं को सहते हुए भी बचाकर रखा है। दक्षिण अफ्रीका में भी भारतीय लोगों का मज़दूरों के रूप में प्रवेश हुआ था। वहां भी उन्होंने अपनी भाषा और संस्कृति की रक्षा की।

भारत के पड़ौसी देशों में पाकिस्तान विशेष रूप से उल्लेखनीय है। यहां की राजभाषा उर्दू है जो हिन्दी का ही एक रूप है। बोल–चाल में दोनों में कोई विशेष अंतर नहीं है। लिपि भेद से ही दोनों में अंतर दिखाई पड़ता है। मानक हिन्दी और उर्दू दोनों का आधार खड़ी बोली है। फिर भी यहां के एक विश्वविद्यालय में तथा स्कूल

ऑफ मार्डन लैंग्वेज़ज में हिन्दी के अध्ययन और अध्यापन की व्यवस्था है। **श्रीलंका** और **नेपाल** में भी विश्वविद्यालय स्तर पर हिन्दी पढ़ाई जाती है। नेपाल में अधिकांश लोग हिन्दी बोलते और समझते हैं। यहां की प्रमुख भाषा नेपाली और हिन्दी में बहुत समानता है। दोनों की लिपि देवनागरी है। काठमांडू के त्रिभुवन विश्वविद्यालय में स्नातक और स्नातकोतर स्तर पर हिन्दी का अध्ययन होता है। 1995 से बंगलादेश में ढाका विश्वविद्यालय में हिन्दी के पठन–पाठन की व्यवस्था हो गई है। **म्यांमार (बर्मा)** में हिन्दी का प्रचार–प्रसार पहले से ही है। मांडले, चोगला में हिन्दी साहित्य सम्मेलन की शाखाएं हैं। "राष्ट्र भाषा प्रचार समिति" वर्धा की परीक्षाएं भी आयोजित की जाती हैं। यहां सैनिक शासन के कारण हिन्दी की दिशा में प्रगति धीमी है।

मालदीव की भाषा 'दिवेही' भारोपीय परिवार की भाषा है, जो हिन्दी से मिलती–जुलती है। एक प्रकार से दक्षेस (सार्क) देशों में हिन्दी खूब समझी जाती है। कुछ वर्ष पहले भारत के तत्कालीन प्रधानमंत्री श्री चन्द्रशेखर ने मालदीव में आयोजित सार्क सम्मेलन में अपना भाषण हिन्दी में ही दिया था।

दक्षिणपूर्वी एशिया के देशों में हज़ारों वर्षो से भारतीय संस्कृति का प्रवेश रहा है। वैदिक और बौद्ध संस्कृति के कारण यहां की भाषाओं में हज़ारों शब्द भारतीय मूल के हैं। थाइलैंड में काफी संख्या में भारतीय प्रवासी हैं। यहां हिन्दी जानने वालों की संख्या लगभग एक लाख है। सिंगापुर में व्यापारिक क्षेत्रों में काफी संख्या में भारतीय बसते हैं, जो बोलचाल में हिन्दी का प्रयोग करते हैं। यहां आर्य समाज और भारती भवन द्वारा हिन्दी की कक्षाएं चलाई जाती हैं। इसी प्रकार मलेशिया और इंडोनेशिया में भी हिन्दी जानने वालों की बहुत बड़ी संख्या है। बाली द्वीप में हिन्दुओं का बहुमत है, वहां संस्कृत का पठन–पाठन होता है। "भाषा इंडोनेशिया में अनेक शब्द भारतीय मूल के हैं। चीन में पेइचिंड, विश्वविद्यालय में हिन्दी विभाग है। पेइचिंड, रेडियों में हिन्दी में प्रसारण होता है। चीन की दीवार की स्वागत शिला पर अंकित ये पंक्तियां "ओम नमो भगवत्ये" भारत और चीन के प्राचीन भाषा और सांस्कृतिक सम्बन्धों की याद दिलाती है। जापान के क्योतो और ओसाका विश्वविद्यालयों में हिन्दी पढ़ाई जाती है।" यहां 'ज्वालामुखी' नाम से हिन्दी में एक वार्षिक पत्रिका भी प्रकाशित होती है। यहां डॉ. दोई ने गोदान का जापानी भाषा में अनुवाद किया है। दक्षिण कोरिया के सिओल स्थित हांकुक विश्वविद्यालय तथा पूसान स्थित कॉलेज ऑफ स्टडीज में हिन्दी शिक्षण की व्यवस्था है। मंगोलिया में हिन्दी की लोकप्रियता बढ़ रही है। 1994 से यहां हिन्दी की कक्षाएं चलाई जाती हैं। बौद्ध धर्म के कारण यहां भारतीय संस्कृति और साहित्य में लोगों की विशेष रुचि है।

यूरोप और अमेरिका के देशों में हिन्दी के अध्ययन और अध्यापन के प्रति रुचि में तेजी से वृद्धि हो रही है। कहने की आवश्यकता नहीं कि ब्रिटेन वासियों ने हिन्दी के प्रति बहुत पहले से रुचि लेनी आरम्भ कर दी थी। गिलक्राइस्ट,

फोवर्स–प्लेट्स, मौनियर विलियम्स, केलाग होर्ली, शोलबर्ग ग्राहमवेली तथा ग्रिर्यसन जैसे विद्वानों ने हिन्दी कोश व्याकरण और भाषिक विवेचन के ग्रंथ लिखे। आज भी मेक्रेगर और स्पर्ट स्नेल जैसे विद्वान हिन्दी साहित्य सृजन में योगदान दे रहे हैं। यहां लंदन, केम्ब्रिज तथा यार्क विश्वविद्यालयों में हिन्दी पठन–पाठन की व्यवस्था है। यहां से 'प्रवासिनी', 'अमरदीप' 'पुरवाई' जैसी कई पत्रिकाओं का प्रकाशन होता है। बी.बी. सी. से निरन्तर हिन्दी कार्यक्रम प्रसारित होते हैं।

फ्रांस के सौरबन और पेरिस के विश्वविद्यालयों, बेलिजयम के बुरसैल्स तथा लवैन और ल्थेज विश्वविद्यालयों, इटली के बेनिस और नेपल्स तथा स्वीडन के स्टॉकहॉम विश्व विद्यालयों, आस्ट्रिया के वियाना विश्वविद्यालय, नार्वे के ओस्लो विश्वविद्यालय, डेनमार्क तथा स्विट्ज़रलैंड के विश्वविद्यालयों में भी हिन्दी पठन–पाठन की व्यवस्था है। हॉलैंड में तो सूरीनाम से आए भारत मूल के लाखों आप्रवासी भारतीय हिन्दी और सरनामी का प्रयोग करते हैं। यहां लेडेन तथा उत्रेख्त विश्वविद्यालयों में हिन्दी का अध्ययन'अध्यापन होता है। पौलेंड में बहुत पहले ही वार्सा विश्वविद्यालय में हिन्दी पढ़ने–पढ़ाने की व्यवस्था है। प्रो. वृस्की हिन्दी के प्रख्यात विद्वान हैं, जो भारत में राजदूत रह चुके हैं। इसी प्रकार चैकगण राज्य में प्रो. ओडोनल स्मैकल हिन्दी के प्रसिद्ध रचनाकार रहे हैं, जो भारत में राजदूत के पद पर थे। जर्मन, रोमानिया, बल्गारिया और हंगरी में भी हिन्दी पठन–पाठन की व्यवस्था है। अमेरिका में येल विश्वविद्यालय में 1815 से ही हिन्दी की व्यवस्था है। विश्व के सबसे बड़े गणराज्य भारत की राजभाषा हिन्दी में अमेरिका की विशेष रुचि है और आज यहां 30 विश्वविद्यालयों तथा अनेक स्वयं सेवी संस्थाओं द्वारा हिन्दी में पाठ्यक्रम आयोजित होते हैं। 1875 में कैलाग ने हिन्दी भाषा का व्याकरण तैयार किया था। गत अनेक वर्षों से मैक्सिको तथा लैटिन अमरीका के देशों में हिन्दी का विस्तार बढ़ा है। क्यूबा, वेनेजुएला, कोलम्बिया, पेरू, अर्जेन्टीना इसके ज्वलन्त उदाहरण हैं। केनाडा में भी प्रवासी भारतीयों की संख्या कुछ कम नहीं। बैंकूर, टोरेन्टो, मैगलिक तथा विडंसर विश्वविद्यालयों में हिन्दी विभाग है। ऑस्ट्रेलिया के दो विश्वविद्यालयों में भी हिन्दी पढ़ाई जाती है।

जहां तक **रूस** का प्रश्न है वहां हिन्दी पुस्तकों का जितना अनुवाद हुआ है, उतना शायद ही विश्व की किसी भाषा में हुआ हो। वारान्निकोव ने तुलसी के रामचरित मानस का अनुवाद किया था। डॉ. दीमशित्स, डॉ. उलत्सिफेरोव, ई. चैली शेव, गफरोव तथा श्री गुनामौवा प्रभूति विद्वानों ने हिन्दी की उल्लेखनीय सेवा की है। भारत के अनेक हिन्दी कवियों और लेखकों की रचनाओं का रूसी में अनुवाद हो चुका है।

अरब और अन्य इस्लामी देशों में भी हिन्दी लोकप्रिय हो रही है। तुर्की ईराक, मिश्र, लीबिया, संयुक्त अरब अमीरात, दुबई में हिन्दी फिल्में बड़े चाव से देखी जाती है। मैंने दुबई में देखा है कि वहां हिन्दी सर्वत्र बोली और समझी जाती है। दक्षिणी एशियाई देशों के निवासियों के अलावा वहां के अरब लोग भी हिन्दी में बात करते हैं।

वहां हिन्दी बोली तो जाती है किन्तु लिखी–पढ़ी नहीं जाती। अफगानिस्तान, उजबेकिस्तान तथा मध्य एशिया के देशों में भी हिन्दी का व्यापक प्रचार हैं।

इस प्रकार हिन्दी आज भारत में ही नही, बल्कि विश्व के विराट फलक पर अपने अस्तित्व को आकार दे रही है। वह आज विश्व भाषा के रूप में मान्यता प्राप्त करने की ओर तेजी से अग्रसर है। अब तक भारत और भारत से बाहर सात विश्व हिन्दी सम्मेलन आयोजित हो चुके हैं। सबसे महत्वपूर्ण कार्य जो शेष है–वह है–संयुक्त राष्ट्र संघ में हिन्दी को एक आधिकारिक भाषा के रूप में मान्यता दिलाना। इसके लिए हमें गम्भीरता से प्रयत्न करने होंगे। देखा जाए तो संयुक्त राष्ट्र संघ में हिन्दी के प्रयोग का श्री गणेश तो 4 अक्तूबर 1978 को उस समय ही हो गया था जब तत्कालीन विदेश मंत्री श्री अटल बिहारी वाजपेयी ने यहां अपना भाषण हिन्दी में दिया था। इस परम्परा का श्री. पी.वी. नरसिंह राव तथा श्यामनन्दन मिश्र ने भी संयुक्त राष्ट्र में अपना भाषण हिन्दी में देकर निर्वाह किया था। हर्ष का विषय है कि श्री अटल बिहारी वाजपेयी ने भारत के प्रधान मंत्री के रूप में भी संयुक्त राष्ट्र महासभा में अपना भाषण हिन्दी में ही देकर भारत और उसकी राजभाषा के गौरव को बढ़ाया था। काश कि इस परम्परा को आगे भी जारी रखा जाए और संयुक्त राष्ट्र संघ में हिन्दी को एक आधिकारिक भाषा के रूप में मान्यता दिलाने के प्रयत्न किए जाएं! यह कार्य कठिन नहीं, आवश्यकता केवल राजनैतिक इच्छा शक्ति की है।

भाग - दो

राजभाषा के रूप में हिंदी का विकास

हिंदी के विकास का स्वरूप आरंभ से ही सौहार्द, प्रेम, समन्वय और संपर्क की भाषा का रहा है। पिछले एक हज़ार वर्षों के अपने इतिहास में हिंदी साहित्य का सृजन देश के विभिन्न क्षेत्रों, विभिन्न मतावलंबियों और विभिन्न भाषा-भाषियों द्वारा व्यापक रूप से किया जाता रहा है। भारत की यह एक ऐसी भाषा है, जो भारत में व्यापक रूप से अधिकांश लोगों द्वारा बोली और समझी जाती है। प्राचीन काल में धार्मिक, साहित्यिक और सांस्कृतिक भाषा के रूप में संस्कृत ने इस देश को एक सूत्र में बांधने का ऐतिहासिक कार्य किया था। देश में ज्ञान-विज्ञान के क्षेत्र में प्रबुद्ध और मनीषी विद्वान, चाहे वे किसी भी प्रदेश के हों, इस भाषा में अपने ग्रंथों का प्रणयन करना श्रयेस्कर मानते थे जो हमारी राष्ट्रीय एकता का प्रतीक था। हमारा सारा प्राचीन वाङ्मय इसी भाषा में उपलब्ध है। संस्कृत के अतिरिक्त इस विशाल देश में अनेक बोलियां और जनभाषाएं भी रही हैं। विभिन्न प्राकृतों और अपभ्रंशों से देश की अनेक समृद्ध भाषाओं का विकास हुआ। हिंदी का उद्गम भी शौर सेनी अपभ्रंश में खोजा जा सकता है।

अशोक के शिला लेखों में देश के विभिन्न हिस्सों में स्थानीय भाषाओं विशेषकर पाली का प्रयोग मिलता है, जो ब्रह्मी लिपि में है। पश्चिमोत्तर भाग में खरोष्टी लिपि का प्रयोग किया गया है। इन लेखों से उस काल की राजकीय भाषा का पता चलता है। 600 ई. के आसपास संस्कृत के साथ-साथ पाली और प्राकृत के विभिन्न रूपों का प्रचलन रहा था। कालांतर में उन प्राकृतों और उनसे उत्पन्न अपभ्रंशों का जनसंपर्क की भाषा के रूप में प्रयोग किया गया, जो प्राचीन हिंदी का ही रूप था। सन् 1000 ई. तक आते-आते हिंदी के इस पूर्ववर्ती रूप में शासन के आदेश जारी होने लगे थे। 12 वीं सदी तक मुख्यतः सभी भारतीय राज्यों में किसी-न-किसी रूप में संस्कृत ही राज्य भाषा थी। बीच-बीच में कुछ और भाषा रूपों के भी व्यापक प्रयोग हुए, जैसे 500 ई. पूर्व से पहली ई. तक पाली का व्यापक प्रयोग हुआ जो मूलतः मध्यदेशीय भाषा ही थी और हिंदी का एक प्रकार से प्राचीन रूप थी। अशोक के राज्यकाल की भाषा प्राचीन शौर सेनी अर्थात् शौर सेनी प्राकृत का पूर्व रूप थी। सन् 1 ई. से 500 ई. को प्राकृत काल माना जाता है, जिसमें शौर सेनी का सबसे अधिक प्रयोग होता था। डॉ. भोलानाथ तिवारी के अनुसार कलिंग के जैन राजाओं तथा आंध्रवंशी राजाओं के यहां शौर सेनी ही राजभाषा थी। आगे चलकर इसी परंपरा में पश्चिम की साहित्यिक अपभ्रंश शौर सेनी का प्रयोग सातवाहन, प्रवर सेन, यशोवर्मन आदि परवर्ती राजाओं ने अपने यहां राजभाषा के रूप में किया। इस तरह मध्य देशीय भाषा के प्रयोग की परंपरा आगे

बढ़ी।[1] देखने से पता चलता है कि इस काल खंड की रचनाओं में खड़ीबोली का रूप भी उभरता दिखाई देता है, जो अपभ्रंश आदि के साथ-साथ चलकर धीरे-धीरे निखरता चला गया। सन् 1000 ई. के बाद 12 वीं शती में आकर इस भाषा के राजकाज की भाषा में प्रयोग के कुछ उदाहरण भी मिलते हैं। दिल्ली के पृथ्वीराज चौहान और चित्तौड़ नरेश रावत समर सिंह के बीच पत्र व्यवहार का एक नमूना प्रस्तुत है—

> और थारा चाकर घोड़ा को नामो कोठार सूं चला जाएगा और
> थूं जमा खातरी रीजो माई में राजस्थान बाद अणी परवानरी
> कोई अलंगणा करेगा जी ने श्री एक्लीगंजी की आण है दुबे
> जानकी दास सं. 1139 कातीबदी [2]

मुसलमानों के भारत प्रवेश तक यहां स्वतः एक संपर्क भाषा का विकास हो रहा था जिसे स्वयं बाहर से आने वाले आक्रमंणकारी शासकों ने भी स्वीकार किया था। यह एक ऐतिहासिक सत्य है कि महमूद गज़नवी, मुहम्मद गोरी (1129 ई.) अल्तुत्मश (1211 1236) शेरशाह सूरी, अलाउद्दीन खिलज़ी आदि शासकों के सिक्कों पर देवनागरी में तत्कालीन प्रचलित भाषा के प्रमाण मिलते हैं। यह स्थिति मुगल काल के आरंभ तक बनी रही। पाकिस्तान से प्रकाशित एक पुस्तक में उसके लेखक ने लिखा है कि यदि बाबर और पचास वर्ष तक भारत में न आया होता तो, इस देश की भाषा का स्वरूप कुछ और ही होता। लगभग यही मत डॉ. सुनीति कुमार चाटूर्ज्या ने भी व्यक्त किया है। इससे हम इसी निष्कर्ष पर पहुंचते हैं कि यहां एक भाषा स्वतः संपर्क की भाषा के रूप में उभर रही थी जो फारसी से अधिक प्रभावित नहीं थी।

फारसी राजभाषा

सिकंदर लोदी (1489-1517) के समय में राजा टोडरमल के अनुरोध पर फारसी को सरकारी जबान बनाने के संबंध में सर्वप्रथम प्रयास आरंभ हुए और इस उद्देश्य का एक फरमान जारी हुआ। किंतु लोधी शासन अधिक दिनों तक नहीं चला। अकबर के समय में उसी राजा टोडरमल के कहने पर इस आशय का पुनः एक शाही फरमान जारी हुआ और फारसी को इस देश की राजभाषा बना दिया गया, जो ईस्ट इंडिया कंपनी के शासन तक चलती रही। कहा जाता है कि 75 प्रतिशत पद फारसी जानने वालों को ही मिलते थे। इस प्रकार यहां फारसी और विदेशी शब्द भारतीय भाषाओं में घुल-मिल गए। हिंदी में शासन संबंधी हज़ारों शब्द फारसी के माध्यम से आ गए हैं जैसे सरकार, तहसीलदार, कानून, चपरासी, वकील, माल, मुंशी, दीवानी, फौजदारी, हाकिम, पेशवा, सिपाही, अदालत, अमीन, फौज, हवलदार, हमला, परगना, जमादार, दीवान, खत, पता, लिफाफा, शहर, जिला, हलवाई, दरवाजा, जलूस, आजादी, मुकदमा, फैसला, हिरासत, बरी, क़ैद, दारोगा, सज़ा, मिसिल, नक्शा, दस्तावेज आदि।

फारसी के राजभाषा बनने के बावजूद देश के विभिन्न राज्यों जैसे राजपूताने के कई राजपूत शासकों और दक्षिण के बहमनी और आदिलशाही और कुतुबशाही

राज्यों में हिंदी प्रयोग के अनेक उदाहरण मिलते हैं। फिर भी, 12वीं सदी के बाद आंशिक रूप से तत्कालीन केंद्रीय भाषा, पुरानी हिंदी को भी सहभाषा में स्वीकृति मिली थी, क्योंकि अधिकतर कर्मचारी भारतीय थे और उन सभी के लिए फारसी का प्रयोग बहुत सरल नहीं था। हिसाब-किताब का तो काफी काम हिंदी में चलता था।[3] अकबर द्वारा जारी अमल दस्तूर (कार्य विधि) की भाषा तत्कालीन प्रचलित शासन की भाषा का परिचय देती है। इसका एक नमूना देखिए "जमीं बेती लाईक होई सो एक बिस्वे भी पड़ी रहे नहीं"[4] यदि जमीन खेती योग्य हो तो एक बिस्वा भी बेकार न पड़ी रहे। दक्षिण में बहमनी राज्य में तो "दक्खिनी" के रूप में प्रचलित हिंदी को राजभाषा का दर्जा भी प्रदान किया हुआ था। प्रसिद्ध इतिहासकार फरिश्ता लिखता है कि शाही दफ्तरों में हिंदी भाषा प्रचलित थी और सल्तनत ने इसे सरकारी ज़बान का पद दे रखा था—

"बदफ्तर फारसी बर तरफ साख्ता हिंदवी कर्द व बहामना रा साहब दखल गरदनींद" अर्थात् बहमनी शासन में फारसी को दफ्तरों से निकाल दिया गया और हिंदवी को उसका स्थान दे दिया गया। (तारीख फरिश्ता जिल्द 2 पृ. 27)[5] खानी खान ने भी सरकारी कार्यालयों की भाषा में परिवर्तन का उल्लेख किया है।[6]

स्पष्ट है कि हिंदी का प्रचार-प्रसार सार्वजनिक कार्यों में किसी-न-किसी रूप में होता था। मुगल शासन में, फारसी के राजभाषा होने के बावजूद हिंदी का भी प्रचलन किसी-न-किसी रूप में था। अकबर स्वयं भी हिंदी में रुचि लेते थे। उसके दरबार में रहीम खानखाना जैसे हिंदी के प्रसिद्ध कवि उसके नवरत्न के रूप में प्रतिष्ठित थे। अकबर के सोने के सिक्के पर नागरी लिपि में "राम-सिया" शब्द अंकित थे। भारतीय भाषाओं में हिंदी स्वतः एक संपर्क राजभाषा के रूप में धीरे-धीरे आगे आ रही थी। हिंदी प्रदेश के बाहर भी उसका रूप निखर रहा था। मराठे राजाओं जैसे पेशवा, होल्कर और सिंधिया के दरबार में राजभाषा के रूप में हिंदी का भी प्रचलन था। मराठे अभिलेखों में तत्कालीन हिंदी के कुछ वाक्य प्राप्त हैं जैसे "सकुंजी भौसंले कहे सो प्रमान करना" अस यहां षरीफ की किश्त बंदी करी है या तहसील कर के षजानों नरसिहंगर पहुंचावे आदि।[7] भूषण जैसे हिंदी कवि शिवाजी के दरबार की भी शोभा बढ़ाते थे। देश के विभिन्न क्षेत्रों में साधु, संत, सूफी और फकीर घूम-घूमकर सामान्य जनता में इसी भाषा में अपने उपदेश देते और अपने विचारों को एक क्षेत्र से दूसरे क्षेत्र तक पहुंचाते थे। वे किसी राज्य सीमाओं में नहीं बंधे थे। कबीर और उसके अनुयायी अपनी साखी और शब्दी के बल पर देश में गुजरात से बंगाल तक ही नहीं समस्त उत्तरी भारत में इस भाषा के माध्यम से जनमानस को उद्‌वेलित करते रहे। हिंदी के विकास में कबीर और उनकी शिष्य परंपरा की सबसे महत्त्वपूर्ण भूमिका रही है। पंजाब में गोरखनाथ, चरपटनाथ के अलावा सिख गुरुओं ने भी इसी मिली-जुली भाषा के रूप को अपनाया। गुरु नानक देव, अंगद देव, अमरदास, रामदास, अर्जुन देव, तेगबहादुर और गुरु गोविंद सिंह जी ने इसी भाषा में अपने संदेश दिए थे।

मध्यकालीन गुजरात में हिंदी ही अधिकांशतः विद्वानों की भाषा थी। मराठी के रामदास, ज्ञानेश्वर, एकनाथ, नामदेव जैसे संत हिंदी में भी रचना करते थे। उत्तर से दक्षिण की यात्रा करने वाले तीर्थ यात्रियों की भाषा भी हिंदी ही थी। हमारे तीर्थस्थल चाहे दक्षिण में हों, पूर्व या पश्चिम के सागर तट पर हों या उत्तर में गिरिराज हिमालय के पर्वतीय अंचल में स्थित हों, सभी तीर्थस्थलों में लोक व्यवहार की भाषा हिंदी ही रही है। सभी पर्वों, मेलों-ठेलों में एकत्रित होने वाले लोग इसी भाषा का प्रयोग करते थे। कुंभ जैसे मेलों में यही भाषा यात्रियों का माध्यम रही। एक प्रकार से हिंदी को प्रादेशिकता से ऊपर उठाकर उसे सार्वदेशिक रूप देने में इस देश के साधू-संतों का सबसे अधिक योगदान रहा है। इन्हीं संतों ने "सधुक्कड़ी" के नाम से हिंदी का प्रचार-प्रसार देश में व्यापक रूप से किया। इन्होंने ही धुर दक्षिण में विशेषकर केरल में "गोसाई" भाषा के रूप में इसका प्रचार किया। असम में "महापुरुषिया" मत के प्रवर्तक शंकरदेव ने इसी भाषा में भक्ति का संदेश दिया था। आंध्र के प्रसिद्ध कवि पौतन्ना, बंगला के कवि गुणाकर तथा उड़िया कवि ब्रजनाथ ने भी अपनी कविताएं हिंदी में लिखी थी। इन सबका व्यापक प्रभाव था। इस प्रकार हम देखते हैं कि जन सामान्य में सारे देश में हिंदी का व्यवहार बढ़ रहा था और स्वतः यह भाषा पूरे देश में संपर्क भाषा के रूप में उभर रही थी।

अंग्रेजी सरकारी भाषा

भारत में अंग्रेजी शासन स्थापित होने के बाद फारसी राजभाषा नहीं रही और ईस्ट इंडिया कंपनी ने 1837 में बंगाल में अंग्रेजी को राजभाषा घोषित किया। फारसी को कार्यालयों से निकाल दिया गया। फिर भी, उसका प्रभाव बाद तक भी बना रहा और किसी-न-किसी रूप में आज तक भी विद्यमान है। 1844 में लॉर्ड हार्डिंग की ओर से एक घोषणा-पत्र जारी किया गया, जिसके अनुसार सरकारी कर्मचारियों का चयन केवल अंग्रेजी भाषा ज्ञान और अंग्रेजी शिक्षा प्राप्ति के आधार पर किया जाने लगा।[8] लॉर्ड मैकाले द्वारा अंग्रेजी को शिक्षा का माध्यम बनाए जाने की अनुशंसा के पीछे उसका उद्देश्य था— "भारतीयता का उन्मूलन और पाश्चात्य संस्कृति का बीजारोपण।"[9] उसका लक्ष्य दूरगामी था और उसकी नीति का उद्देश्य था यदि भारत छोड़ना भी पड़ा तो अंग्रेजी सभ्यता के रंग में रंगे अंग्रेजी माध्यम से सोचने वाले साहब, फिर भी, साम्राज्य की रक्षा करते रहेंगे। उसका यह कथन हमारी आंखें खोल देने के लिए पर्याप्त हैं।

देश की स्वतंत्रता का आंदोलन 1857 की जंगे आज़ादी से ही आरंभ हो गया था। इसकी विफलता के बाद देश के चिंतकों, मनीषियों और राजनेताओं ने राष्ट्रीय आंदोलन को व्यापक रूप देने के लिए एक संपर्क भाषा की आवश्यकता का अनुभव किया। महर्षि दयानंद सरस्वती ने आर्यसमाज के प्रचार-प्रसार के लिए हिंदी को माध्यम बनाया और अपना प्रसिद्ध ग्रंथ "सत्यार्थ प्रकाश" हिंदी में ही लिखा। बंगाल

के केशवचंद्र सेन ने स्वामीजी को संस्कृत के स्थान पर हिंदी में प्रचार करने का परामर्श दिया था। महात्मा गांधी का राष्ट्रीय आंदोलन में पदार्पण हिंदी के लिए वरदान सिद्ध हुआ। उन्होंने राष्ट्रीय एकता के लिए हिंदी के महत्त्व को भली-भांति समझा था। 1909 के हिंद स्वराज में उन्होंने लिखा था, हर एक पढ़े-लिखे हिंदुस्तानी को और सबको हिंदी का ज्ञान होना चाहिए। उन्होंने राष्ट्र की एकता के लिए हिंदी की "राष्ट्रभाषा" के रूप में पहचान की और इसे राष्ट्रीय चेतना का प्रमुख अंग स्वीकार किया। 20 अप्रैल 1935 को हिंदी साहित्य सम्मेलन की अध्यक्षता करते हुए गांधीजी ने कहा था "अंग्रेजी राष्ट्रभाषा कभी नहीं बन सकती"...... हिंदुस्तान को अगर सचमुच एक राष्ट्र बनना है तो कोई माने या न माने राष्ट्रभाषा तो हिंदी ही बन सकती है"। गांधीजी के लिए हिंदी प्रचार, राष्ट्रीय आंदोलन का एक अंग था। उनके लिए हिंदी मात्र एक भाषा नहीं, बल्कि "राष्ट्रभाषा" थी। अहिंदी क्षेत्रों में हिंदी प्रचार के लिए उन्होंने 1918 में "दक्षिण भारत हिंदी प्रचार सभा" की स्थापना की और अपने पुत्र श्री देवदास गांधी को हिंदी प्रचार के लिए मद्रास भेजा। गांधीजी इस भाषा को "हिंदुस्तानी" शब्द देने के पक्ष में थे, जिससे कि उर्दू और हिंदी का कोई विवाद सामने न आए। वे हिंदी और उर्दू को एक ही भाषा मानते थे। उनका कहना था कि "भाषा वही श्रेष्ठ है जिसको जनसमूह सहज ही समझ ले"। प्रांतीय भाषाओं के संबंध में गांधीजी ने अपने विचार प्रकट करते हुए कहा, "मेरा नम्र लेकिन दृढ़ अभिप्राय है कि जब तक हम हिंदी भाषा को राष्ट्रीय और अपनी-अपनी प्रांतीय भाषाओं को अपने प्रांतों में योग्य स्थान नहीं देंगे तब तक स्वराज्य की सब बातें निरर्थक हैं।" 1935 में महात्मा गांधी ने वर्धा में राष्ट्रभाषा प्रचार समिति की स्थयापना की, फिर क्रमशः विभिन्न राज्यों में अनेक स्वैच्छिक संस्थाएं स्थापित हुईं। उनके माध्यम से हिंदी प्रचार का क्षेत्र बहुत व्यापक हो गया। हिंदी की लोकप्रियता बढ़ाने की दिशा में गांधीजी का यह स्तुत्य प्रयास था। यदि हिंदीतर प्रदेशों में हिंदी का प्रचार न हुआ होता तो कदापि यह "राजभाषा" के रूप में स्वीकृति न पाती।

हिंदी के महत्त्व को लोकमान्य बाल गंगाधर तिलक ने बहुत पहले ही समझ लिया था। राष्ट्रभाषा के आंदोलन में महामना मालवीय जी, राजर्षि पुरुषोत्तम दास टंडन, डॉ. राममनोहर लोहिया, लाला लाजपतराय, डॉ. राजेंद्र प्रसाद जैसे अग्रणी नेताओं की प्रसिद्ध भूमिका रही। नेताजी सुभाष चंद्र बोस ने खुले दिल से हिंदी का समर्थन किया। उन्होंने कहा था "मैं हमेशा से यह अनुभव करता रहा हूं कि भारतवर्ष में एक राष्ट्रभाषा का होना आवश्यक है और वह हिंदी ही हो सकती है"। इस प्रकार राष्ट्रभाषा के रूप में हिंदी को सर्वत्र स्वीकृति मिली। गांधीजी ने राष्ट्रभाषा के लिए पांच गुणों का होना आवश्यक माना था जिन पर हिंदी खरी उतरती थी। जनवरी 1946 में दक्षिण भारत हिंदी प्रचार सभा की रजत जयंती का उद्घाटन करने के बाद, अपनी सायंकालीन प्रार्थना सभा में गांधीजी ने कहा था, "कुछ समय के बाद हिंदुस्तान आज़ाद होगा और आज़ाद हिंदुस्तान की राजभाषा हिंदी होगी इसलिए मैं युवा पीढ़ी

से अपील करता हूं कि वह अभी से हिंदी सीखना शुरू करें और देश के आजाद होते ही शासन के समस्त कार्यकलाप हिंदी में संपन्न करें ताकि अंग्रेजी का वर्चस्व अपने आप समाप्त हो जाए।" इस प्रकार स्वतंत्रता आंदोलन के दौरान राष्ट्रभाषा के रूप में हिंदी की भूमिका रही उसी के परिणाम स्वरूप स्वतंत्र भारत के संविधान में हिंदी को राजभाषा का स्थान प्राप्त हुआ। हिंदी को राजभाषा के रूप में स्वीकार करने वालों में हिंदी इतर प्रदेशों के नेताओं की कहीं अधिक भूमिका रही, जिनमें गोपाल स्वामी आयंगर, के. एम. मुंशी डॉ. श्यामा प्रसाद मुखर्जी, डॉ. भीमराव अंबेडकर, सरदार पटेल आदि का नाम विशेष रूप से उल्लेखनीय है। 14 सितंबर 1949 को संविधान सभा में देवनागरी लिपि में लिखी जाने वाली हिंदी को भारत संघ की "राजभाषा" के रूप में स्वीकार कर लिया गया और संविधान के लागू होने की तारीख अर्थात् 26 जनवरी 1950 से हिंदी इस देश की राजभाषा बन गई।

संदर्भ

1. राजभाषा भारती (जुलाई-सितंबर 1994) - डॉ. भोलानाथ तिवारी का लेख 'राजभाषा हिंदी परंपरा और विकास - पृ. 39.
2. इस्पात भाषा भारती (अप्रैल-जून 1992) - डॉ. रामबाबू शर्मा का लेख - पृ. 18.
3. वही — पृ. 18.
4. वही — पृ. 18.
5. अलीगढ़ तारीख अदब उर्दू - पृ. 194.
6. मंतखबुललुवाव, भाग-3, पृ. 359.
7. राजभाषा भारती (जुलाई-सितंबर 94), डॉ. भोलानाथ तिवारी का लेख, पृ. 39.
8. Trading in Languages - Dr. Tulsi Ram - P. 111.
9. Common Wealth Literature - Norman Jaffers - P. 15.

राजभाषा हिंदी – प्रमुख प्रावधान

भारत के संविधान में हिंदी को राजभाषा के रूप में स्वीकार किया गया है। संविधान में राजभाषा संबंधी कई संवैधानिक उपबंध हैं, जिनके आधार पर राजभाषा हिंदी को शासकीय प्रयोजनों के लिए प्रयोग में लाया जाना है। ये उपबंध निम्न प्रकार हैं—

1. **संघ की राजभाषा** – संविधान के भाग-17 के अनुच्छेद 343 (1) में कहा गया है कि संघ की राजभाषा हिंदी और लिपि देवनागरी होगी। जहां तक अंकों का प्रश्न है, इनके संबंध में कहा गया है कि संघ के शासकीय प्रयोजनों के लिए प्रयोग होने वाले अंकों का रूप भारतीय अंकों का अंतर्राष्ट्रीय रूप होगा।

हमारा संविधान 26 जनवरी, 1950 से प्रवृत्त हुआ। संविधान में राजभाषा हिंदी के संबंध में यह भी प्रावधान किया गया है कि "इस संविधान के प्रारंभ से 5 वर्ष की अवधि तक संघ के उन शासकीय प्रयोजनों के लिए अंग्रेजी भाषा का प्रयोग किया जाता रहेगा, जिनके लिए उसका ऐसे प्रारंभ से ठीक पहले प्रयोग किया जा रहा था।" इसका उद्‌देश्य यही था कि हिंदी न जानने वाले सरकारी कार्मिक इस अवधि में हिंदी सीख लेंगे और हिंदी शासन के उपयुक्त सक्षम भाषा के रूप में विकसित हो जाएगी। किंतु साथ ही यह भी प्रावधान था कि राष्ट्रपति उक्त अवधि के दौरान आदेश द्वारा अंग्रेजी भाषा के अतिरिक्त हिंदी भाषा का और देवनागरी अंकों का प्रयोग प्राधिकृत कर सकेंगे।

2. **राजभाषा के लिए आयोग और संसद की समिति-** इस अनुच्छेद के अनुसार संविधान के प्रारंभ से पांच वर्ष की समाप्ति पर और तत्पश्चात् दस वर्ष समाप्त होने पर राष्ट्रपति एक आयोग का गठन करेंगे और उसमें एक अध्यक्ष और आठवीं अनुसूची में विनिर्दिष्ट विभिन्न भाषाओं का प्रतिनिधित्व करने वाले सदस्य होंगे। आयोग राष्ट्रपति को हिंदी के प्रयोग के संबंध में अपनी सिफारिशें करेगा। आयोग की सिफारिशों की परीक्षा करने और उस पर राष्ट्रपति को अपनी रिपोर्ट देने के लिए 30 सदस्यों की एक समिति गठित की जाएगी, जिसमें लोकसभा के बीस और राज्य सभा के दस सदस्य होंगे।

3. **संसद में प्रयुक्त होने वाली भाषा-** अनुच्छेद 120 के अनुसार संसद की कार्यवाही हिंदी अथवा अंग्रेजी में होगी। परंतु राज्यसभा का सभापति या लोकसभा का अध्यक्ष भी ऐसे सदस्य को, जो हिंदी अथवा अंग्रेजी में अपनी पर्याप्त अभिव्यक्ति नहीं कर सकता अपनी मातृभाषा में विचार व्यक्त करने की अनुमति दे सकेगा।

4. **विधान मंडल में प्रयुक्त होने वाली भाषा-** अनुच्छेद 210 में यह व्यवस्था

है कि राज्य के विधान मंडल में कार्य राज्य की राजभाषा या भाषाओं में या हिंदी अथवा अंग्रेजी में किया जाएगा।

5. **राज्य की राजभाषा / राज राज भाषाएं**- अनुच्छेद 345 में यह व्यवस्था है कि राज्य विधान मंडल हिंदी या राज्य में प्रयुक्त एक या अधिक भाषाओं को अपनी राजभाषा घोषित कर सकता है। परंतु यह भी व्यवस्था है कि जब तक विधान मंडल विधि द्वारा अन्यथा उपबंध न करें तब तक अंग्रेजी भाषा का प्रयोग भी किया जाता रहेगा। अनुच्छेद 346 के अनुसार राज्यों के बीच परस्पर संचार के लिए और संघ के साथ संचार के लिए संघ की राजभाषा का प्रयोग किया जाएगा। परंतु यदि दो या अधिक राज्य आपस में इस बात पर सहमत हों तो वे पत्रादि के लिए हिंदी का प्रयोग कर सकते हैं। उत्तर प्रदेश, बिहार, मध्य प्रदेश, राजस्थान आदि कुछ राज्यों में इस प्रकार के करार किए हैं। अनुच्छेद 347 में यह उपबंध है कि यदि किसी राज्य की जनसंख्या का पर्याप्त भाग यह चाहता है कि उसकी भाषा को राज्य द्वारा मान्यता दी जाए तो राष्ट्रपति समाधान हो जाने पर ये निर्देश दे सकता है।

6. **उच्चतम न्यायालय और उच्च न्यायालयों की भाषा**- अनुच्छेद 348 में यह व्यवस्था है कि जब तक संसद विधि द्वारा अन्यथा उपबंध न करे तब तक उच्चतम न्यायालय और प्रत्येक उच्च न्यायालय में सभी कार्यवाहियां अंग्रेजी में होंगी। परंतु किसी राज्य का राज्यपाल राष्ट्रपति की पूर्व सहमति से उस उच्च न्यायालय की कार्यवाहियों से हिंदी भाषा का या उस राज्य की राजभाषा का प्रयोग प्राधिकृत कर सकेगा। अनुच्छेद 349 में भाषा संबंधी कुछ विधियों को 15 वर्ष की अवधि के दौरान अधिनियमित करने के लिए विशेष प्रक्रिया का प्रावधान था। अब इसकी कोई आवश्यकता नहीं रह गई है।

7. **हिंदी भाषा के विकास के लिए निर्देश**- अनुच्छेद 351 में हिंदी भाषा के प्रचार-प्रसार और उसके विकास के संबंध में कुछ महत्त्वपूर्ण निर्देश दिए गए हैं। जिनमें कहा गया है कि "संघ का यह कर्त्तव्य होगा कि वह हिंदी भाषा का प्रसार बढ़ाए, उसका विकास करे, ताकि वह भारत की सामासिक संस्कृति के सभी तत्त्वों की अभिव्यक्ति का माध्यम बन सके और उसकी प्रकृति में हस्तक्षेप किए बिना हिंदुस्तान के और आठवीं अनुसूची में विनिर्दिष्ट भारत की अन्य भाषाओं के प्रयुक्त रूप शैली और पदों को आत्मसात् करते हुए जहां आवश्यक या वांछनीय हो वहां उसके शब्द भण्डार के लिए मुख्यतः संस्कृत से और गौणतः अन्य भाषाओं से शब्द ग्रहण करते हुए उसकी समृद्धि सुनिश्चित करे।"

इस अनुच्छेद में स्पष्ट रूप से बताया गया है कि राजभाषा हिंदी को समृद्ध और सक्षम बनाने के लिए शब्द कहां से लिए जाएं। स्पष्ट है कि हिंदी को अन्य भाषाओं से आवश्यकतानुसार शब्द ग्रहण करने होंगे। केवल संस्कृत की शब्दावली से ही काम नहीं चलेगा। ज्ञान-विज्ञान की अंतर्राष्ट्रीय शब्दावली की सहायता लेनी होगी।

भारत की प्रमुख भाषाएं

संविधान की आठवीं अनुसूची में भारत की प्रमुख भाषाओं का उल्लेख किया गया है। इसमें हिंदी सहित देश की 22 भाषाएं समिलित हैं। किंतु अंग्रेजी को विदेशी भाषा मानते हुए इसमें शामिल नहीं किया गया है। पहले इस अनुसूची में केवल 14 भाषाएं थी। बाद में 1967 में सिंधी को भी शामिल किया गया और हाल ही में 1992 में कोंकणी, मणिपुरी और नेपाली को भी जोड़ दिया गया है। ये भाषाएं निंन प्रकार हैं—

अनुसूची आठ

1.	असमिया	2.	उड़िया	3.	उर्दू
4.	कन्नड़	5.	कश्मीरी	6.	गुजराती
7.	तमिल	8.	तेलुगु	9.	पंजाबी
10.	बंगला	11.	मराठी	12.	मलयालम
13.	संस्कृत	14.	सिंधी	15.	हिंदी
16.	कोंकणी	17.	मणिपुरी	18.	नेपाली
19.	मैथिली	20.	संताली	21.	डोगरी 22. मणिपुरी

हिंदी के प्रयोग के बारे में राष्ट्रपति द्वारा समय-समय पर आदेश जारी किए गए हैं। पहला आदेश 1952 में जारी किया गया जिसमें (1) राज्यों के राज्यपालों (2) उच्चतम यायालय के न्यायाधीशों तथा (3) उच्च न्यायालयों के न्यायाधीशों के नियुक्ति अधिपत्रों के लिए अंग्रेजी भाषा के अतिरिक्त हिंदी और देवनागरी के अंकों को भी प्राधिकृत किया गया।

राष्ट्रपति के आदेश 1955 के अनुसार कुछ कार्यों के लिए अंग्रेजी भाषा के अतिरिक्त हिंदी के प्रयोग को प्राधिकृत किया गया था।

राजभाषा आयोग - संविधान के अनुच्छेद 344 के अनुसरण में 1955 में राजभाषा आयोग की नियुक्ति की गई जिसकी परीक्षा के लिए इस अनुच्छेद के खण्ड (4) के अनुसार लोकसभा से 20 और राज्य सभा से 10 सदस्यों की एक संसदीय समिति गठित की गई, जिसने अपनी रिपोर्ट 8 फरवरी 1959 को प्रस्तुत की।

राष्ट्रपति का आदेश 1960 - राष्ट्रपति ने संसदीय समिति द्वारा प्रस्तुत 1959 की रिर्पोर्ट पर राजभाषा आयोग की सिफारिशों के आधार पर समिति द्वारा प्रकट किए गए मंतव्य के संदर्भ में 27.4.1960 को एक आदेश पारित किया जिसने शिक्षा मंत्रालय को वैज्ञानिक तथा तकनीकी शब्दावली के निर्माण के लिए एक स्थायी आयोग गठित करने और संवैधानिक नियमों विनियमों और आदेशों के अतिरिक्त सभी मैनुअलों तथा कार्यविधि साहित्य का अनुवाद करने और एक मानक विधि शब्दकोश तैयार करने को कहा गया। साथ ही अखिल भारतीय सेवाओं में भर्ती के लिए वैकल्पिक माध्यम के रूप में हिंदी का प्रयोग शुरू करने के लिए संघ लोक सेवा आयोग के परामर्श से आवश्यक कार्यवाही करने का भी निर्देश दिया गया।

राजभाषा अधिनियम 1963 (यथा संशोधित 1967)

संविधान के अनुच्छेद 343 के अनुसार 15 वर्षों की अवधि के बाद अर्थात् 1965 में हिंदी को पूर्णतया अंग्रेजी का स्थान ले लेना था, किंतु जब यह देखा गया कि हिंदी अभी सरकारी कार्यालयों में इतनी लोकप्रिय औरं सक्षम नहीं हो पाई है कि सारा काम-काज अंग्रेजी के बजाय हिंदी में ही किया जा सके तो संसद को 1965 के बाद भी अंग्रेजी का प्रयोग जारी रखने के लिए यह अधिनियम बनाना पड़ा। इस अधिनियम में जो धाराएं हैं, जिनमें मुख्य रूप से निम्न बातों का उल्लेख है।

धारा 3 (1) इस धारा में यह व्यवस्था है कि संविधान के प्रारंभ से 15 वर्ष की काल अवधि समाप्त हो जाने पर भी , हिंदी के अतिरिक्त अंग्रेजी भाषा संघ के उन सब शासकीय प्रयोजनों के लिए जिनके लिए वह उस दिन के ठीक पहले प्रयोग में लाई जाती थी, तथा (ख) संसद में कार्य के संव्यवहार के लिए प्रयोग में लाई जाती रह सकेगी। इसमें यह भी व्यवस्था है कि संघ और किसी ऐसे राज्य के बीच जिसने हिंदी को राज्य भाषा के रूप में नही अपनाया है, पत्र व्यवहार के लिए अंग्रेजी का प्रयोग किया जाएगा। इस अधिसूचना में केंद्र और राज्य सरकारों के बीच तथा केंद्र के एक मंत्रालय या विभाग तथा दूसरे मंत्रालय और विभाग के बीच और केंद्रीय सरकार के स्वामित्व के किसी निगम या कंपनी के बीच पत्राचार की भाषा का भी स्पष्टीकरण किया गया है। इस अधिनियम की सबसे महत्त्वपूर्ण धारा 3 (3) है। जिसके अनुसार कुछ कार्यों के लिए हिंदी और अंग्रेजी दोनों भाषाओं का प्रयोग आवश्यक है। इसके अनुसार केंद्रीय सरकार के कार्यालयों या केंद्रीय सरकार के स्वामित्व या नियंत्रण के कार्यालयों द्वारा जारी किए जाने वाले संकल्पों, सामान्य आदेशों, नियमों, व अधिसूचनाओं, प्रशासनिक प्रतिवेदनों या प्रेस विज्ञप्तियों के लिए अंग्रेजी और हिंदी दोनों भाषाओं का प्रयोग किया जाएगा। साथ ही इन कार्यालयों द्वारा निष्पादित संविधाओं और करारों के लिए निकाली गई अनुज्ञप्तियों, सूचनाओं और प्रारूपों के लिए भी दोनों भाषाओं का प्रयोग होगा। संसद के किसी भी सदन के समक्ष रख जाने वाले प्रशासनिक तथा अन्य प्रतिवेदनों और सरकारी कागज-पत्रों के लिए दोनों भाषाओं का प्रयोग आवश्यक है।

इस अधिनियम की धारा 3 (5) में यह प्रावधान है कि अंग्रेजी भाषा के प्रयोग संबंधी ऐसे सभी उपबंध तब तक बने रहेंगे जब तक ऐसे सभी राज्यों के विधान मंडलों द्वारा जिन्होंने हिंदी को अपनी राजभाषा के रूप में नहीं अपनाया है, इन्हें समाप्त करने के लिए संकल्प पारित नहीं कर देते और संसद के प्रत्येक सदन द्वारा भी संकल्प पारित नहीं कर दिया जाता। यह एक प्रकार से ऐसा वीटो अधिकार है जिसका एक छोटे से छोटा राज्य भी प्रयोग करके हिंदी को पूर्णतः राजभाषा बनने से रोक सकता है।

इस अधिनियम की धारा 4 के अनुसार राजभाषा के संबंध में एक संसदीय समिति गठित की गई थी, जो अभी तक अपना कार्य कर रही है और उसने अभी तक

छह प्रतिवेदन राष्ट्रपति को प्रस्तुत कर दिए हैं।

1968 में राजभाषा ने एक संकल्प भी पारित किया था जिसमें सरकार द्वारा हिंदी के प्रगामी प्रयोग के संबंधी में वार्षिक मूल्यांकन रिपोर्ट संसद में प्रस्तुत करने की व्यवस्था है। इस संकल्प में मुख्य रूप से 4 बातें हैं जिनमें भारतीय भाषाओं के विकास और त्रिभाषा सूत्र को लागू करने के लिए राज्य सरकारों को प्रभावी कदम उठाने के लिए कहा गया। इसकी महत्त्वपूर्ण बात यह है कि संघ सेवाओं अथवा पदों के लिए भर्ती करने हेतु उम्मीदवारों के चयन के समय हिंदी अथवा अंग्रेजी में से किसी एक का ज्ञान अनिवार्यतः अपेक्षित होगा। इस संबंध में संघ लोक सेवा आयोग से संपर्क किया जाएगा। 1975 ई. में गृह मंत्रालय के अंतर्गत राजभाषा विभाग की स्थापना की गई, जिससे कि केंद्रीय सरकार के कार्यालयों में हिंदी के प्रयोग को तेजी से बढ़ाया जा सके। 1976 ई. में राजभाषा नियम बनाए गए और उनके अनुसार पूरे देश को तीन क्षेत्रों मे "भाषा" की सुविधा की दृष्टि से विभाजित किया गया। जिनमें "क" क्षेत्र के अंतर्गत अंडमान निकोबार सहित सभी हिंदी भाषी क्षेत्र आते हैं और "ख" क्षेत्र के अंतर्गत गुजरात, महाराष्ट्र और पंजाब राज्य तथा चण्डीगढ़ राज्य-क्षेत्र आते हैं। "ग" क्षेत्र के अंतर्गत शेष सभी क्षेत्र शामिल हैं।

हिंदी से संबंधित समितियां-

केन्द्रीय सरकार के कार्यालयों और उनके नियंत्रण के अधीन निगमों उपक्रमों तथा कंपनियों में राजभाषा हिंदी का प्रचार-प्रसार बढ़ाने के लिए विभिन्न समितियों का गठन किया गया है, जो निम्न प्रकार है—

1. **केंद्रीय हिंदी समिति-** प्रधानमंत्री की अध्यक्षता में गठित यह एक उच्च समिति है जिसमें महत्त्वपूर्ण मंत्रालयों और कुछ मुख्यमंत्रियों तथा कुछ संसद सदस्यों और हिंदी सेवी संस्थाओं के प्रतिनिधि होते हैं। राजभाषा विभाग के सचिव इसके सदस्य-सचिव होते हैं और इस समिति का निर्णय मंत्रिमंडल का निर्णय माना जाता है।

2. **हिंदी सलाहकार समितियां-** सभी मंत्रालयों / विभागों के मंत्रियों की अध्यक्षता में हिंदी सलाहकार समितियों का गठन किया गया है, जिनकी बैठकें तीन महीनों के बाद होती हैं। इनमें नामित संसद सदस्यों के अलावा स्वयंसेवी हिंदी संस्थाओं के सदस्य भी होते हैं। यह समिति अपने-अपने मंत्रालयों में हिंदी के प्रयोग को बढ़ाने के लिए परामर्श देती है।

3. **राजभाषा कार्यान्वयन समितियां-** प्रत्येक विभाग और कार्यालय में राजभाषा कार्यान्वयन समितियां होती हैं, जो संबंधित विभागों और कार्यालयों में हिंदी के प्रगामी प्रयोग की समीक्षा करती है। और राजभाषा विभाग द्वारा बनाए गए वार्षिक कार्यक्रम को कार्यान्वित करती है। इसकी बैठक तीन महीने में एक बार होती है।

4. केन्द्रीय राजभाषा कार्यान्वय समिति – राजभाषा विभाग के सचिव की अध्यक्षता में गठित एक उच्च समिति है, जिसके सदस्य सभी मंत्रालयों और विभागों की राजभाषा कार्यान्वयन समितियों के अध्यक्ष होते हैं। यह समिति सभी मंत्रालयों और विभागों में राजभाषा के प्रयोग की प्रगति पर विचार-विमर्श करती है।

5. नगर राजभाषा कार्यानवयन समितियां- देश के प्रमुख नगरों में जहां केंद्रीय सरकार के कार्यालय है, हिंदी के प्रचार-प्रसार में सहयोग और समन्वय स्थापित करने के लिए इनकी स्थापना की गई है।

6. संसदीय राजभाषा समिति– राजभाषा अधिनियम 1963 की धारा 4(1) के अधीन यह समिति अस्थायी रूप से गठित की गई है। इसमें बीस सदस्य लोक सभा से और दस सदस्य राज्य सभा के हैं। इस समिति ने देश भर के सभी केन्द्रीय सरकारी कार्यालयों का निरीक्षण करके राष्ट्रपति को सात खंडों में अब तक अपनी रिपोर्ट दे दी है। राष्ट्रपति जी द्वारा इन पर अपने आदेश जारी कर दिए गए हैं। इसके प्रतिवेदन के पहले 7 खंड़ों में निम्न विषयों पर आदेश जारी किए गए हैं:–

(1) अनुवाद व्यवस्था, शब्दावली आदि (2) यांत्रिक सुविधाएं (3) हिन्दी शिक्षण, हिन्दी माध्यम से प्रशिक्षण भर्ती आदि (4) कार्यालयों में राजभाषा नीति का कार्यान्वयन (5) न्यायपालिका और विधायन की भाषा आदि।

हिंदी के प्रयोग में सहायता करने और विभिन्न विषयों तथा तकनीकी और वैज्ञानिक विषयों से संबंधित पारिभाषिक शब्दावली तैयार करने के लिए भारत सरकार का एक स्थायी आयोग वैज्ञानिक तथा तकीनीकी शब्दावली आयोग" के नाम से कार्य कर रहा है,जिसने विभिन्न विषयों की वैज्ञानिक तथा मानवीकी शब्दावली तैयार की है। आयोग अब तक 8 लाख के लगभग तकनीकी और पारिभाषिक शब्दों का चयन तथा निर्माण कर चुका है।

जहां तक अनुवाद का संबंध है राजभाषा विभाग के अधीन केंद्रीय अनुवाद ब्यूरो की स्थापना की गई है जो सरकारी कार्यालयों के अनुवादको को प्रशिक्षण देता है और अनुवाद के कार्य में उनकी सहायता करता है। इसी प्रकार संवैंधानिक और विधि संबंधी अनुवाद के लिए विधि मंत्रालय के अधीन **विधायी विभाग (राजभाषा खंड)** की भी स्थापना की गई है, जहां विधि संबंधी अनुवाद की व्यवस्था है।

इस प्रकार राजभाषा हिंदी के कार्यावयन के लिए भारत सरकार में समुचित व्यवस्था मौजूद है। केंद्रीय सरकार के प्रत्येक मंत्रालय विभाग और कार्यालय तथा उनके नियंत्रणाधीन निगमों तथा उपक्रमों में हिंदी अनुभाग और हिंदी से संबद्ध कर्मचारी कार्य कर रहे हैं, किंतु यह निराशा की बात है कि सरकार में हिंदी का अपेक्षित प्रयोग अभी भी नहीं हो पा रहा है। 57 से अधिक वर्ष बीत जाने के बाद, अभी भी अंग्रेजी का ही वर्चस्व बना हुआ है। यह खेद जनक स्थिति है।

भारत और पाकिस्तान की राजभाषाओं का समान आधार "खड़ीबोली"

आज भारत और पाकिस्तान दो प्रभुसत्ता संपन्न स्वतंत्र राष्ट्र है। दो पृथक् राष्ट्र होते हुए भी दोनों की सांस्कृतिक, ऐतिहासिक, सामाजिक और भाषाई पृष्ठभूमि समान ही है। भारत के विभाजन का आधार भले ही अंग्रेजों की कुटिल नीति से प्रसूत द्विराष्ट्र का सिद्धांत रहा हो, फिर भी दोनों देशों की ऐतिहासिक और सांस्कृतिक विरासत की साझी परंपरा है। दोनों देशों में निःसंदेह अनेक समृद्ध भाषाएं और बोलियां हैं, फिर भी दोनों देशों ने जिन भाषाओं को अपनी राजभाषा या संपर्क भाषा के रूप में स्वीकार किया है, उनका आधार भी समान है, और वह है — 'खड़ीबोली'।

पाकिरतान के संविधान के अनुच्छेद — 251 के खंड-1 के अनुसार उर्दू को पाकिस्तान की राष्ट्रभाषा के रूप में स्वीकार किया गया है और इसी अनुच्छेद के खड-2 मे कहा गया है कि 15 वर्षों तक शासकीय प्रयोजनों के लिए तब तक अंग्रेजी का प्रयोग किया जा सकेगा, जब तक कि उर्दू द्वारा उसका स्थान लेने की व्यवस्था न हो जाए"। पाकिस्तान में विभिन्न भाषा-भाषी लोग रहते हैं जिनमें पंजाबी बोलने वाले 65 प्रतिशत सिंधी 11 प्रतिशत, और उर्दू भाषी केवल 9 प्रतिशत हैं। इनके अतिरिक्त यहां सेरायकी, बिलोची पश्तों और ब्रुही भाषी लोग भी रहते हैं जिनके अलग-अलग भाषाई क्षेत्र हैं। उर्दू किसी क्षेत्र विशेष की भाषा नहीं है, फिर भी वह वहां की राजभाषा के रूप में प्रतिष्ठित है, क्योंकि इसमें भी संपर्क भाषा होने के वही गुण मौजूद हैं जो हिंदी में है। भाषिक दृष्टि से उर्दू और हिंदी की बहस बहुत पुरानी है, किंतु नए संदर्भ में देखा जाए तो दोनों देशों के बीच परस्पर सौहार्द के सूत्र यदि भाषाई एकता में कहीं मिलते हैं, तो क्यों न हम समानहित में उनकी पहचान करें।

उर्दू और हिंदी मूलतः एक ही भाषाएं हैं। दोनों की वाक्य-रचना, क्रिया, सर्वनाम, विशेषण और शब्द भंडार प्रायः समान है। मुख्य अंतर केवल लिपियों में भिन्नता ही है। डॉ. रामविलास शर्मा जी ने ठीक ही कहा है कि "हिंदी और उर्दू दो भाषाएं नहीं हैं क्योंकि उनका व्याकरण एक है उनका मूल शब्द भंडार एक है"।[1] कवि मुराद शाह उर्दू को केवल हिंदी मानते हैं उनका कहना है

"वह उर्दू क्या है, यह हिंदी जबाँ है
कि जिसका कायल अब सारा जहाँ है"।

17वीं शताब्दी के अंत तक भी मुसलमान लोग इस भाषा को हिंदी ही कहते रहे। नूर मुहम्मद की सन् 1773 ई. की यह उक्ति उसके इस संदर्भ में विशेष रूप में उल्लेखनीय है—

"हिंदू पग पर पांव न रख्यौ
का जो बहुते हिंदी भाख्यौ।"

इससे उनका तात्पर्य यह था कि मैंने हिंदू मत को नहीं अपनाया है। इससे क्या अंतर पड़ता है यदि मैं हिंदी में वर्णन करता हूं, अर्थात् फारसी या अरबी में नहीं। लोक प्रचलित भाषा के लिए "हिंदी" शब्द का प्रयोग उन्नीसवीं सदी तक होता आया है। गिलकाइस्ट के समय तक हिंदी शब्द "उर्दू" और "रेखता" का समानार्थी रहा है। हातिम से मीर तक ने अपनी रचनाओं को "हिंदी शेर" कहा था। यहां तक कि मिर्ज़ा ग़ालिब ने अपने पत्रों के संकलन को "ऊदे हिंदी" नाम देना ही श्रेयस्कर समझा था। मौलाना मुहम्मद हुसैन आज़ाद ने भी अपनी रचना "आबे-हयात" में उर्दू का पुराना नाम "हिंदी" ही माना है। 'हमने ऊपर साबित किया है कि इब्तदा से आखिर तक हमारी ज़बान का नाम हिंदी रहा।

अंग्रेजों की "विभाजन और शासन" की कुटिल नीति के परिणाम स्वरूप ही इस लोकप्रिय भाषा में दरार पड़नी आरंभ हो गयी। कहना न होगा कि फोर्ट विलियम कॉलेज की स्थापना से तो इस भाषा के विभाजन का विधिवत् मार्ग ही प्रशस्त हो गया। डॉ. भोलानाथ तिवारी ने ठीक ही लिखा है कि यदि गिलकाइस्ट ने मध्य देश की वास्तविक प्रतिनिधि भाषा को, जो न तो अधिक अरबी-फारसी की ओर झुकी हुई थी और न संस्कृत की ओर, अपनाया होता तो आज हिंदी, उर्दू नाम की दो भाषाएं न होतीं और भाषा एवं उसके साहित्य का नक्शा कुछ और ही होता। इस प्रकार इस एक ही भाषा की दो शैलियों को राजनीतिक कारणों से अलग-अलग भाषाओं के रूप में मान्यता मिलती गई, नहीं तो यह एक ही भाषा थी। जॉन बीम्स ने इस सत्य को स्वीकारते हुए स्पष्ट रूप से लिखा है कि "हम जब इस भाषा की रूप-रचना अथवा ध्वनि-तत्त्वों पर विचार करते हैं तो हम विशुद्ध रूप से इसे एक आर्य बोली ही पाते हैं। यह बोली उतनी शुद्ध "वली" और "सौदा" की रचनाओं में है जितनी कि "तुलसीदास" या "बिहारी" की रचनाओं में।[2] इस प्रकार हिंदी और उर्दू को दो भिन्न भाषाएं मानना भाषा-वैज्ञानिक दृष्टि से ग़लतफहमी है। 1700 ई. में दक्खिनी के कवि "बहरी" भी "मन लगन" में हिंदी को अपनी भाषा कहते हैं—

"हिंदी तो जबां च है हमारी
कहने न लग हमन कू भारी।"

गांधी जी इसी भाषाई एकता के कारण इसे "हिंदुस्तानी कहना पसंद करते थे। हिंदी और उर्दू नाम की इन भाषाओं के विकास में हिंदुओं के साथ-साथ मुसलमानों और अन्य सभी वर्गों का पूर्ण योगदान रहा है। इस प्रकार हिंदी को हिंदुओं की और उर्दू को मुसलमानों की भाषा कहने का कोई आधार ही नहीं है। उर्दू साहित्य को जैसे अनेक हिंदू कवियों और लेखकों ने समृद्ध किया है, वैसे ही हिंदी साहित्य की श्री वृद्धि में भी मुसलमानों का ऐतिहासिक योगदान रहा है। उर्दू साहित्य में पं. दयाशंकर कौल "नसीम", पं. रतन नाथ दर "सरशार", पं. ब्रजनारायण "चकबस्त", प्रेमचंद,

कृश्न चंदर, "फ़िराक गोरखपुरी" मुल्ला मुनव्वर, कन्हैयालाल कपूर जैसे सैकड़ों नाम हैं, जिनके योगदान को कभी नहीं भुलाया जा सकता। इसी प्रकार हिंदी में तो असंख्य मुस्लिम साहित्यकारों का आरंभ से ही योगदान रहा है। अमीर खुसरो से लेकर आज तक की एक लंबी परंपरा रही है जिनका नामोल्लेख कर पाना भी यहां असंभव है।[3]

जैसा कि ऊपर उल्लेख किया गया है, ये दोनों ही भाषाएं "खड़ीबोली" की पुख्ता नींव पर खड़ी हैं। यह बोली कहीं बाहर से नहीं आई थी। इस बोली का अस्तित्व एक हज़ार वर्ष से भी अधिक समय से दिल्ली और उसके आसपास के क्षेत्र में रहा है। किंतु इसे साहित्यिक क्षेत्र में लाने का प्रयोग सर्वप्रथम मुसलमानों विशेषकर, अमीर खुसरो (1253-1325) ने ही किया था। प्रसिद्ध साहित्यकार श्री रामधारी सिंह दिनकर के शब्दों में खड़ीबोली को साहित्य की भाषा मुसलमानों ने ही बनाया। हिंदी वाले तो अपभ्रंश का प्रभाव ढोते हुए एक खास परंपरा पर चल रहे थे और इस परंपरा का जो मेल अवधी और ब्रजभाषा से बैठता था वह मेल खड़ीबोली से नहीं बैठता था। इस बोली की ओर ध्यान पहले मुसलमान कवियों का ही गया, क्योंकि यह वह भाषा थी जिससे इनकी नज़दीकी पहचान हो सकती थी।"[4]

पाकिस्तान के प्रसिद्ध आलोचक डॉ. सुहेल बुखारी भी उर्दू का आधार खड़ी बोली ही मानते हैं। उनका कहना है कि लिपि के साथ-साथ हमने इस जबान को जो पहले खडीबोली कहलाती थी और आज भी माहिराने ज़बान (भाषाविद्) इसे इसी नाम से याद करते हैं, 1647 से दिल्ली के नौआबाद इलाके उर्दू-ए-मौअल्ला" की निस्बत से एक नया नाम "उर्दू" भी अता कर दिया।"[5]

इस बोली के लिए "खड़ीबोली" नाम के दर्शन हमें 1803 ई. के पूर्व कहीं नहीं होते। इसके प्रथम प्रयोगकर्ताओं में लल्लूलाल और उनके समसामायिक लेखक हैं जिनमें प्रमुख रूप से सदल मिश्र और गिलक्राइस्ट हैं। लल्लू लाल जी प्रेमसागर में लिखते हैं "........ जॉन गिलक्राइस्ट महाशय की आज्ञा से सन् 1860 में लल्लूलाल कवि ब्राह्मण गुजराती सहस्र अवदीच आगरे वाले ने विसका सार ले यामनी भाषा छोड़ दिल्ली आगरे की खड़ीबोली में कह प्रेम सागर नाम धरा।"

सदल मिश्र ने "रामचरित्र" (पांडुलिपि इंडिया ऑफिस लाइब्ररी) में लिखा है 'मिस्टर जॉन गिलक्राइस्ट ने आज्ञा दी कि आध्यात्म रामायण को ऐसी बोली में करो जिसमें अरबी-फारसी न आवे.... तब मैं इसको खड़ीबोली में कहने लगा।"

इससे पता चलता है कि 1803 से पहले इस बोली को किसी ने भी "खड़ीबोली" नहीं कहा था। किंतु यह सत्य है कि यह बोली दिल्ली और मेरठ के आसपास के क्षेत्र में पहले से ही बोली जाती रही थी। जब-जब दिल्ली में केंद्रीय सत्ता स्थापित हुई, तब-तब इसके विकास और प्रयोग में वृद्धि होती रही। गुलाम वंश के शासन में भी अमीर खुसरो जैसे कवियों ने इसे अपनी रचनाओं का माध्यम बनाने का प्रयास किया। मुगल शासन की राजधानी बहुत समय तक आगरा रही, इसलिए उस क्षेत्र की ब्रज

भाषा को विकास का अधिक अवसर मिला। यह बात अवश्य है कि अलाउद्दीन ख़िलजी और बाद में मुहम्मद तुगलक के दकन विजय और दौलताबाद को राजधानी बनाने के निर्णय से दिल्ली की खड़ीबोली का प्रवेश दक्षिण में भी हो गया और वहां इसे साहित्यिक भाषा के रूप में विकसित होने का सर्वप्रथम अवसर मिला। बंदा नवाज़ गेसूदराज से 'वली दकनी' तक कई सौ वर्षों तक दक्खिनी हिंदी के नाम से इसमें साहित्य रचना होती रही। यहीं हमें खड़ीबोली में हिंदी या उर्दू के आरंभिक साहित्य के विकास के दर्शन होते हैं। उस समय इस बोली (भाषा) को किसी ने भी "उर्दू" नहीं कहा था। इसे केवल हिंदवी, हिंदी, गुजरी, रेख़्ता और अधिकांशत दक्खिनी ही कहा गया। वली दकनी जो दक्खिनी के अंतिम कवियों में थे, जब दिल्ली आए तो उन्होंने मोहम्मद शह रंगीले के शासन में दिल्ली की इसी बोली में अपनी गज़ल पढ़ी तो दिल्ली के लोग अश-अश कर उठे। उन्होंने पहली बार इस बोली में इतनी अच्छी गज़ल सुनी। फिर क्या था, दिल्ली वासियों ने भी उसका अनुसरण आरंभ कर दिया। नहीं तो यहां गज़लें केवल फारसी में ही होती थीं।

शाहजहां के बाद इस बोली पर आधारित एक ऐसी मिश्रित भाषा का प्रयोग होने लगा जिसमें अरबी, फारसी तथा तुर्की के बड़ी संख्या में शब्दों का समावेश हो गया और उसकी लिपि भी फारसी हो गई। खड़ीबोली के इसी रूप को कालांतर में ज़बान 'उर्दू-ए-मौअल्ला' और फिर, "उर्दू" ही कहा जाने लगा। उर्दू के आरंभिक कवि अपनी भाषा को जैसा पहले कहा गया है, "हिंदी" ही कहते थे।

"खड़ीबोली" नाम अचानक 1803 ई. से सुनने को मिलता है। खड़ीबोली के संबंध में विभिन्न विद्वानों के विभिन्न मत हैं। केलाग जैसे विद्वान अपने हिंदी व्याकरण में इसे "खड़ीबोली" अर्थात् शुद्ध बोली कहना पसंद करते हैं।[6] प्लेट्स, सेंपसन, सुधाकर द्विवेदी, बद्रीनारायण चौधरी "प्रेमधन" प्रभृति विद्वानों का यही मत है। कुछ लोग इसे पड़ी से खड़ी की गई बोली मानते हैं। चंद्रधर शर्मा गुलेरी और सुनीति कुमार चाटुर्ज्या इसी मत के पक्षधर हैं। कुछ विद्वान इसे कर्कश, गंवारू भाषा होने के कारण खड़ीबोली कहते हैं, तो किशोरी दास वाजपेयी जैसे कुछ भाषाविद् खड़ी पाई अर्थात् आकारांत प्रधान प्रकृति के कारण इसे खड़ीबोली कहना पंसद करते हैं। कतिपय विद्वान इसे "स्टैंडर्ड" मानक भाषा होने के नाते अंग्रेजी के स्टैंड 'STAND' खड़ा होने के आधार पर खड़ीबोली कहते हैं। प्रो. सुहेल बुखारी तो खड़ी का अर्थ "सुस्थिर" सुप्रचलित परिष्कृत मानते हैं। इस प्रकार "खड़ीबोली" शब्द को लेकर मतैक्य नहीं है। मेरे विचार से खड़ी का संबंध बेलाग, बेतकल्लुफ, अनौपचारिक बात से है, जिसमें कोई लाग-लपेट न हो। सीधी और सपाट बोलचाल ही खड़ीबोली है। इसमें न तो संस्कृत का ही और न अरबी फारसी का ही काई आवरण है। यह शुद्ध रूप में दिल्ली के समीपवर्ती क्षेत्रों की देसी बोली है। पहले इसका कोई नाम नहीं था। खड़ीबोली नाम इसे बहुत बाद में मिला। खड़ी शब्द को लेकर आम बोलचाल में कई प्रयुक्तियां हैं, जैसे "खड़ा-खड़ी" या "खड़ी चोट" जिनका अर्थ है "तत्काल"।

अतः इसी आशय से इस बोली को "खड़ी" विशेषण दिया गया लगता है। अमीर खुसरो ने इसे "देहलवी" भाषा कहा था। उसने अपने ग्रंथ "नूह-सिपहर" में भारत की जिन 12 भाषाओं का उल्लेख किया है उनमें "देहलवी" भाषा तो है "ब्रज" नहीं है। जब आगे चलकर ग्वालियरी भाषा को कृष्ण भक्ति प्रभाव के कारण "ब्रज भाषा" नाम दे दिया गया तो इस भाषा के लिए केवल "देसी" या "खड़ी" ही रह गया। इसी बोली को "कुरु" जनपद की भाषा होने के कारण महापंडित राहुल सांकृत्यायन ने "कौरवी" कहना ही तर्क संगत समझा, किंतु यह शब्द अधिक प्रचलित नहीं हो सका। यह "खड़ीबोली" ही रह गई।

राहुल जी कहते हैं कि मानक हिंदी को जिस बोली ने जन्म दिया उसका लोक साहित्य भी अवश्य होगा। उन्होंने कुरु प्रदेश को ही खड़ीबोली की जननी माना।

पाकिस्तान के प्रसिद्ध आलोचक प्रो. सुहेल बुखारी तो एक नई बात कहते हैं। उनका कहना है कि "पंजाबी और सिंधी की भांति यह बोली भी किसी क्षेत्र विशेष की बोली होने के कारण "खड़ी" नाम से अभिहित है। वे इसे खोंड, गौंडवाना क्षेत्र से संबंधित करने का प्रयास करते हुए कहते हैं "चुनांचे खड़ीबोली का मतलब हुआ खड़, खंड्या, खौंड की (खंडी, खौंडी) और खंड्या। खोंड हिंदुस्तान के उस इलाके को कहते हैं जो सूबा उड़ीसा के मग़रिब (पश्चिम) में वाक़े है। इस इलाके में आज जो बोली बोली जा रही है उसे ही खड़ी या "खंड्या" कहते हैं। उनका मानना है कि ध्वनि-विज्ञान के नियमानुसार "खौंड़" और "गौंड" दोनों एक ही बोली के दो रूप हैं क्योंकि "ख" ध्वनि का "ग" में परिवर्तित होना स्वाभाविक है। इलाका "खौंड" को "गौंडियाना" या "गौंडवाना" भी कहते हैं। इन तमाम बातों से यह नतीजा निकलता है कि यह इलाका हिंदुस्तान की कदीम नस्ल "गौंड" का मस्कन (निवास) है और इसकी बोली खड़ीबोली कहलाती है। क्यास ग़ालिब यह है कि यही उर्दू का असली देश है जिसमें वह हज़ारों सालों से बोली जा रही है।"[7]

किंतु सुहेल बुखारी साहब के इस तर्क में कोई दम नज़र नहीं आता। यदि यह बोली मूल रूप से उड़ीसा के समीपवर्ती क्षेत्र, जिसे वह "गौंडवाना" कहता है, में बोली जाती तो आज भी उसके बोलने वाले ग्रामीण लोगों में वह किसी-न-किसी रूप में अवश्य प्रचलित होती। अतः खड़ीबोली का क्षेत्र वह नहीं रहा है जिसे सुहेल साहब कहना चाहते हैं। वास्तविकता यह है कि खड़ीबोली का मूल क्षेत्र दिल्ली और उसका समीपवर्ती प्रदेश है जिसमें मेरठ, मुजफ्फर नगर, सहारनपुर, बिजनौर और मुरादाबाद के जिले समिलित हैं। यहीं की भाषा को महापंडित राहुल सांकृत्यायन ने "कौरवी" का नाम दिया है। यमुना नदी के समीपवर्ती क्षेत्र रोहतक, करनाल, पानीपत और अंबाला तक के क्षेत्र जहां हरियाणी बोली जाती है खड़ीबोली के ही अंतर्गत आते हैं। ये क्षेत्र पहले पंजाब के ही भाग थे। इसीलिए प्रो. शीरानी उर्दू का उदगम पंजाब से मानते हैं।

पदमसिंह शर्मा भी यह स्वीकार करने में संकोच नहीं करते कि "विदेशी मुसलमानों

ने आगरा, दिल्ली, सहारनपुर और मेरठ की पड़ी भाषाओं को खड़ी कर अपने लसकर और समाज के लिए उपयोगी बनाया"। हिंदी गद्य और पद्य खड़े रूप में मुसलमानी हैं।[8]

"आज पाकिस्तान की राजभाषा उर्दू का आधार भी यही खड़ीबोली है, जैसा कि भारत की राजभाषा हिंदी का आधार खड़ीबोली है। इसी में सरकारी आदेश एवं विज्ञप्तियां आदि जारी होते हैं। पाकिस्तान में उर्दू की साहित्यिक रचनाएं भी हिंदी रचनाओं के सादृश्य हैं अंतर केवल लिपि और कुछ अरबी-फारसी बहुल शब्दावली को लेकर है। बोचचाल में अधिक अंतर दिखाई नहीं पड़ता। विदेशों में यदि भारतीय और पाकिस्तानी लोग कहीं मिलते हैं, तो उन्हें परस्पर बातचीत करने में कोई कठिनाई नहीं होती क्योंकि भाषा का माध्यम यहीं बोली होती है। विदेशों में जो कवि सम्मेलन या मुशायरे आयोजित होते हैं उनमें दोनों देशों के नागरिक समान रूप से रसास्वादन करते हैं। पिछले दिनों पाकिस्तान के प्रसिद्ध शायर अहमद फ़राज़ जब भारत आए तो उन्होंने अपनी रचना पढ़ी—

"तुम्हारे देश में आया हूं, अब के
न साजो नग्मे की महफिल शायरी के लिए,
अगर तुम्हारी अनाही का है सवाल, तो फिर
चलो मैं हाथ बढ़ाता हूं दोस्ती के लिए।"

इसी अवसर पर हिंदी के प्रसिद्ध कवि गोपाल दास "नीरज" ने भी ये पंक्तियां पढ़ीं—

"अब तो मज़हब कोई ऐसा भी चलाया जाए
जिसमें इंसान को इंसान बनाया जाए।"

वहां उपस्थित सभी श्रोताओं ने समान रूप से इनका रसास्वादन किया। इस प्रकार दोनों देशों की राजभाषाओं के मौखिक स्वरूप में अद्भुत समानता है।

पिछले दिनों भारत के प्रधानमंत्री, श्री अटल बिहारी वाजपेयी जी, जब अपनी ऐतिहासिक बस–यात्रा पर लाहौर गए थे, तो वहां आयोजित राजकीय भोज के अवसर पर भारत और पाकिस्तान के प्रधानमंत्रियों ने इसी एक भाषा में अपने भाषण दिए थे। पाकिस्तान के प्रधानमंत्री ने तो अपने भाषण में श्री वाजपेयी जी की कविता का उद्धरण देते हुए उसमें अपनी ओर से एक पंक्ति और भी जोड़ दी थी। उद्‌गारों की यह अभिव्यक्ति कितनी स्वाभविक और प्रभावपूर्ण थी।

पाकिस्तान रेडियो और टेलीविजन से जो समाचार प्रसारित होते हैं उन्हें हिन्दी जानने वाले बखुबी समझ सकते हैं, बल्कि स्थिति यह है कि वे हमारी 'उर्दू सेवा' से कहीं अधिक सरल और सहज होते हैं। इसी तथ्य को ध्यान में रखते हुए बी. बी. सी. लंदन ने उर्दू और हिंदी प्रसारण के अलग–अलग विभागों को एक ही विभाग के अंतर्गत रख दिया है, जो दोनों की आधारभूत एकता का द्योतक है। इस प्रकार हमारे

दोनों पड़ोसी देशों की दोस्ती के जो समान सूत्र हैं, उनमें से दोनों की राजभाषाओं का मूल आधार यह खड़ीबोली भी एक है।

संदर्भ

1. भाषा और समाज, डॉ. राम विलास शर्मा - पृ. 366.
2- "--- When its inflectional or phonetic elements are considered it remains still a pure Aryan dialect, just as pure in the pages of wali or sauda as it is in those of Bihari Lal. It betrays there for a redical misunderstanding of the whole learning of the question and line whole science of philology to speak of urdu and Hindi as two distinet languages" - John B.
3. विशेष संदर्भ के लिए देखिए 'हिंदी के मुस्लिम साहित्यकार' - परमानंद पांचाल ।
4. संस्कृति के चार अध्याय - रामधारी सिंह दिनकर।
5. लिसानीमक़ालात, हिस्सा सोयम (इस्लामाबाद), डॉ. सुहेल बुख़ारी - पृ. 419.
6. This form of Hindi has also often been termed 'khari Boli' or pure speech - Hindi Grammar 1875, page. 18.
7. औराक, लाहौर (जनवरी 1967), सुहेल बुखारी (लिसानी मक़ालात, भाग-3 पृ. 430 (इस्लामाबाद) 1991, में संकलित)।
8. पद्मसिंह शर्मा स्मृति ग्रंथ-नागरी प्रचारिणी सभा, बनारस- पृ. 226.

सरकारी कामकाज की भाषा का स्वरूप

भाषा विचारों के परस्पर आदान-प्रदान का माध्यम होती है। भाषा जितनी सरल, सुबोध होगी, संप्रेषण में उतनी ही सफल और सशक्त होगी। भारत में स्वतंत्रता से पूर्व लगभग डेढ़ सौ वर्षों तक अंग्रेजी इस देश की राजभाषा रही। इससे पूर्व मुगल शासन काल में देश की सरकारी भाषा फारसी थी। सारा सरकारी कामकाज फारसी में होता था। ईस्ट इंडिया कंपनी ने शासन की भाषा अंग्रेजी को बनाया। 1837 में बंगाल में अंग्रेजी को राजभाषा घोषित किया गया। 1844 में लार्ड हार्डिंग की ओर से एक घोषणा-पत्र जारी किया गया, जिसके द्वारा सरकारी नौकरी के लिए कर्मचारियों का चयन केवल अंग्रेजी भाषा ज्ञान और अंग्रेजी शिक्षा प्राप्ति के आधार पर किया जाने लगा।

अंग्रेजी भाषा को इस देश में लागू करने का उद्देश्य शासक और प्रजा के बीच दूरी बनाए रखकर शासन करना था। इसी में ब्रिटिश साम्राज्य का हित था। जनता को शिक्षित करना विदेशी शासन का उद्देश्य नहीं था। उन्हें ऐसे बाबुओं और कर्मचारियों की आवश्यकता थी जो सरकारी आदेशों को लोगों तक पहुंचाने, शासन व्यवस्था चलाने और लगान तथा कर आदि वसूल करने में उनकी सहायता कर सके और साथ ही अंग्रेजों के स्वामिभक्त बने रहे। इसीलिए लार्ड मैकाले की सिफारिश पर भारत में अंग्रेजी भाषा को राजकाज की भाषा के रूप में स्वीकार किया गया।

ईस्ट इंडिया कंपनी से लेकर स्वतंत्रता प्राप्ति तक के राजकाज का सभी कार्य अंग्रेजी में चलता रहा, बल्कि संविधान लागू होने तक देश की एकमात्र राजभाषा अंग्रेजी ही बनी रही। सभी सरकारी निर्णय और आदेश अंग्रेजी में ही जारी होते और सारी फाइलों में टिप्पणियां आदि केवल अंग्रेजी में ही लिखी जाती थीं।

स्वतंत्रता संग्राम के दौरान राष्ट्रपिता महात्मा गांधी तथा देश के प्रायः सभी अग्रणी नेताओं ने यह अनुभव किया कि स्वतंत्र देश की अपनी ही कोई भाषा राजभाषा होनी चाहिए जो जनता और शासन को एक-दूसरे के समीप ला सके। लोकतंत्र की सफलता लोक भाषा पर ही निर्भर करती है इसलिए राजभाषा केवल जनभाषा ही हो सकती है। हमारे संविधान निर्माताओं ने बड़ी दूर-अंदेशी के साथ हिंदी को राजभाषा के रूप में चुना। यह स्थान हिंदी को इसलिए नहीं दिया गया था कि यह देश की सबसे प्राचीन व समृद्ध भाषा है, बल्कि इसलिए दिया गया था कि यह भारत के अधिकतर भागों में अधिकांश लोगों द्वारा समझी और बोली जाती है। भारत की कोई अन्य भाषा चाहे वह कितनी भी समृद्ध हो, यह कार्य नहीं कर सकती। इसलिए हिंदी संपर्क की दृष्टि से सबसे उपयुक्त भाषा है। सदियों से भारत के संतों, सूफियों

महात्माओं और विचारकों ने देश को एक सूत्र में बांधने के लिए इसका उपयोग किया है। गांधी जी ने कहा था, "भाषा वही श्रेष्ठ है जिसको जनसमूह आसानी से समझ ले। अतः हिंदी ही एक ऐसी भाषा है, जिसे देश का बहुमत समझता है। इससे पूर्व कई अंग्रेज अधिकारी भी हिंदी के इस महत्त्व को स्वीकार कर चुके थे। हेनरी टामस कालब्रुक ने 1782 में कहा था, "जिस भाषा का व्यवहार भारत के प्रत्येक प्रांत के लोग करते हैं, जो पढ़े-लिखे तथा अनपढ़ दोनों की साधारण बोलचाल की भाषा है और जिसे प्रत्येक गांव में थोड़े-बहुत लोग अवश्य समझ लेते हैं, उसी का नाम हिंदी है।" गांधी जी ने इसे राष्ट्रीय एकता में सहायक बताते हुए राष्ट्रभाषा का नाम दिया था जिसे स्वतंत्र भारत की राजभाषा के रूप में स्वीकार कर लिया गया।

गांधी जी ने 1917 में ही देश की राष्ट्रभाषा के संबंध में पांच गुणों की आवश्यकता बताई थी—

1. वह भाषा सरकारी नौकरों के लिए आसान होनी चाहिए।
2. उस भाषा के द्वारा भारत का आपसी धार्मिक, आर्थिक और राजनीतिक कामकाज हो सकना चाहिए।
3. उस भाषा को भारत के ज्यादातर लोग बोलते हों।
4. वह भाषा राष्ट्र के लिए आसान होनी चाहिए।
5. उस भाषा का विचार करते समय क्षणिक या अस्थायी स्थिति पर ज़ोर न दिया जाए।

अब प्रश्न यह उठता है कि क्या हमने हिंदी को राजभाषा बनाने के बाद इसके स्वाभाविक गुणों को अक्षुण्ण रखते हुए सरकारी कार्यालयों में इसे लोकप्रिय बनाने की दिशा में सही कदम उठाए हैं? क्या कारण है कि आज केंद्रीय सरकार के कार्यालयों में 80 प्रतिशत से अधिक कर्मचारियों और अधिकारियों को हिंदी का कार्य साधक ज्ञान होने के बावजूद हिंदी में कार्य नहीं हो पा रहा है।

राजभाषा क्या है ?

भारत के संविधान के अनुच्छेद 343 में केवल इतना कहा गया कि संघ की राजभाषा, हिंदी और लिपि देवनागरी होगी। राजभाषा की कोई परिभाषा नहीं दी गई है। राजभाषा वस्तुतः किसी देश या राज्य की आधिकारिक भाषा होती है। वह एक भी हो सकती है और एक से अधिक भी । यूनेस्को के विशेषज्ञों के अनुसार उस भाषा को राजभाषा कहा जाता है जो सरकारी कामकाज की भाषा के रूप में स्वीकार की गई हो और शासन तथा जनता के बीच आपसी संपर्क के काम आती हो।

व्यावहारिक अर्थों में राजभाषा वह भाषा होती है जिसमें सरकारी पत्राचार होता है, आदेश निकलते हैं और फाइलों में टिप्पणियां आदि लिखी जाती हैं। इस कसौटी पर हिंदी कितनी खरी उतरती है, यह हम सब जानते हैं। बहुधा यह भी सुनने को मिलता है कि यह हिंदी समझ में नहीं आती। ऐसी हिंदी से तो अंग्रेजी ही ठीक है।

कभी हिंदी के क्लिष्ट और कृत्रिम होने की शिकायत की जाती है तो कभी इसकी सरलता को हास्यप्रद माना जाता है।

हिंदी के संबंध में ये आपत्तियां सारहीन भी नहीं हैं। इनसे सरकारी कामकाज में प्रयुक्त हिंदी भाषा के स्वरूप पर ही प्रश्न चिह्न लगता है। यह ठीक है कि हिंदी के प्रयोग में अपेक्षित वृद्धि न होने और इसे लोकप्रियता न मिलने के अनेक राजनीतिक और प्रशासनिक कारण भी हैं। किंतु भाषा का स्वरूप भी उनमें से एक हैं।

आरंभ से ही इस संबंध में स्पष्ट दिशा निर्देश नहीं दिए गए थे कि भाषा सरल और स्वाभाविक होनी चाहिए, जटिल और बोझिल नहीं। कृत्रिम और क्लिष्ट भाषा से हिंदी को लोकप्रिय नहीं बनाया जा सकता। बहुत दिनों के बाद राजभाषा विभाग का ध्यान इस और गया और भाषा के संबंध में स्थिति स्पष्ट करते हुए 17 मार्च, 1976 को निर्देश दिए गए कि सरकारी कार्यालयों में बोलचाल की भाषा का प्रयोग किया जाए। राजभाषा विभाग द्वारा जारी इस परिपत्र में सरकारी कामकाज में इस्तेमाल होने वाली हिंदी के स्वरूप के बारे में सरकार की नीति स्पष्ट करते हुए लोगों के मन से इस भ्रम को दूर करने का प्रयत्न किया गया है कि क्या सरकारी हिंदी कोई अलग किस्म की हिंदी होती है। सरकारी कार्यालयों में प्रयुक्त होने वाली हिंदी के संबंध में जो निर्देश दिए गए हैं वे निम्न प्रकार हैं—

1. नोट लिखने या पत्र लिखने में सरल हिंदी का ही प्रयोग किया जाना चाहिए ताकि उसे सभी आसानी से समझ सकें। अपनी बात दूसरों तक पहुंचाने के लिए सिर्फ इतना ही काफी नहीं है कि लिखने वाला खुद समझ सके कि उसने क्या लिखा है, जरूरी तो यह है कि पढ़ने वाले की भी समझ में आ जाए कि आखिर लिखने वाला कहना क्या चाहता है ?

2. सरकारी काम में आमफहम शब्दों का ही अधिक से अधिक उपयोग किया जाना चाहिए और लिखते वक्त दूसरी भाषाओं के प्रचलित शब्दों का उपयोग करने में जरा भी हिचक नहीं होनी चाहिए।

3. जहां कहीं भी यह लगे कि पढ़ने वाले को हिंदी में लिखे किसी तकनीकी शब्द या पदनाम को समझने में कठिनाई हो सकती है, वहां उस शब्द या पद नाम के सामने कोष्ठक में अंग्रेजी रूपांतर भी लिख देना उपयोगी होगा।

इस परिपत्र में सरल भाषा की आवश्यकता के महत्त्व को स्पष्ट करते हुए कहा गया है कि जिन्हें अच्छी हिंदी आती है वे कभी-कभी उन लोगों की कठिनाई नहीं समझ पाते जिन्होंने अभी हाल में थोड़ी बहुत हिंदी सीखी है। ऐसे लोगों को इन नवशिक्षितों की कठिनाई का पूरा ध्यान रखना चाहिए और अपने पांडित्य प्रदर्शन का लोभ संवरण करना चाहिए।

लिखते वक्त हिंदी लिखने की कोशिश करें, न तो संस्कृत और न देवनागरी लिपि में अंग्रेजी ही। कहने का मतलब यह है कि हिंदी का वाक्य-विन्यास उसकी प्रकृति के अनुसार ही होना चाहिए। और यह ठीक नहीं होगा कि यह संस्कृत के दुरूह

समस्त पदों की लड़ी हो या अंग्रेजी मूल का अटपटा अनुवाद मात्र। अंग्रेजी में मसौदा लिखकर उसका हिंदी में अनुवाद करने के बजाय बेहतर यह होगा कि मसौदा मूल रूप से हिंदी में तैयार किया जाए और यह भी हिंदी की प्रकृति के अनुसार। ऐसा करने से भाषा न सिर्फ स्वाभाविक होगी और उसमें रवानी आएगी, बल्कि बीच-बीच में नए या अनजाने शब्दों के इस्तेमाल के बावजूद वह सहज ही सभी को समझ में आ सकेगी।

भाषा के संबंध में हम अभी संक्रमण काल से गुज़र रहे हैं। इसलिए काम चलाने और नई परंपरा डालने के लिए हमें सरल और आसानी से समझ में आने वाली भाषा का प्रयोग करना होगा। ज्यों-ज्यों अभ्यास होता जाएगा भाषा स्वयं परिष्कृत होती चली जाएगी। हमें परिष्कृत भाषा के ज्ञान की प्रतीक्षा की जरूरत नहीं है।

कोई भी भाषा केवल प्रयोग से समृद्ध होती है। भाषा किसी प्रयोगशाला में तैयार करने के बाद रिवाज में नहीं लाई जाती। भाषा की कसौटी उसका प्रयोग है, समृद्धि तो प्रयोग के बाद स्वतः आ जाती है। अंग्रेजी का ही उदाहरण ले लीजिए। 1362 ई. तक इंग्लैंड की राजभाषा फ्रेंच थी। अक्टूबर 1362 में संसद ने यह निर्णय लिया कि इंग्लैंड की राजभाषा फ्रेंच के स्थान पर अंग्रेजी होगी। विदेशी भाषा नहीं। तीन महीने के बाद ही पहली जनवरी 1363 से अंग्रेजी प्रशासन का माध्यम बन गई। आश्चर्य की बात है कि सन् 1700 ई. तक अर्थात् शेक्सपीयर के 100 वर्ष बाद तक पढ़े-लिखे लोग अंगेजी को गंवारू भाषा कहते रहे, परंतु अंग्रेजी फिर भी चलती रही और उसका विकास होता रहा। यहां तक की उसके भारत प्रवेश तक भी इतनी समृद्ध नहीं हो पाई थी। श्री मोटुरि सत्यनारायण ने इस तथ्य पर प्रकाश डालते हुए लिखा है, "यह समझना इतिहास के अनुकूल नहीं है कि अंग्रेजी एक विकसित भाषा के रूप में ही इस देश में आई है। जब अंग्रेजी आई उस समय उसका रूप वर्तमान हिंदी से भी कम विकसित था। इसने विभिन्न शासकीय प्रयोजनों के बल से भारत में फैलाना शुरू किया।" इसी प्रकार हिंदी भी प्रयोग के साथ-साथ स्वतः ही परिष्कृत और लोकप्रिय होती चली जाएगी। हमें तकनीकी शब्दावली या नए शब्द भंडार की प्रतीक्षा नहीं करनी है। राजभाषा विभाग के उक्त कार्यालय ज्ञापन में तकनीकी शब्दों के संबंध में स्थिति स्पष्ट करते हुए कहा गया है कि आधुनिक यंत्रों, तरह-तरह के पुर्जों और नए जमाने की चीजों के जो अंग्रेजी नाम प्रचलित हैं उनका कृत्रिम अनुवाद करने के बजाय उन्हें फिलहाल मूलरूप में ही देवनागरी लिपि में लिखना सभी के हित में होगा। जैसे-जैसे लोग हिंदी में अधिक दक्ष होते जाएंगे वैसे-वैसे एक स्वाभाविक शब्द प्रक्रम के अनुसार अधिकृत शब्द अपने आप प्रचलित होते जाएंगे। हमें समासयुक्त शब्दों से बचना चाहिए। जैसे "आदेशार्थ प्रस्तुत है"" लिखने के बजाय "आदेश के लिए प्रस्तुत है" जैसे छोटे और सरल वाक्य लिखे जा सकते हैं।

"इंजीनियर" शब्द आम बोलचाल में आता है, उसके लिए "अभियंता" शब्द ठीक तो है, किंतु ऐसे शब्द ढूंढ़ने में समय नष्ट क्यों करें ? "डाकखाना" शब्द को छोड़

"पत्रालय" की खोज क्यों करें ? टेंडर के लिए "निविदा" क्यों तलाशें ? "फार्म" को फार्म ही रहने देने में क्या कठिनाई है। सिफारिश के लिए "अनुशंसा" जैसे अपरिचित शब्दों की क्या जरूरत है? हमें टिप्पणियों में ऐसी भाषा और ऐसे शब्दों का प्रयोग करना चाहिए, जिन्हें हम विश्वास के साथ लिख सकें और उन्हें अन्य व्यक्ति भी आसानी से उसी रूप में समझ सकें। कई बार हम चाहते हुए भी हिंदी टिप्पणी लिखने में इसलिए संकोच करते हैं कि कहीं शब्दों की वर्तनी ग़लत न हो जाए और उससे हीनता का शिकार होना पड़े। इसलिए परिचित और सरल शब्दों का प्रयोग आवश्यक है।

कई बार यह भी सुनने में मिलता है कि हिंदी परिपत्रों और इश्तहारों की भाषा समझ में नहीं आती और अंग्रेजी पाठ को देखना पड़ता है। फिर ये हिंदी में जारी आदेश किसके लिए हैं ? इससे ऐसे परिपत्रों को हिंदी में जारी करने का उद्देश्य ही समाप्त हो जाता है जबकि होना यह चाहिए कि जिसे अंग्रेजी न समझ आए वह उसे हिंदी में पढ़ ले। इसमें हिंदी की सार्थकता है। प्रारंभ में नए बने समासयुक्त शब्दों को काम में न लाया जाए ताकि कम या साधारण हिंदी जानने वाले इनसे भय न खाएं। हिंदी, हिंदी ही बनी रहे, जब तक मूल रूप से फाइलों में हिंदी में टिप्पणियां लिखने और प्रारूप तैयार करने का काम आरंभ नहीं होगा, हिंदी केवल अनुवाद की भाषा के रूप में ही दिखाई देगी। उसमें न स्वाभाविकता आएगी और न मुहावरेदार मंजी हुई भाषा का प्रवाह ही होगा। अंग्रेजी शब्दों के स्थान पर हिंदी शब्द और ये भी अपरचित शब्द रखने से भाषा नहीं बनती। भाषा में चुस्ती और प्रवाह तो मौलिक रूप से भाषा के प्रयोग से आता है। एक दैनिक पत्र में किसी सरकारी कार्यालय में प्रयुक्त ड्राइविंग लाइसेंस के एक फार्म का नमूना प्रस्तुत किया है, इसकी हिंदी देखिए — "क्या आवेदक आपके सर्वोत्तम निर्णय के अनुसार अपस्मार, भ्रमि या किसी ऐसे मानसिक रोग के अध्यधीन है, जिससे उसकी चालन कार्य क्षमता पर प्रभाव पड़ने की संभावना है ?" यह प्रश्न एक डॉक्टर के लिए है, जिसे पढ़कर शायद डॉक्टर को ही मिर्गी आ जाए। आवेदक से संबंधित भाषा का नमूना भी देखिए — "क्या आप किसी चालन अनुज्ञप्ति या शिक्षार्थी अनुज्ञप्ति धारण करने के लिए निरहित हुए हैं ? मैंने रुपए के विहित शुल्क का संदाय कर दिया है।"

यह एक बानगी है। मोटर ड्राइवर जो अधिकतर कम पढ़े-लिखे ही होते हैं। इनका उत्तर क्या देंगे ? जो पढ़े-लिखे और शिक्षित वर्ग के लोग हैं, क्या वे भी इस भाषा को समझ पाएंगे ? उन्हें तो हारकर अंग्रेजी में ही पढ़ना पड़ेगा, तभी कुछ उनके पल्ले पड़ेगा। प्रश्न उठता है कि आखिर यह भाषा किसके लिए लिखी जा रही है ? क्या यही हिंदी है ? क्या इस भाषा से ही शासन और जनता के बीच की दूरी कम हो सकेगी ? क्या यहां "अनुज्ञप्ति", "निरहित", "विहित", "संदाय", "अध्यधीन", "अपस्मार", "सर्वोत्तम निर्णय" जैसे क्लिष्ट शब्दों से नहीं बचा जा सकता था ?

सरल भाषा क्या है ?

सामांयतः वह कहा जाता है कि जिस भाषा में उर्दू-फारसी के शब्द अधिक हो वही भाषा सरल है। किंतु यह बात सही नहीं है। दक्षिण भारत और पूर्वी भारत के लोगों के लिए संस्कृत के शब्द उर्दू-फारसी शब्दों की अपेक्षा अधिक सरल हैं जबकि पश्चिमी भारत, पंजाब, हरियाणा, पश्चिमी उत्तर प्रदेश और दिल्ली वालों के लिए उर्दू-फारसी बहुल हिंदी अधिक सरल लगती है। इस प्रकार सरलता एक सापेक्ष शब्द है। आवश्यकता इस बात की है कि भाषा कृत्रिम और बोझिल न हो। इसे सप्रयास क्लिष्ट और दुरूह न बनाया जाए। शब्द चाहे उर्दू-फारसी के हों या संस्कृत अथवा अंग्रेजी के हों, उंहें स्वाभाविक रूप से ग्रहण कर लेना चाहिए जो शब्द जुबान पर चढ़ चुके हों उन्हें रहने दिया जाए। शुद्धिकरण की भावना भाषा के विकास को रोकती है। "भाषा बहता नीर है।" इसके अजस्र प्रवाह के लिए जहां से भी शब्द आएं उन्हें ग्रहण कर लेना चाहिए। जिस भाषा में अंय भाषाओं के शब्द ग्रहण करने की जितनी अधिक क्षमता होगी वह भाषा उतनी ही अधिक समृद्ध और सशक्त होगी। उर्दू की लोकप्रियता के संबंध में यह कथन प्रचलित ही है

"हर जुबां का लफ्ज़ खप जाए, वह बुअसत इसमें है।" अर्थात् इस भाषा में इतनी व्यापकता है कि प्रत्येक भाषा का शब्द खप जाता है।

एक अमरीकन लेखक श्री एच. एल. मेनकिन ने 1919 में लिखा था "एक जीवंत भाषा उस व्यक्ति के समान है जो हैमरेज से पीड़ित है, जिसे दूसरी भाषाओं से निरंतर नए शब्दों की आवश्यकता रहती है, जिस दिन भी उनके द्वार बंद हो जाएंगे वह भाषा मरनी आरंभ हो जाएगी।"

अंग्रेजी की व्यापकता और लोकप्रियता का भी यही कारण है। इसलिए हमें अंय भाषाओं के शब्दों के लिए अपने दरवाजे बंद नहीं कर देने चाहिए। आज के कंप्यूटर युग में नए शब्द अंतर्राष्ट्रीय धरोहर हैं। संसार की सभी भाषाएं इन्हें बेझिझक अपना रही हैं। इसलिए विज्ञान और प्रौद्योगिकी के क्षेत्र में हमें इन शब्दों के कृत्रिम पर्याय ढूंढ़ने की आवश्यकता नहीं है। तकनीकी तथा वैज्ञानिक शब्दावली आयोग ने जिन शब्दों के हिंदी पर्याय तैयार कर लिए हैं, आवश्यकता पड़ने पर उनका प्रयोग किया जाए। इससे भाषा में एकरूपता बनी रहेगी।

हमारे संविधान के अनुच्छेद 351 में हिंदी के स्वरूप के संबंध में भी कुछ निर्देश दिए गए हैं, जिनके अनुसार इस भाषा की आत्मीयता में हस्तक्षेप किए बिना, हिंदुस्तानी के और आठवीं अनुसूची में उल्लिखित अंय भारतीय भाषाओं के प्रयुक्त रूप शैली और पदावली को आत्मसात करते हुए तथा जहां तक आवश्यक या वांछनीय हो वहां उसके शब्द भंडार के लिए मुख्यतः संस्कृत से तथा गौणतः अंय भाषाओं से शब्द ग्रहण करते हुए उसकी समृद्धि सुनिश्चित करना संघ का कर्त्तव्य होगा ताकि वह भारत की सामासिक संस्कृति के सभी तत्त्वों की अभिव्यक्ति का माध्यम बन सके।

दुर्भाग्य से सरकारी कार्यालयों में जिस हिंदी का प्रयोग हो रहा है वह अधिकतर अनुवादी भाषा है। उसमें मौलिकता का एक प्रकार से अभाव ही है। अंग्रेजी में तैयार संहिताओं, मैनुअलों, अधिसूचनाओं और नियमों तथा विनियमों के हिंदी अनुवाद की भाषा पर भी इस बीते युग की अंग्रेजी की छाया है जो अब इंग्लैंड या अमरीका में भी प्रयुक्त नहीं होती। किंतु हमारे देश में लार्ड क्लाइव से लेकर आज तक उसी युग की अंग्रेजी और भाषा शैली का प्रयोग हो रहा है जिसमें अनेक अनावश्यक शब्दों का बोझ भाषा को जटिल बना देता है। उसका हिंदी अनुवाद भी हिंदी की क्लिष्टता बढ़ाने में सहायक होता है।

मुझे याद है जब श्री रमा प्रसन्न नायक राजभाषा के सचिव थे, तो उन्होंने हिंदी की सरलता पर ज़ोर देते हुए अंग्रेजी प्रारूपों में सुधार की आवश्यकता पर भी बल दिया था। किंतु यहां किसमें साहस है ? अंग्रेजी की पत्थर की लकीरें जो सैकड़ों वर्षों से खिंची आ रही हैं, उसमें सुधार कौन करें ? हाँ, ब्रिटिश एजुकेशन सेक्रेटरी ने 1946 में भारत सरकार के कार्यालयों में चल रही अंग्रेजी को विक्टोरियन युग की भाषा शैली बताते हुए सरकारी प्रारूपों के पुराने ढंग को पूर्णतः संशोधित करने की आवश्यकता बताई थी।

भाषा की क्लिष्टता का रोना भारत में ही नहीं है। इंग्लैंड जैसे विकसित देश भी अपने देश के सरकारी कार्यालयों की भाषा से खिन्न हैं और वहां की सरकार ने भी भाषा शैली में परिवर्तन की आवश्यकता का अनुभव किया है। भाषा में व्यर्थ के शब्दों का प्रयोग न करके उसे सरल और सुग्राह्य बनाए जाने पर बल दिया है। कुछ वर्ष पूर्व ब्रिटेन की भूतपूर्व प्रधानमंत्री श्रीमती मारग्रेट थैचर ने अपने सरकारी कर्मचारियों को सरल भाषा के संबंध में जो निर्देश दिए थे उन्हें यहां उद्धृत करना अप्रासंगिक न होगा—

'Let thy speech be short Comprehending much in few words, avoid long sentences and endless paras' - use shorter words, write 'try' for 'attempt', 'about' for 'concerning', more, for 'additional'. Long words are often a sign of a stodgy style that sends readers to sleep'.

'Use short sentences. Aim at an average of 15-20 words even shorter if you can manage it. You can still be polite and if need be formal or forceful.

'Use jargon and abbreviations only when you are sure the readr knows what they mean. Otherwise explain them.'

'आपकी बात संक्षिप्त, बोधगम्य और थोड़े शब्दों में होनी चाहिए। भारी भरकम शब्दों, वाक्यों और अंतहीन पैराग्राफ से बचना चाहिए। संक्षिप्त शब्दों का प्रयोग किया जाए। लंबे–लंबे शब्दों से शैली में नीरसता आती है और पाठक ऊंघने लगते हैं।

'वाक्य संक्षिप्त होने चाहिए'। वाक्य 15-20 शब्दों का और हो सके तो इससे भी कम शब्दों का हो, इतने में भी आप नम्रता के साथ-साथ औपचारिक रूप में दमदार

बात कह सकते हैं।'

'विशिष्ट शब्दावली और संकेताक्षरों का प्रयोग केवल तभी करें जब आपको विश्वास हो कि पाठक उनका अर्थ समझता है। अन्यथा उन्हें स्पष्ट कर दें।" इस प्रकार उसने अपने नौकरशाही तंत्र को कड़े शब्दों में दुरूह शब्दावली का प्रयोग न करने के आदेश जारी किएं थे और अंत में चेतावनी देते हुए कहा था :

'I am ordred to acquaint you that ifyou hereafter continue that affected and school boy way of writing and to murder the language in such a manner, you will be discharged for a fool.'

जिनमें कहा गया था— 'मुझे यह बताना पड़ रहा है कि यदि आप इसके बाद भी कृत्रिम और स्कूल के बच्चों जैसी भाषा लिखेंगे और भाषा का सत्यानाश करते रहेंगे तो आपको मूर्ख नहीं तो और क्या कहा जाएगा।'

अपने देश के अधिकारी वर्ग को भी सरकारी कार्यालयों में सरल भाषा के प्रयोग के संबंध में इन अनुभवों से लाभ उठाना चाहिए, जिससे हिंदी की लोकप्रियता बढ़ सके और यह भाषा बहुत शीघ्र सही अर्थों में राजभाषा का स्थान ले सके।

हिंदी तो प्रयोग से ही बढ़ेगी

एक लंबे राष्ट्रीय संघर्ष के बाद 15 अगस्त 1947 को भारत विदेशी दासता से मुक्त हुआ। उस समय देश का सरकारी कामकाज अंग्रेजी में होता था किंतु एक स्वतंत्र और स्वाभिमानी राष्ट्र के लिए आवश्यक था कि वह किसी विदेशी भाषा के बजाय अपने देश की भाषा को ही राजभाषा के रूप में स्वीकार करे। अंग्रेजी से पहले कई सौ वर्षों तक फारसी इस देश की राजभाषा रह चुकी थी। स्वतंत्रता संग्राम के दौरान ही महात्मा गांधी और देश के अग्रणी नेताओं ने देश को एक सूत्र में बांधने और जन-जन तक आज़ादी का संदेश पहुंचाने के लिए राष्ट्रभाषा के रूप में हिंदी की पहचान की थी। गांधीजी अंग्रेजी को दासता का सबसे बड़ा चिह्न मानते थे। उन्होंने 1921 में कहा था "अंग्रेजी से मुक्ति पाना स्वराज की अनिवार्य आवश्यकता है।" स्वतंत्रता के बाद हमारे संविधान निर्माताओं ने बड़े सोच-विचार के बाद ही हिंदी को राजभाषा के रूप में चुना क्योंकि लोकतंत्र की सफलता लोकभाषा पर ही निर्भर करती है। यह ऐतिहासिक निर्णय 14 सितंबर 1949 को लिया गया था इसीलिए प्रत्येक वर्ष 14 सितंबर को हिंदी दिवस के रूप में मनाया जाता है।

राजभाषा के रूप में हिंदी को यह स्थान इसलिए नहीं दिया गया था कि यह देश की सबसे प्राचीन या समृद्ध भाषा है बल्कि इसलिए दिया गया था कि यह भाषा भारत के अधिकांश भागों में अधिकतर लोगों द्वारा बोली और समझी जाती है। निश्चय ही भारत की कोई अन्य भाषा यह कार्य नहीं कर सकती। इसलिए परस्पर संपर्क की दृष्टि से हिंदी सबसे उपयुक्त भाषा है। सदियों से भारत के संतों, महात्माओं, सूफियों, और विचारकों ने देश को एक सूत्र में बांधने के लिए इसका उपयोग किया है। यही वह भाषा है जो भारत की सामासिक संस्कृति की अभिव्यक्ति का सदियों से माध्यम रही है। हिंदी भाषा और साहित्य का समग्र इतिहास हमारी इसी समन्वित संस्कृति का इतिहास है। हेनरी टॉमस काल ब्रुक ने 1782 में कहा था, "जिस भाषा का व्यवहार भारत के प्रत्येक प्रांत के लोग करते हैं जो पढ़े-लिखे तथा अनपढ़ दोनों की साधारण बोलचाल की भाषा है और जिसे प्रत्येक गांव में थोड़े बहुत लोग अवश्य समझ लेते हैं उसी का नाम 'हिंदी' है।"

गांधीजी ने 1917 में ही देश की राष्ट्रभाषा के संबंध में जिन पांच गुणों की आवश्यकता बताई थी वे सब हिंदी की सरलता को लेकर ही हैं।

स्पष्ट है कि इस कसौटी पर सामान्य रूप से हिंदी ही खरी उतरती थी। इसीलिए हमारे संविधान के अनुच्छेद 343 में इसे राजभाषा का दर्जा दिया गया। साथ ही इसके विकास के संबंध में संविधान के अनुच्छेद 351 में कुछ निर्देश भी दिए गए जिनमें कहा गया है कि "संघ का यह कर्त्तव्य होगा कि वह हिंदी भाषा का प्रसार

बढ़ाए उसका विकास करे ताकि वह भारत की सामासिक संस्कृति के सभी तत्त्वों की अभिव्यक्ति का माध्यम बन सके जहां आवश्यक या वांछनीय हो वहां उसके शब्द भंडार के लिए मुख्यतः संस्कृत से और गौणतः अन्य भाषाओं से शब्द ग्रहण करते हुए उसकी समृद्धि सुनिश्चित करे।" इससे स्पष्ट है कि हिंदी भाषा अन्य भाषाओं से शब्द ग्रहण करती हुई सभी के योगदान से आगे बढ़ेगी तभी यह भाषा सरल स्वाभाविक और सर्वग्राह्य हो सकेगी। कबीर के शब्दों में भाषा तो "बहता नीर" है। इसे बहता रहने दो। इसकी स्वाभाविकता को रोककर इसे जटिल न बनाओ। सरकारी कामकाज की भाषा भी जटिल बोझिल और कृत्रिम नहीं होनी चाहिए। हिंदी को लोकप्रिय बनाने और सरकारी कामकाज में इसे सहज सरल और बोधगम्य बनाने की दृष्टि से ही भारत सरकार के राजभाषा विभाग ने 17 मार्च 1976 को निर्देश जारी किए थे कि सरकारी कार्यालयों में बोलचाल की भाषा का प्रयोग किया जाए और यदि अंग्रेजी शब्द के सही पर्याय नहीं मिल पा रहें हों तो ऐसे अंग्रेजी शब्दों को देवनागरी में ही लिख दिया जाए। कृत्रिम और अप्रचलित शब्दों के प्रयोग की आवश्यकता नहीं है। हमें अन्य भाषाओं के शब्दों के लिए अपने दरवाजे खुले रखने होंगे। जो शब्द हिंदी में प्रचलित हो गए हैं उन्हें निकालने की क्या जरूरत है? राजभाषा के संबंध में हम अभी तक संक्रमण काल से गुजर रहे हैं। इसलिए काम चलाने और नई परंपरा डालने के लिए हमें सरल और आसानी से समझ में आने वाली भाषा का प्रयोग करना होगा। ज्यों-ज्यों अभ्यास होता जाएगा भाषा स्वयं परिष्कृत होती चली जाएगी हमें परिष्कृत भाषा के ज्ञान की प्रतीक्षा की जरूरत नहीं है।

आज का युग सूचना का युग है जिसमें कंप्यूटर का सर्वत्र बोलबाला है। दिन प्रतिदिन नए-नए तकनीकी शब्द प्रचलित होते जा रहे हैं। ये शब्द किसी एक देश के नहीं बल्कि अंतर्राष्ट्रीय धरोहर है। संसार की भाषाएं इन्हें बेझिझक अपना रही हैं। इसलिए विज्ञान एवं प्रौद्योगिकी के क्षेत्र में हमें इन शब्दों के कृत्रिम पर्याय गढ़ने की आवश्यकता नहीं है। किसी भी भाषा से जो शब्द आ रहे हैं हमे उन्हें ग्रहण कर लेना चाहिए। इससे भाषा समृद्ध होती है उसकी जीवंतता और उसके प्रवाह में वृद्धि होती है। भारत सरकार के तकनीकी और वैज्ञानिक शब्दावली आयोग ने जिन शब्दों के पर्याय तैयार कर लिए हैं आवश्यकता पड़ने पर उनका प्रयोग किया जाए। इससे भाषा में एकरूपता बनी रहेगी। शिक्षा संस्थाओं और विश्वविदयालयों की पाठ्य-पुस्तकों तथा प्रेस माध्यमों में इनका प्रयोग किया जाना चाहिए।

पिछले पचास वर्षों में राजभाषा के रूप में हिंदी के प्रयोग में निःसंदेह प्रगति हुई है। फिर भी इसे संतोषजनक नहीं माना जा सकता। हमें स्थिति को स्वीकार करते हुए खेद तो है किंतु नैराश्य नहीं है। मुझे याद है 4 मार्च 1986को राजभाषा विभाग द्वारा आयोजित राजभाषा शील्ड वितरण समारोह में भारत के तत्कालीन राष्ट्रपति ने कहा था, "मुझे बताया गया है कि भारत सरकार के सभी मंत्रालयों और विभागों में लगभग 80 प्रतिशत कर्मचारियों ने हिंदी का कार्यसाधक ज्ञान प्राप्त कर लिया है और इन कार्यालयों को अधिसूचित भी कर दिया गया है किंतु यह बड़े अचंभे की बात

है कि इन सबके बावजूद ये कार्यालय अपना कामकाज हिंदी में करने में असमर्थ हैं। ऐसा क्यों है? इस पहलू पर गौर किया जाना चाहिए।"

हिंदी को यथोपेक्षित सफलता न मिलने के पीछे कई कारण हैं। संविधान के अनुच्छेद 343 के अनुसार 15 वर्षों की अवधि के बाद अंग्रेजी का स्थान हिंदी को ले लेना चाहिए था सैद्धांतिक दृष्टि से तो ठीक था किंतु यह अवधि लंबी थी। इससे प्रगति के बजाए शिथिलता आनी आरंभ हो गई। जिस राष्ट्रीय निष्ठा से हिंदी को राजभाषा बनाया गया था कहना न होगा कि वह निष्ठा समय के साथ इतनी प्रगाढ़ नहीं रह गई। क्षेत्रीय भावना उस पर हावी होने लगी। अंग्रेजी समर्थकों को इससे बल मिला। कहा जाने लगा हिंदी अभी सक्षम नहीं है। हिंदी भी एक क्षेत्रीय भाषा ही है। ऐसे आरोप लगाकर इसे पीछे खिसकाए जाने के छद्म प्रयत्न आरंभ हो गए। भाषा तो प्रयोग से बढ़ती है प्रयोगशाला से नहीं। कोई भी भाषा पूर्ण तथा सक्षम न है, न होगी, न हो सकती है। क्योंकि "भाषा संदर्भ" और जीवन समस्याओं" का अंत संभव है ही नहीं। यदि भाषा की आवश्कयताओं और अपेक्षाओं का अंत नहीं है तो भाषा संपूर्ण कैसे हो सकती है ? सक्षमता और सफलता का मंत्र केवल एक है और वह है प्रयोग। भाषा का निर्माता केवल प्रयोगकर्त्ता है, चाहे वह संसद भवन में हो चाहे विश्वविद्यालय में, चाहे सब्जी बाज़ार में। इंग्लैंड में 1362 ई. तक अंग्रेजी को अविकसित और गंवारू भाषा समझा जाता था। अक्तूबर 1362 में वहां की संसद द्वारा एक प्रस्ताव पारित कर इंगलिश को फ्रेंच के स्थान पर राजभाषा बना दिया गया और 1 जनवरी 1963 से लागू भी कर दिया गया। इसके लिए यह प्रश्न नहीं उठाया गया था कि अंग्रेजी सक्षम है या नहीं। प्रयोग ने ही इसे सक्षम बनाया। आवश्यकता पड़ने पर बाहर से शब्द इसमें आते गए। इसकी शब्द संपदा बढ़ती गई। प्रयोग और उदारता के कारण ही आज अंग्रेजी विश्व की सबसे विकसित भाषाओं में से एक है। हिंदी के संबंध में सबसे खेदजनक स्थिति यह है कि हम इसका प्रयोग करने से कतराते हैं। इस संबंध में हमारी हीनता का प्रमुख कारण है हमारी मानसिक दासता और किसी-न-किसी बहाने अंग्रेजी को बनाए रखना।

राजभाषा का प्रयोग निचले स्तर से नहीं ऊपर के स्तर से करना होगा। केवल निचले स्तर के कर्मचारियों को हिंदी में काम करने का पाठ पढ़ाना हिंदी को दूसरे दर्जे की भाषा बनाना होगा। जब तक ऊपर के स्तर के अधिकारी अपना काम हिंदी में करने का आदर्श प्रस्तुत नहीं करेंगे हिंदी नहीं बढ़ेगी। इस संबंध में हमें लॉर्ड मैकाले से सबक सीखना होगा। उसकी नीति का आधार था Filteration Theory अर्थात् पानी के छनने का सिद्धांत। पानी ऊपर से छन कर नीचे आता है। उसका कहना था आप ऊपर वालों को अंग्रेजी सिखाइए वह स्वयं नीचे के स्तर तक आ जाएगी। यही बात हिंदी के लिए भी है। यदि ऊंचे अधिकारी अपना काम हिंदी में करने लगें तो निश्चय ही नीचे के कर्मचारियों को प्रोत्साहन मिलेगा। फिर कोई कारण नहीं कि हिंदी अपने राजभाषा के लक्ष्य को प्राप्त न कर सके।

आवश्यकता आविष्कार की जननी होती है। आज कंप्यूटर का प्रयोग जीवन के

हर क्षेत्र में आम होता जा रहा है। हिंदी भी इस दिशा में पीछे क्यों रहे। विभिन्न मंचों से यह बात उठाई जाती है कि हिंदी में नवीनतम इलैक्ट्रॉनिक यांत्रिक सुविधाओं का अभाव है। किंतु खेद की बात है कि उपलब्ध इलैक्ट्रॉनिक यांत्रिक सुविधाओं का प्रयोग ही नहीं हो पा रहा है। जब प्रयोग ही नहीं होगा तो आधुनिक यांत्रिक सुविधाओं का विकास ही कैसे हो सकेगा। कंप्यूटर और सॉफ्टवेयर कंपनियां अपनी वाणिज्यिक संभावनाओं के आकलन से निवेश करती हैं। वे नए उत्पाद के बारे में बाज़ार संभाव्यता का पता लगाती हैं। हमें आज हिंदी में उपलब्ध नवीनतम यांत्रिक सुविधाओं का प्रयोग बढ़ाने में रुचि लेनी चाहिए। तभी सामान्य व्यक्ति और व्यापरी वर्ग भी इसकी ओर आकर्षित होगा। यदि कोई सामान्य व्यक्ति या व्यवसायी केंद्रीय सरकार को कोई पत्र हिंदी में लिख भी दे, तो देखने में आया है कि उसे भी बहुधा उत्तर अंग्रेजी में भेज दिया जाता है। इससे इस धारणा का बनना स्वाभाविक ही है कि सरकार से काम लेना है तो अंग्रेजी में ही पत्र लिखो। हिंदी में लिखे पत्र का उत्तर यदि आया भी तो देर में आएगा। इस प्रकार हिंदी सामान्य जनता में भरोसे की भाषा नहीं रह गई है। ऐसा क्यों है? सभी फॉर्म आदि द्विभाषिक होने पर भी लोग सामान्यतः अंग्रेजी में ही फॉर्म क्यों भरते हैं। हमें इस मनोवृत्ति की तह में जाना होगा और हिंदी की गिरती लोकप्रियता के ग्राफ को ऊपर उठाने के प्रयत्न करने होंगे। हम आधुनिक संसाधनों का प्रयोग करके हिंदी को लोकप्रिय बना सकते हैं। आज प्रायः सभी यांत्रिक सुविधाएं हिंदी में उपलब्ध हैं, या हो रही हैं। आवश्यकता केवल इच्छा शक्ति की है।

आज कंप्यूटर पर हिंदी में कार्य करने के लिए "शब्द संसाधन" और "डाटा संसाधन" की सुविधाएं उपलब्ध हैं जिनसे द्विभाषिक रूप में कार्य किया जा सकता है। नवीनतम जानकारी के आधार पर अब हिंदी में भी ई–मेल भेजने की सुविधा उपलब्ध हो गई है। सी–डेक और सॉफ्टेक लिमिटेड के सहयोग से इलैक्ट्रॉनिकी विभाग द्वारा नई इंटरनेट वेबसाइट लांच की गई है जिसके द्वारा ई–मेल भेजा जा सकता है। वर्ड प्रोसेसिंग, प्रकाशन और संदेश तैयार करने के अलावा मल्टीपल फांट्स् की–बोर्ड–ड्राइवर्स जैसे प्रयोग भी संभव हैं। प्रमुख अमेरिकी कंपनी की वेब साइट Orientation.com ने दावा किया है कि उसने अंग्रेजी और हिंदी दोनों भाषाओं में सेवा उपलब्ध कराने वाला पहला द्विभाषी इंटरनेट विकसित किया है। इस प्रकार नवीनतम इलैक्ट्रॉनिकी माध्यमों की दौड़ में भी हिंदी पीछे नहीं है। यदि पीछे है तो इनके प्रयोग की हमारी मनोवृत्ति, जिसे बदलना होगा। तभी हिंदी विश्व के सबसे बड़े गणराज्य की राजभाषा के रूप में आगे बढ़ सकेगी। यदि हिंदी का प्रयोग अपने ही देश में नहीं होगा तो इसे दक्षेस (सार्क) देशों या संयुक्त राष्ट्र की भाषा बनाए जाने के स्वप्न देखना व्यर्थ ही है। मान लीजिए की हिंदी संयुक्त राष्ट्र की भाषा बन भी जाए तो उसका प्रयोग करेगा कौन ? जब अपने ही देश में अपने ही देश की राजभाषा का प्रयोग करने से हम हिचकते हैं, तो क्या यही स्थिति संयुक्त राष्ट्र में भी नहीं होगी?

जब स्वतंत्र भारत के गणराज्य का संविधान बना और उसमें हिंदी को राजभाषा का स्थान दिया गया, तो विदेशी राजनयिकों में भी हिंदी सीखनी की प्रवृत्ति बढ़ी।

यहाँ आने वाले राजनयिक हिंदी पढ़कर आने लगे। विदेशों में अनेक विश्वविद्यालयों में हिंदी शिक्षण की व्यवस्था हो गई। 1969 में स्पेन के राजदूत श्री नॉडाल ने तो भारत के राजनय इतिहास में एक नई परंपरा की सृष्टि ही कर डाली। उन्होंने हिंदी में भाषण देकर सबको चौंका दिया। किंतु यहां के अधिकारियों और राजनयिकों की हिंदी के प्रति उदासीनता को देखकर विदेशियों का यह भ्रम अधिक दिन नहीं चल पाया और वे समझ गए कि यहां हिंदी का ज्ञान आवश्यक नहीं है। क्या हम अपनी राष्ट्रीय अस्मिता की पहचान के लिए अपने देश की भाषा को सम्मान नहीं दे सकते। मैं यहां पूर्व–राष्ट्रपति ज्ञानी जैल सिंह के उन शब्दों को उद्धृत करने का लोभ संवरण नहीं कर पा रहा हूं। वे कहते थे, "जब कोई विदेशी मेहमान अपने देश की भाषा का प्रयोग करता है तो हमें उसे अंग्रेजी में उत्तर देने की हिमाकत नहीं करनी चाहिए। बल्कि उसकी भाषा का सम्मान करना चाहिए। आवश्यकता पड़े तो ऐसे दुभाषिए की सहायता लेनी चाहिए जो सीधे दोनों भाषाओं को जानता हो। अंग्रेजी की बैसाखी का सहारा क्यों लिया जाए।"

इस प्रकार हम देखते हैं कि हिंदी की सबसे बड़ी समस्या इसके प्रयोग की है। नहीं तो जनसंख्या की दृष्टि से विश्व में हिंदी बोलने वालों का स्थान तीसरा है। बल्कि नई जानकारी के अनुसार शायद दूसरा है। देश-विदेश में बसे भारतीय मूल के लोगों में हिंदी के प्रति बड़ी आस्था है और वे अपनी अस्मिता की पहचान भी इसी भाषा में खोजते हैं। यदि हिंदी के प्रयोग को उचित स्थान दिया जाए तो सचमुच यह विश्व की एक जानदार और लोकप्रिय भाषा के रूप में उभर सकती है। और इसे संयुक्त राष्ट्र संघ की एक भाषा बनाने का हमारा स्वप्न तभी साकार हो सकता है।

भारत में अंग्रेजी की दासता का दूसरा दौर

भारत में अंग्रेजी साम्राज्य के साथ-साथ अंग्रेजी भाषा की दासता का पहला दौर आंरभ हो गया था। भारत में अंग्रेजों की शिक्षा नीति का उद्देश्य यहां के लोगों को शिक्षित करना नहीं था, बल्कि ऐसे नवयुवक तैयार करना था जो अंग्रेजी पढ़-लिखकर कार्यालयों में मुंशीगिरी का काम कर सकें और लगान तथा कर आदि वसूल कराने में अंग्रेजी सरकार की सहायता कर सकें। साथ ही अंग्रेजों के स्वामीभक्त बने रहे। लार्ड मैकाले को भारत में आधुनिक शिक्षा का जनक माना जाता है किंतु इस देश में अंग्रेजी की वकालत का सूत्रपात होता है, चार्ल्स ग्रांट से, जो ईस्ट इंडिया कंपनी का एक प्रभावशाली निदेशक था, 1792 में उसने जो कुछ कहा था, उस पर ध्यान देना आवश्यक है। अपने दंभपूर्ण शब्दों में उसने कहा था, *"ब्रिटिश सरकार को तत्काल बलपूर्वक अपनी भाषा को भारत में लागू कर देना चाहिए। उसे भारतीय भाषाओं के पचड़े में पड़ने की आवश्यकता नहीं है। ये भाषाएं तो विजित लोगों की अनाप-शनाप बोलियों से बढ़कर कुछ नहीं है। उसने आगे कहा, "हमें इस संबंध में मुगलों से सबक सीखना चाहिए, जिन्होंने अपनी रिआया पर अपनी भाषा पहले ही मढ़दी थी। किसी विजेता के लिए यह बेतुकी बात होगी कि वह प्रजा की भाषा के प्रयोग को जारी रखे।"*

सभी जानते हैं कि लार्ड मैकाले ने 1935 ई. में भारत में अंग्रेजी लागू करने के उद्देश्य को पूरी तरह स्पष्ट करते हुए कहा था कि हम अंग्रेजी द्वारा ऐसा वर्ग तैयार करना चाहते हैं जो हमारे और करोड़ों की संख्या में हमारी शासित जनता के बीच दुभाषिए का काम कर सकें। जो रूप रंग और रक्त से तो भारतीय हों, किंतु रुचि विचारधारा, आचरण और ज्ञान में अंग्रेज हो। यहीं से भारत में अंग्रेजी की दासता का पहला दौर आरंभ हो गया था। हमारे देश में अंग्रेजी साम्राज्य के समाप्त होने के साथ-साथ अंग्रेजी भाषा की दासता का दौर धीरे-धीरे समाप्त हो रहा था। देश 1947 में आज़ाद हुआ। किंतु तुरंत हमारे पास अपना कोई संविधान नहीं था। शासन की मशीनरी भी वही अंग्रेजी काल की थी। इसलिए 1950 में संविधान लागू होने तक थोड़े बहुत फेर-बदल के साथ पुराने कानून चलते रहे और अंग्रेजी भी प्रायः उसी रूप में लागू रही। 1950 में संविधान में हिंदी को राजभाषा के रूप में स्थान दिया गया और देश की 14 प्रमुख भाषाओं को आठवीं अनुसूची में शामिल कर उन्हें राष्ट्रीय महत्त्व की भाषाएं स्वीकार किया गया। इनमें से अधिकांश भाषाएं विभिन्न राज्यों की राजभाषाएं बनीं और अपेक्षा की गई कि अंग्रेजी के स्थान पर संबंधित राज्य इनमें से किसी भी भाषा को अपने राज्य की राजभाषा के रूप में अपनाकर इनका समुचित

विकास करेंगे।

संविधान में प्रतिष्ठित होने पर आशा की गई थी कि हिंदी शीघ्र ही केंद्र पर अंग्रेजी का स्थान ले लेगी और सारे देश में एक संपर्क भाषा के रूप में कार्य करेगी। किंतु संविधान में 15 वर्षों की लंबी अवधि तक अंग्रेजी को भी सह-राजभाषा के रूप में बनाए रखने का जो प्रावधान किया गया, उसी से इसके निष्ठापूर्वक कार्यान्वयन में शिथिलता आना आरंभ हो गया। किसी भी देश में लोकतंत्र की सफलता लोकभाषा पर टिकी होती है, विदेशी भाषा पर नहीं। शासन और जनता के बीच सीधा संपर्क जनता की भाषा द्वारा ही हो सकता है, कोई भी विदेशी भाषा यह कार्य नहीं कर सकती। कालांतर में हमारे देश में लोकतंत्र की आड़ में क्षेत्रीय मुद्दे और क्षेत्रीय स्वार्थ उभरकर सामने आने लगे। उसी से प्रभावित होने लगा हमारा शासन तंत्र भी। अंग्रेजी राज से चले आ रहे इन उच्च अधिकारियों को भला यह कैसे गवारा हो सकता था कि जनसामान्य की भाषा को अंग्रेजी पर वरीयता देते। इसलिए इस नौकरशाही ने हिंदी के मार्ग को अवरुद्ध करने के लिए अड़ंगे लगाने आरंभ कर दिए। इनमें से कुछ तो चार-पांच वर्ष में सेवानिवृत्त होने वाले थे। इसलिए उन्होंने हिंदी सीखने से छूट ले ली। कुछ ने हिंदी सीखने का प्रयास किया भी, किंतु जब 15 वर्षों तक अंग्रेजी के प्रयोग की छूट मिली थी, तो अभी क्या जल्दी थी ? वे अपने अभ्यास को क्यों बदलें ? इसी प्रकार ढुल-मुल नीति के कारण समय बदलता गया और अंग्रेजी किसी-न-किसी आड़ में चलती रही।

इसके लोकप्रिय होने का कारण यह रहा है कि जो अधिकारी या कर्मचारी हिंदी जानते थे। वे हीनता की भावना से बचने के लिए हिंदी का प्रयोग करने से कतराते थे, क्योंकि अंग्रेजी का दबदबा कम नहीं हुआ था। एक अन्य बहाना और तलाशा गया कि इस भाषा में तकनीकी वैज्ञानिक शब्दावली की कमी है। यदि वह भी पूरी हुई तो इसकी क्लिष्टता का रोना रोया जाता रहा।

हिंदी के सामने जो सबसे बड़ा रोड़ा था, वह था अंग्रेजी के द्वारा ऊंचे पदों पर पहुंचने के लिए अंग्रेजी के वर्चस्व को बनाए रखना। अंग्रेजी की गुलामी की मानसिकता बदली नहीं थी, अभी बरकरार थी। इसके लिए नौकरशाही ने जनता से चुनकर आए प्रतिनिधियों को भी अपने हित में गुमराह करना आंरभ कर दिया। नौकरशाही का न तो आज़ादी की लड़ाई से कोई सीधा संबंध रहा था, न ही वे उसके मूल्य को समझते थे। उनका अपना स्वार्थ ही सर्वोपरि था। देश की जनता से उन्हें अधिक सरोकार नहीं था। इसलिए अंग्रेजों की दासता जो आजादी के बाद कम होती जा रही थी, उसे रोके रखने के हथकंडे अपनाए जाते रहे। 1963 में संसद द्वारा राजभाषा अधिनियम पास हुआ, किंतु शीघ्र ही 1967 में उसमें संशोधन करना पड़ा। ऐसा संशोधन कि हिंदी पूर्णतः राजभाषा बन ही न सके। राजभाषा अधिनियम 1963 (यथा संशोधित 1967) की धारा-3(5) में यह प्रावधान कर दिया गया कि "जब तक सभी राज्यों के विधान मंडलों द्वारा, जिन्होंने हिंदी को अपनी राजभाषा के रूप में नहीं अपनाया है,

संकल्प पारित नहीं कर दिया जाता और जब तक पूर्वोक्त संकल्पों पर विचार कर लेने के पश्चात् ऐसी समाप्ति के लिए संसद के हर एक सदन द्वारा संकल्प पारित नहीं कर दिया जाता, तब तक अंग्रेजी को बनाए रखने के उपबंध लागू होंगे।" यह एक ऐसी रुकावट है कि न तो नौ मन तेल होगा न राधा नाचेगी। इसमें एक भी छोटे से छोटा राज्य वीटो कर सकता है।

अंग्रेजी को हमेशा बनाए रखने की दिशा में सबसे बड़ा कारक केंद्रीय सरकार की सेवा में प्रवेश के लिए अंग्रेजी की अनिवार्यता को बनाए रखना है। सभी राजपत्रित और उच्च पदों पर पहुंचने का मार्ग संघ लोक सेवा आयोग से होकर गुजरता है। वहां 1968 से कई बार देश की जनप्रतिनिधि सभा, संसद द्वारा संकल्प पारित किए जाने और संसदीय राजभाषा समिति द्वारा अपनी रिपोर्ट दिए जाने के बावजूद भारतीय भाषाओं को आयोग ने अपनी सभी परीक्षाओं में स्थान नहीं दिया और अंग्रेजी की अनिवार्यता को समाप्त नहीं किया। आयोग की परीक्षाओं में भारतीय भाषाओं के प्रयोग और अंग्रेजी की अनिवार्यता को समाप्त करने के लिए पढ़े-लिखे नव-युवक धरने पर बैठे, किंतु सरकार टस से मस होने को तैयार नहीं हुई, पूर्व राष्ट्रपति, पूर्व प्रधानमंत्री, कई मंत्री और सांसद भी इस धरने पर बैठ चुके हैं।

स्वराज्य प्राप्ति के बाद "स्वभाषा" की धारणा ही बदल गई है। आज इसे देश की प्रगति में बाधक और संकीर्णता का द्योतक माना जाता है। हिंदी का नाम लेना तो अब वैसा ही हो गया है जैसे अकबर इलाहाबादी ने कभी "ईश्वर" का नाम लेने वालों की स्थिति के संबंध में कटाक्ष करते हुए कहा था—

हरीफों ने रपट लिखवाई है, जा-जा के थाने में,
कि अकबर नाम लेता है खुदा का इस जमाने में।

वस्तुतः अब हिंदी की स्थिति विश्व के राजनीतिक मंच पर भारी बदलाव के कारण और भी विकट हो चली है। अब अंग्रेजी के वर्चस्व को समाप्त करने की यह भावना बहुत पीछे रह गई कि यह भाषा उस उपनिवेशवाद की ही देन है, जिसने हमें सैकड़ों वर्ष तक गुलाम बनाए रखा था। आज इतिहास ने एक नया मोड़ लिया है और परिस्थितियां बदल रही हैं। आर्थिक उदारता के नाम पर देश में विदेशी कंपनियां अपना जाल फैला रही हैं और उनके साथ लौट रही हैं, पाश्चात्य, संस्कृति की चकाचौंध और अंग्रेजी तथा रोमन लिपि का साम्राज्य। विदेशी पूंजी निवेश से देश को कोई लाभ होगा, यह बात अलग है किंतु इतना निश्चय है कि ये कंपनियां इस देश की भाषा में तो अपना काम करेंगी नहीं, नवयुवक इनमें रोजगार पाने की लालसा में अंग्रेजी की ओर दौडेंगे। भारतीय भाषाएं पीछे छूटती चली जाएंगी और अंग्रेजी का वर्चस्व और भी व्यापक रूप में बढ़ेगा। सरकार की विनिवेश की नीति तो अच्छी है किंतु इसके कारण सरकारी स्वामित्व के अनेक उपक्रम, निगम आदि निजी क्षेत्रों में जा रहे हैं जहां सरकार की राजभाषा नीति का कोई प्रावधान ही नहीं है। यह मुद्दा भी विचारणीय है। आज अंग्रेजी मात्र उस देश की ही भाषा नहीं है, जिसने इस देश

को सदियों तक गुलाम बनाए रखा था, बल्कि यह आज विश्व की एक सबसे बड़ी शक्ति की भी भाषा है, जिसका वर्चस्व सारे विश्व पर है। निश्चिय ही इससे अंग्रेजी का वर्चस्व बढ़ेगा। आज सर्वत्र निजीकरण की धूम है। सरकारी शिक्षा संस्थाएं अपना महत्त्व खोती जा रही हैं। पिछले दिनों जवाहरलाल नेहरू विश्वविद्यालय में निजीकरण के विरोध में आंदोलन भी हुआ था। अब लगता है सरकार ने शिक्षा के क्षेत्र में अपना हाथ खींच लिया है। आज गांव-गांव, कस्बे-कस्बे और नगर-नगर में अंग्रेजी माध्यम के स्कूलों की बाढ़ आ रही है। कुकुरमुत्ते की भांति अंग्रेजी शिक्षा की दुकान हर गली, हर मुहल्ले में नज़र आने लगी है। हर कोई अपने बच्चे को मातृभाषा के बजाए पहली कक्षा से ही अंग्रेजी में शिक्षा दिलाने के लिए लालायित है। पब्लिक स्कूलों में शिक्षा दिलाना समाज में प्रतिष्ठा का प्रतीक बन गया है। घर में शादी-विवाह हो, नामकरण हो या मुंडन-संस्कार, निमंत्रण-पत्र अंग्रेजी में ही छपवाने में लोग गौरव समझते हैं। हिंदी या भारतीय भाषा का प्रयोग पिछड़ापन माना जाता है।

वैश्वीकरण के नाम पर हमारा संचार माध्यम भी पीछे नहीं रहा। कहना न होगा कि उपग्रह चैनलों के कारण इलैक्ट्रॉनिक मीडिया और दूरदर्शन में तो अंग्रेजी का ही बोलबाला है। चाहे कोई हिंदी फिल्म हो या धारावाहिक, शीर्षक रोमन में देना अब एक आम बात हो गई है। महत्त्वपूर्ण कार्यक्रम अक्सर अंग्रेजी में ही होते हैं। विदेशी चैनलों को भारतीय पर्दे पर पहुंचने की अनुमति दी गई है। क्या ये भारतीय भाषाओं में कार्यक्रम प्रस्तुत करेंगे इसकी संभावना कम ही है। विदेशी विज्ञापनों का माध्यम तो अंग्रेजी है ही, देशी कंपनियां भी अंग्रेजी ही में विज्ञापन देना पसंद करती हैं। वे यह मानकर चलती हैं कि अब नई पीढ़ी सब अंग्रेजी जानती हैं। यह बात अब ठीक भी लगने लगी है, क्योंकि अब किशोर अवस्था के छात्र तो हिंदी में गिनती तक भी नहीं जानते हैं। जानें भी कैसे ? जब उन्हें पहली कक्षा से ही अंग्रेजी माध्यम से शिक्षा दी जा रही है। अभी पिछले दिनों की बात है कि मैंने दिल्ली की शालीमार कालोनी में एक लड़के से पूछा कि बेटा, मकान नं. 37 किधर हैं ? तो उसने उत्तर दिया, अंकल अंग्रेजी में बताओ। मैंने माथा ठोक लिया। ये बालक जो देश की गिनती तक नहीं जानते, वे किस देश के लिए तैयार हो रहे हैं?

इस प्रकार अब जो नई पीढ़ी आ रही है। उसे भारतीय भाषाओं से कोई विशेष लगाव नहीं है। इस स्थिति के चलते लगता है कि कुछ दिनों बाद जब यह पीढ़ी बड़ी होकर कार्यालयों में पहुंचेगी तो यह स्वयं ही हिंदी को नकार देगी, क्योंकि हिंदी में उनकी कोई विशेष गति नहीं होगी और अंग्रेजी से ही काम करना उन्हें आसान प्रतीत होगा। भारतीय भाषाओं के लिए यह एक भयावह स्थिति है और निश्चय ही इसे अंग्रेजी की दासता के नए दौर का सूचक समझा जा सकता है। पिछले दिनों ब्रिटेन के जाने-माने कवि सर स्टीफेन स्पेंडर, जिनका हाल ही में देहांत हो गया, भारत में आए थे। भोपाल में आयोजित विश्व कविता समारोह में उसने कहा था, "भारत एक ऐसा अकेला देश है जो ब्रिटिश साम्राज्य का हिस्सा था, पर वास्तविक अर्थों में अब भी

उससे बाहर नहीं आ पाया है। यह देश इतने दिनों के बाद भी अंग्रेजों की गुलामी से नहीं उबरा है। भारतीय लोग अंग्रेजी भाषा के प्रेम में पड़ गए हैं। यह प्यार एक त्रासदिक प्यास है।" हम पहले अंग्रेजी उपनिवेशवाद की गुलामी के शिकार थे, अब अंग्रेजी भाषा की गुलामी के शिकार हैं। अंग्रेजी की दासता का यह दौर पहले से भयंकर है। अब यह दासता हमारी मानसिकता का अंग बन गई है। हमारी यह मनोवृत्ति हमें कहां ले जाएगी ?

इतना ही नहीं अंग्रेजी का स्थान हिंदी न ले सके, इसके लिए हिंदी को और भी काट कर छोटा किया जा रहा है। हमारे संविधान निर्माताओं ने हिंदी को राजभाषा, का पद इसलिए दिया था कि यह भाषा देश के अधिकतर भागों में अधिकांश लोगों द्वारा बोली और समझी जाती है, इसलिए नहीं कि यह कोई प्राचीन या सबसे समृद्ध भाषा है। बड़े खेद के साथ कहना पड़ता है कि हिंदी के बहुसंख्यक लोगों की भाषा होने के दावे पर भी कुठाराघात आरंभ होने लगा है और हिंदी की अपनी उप-भाषाओं और बोलियों को भी हिंदी से अलग संविधान की आठवीं अनुसूची में शामिल कराने पर जोर दिया जा रहा है, ताकि यह सिद्ध किया जा सके कि हिंदी बहुंसख्यकों की भाषा भी नहीं है। इसलिए अंग्रेजी को ही बनाए रखा जाए। यह भी एक सोची-समझी चाल है। अंग्रेजी का यह तिलस्सम टूट जाना कोई आसान काम नहीं होगा और अंग्रेजी की दासता के इस नए दौर से निकल पाना सचमुच चक्रव्यूह के किले से बाहर निकलना होगा।

अंग्रेजी के कारण वर्ग संघर्ष बढ़ रहा है। व्यक्तिवादी प्रवृत्ति बलवती होती जा रही है। समाज टूट रहा है। नई पीढ़ी स्वार्थ की ओर दौड़ रही है। गरीबी की चक्की में पिसते परिवारों को भी अपने बच्चों को अंग्रेजी माध्यम के स्कूलों में भेजना विवशता बन गई है। इस मृग-तृष्णा में सभी अंग्रेजी की दौड़ में दौड़ते दिखाई दे रहे हैं। अंग्रेजी प्रणाली से शिक्षित अधिकांश युवकों का एक सपना होता है विदेशों में नौकरी ढूंढ़ना और वहां बसना। शिक्षा का व्यापारीकरण हो गया है और हमारी शिक्षा संस्थाएं बन गई हैं इस व्यापार की दुकानें और विश्वविद्यालय उच्च व्यापारिक प्रतिष्ठान अब इस व्यापार में भाग लेने के लिए इंग्लैंड, फ्रांस, आस्ट्रेलिया और अमेरीका के शिक्षा संस्थानों में होड़ लग गई है। एक स्वतंत्रता सेनानी का यहां तक कहना है कि हम निर्यात के लिए बच्चे पैदा करते हैं जो पुरानी गिरमिटिया प्रथा का ही नया संस्करण है। शिक्षा संस्थाओं और विश्वविद्यालयों में पढ़ने वाली नई पीढ़ी पश्चिमी देशों की उपभोक्ता संस्कृति की गुलाम बनकर रह गई है। उनकी रुचि, उनका खान-पान उनकी आवश्यकताएं सब कुछ आयातित हैं, क्योंकि उपभोक्तावादी, संस्कृति, विचारों का भी आयात करती है, चाहे वे श्रेष्ठ हों या कुत्सित।

प्रयोजन मूलक हिंदी

मनुष्य एक सामाजिक प्राणी है। उसे परस्पर व्यवहार के लिए भाषाई माध्यम की आवश्यकता होती है। अतः विचारों के आदान-प्रदान का माध्यम भाषा है। हैनरी स्वीट ने ध्वन्यात्मक शब्दों द्वारा विचारों का प्रकटीकरण ही भाषा कहा है। किंतु भाषा मात्र विचारों के संप्रेषण का माध्यम ही नहीं है, बल्कि सामाजिक नियंत्रण का सक्षम माध्यम भी है। समाज में भाषा की एक महत्त्वपूर्ण भूमिका होती है। भाषा एक सामाजिक यथार्थ है, जिसका विकास मानव के सामाजिक जीवन की विभिन्न उद्देश्यों की पूर्ति के लिए होता है। भाषा सामाजिक कृत्यों और व्यावहारिक आवश्यकताओं की पूर्ति के साधन के रूप में प्रयुक्त होती है। हमारे सामाजिक जीवन में विभिन्न स्थितियों, कार्य क्षेत्रों में भाषा के प्रयोग से उसके कई रूप दिखाई देते हैं। इस प्रकार भाषा विभिन्न सांस्कृतिक और प्रयोजनपरक संदर्भों में नियंत्रित होती है। अतः भाषा ही मानव समाज, संस्कृति, सभ्यता के विकास के मूल में होती है।

संक्षेप में भाषा के दो पक्ष हैं— एक का संबंध मानव की सौंदर्यपरक अनुभूतियों के आलंबन से होता है तथा दूसरे का संबंध भाषा के प्रयोजन मूलक आयामों से। भाषा के सौंदर्य मूलक आयाम में भाषा सर्जनात्मक होती है, जिसका विकास साहित्यिक भाषा के रूप में होता है। कविता, उपन्यास, कहानी, नाटक, समालोचना आदि साहित्यिक विधाओं में भाषा का यही रूप प्रकट होता है। भाषा के दूसरे पक्ष का संबंध हामरी सामाजिक जीवन की आवश्यकताओं की पूर्ति से है, जो व्यक्तिपरक होकर भी समाज सापेक्ष होती है। इसमें भाषा किसी उद्देश्य विशेष या कार्य विशेष के लिए प्रयुक्त होती है। भाषा के इस प्रयोजन मूलक स्वरूप के कारण ही इसे 'प्रयोजन मूलक भाषा' कहते हैं। प्रयोजन से तात्पर्य है विशिष्ट विषय परक प्रयोग। अतः विशिष्ट प्रयोजनों से सम्बद्ध भाषाई स्थिति को प्रयोजन मूलक और इन विशिष्ट प्रयोजनों को अभिव्यक्ति प्रदान करने वाली भाषा ही प्रयोजन मूलक भाषा कही जाती है।

प्रश्न उठता है कि क्या निष्प्रयोजन मूलक भी कोई भाषा होती है? वास्तव में भाषा तो संप्रेषण का माध्यम होने के कारण उद्देश्य परक ही होती है। किंतु जब भाषा को प्रयोजन मूलक विशेषण दिया जाता है तो यह विशिष्ट व्यावहारिक उद्देश्यों की पूर्ति के लिए विशिष्ट शब्दावली युक्त भाषा का रूप होता है। यह रूप सामाजिक आवश्यकताओं को पूरा करने के लिए विशेष रूप से प्रयुक्त होता है और इसका प्रयोजन मूलक विशेषण इस व्यावहारिक और कामकाजी पक्ष को अधिक स्पष्ट करता है। इसमें विभिन्न प्रयोजनों के लिए प्रयुक्त भाषा का अर्थ निहित होता है। डॉ.

ब्रजेश्वर वर्मा ने प्रयोजन मूलक विशेषण में निहित संकेत को स्पष्ट करते हुए निष्प्रयोजन मूलक भाषा की कल्पना को अस्वीकार किया है, उनका मत है कि निष्प्रयोजन हिंदी कोई चीज नहीं है, लेकिन प्रयोजन मूलक विशेषण उसके व्यावहारिक पक्ष को अधिक उजागर करने के लिए प्रयुक्त किया गया है।

कतिपय विद्वानों ने प्रयोजन मूलक हिंदी के स्थान पर व्यावहारिक हिंदी को अधिक उपयुक्त माना है। वास्तव में प्रयोजन भी व्यावहारिक होता है, किंतु व्यावहारिक हिंदी कहने से यह भ्रम उत्पन्न होता है कि उसमें व्याकरण एवं सामाजिक संदर्भों की अपेक्षा व्यावहारिक उपयोग पर ही अधिक बल दिया गया हो, जिसका यह अर्थ निकलता है कि दैनिक जीवन में अर्थ साधन के लिए प्रयुक्त की जाने वाली हिंदी जिसमें व्याकरणिक संरचना पर ध्यान देने के बजाए उसकी व्यावहारिक उपयोगिता पर बल दिया जाता है, जबकि प्रयोजन मूलक भाषा में संपर्क तथा संप्रेषण की आवश्यकता होती है और इसकी अभिव्यक्ति ज्ञान-विज्ञान के विभिन्न क्षेत्रों में जैसे प्रशासन, विधि, विज्ञान, पत्रकारिता एवं विज्ञापन आदि प्रयोजनों के रूप में होती है, जिसमें व्याकरणिक शुद्धता और सामाजिक महत्ता की ओर ध्यान रखना पड़ता है। इस प्रकार प्रयोजन मूलक विशेषण व्यावहारिक की अपेक्षा अधिक अर्थगर्भित, लक्ष्य–भेदी तथा स्पष्ट है। कुछ विद्वानों ने इसे "कामकाजी हिंदी" तथा "प्रकार्यात्मक हिंदी" भी कहना अधिक सुसंगत समझा है।

श्री गोवरधन ठाकुर प्रयोजन मूलक हिंदी के स्थान पर इसे व्यावसायिक हिंदी कहना अधिक पसंद करते हैं। व्यावसायिक हिंदी व्यवसाय अर्थात् वृत्तिका रोजी-रोटी तथा जीवन के अभिप्रेत लक्ष्यों से संबंद्ध क्षेत्रों यथा—प्रशासन, समाज, राजनीति, कृषि, व्यापार, उद्योग, विधि, अर्थ, प्रशिक्षण, चिकित्सा, अभियांत्रिकी ज्योतिष, अध्यात्म, दर्शन, मनोविज्ञान आदि ज्ञान-विज्ञान की विविधताओं के चिंतन मनन एवं अभिव्यक्ति की हिंदी है। इस प्रकार व्यावसायिक हिंदी वह हिंदी है जिसका संबंध हमारे व्यावसायिक कार्यकलापों, कार्यालयी व्यवहारों, ज्ञान-विज्ञान एवं तकनीक से है। प्रयोजन मूलक हिंदी सौंदर्यपरक, आनंद मूलक और सर्जनात्मक हिंदी से भिन्न होती है, जो सामाजिक आवश्यकताओं के संदर्भ में संप्रेक्षण के आधार भूत पक्षों को अपने भीतर संजोए हुए है। विविध प्रयोजनों में प्रयुक्त होने वाली भाषा में शब्दावली, वाक्य रचना और शैली के स्तर पर भेद होता है, यह भेद उसके संदर्भ और उद्देश्य पर निर्भर करता है।

डॉ. नगेंद्र का कथन है कि वस्तुतः प्रयोजन मूलक हिंदी के विपरीत यदि कोई हिंदी है तो वह निष्प्रयोजन नहीं अपितु आनंद मूलक हिंदी है। आनंद व्यक्ति सापेक्ष और प्रयोजन समाज सापेक्ष है। आनंद स्वयं में केंद्रित होता है और प्रयोजन समाज सापेक्ष होता है। हम आनंद मूलक हिंदी के विरोधी नहीं हैं, पर सामाजिक आवश्यकताओं के संदर्भ में हम संप्रेषण के बुनियादी आधार को भी अपनी नजर से ओझल नहीं करना चाहते। प्रयोजन मूलक हिंदी के प्रणेता मोटूरि सत्यनारायण ने हिंदी के

स्वरूप एवं कार्यक्षेत्र को स्पष्ट करते हुए लिखा है कि विभिन्न आवश्यकताओं की पूर्ति के लिए प्रयुक्त होने वाली हिंदी प्रयोजन मूलक हिंदी है।

प्रयोजन मूलक हिंदी का प्रयोग क्षेत्र बहुत ही व्यापक है। इसके अंतर्गत केवल प्रशासनिक हिंदी तथा वैज्ञानिक एवं तकनीकी हिंदी के विवेचन को ही सार्थक मानना प्रर्याप्त नहीं है। डॉ. विद्यानिवास मिश्र के अनुसार, "हिंदी का संदर्भ अत्यंत व्यापक और जीवित संदर्भ है। उनका मानना है कि प्रयोजन मूलक हिंदी का नक्शा साफ होना चाहिए। विभिन्न क्षेत्रों, व्यवसायों में जिस हिंदी का प्रयोग हो रहा है उनका संपूर्ण आकलन किया जाए।" डॉ. मोट्टूरि सत्यनारायण के अनुसार भाषा के दो पक्ष या प्रकार्य होते हैं।

1. सौंदर्य परक पहलू आत्म-केंद्रित होता है और उसका प्रयोग आत्म संतुष्टि के लिए किया जाता है, जबकि दूसरा पक्ष आवश्यकता आधारित होता है। प्रयोजन मूलक हिंदी से तात्पर्य हिंदी भाषा की उन विविध प्रयुक्तियों से है, जो सेवा माध्यम के रूप में विभिन्न व्यवसायों और धंधों में प्रयुक्त होती हैं। उन्होंने प्रयोजन मूलक हिंदी के निम्नलिखित छः रूप माने हैं—

1. कार्यालयीन हिंदी
2. तकनीकी हिंदी
3. वाणिज्यिक हिंदी
4. जनसंचारी हिंदी
5. सामाजिक हिंदी
6. साहित्यिक हिंदी

डॉ. भोलानाथ तिवारी ने प्रयोजन मूलक हिंदी को सात भागों में विभाजित किया है, जिनमें मोट्टूरि सत्यनारायण द्वारा गिनाए गए छह रूपों के अतिरिक्त सामान्य बोलचाल की हिंदी भी शामिल है। इन रूपों पर संक्षेप में विचार किया जाना भी समीचीन है।

1. **कार्यालयीन हिंदी से तात्पर्य प्रशासनिक** क्षेत्र में हिंदी से है, आज हिंदी देश की राजभाषा है, केंद्र के अलावा कई राज्यों ने भी इसे अपने राज्य की राजभाषा के रूप में स्वीकार किया है। हिंदी का यह रूप वस्तुतः स्वतंत्रता के बाद ही विकसित हुआ। कुछ देसी रियासतों को छोड़ हिंदी का प्रयोग शासन के कार्यों में नहीं होता था। आज केंद्रीय सरकार के कार्यालयों में राजभाषा के रूप में इसका प्रयोग होता है। यह भाषा एक प्रकार से अंग्रेजी के अनुवाद पर आधारित है। इसका पैटर्न भी ब्रिटिश कालीन ही है। कार्यालय की भाषा औपचारिक होती है। इसकी औपचारिकता अधिकारी तंत्र के पदानुक्रम पर भी आधारित होती है। अपने उच्च अधिकारी अथवा अपने अधीनस्थ अधिकारी से एक खास तरह की औपचारिकता का निर्वाह किया जाता है। इसके साथ ही पारिभाषिक शब्दावली का सुनिश्चित अर्थ में प्रयोग किया जाता है। सरकारी पत्राचार के स्वरूप, निश्चित कार्य विधि के अनुसार निर्धारित है।

जैसे सामान्य पत्र, अद्र्ध-शासकीय पत्र, ज्ञापन, कार्यालय ज्ञापन, आदेश, कार्यालय आदेश, अनुस्मारक, विज्ञप्ति, अधिसूचना, संकल्प, पृष्ठांकन, टिप्पणी, आदि, जो सामान्य भाषा से भिन्न होते हैं। वाक्य विन्यास में कर्त वाच्य के स्थान पर कर्म वाच्य का प्रयोग इसकी विशेषता है, इसके लिखने का पैटर्न निश्चित है जो भारत सरकार द्वारा प्रकाशित कार्यालय पद्धति के अनुसार चलता है।

2. **तकनीकी और वैज्ञानिक हिंदी** - भारत में वैज्ञानिक अनुसंधान और चिंतन की परंपरा प्राचीन काल से ही चली आ रही है। अतः संस्कृत भाषा में तो विज्ञान संबंधी अपार साहित्य विद्यमान है किंतु हिंदी में इसकी वैसी परंपरा नहीं रही। आधुनिक युग में पश्चिम के विज्ञान और प्रौद्योगिकी के परिचय के बाद हिंदी में वैज्ञानिक लेखन शुरू हुआ। हिंदी में विज्ञान की शब्दावली के प्राचीन संस्कृत शब्दों के साथ ही अंतर्राष्ट्रीय शब्दावली को ग्रहण किया गया है। भारत सरकार के वैज्ञानिक तथा तकनीकी शब्दावली आयोग ने प्रायः सभी विज्ञानों की पारिभाषिक शब्दावली तैयार की है। संविधान के अनुच्छेद 351 में हिंदी के विकास संबंधी जो निर्देश दिए गए हैं उन्हीं के अनुसार शब्दों को ग्रहण किया जाता है।

3. **वाणिज्यिक**- औद्योगिक प्रगति के युग में अंतर्राष्ट्रीय वाणिज्य और व्यापार की भाषा अंग्रेजी होने के कारण इस क्षेत्र में भी अंग्रेजी शब्दावली का हिंदी में भी प्रवेश हुआ है। पहले वहीखातों, रोजनामचों, रोकड़, हुंडी बीजक आदि का वाणिज्य में प्रचुर मात्रा में प्रयोग होता था किंतु अब नए शब्दों का प्रयोग भी वाणिज्यिक हिंदी में होने लगा है, जैसे रिकार्ड, बिल, कैशमेमो, रजिस्टर, वाउचर, शेयर आदि भी हिंदी की वाणिज्यिक शब्दावली में शामिल हो गए हैं। व्यापार की भाषा में कुछ प्रयुक्तियां अपना विशेष अर्थ रखती हैं। जैसे चांदी टूटी, गिन्नी उछली, तेल औंधे मुंह गिरा। इसी प्रकार विकावली, उछाल , सटोरिया, आवक, नरग आदि व्यापार के क्षेत्र में अपनी विशेषता रखते हैं।

4. **जनसंचारी हिंदी**- संचार माध्यम के दो रूप है—

1. प्रिंट मीडिया (पत्र-पत्रिकाएं)   2. इलैक्ट्रॉनिक मीडिया

इसी प्रकार भाषा के संचार माध्यमों में मौखिक और लिखित दोनों रूप शामिल हैं। दोनों रूप समान होते हुए भी एक-दूसरे से काफी भिन्न होते हैं। दोनों में संप्रेषणीयता भी भिन्न-भिन्न होती है। दोनों का अपना महत्त्व है। समाचार-पत्रों की भाषा सहज, सरल स्पष्ट और बोध गम्य होनी चाहिए। आज सूचना प्रौद्योगिकी का युग है। पाठकों और श्रोताओं को शीघ्रतम सुस्पष्ट, और अधिक से अधिक सूचना मिलनी चाहिए। इसलिए दृश्य और श्रव्य साधनों का प्रयोग किया जाता है। इसके लिए शब्दावली सुस्पष्ट हो, जिससे संप्रेषण में बाधा न पहुंचे। स्टार टी.वी. आदि के कारण आज अंतर्राष्ट्रीय शब्दावली का पूरा प्रयोग संचार माध्यमों में हो रहा है।

5. **सामाजिक हिंदी**- इस क्षेत्र में राजनीतिक विज्ञान, समाजशास्त्र, अर्थशास्त्र और इतिहास आदि विषय आते हैं। इनकी शब्दावली संकल्पनाओं और विचार

धाराओं पर आधारित होती है जो अपने भीतर विशिष्ट अर्थ समाहित किए होती है। आज समाजवाद, पूंजीवाद, मार्क्सवाद, राष्ट्रवाद, शोषित वर्ग, आम आदमी, वर्ग भेद, समता, शोषण, भ्रष्टाचार, आतंकवाद, उग्रवाद, धर्म-निरपेक्ष, मानवाधिकार जैसे शब्द सामाजिक विज्ञानों के क्षेत्र में धड़ल्ले से प्रयोग हो रहे हैं। ये सभी पारिभाषिक शब्द हैं। कुछ शब्द अंतर्राष्ट्रीय शब्दावली से भी ग्रहण कर लिए जाते हैं। जैसे कांग्रेस, कांफ्रेंस, बाईकाट, पैक्ट आदि।

6. **साहित्यिक हिंदी**- इसका प्रयोग काव्य, नाट्यशास्त्र, साहित्यशास्त्र आदि की भाषा के रूप में होता है।

इनके अतिरिक्त विधि और विज्ञापन के क्षेत्र में भी हिंदी का प्रयोग हो रहा है। विधि नए क्षेत्र में मुगल शासन के अधीन अदालती काम फारसी में होता था, किंतु बाद में ब्रिटिश काल में यह कार्य अंग्रेजी में होने लगा और उच्च शिक्षा की भाषा अंग्रेजी होने से हिंदी का महत्त्व हाशिए में पड़ता गया। आजादी के बाद जब हिंदी को राजभाषा का दर्जा दिया गया तो इसे विधि एवं न्याय व्यवस्था में भी अपनाने का प्रश्न उठा। इसके लिए विधायी आयोग द्वारा विधि शब्दावली तैयार की गई। विधि की भाषा बहुत ही सतर्क और सुनिश्चित भाषा होती है क्योंकि उसमें जो कुछ कहा जा रहा है उसका सीधा और उतना ही अर्थ निकलना अपेक्षित है जितना कहने वाले या लिखने वाले का आशय है। इसलिए शब्दावली में स्पष्टता और एकार्थकता नितांत आवश्यक है। वैधानिक शब्दावली को ही लीजिए इसमें सुनिश्चित अर्थ होते हैं जैसे (Clause के लिए खंड, Section के लिए धारा, Article के लिए अनुच्छेद, Provise के लिए परंतुक, Introducte के लिए पुरः स्थापित आदि)।

इस प्रकार आज विज्ञापन के क्षेत्र में भी हिंदी का जोरों से प्रयोग हो रहा है। दूरदर्शन पर विज्ञापन, सदैव देखने को मिलते हैं। विज्ञापन के तीन रूप हैं जैसे- दृश्य, श्रव्य, मुद्रित, विज्ञापन का उद्देश्य सूचना देने के साथ ही ध्यान आकृष्ट करना भी होता है। जिससे देखने-सुनने वाले वस्तु को खरीदने के लिए उत्सुक हो जाए इसकी भाषा आकर्षक, लाभात्मक और गयात्मक हो। प्रयोजन मूलक हिंदी के विविध रूपों को देखते हुए यह स्पष्ट होता है कि विभिन्न संदर्भों में एक-सी भाषा का प्रयोग नहीं किया जा सकता। कार्यालयीन हिंदी, सामाजिक हिंदी तथा साहित्यिक हिंदी में शब्दावली और भाषा की प्रकृति में अंतर होता है।

भाषा रूपों को निम्न प्रकार से देखा जा सकता है—

1. भाषा शैली
2. भाषा प्रयोजन

जहां तक भाषा शैली का संदर्भ है, हिंदी की विविध शैलियां दिखाई पड़ती हैं

जैसे संस्कृतिनिष्ठ या साहित्यिक, हिंदी, उर्दू-फारसी मिश्रित हिंदी और सामान्य बोलचाल की हिंदी। कहीं-कहीं एक ही विषय क्षेत्र में तीनों का प्रयोग भी दृष्टिगोचर होता है। उदाहरणार्थ- उपन्यास लेखन में ज्ञान के किसी भी क्षेत्र में उपयुक्त तीनों

शैलियों में से किसी एक का प्रयोग किया जा सकता है। भाषा प्रयोजन के संदर्भ में भाषा शैली का संदर्भ भी भिन्न होता है। भाषा प्रयोजन का स्वरूप संस्कृत मिश्रित बंधनों से मुक्त होता है। डॉ. के. के. गोस्वामी के अनुसार इसका संबंध प्रयोग क्षेत्र से बनता है। इसीलिए प्रयोजन मूलक हिंदी में विषय भाषा को नियंत्रित करता है और विषय से संबंधित अभिव्यक्तियों तथा संबंधित वाक्य संरचनाएं रहती हैं। इसमें आवश्यकतानुसार एक या दो शैली का या तीनों का मिला-जुला प्रयोग किया जाता है। जिसमें संस्कृत भाषा के संदर्भ में अंतर्राष्ट्रीयवादी और विभिन्न भाषाओं और बोलियों के संदर्भ में साम्यवादी दृष्टिकोण अपनाए जा रहे हैं। जहां तक सरकारी कार्यालयों में प्रयुक्त भाषा का संबंध है आम बोलचाल की भाषा को तरजीह दी जा रही है और इसके लिए भारत सरकार ने स्पष्ट आदेश भी जारी कर दिए हैं।

हिन्दी में विज्ञान और प्रौद्योगिकी का साहित्य

अतीत काल से ही ज्ञान–विज्ञान के क्षेत्र में भारत की एक समृद्ध और अग्रणी भूमिका रही है। विश्वकर्मा को ज्ञान विज्ञान का आदि देव माना जाता है। 'शून्य' का आविष्कार भारत में हुआ। वह विश्व को भारत की सबसे बड़ी देन है। गणित, ज्योतिष और खगोल शास्त्र के क्षेत्र में भारत की उपलब्धियां विश्व विख्यात हैं। पंचवी शताब्दी के अन्त में पाटलीपुत्र के निवासी आर्यभट्ट ने अपनी प्रसिद्ध पुस्तक आर्यभट्टीयम में वृत और त्रिभूज आदि के सिद्धान्तों का वर्णन किया और दशमलव प्रणली का प्रतिपादन किया। वराहमिहिर ने 'पंचसिद्धान्तिका' में ज्योतिष के पांच सिद्धान्तों का वर्णन किया था। उसने तकनीकी विज्ञान पर 'बृहत्संहिता' नाम का एक कोश लिखा। नागार्जुन ने रसायन शास्त्र और धातु विज्ञान पर ग्रन्थ लिखे। आयुर्वेद में वाग्भट ने अष्टांग संग्रह लिखा। चरक संहिता और सुश्रुत संहिता जैसे विख्यात चिकित्सा ग्रन्थ भारत की ही देन हैं। ये सभी ग्रन्थ हमारी अमूल्य धरोहर हैं।

इतिहास की बदलती करवटों के साथ–साथ यहां प्राकृत और अपभ्रंशों से उपजी विभिन्न भारतीय भाषाओं का विकास हुआ। देश में व्यापक जन भाषा के रूप में जिस भाषा का विकास हुआ कालान्तर में उसे ही 'हिन्दवी' और 'हिन्दी' कहा गया और अपने मानक रूप में यही हिन्दी आज भारत की राजभाषा है। हिन्दी में साहित्य रचना की परम्परा तो पिछले एक हज़ार वर्षों से चली आ रही है, किन्तु ज्ञान विज्ञान के साहित्य लेखन की परम्परा 19वीं शताब्दी और विशेषकर स्वतन्त्रता प्राप्ति के बाद आरम्भ होती है। यह नहीं कि इससे पूर्व हिन्दी में ऐसे ग्रन्थों का एकदम अभाव है। 1800 ई. में श्रीरामपुर विश्व प्रेस की स्थापना के बाद हिन्दी में भी पुस्तकों के प्रकाशन का प्रचलन आरम्भ हो गया।

यह माना जाता है कि स्वतन्त्रता से ठीक सौ वर्ष पूर्व आगरा बुक सोसायटी द्वारा 1847 ई. में 'रसायन प्रकाश प्रश्नोत्तर' शीर्षक से हिन्दी में विज्ञान की प्रथम पुस्तक का प्रकाशन किया गया। किन्तु कुछ लोग श्री कुंज बिहारी लाल की पुस्तक 'लघु त्रिकोणमति' को ही हिन्दी में विज्ञान की पहली पुस्तक मानते हैं, जिसका प्रकाशन 1855 में हुआ था।

आरम्भ में अंग्रेजी में लिखी विभिन्न पुस्तकों के हिन्दी अनुवाद प्रकाशित हुए जिनमें पापुलर नेचुरल फिलासफी का अनुवाद 'सरल विज्ञान विटप' (अनुवादक बलदेव झा) 1860, मेन्स लैसन्स इन जनरल कैमिस्ट्री का अनुवाद 'बाहय प्रपंच दर्पण (अनुवाद मथुरादास) 1861, सिद्धपदार्थ विज्ञान (अनु वंशीधर, मोहनलाल और कृष्ण दत्त) 1860 है। इसी वर्ष बालकृष्ण शास्त्री खंडरकर की पुस्तक 'खगोल' का हिन्दी अनुवाद भी

प्रकाशित हुआ। 1867 ई. में 'वायु की उत्पत्ति' और रसायन विज्ञान का संक्षेप पाठ तथा 'रसायन प्रकाश' नामक पुस्तकों का भी प्रकाशन हुआ। 1875 ई0 में 'सुलभ बीजगणित' (कुंज बिहारी लाल) 1883 ई. में काशी से 'पदार्थ विज्ञान विटप' 'गति विद्या', 'स्थित विद्या', 1882 ई. में लाहौर से स्थित तत्त्व (नवीन चन्द्र राय) 1885 ई. में 'चलन कलन' (पं. सुधाकर द्विवेदी) और 19वीं शताब्दी के अन्त में कलकत्ता से 'रसायन संग्रह' (विशम्भरनाथ वर्मा) प्रकाशित हुई।

काशी नागरी प्रचारिणी सभा ने भी विज्ञान में हिन्दी पुस्तकों के प्रकाशन के महत्व को समझा और बाबु श्यामसुन्दर दास के सम्पादन में एक वैज्ञानिक कोश का निर्माण हुआ। कालान्तर में रसायन गणित, भौतिकी, चिकित्सा आदि पर अनेक ग्रन्थ प्रकाशित हुए। इनमें रसायन शास्त्र और 'विद्युत शास्त्र' तथा 'भौतिकी' विशेष रूप से उल्लेखनीय है।

1910 में हिन्दी साहित्य सम्मेलन की स्थापना हुई और फिर 10 मार्च 1913 को विज्ञान परिषद की। 1915 में परिषद ने 'विज्ञान' मासिक पत्रिका का प्रकाशन आरम्भ किया। परिषद ने ही लगभग 100 पुस्तकें प्रकाशित कीं। सम्मेलन ने पदार्थ विज्ञानों पर भी 'गति विज्ञान' (पी.डी. शुक्ल), 'चल राशि कलन' (हरिश्चन्द्र गुप्त), 'बीजगणित तथा ठोस ज्योमिति' (डॉ. बृजमोहन) जैसे ग्रन्थों की रचना की। इन्जीनियरी विषयों में कार्य देर से आरम्भ हुआ। 1930 के दशक में 'गृह विज्ञान' की रचना बी.सी. एस. महतो ने की। इंस्टीट्यूशन ऑफ इंजीनियर्स (इंडिया) की स्थापना के बाद उसकी प्रमुख पत्रिका 'जनरल ऑफ इंस्टीट्यूशन ऑफ इंजीनयर्स' (इंडिया) में हिन्दी में भी इंजीनियरी विषयों पर गम्भीर लेख प्रकाशित होने लगे।

स्वतन्त्रता प्राप्ति के बाद हिन्दी ने अपनी साहित्यिक भूमिका से ऊपर उठकर प्रशासन, विज्ञान तथा प्रौद्योगिकी के क्षेत्र में भी अग्रणी भाषा के रूप में अपने दायित्वों का निर्वाह प्रारम्भ कर दिया। अनेक विश्वविद्यालयों, उच्च शिक्षा संस्थाओं में हिन्दी को शिक्षा का माध्यम बनाया गया। 1956 में उत्तर प्रदेश सरकार ने 'हिन्दी समिति' की स्थापना की, जिसने विश्वविद्यालय स्तर की पुस्तकों का प्रकाशन आरम्भ किया। विभिन्न राज्यों में हिन्दी ग्रन्थ अकादमियों की स्थापना की गई। उत्तर प्रदेश, हरियाणा, मध्यप्रदेश, राजस्थान, बिहार की अकादमियों ने वैज्ञानिक विषयों में मौलिक और अनूदित दोनों प्रकार की पुस्तकें प्रकाशित कराईं।

भारत सरकार द्वारा 1961 में वैज्ञानिक तथा तकनीकी शब्दावली आयोग की स्थापना की गई जिसे, तकनीकी शब्दावली के मानकीकरण का दायित्व सौंपा गया। इसने विज्ञान की विभिन्न शाखाओं में अनेक पारिभाषिक शब्दावलियों का प्रकाशन किया है। भारत सरकार के विभिन्न मन्त्रालयों और विभागों द्वारा हिन्दी में मौलिक और अनुवादित पुस्तकें लिखने के लिए पुरस्कार योजना लागू की गई है। इनके अधीन हिन्दी में कई महत्वपूर्ण पुस्तकों का प्रकाशन हुआ है जिनमें रसायनिक और कीटाणु युद्ध (श्री इन्द्र प्रकाश), विस्फोटक विज्ञान (श्री शिवकुमार शुक्ल), प्रघाती

तरंगें और मानव (डॉ. सी एल गर्ग) गोरिल्ला युद्ध (श्री परशुराम गुप्त), भारत के सुन्दर द्वीप (डॉ. परमानन्द पांचाल), शल्य क्रिया और आप (डॉ. केदार प्रसाद सिंह) विशेष रूप से उल्लेखनीय हैं।

हाल ही में वर्ष 2000–01 में राजभाषा विभाग गृह मंत्रालय भारत सरकार द्वारा तकनीकी विज्ञान की विभिन्न विधाओं में उच्च स्तंर के मौलिक हिन्दी साहित्य के सृजन को प्रोत्साहन देने के लिए एक लाख रुपए के नकद पुरस्कार की एक 'राष्ट्रीय ज्ञान विज्ञान मौलिक पुस्तक लेखन पुरस्कार योजना' परिचालित की गई। इसी प्रकार की एक पुरस्कार योजना विद्युत मन्त्रालय ने भी घोषित की है। बिहार की राष्ट्रभाषा परिषद तथा काशी हिन्दू विश्वविद्यालय की हिन्दी प्रकाशन समिति ने भी हिन्दी में विज्ञान साहित्य के निर्माण में योगदान दिया है। राष्ट्रीय शैक्षिक अनुसंधान और प्रशिक्षण परिषद स्कूल स्तर की विज्ञान विषयों सहित पाठ्य पुस्तकें तैयार कर रहा है। कृषि विज्ञान में कृषि साहित्य हिन्दी में उपलब्ध कराने को पंतनगर स्थित कृषि विश्वविद्यालय और कृषि अनुसंधान परिषद सराहनीय कार्य कर रहे हैं। केन्द्रीय सचिवालय हिन्दी परिषद की ओर से 'विज्ञान गंगा' प्रकाशित होती है। वैज्ञानिक तकनीकी शब्दावली आयोग द्वारा 1986 से निरन्तर 'विज्ञान गरिमा सिंधु' का त्रैमासिक प्रकाशन होता है।

इस प्रकार विज्ञान एवं प्रौद्योगिकी के विविध क्षेत्रों में हिन्दी में अनेक मौलिक एवं अनूदित ग्रन्थों की रचना हुई है, जो ज्ञान–विज्ञान के क्षेत्र में हिन्दी के उत्तरोत्तर उल्लेखनीय विकास और उसकी क्षमता की ओर संकेत करते हैं। विज्ञान और प्रौद्योगिकी के क्षेत्र में हिन्दी विश्व की एक सक्षम भाषा बनने की क्षमता रखती है, किन्तु आवश्यकता अपनी मानसिक दासता से ऊपर उठकर इसके प्रयोग की है। वैज्ञानिक तथा औद्योगिक अनुसंधान परिषद ने हिन्दी में विज्ञान और प्रौद्योगिकी के क्षेत्र में उपलब्ध हिन्दी ग्रन्थों की एक निर्देशिका 1966 में प्रकाशित की थी। उसके बाद उसने 1983 और फिर 1993 में भी इस का प्रकाशन किया। 2001 में स्वतन्त्रता दिवस के पावन पर्व पर इसने 'हिन्दी वैज्ञानिक और तकनीकी प्रकाशन निर्देशिका 2001' प्रकाशित की है, जिसमें 2336 प्रकाशनों की जानकारी उपलब्ध है।

निर्देशिका में जिन विषयों से सम्बंधित ग्रन्थों को सम्मिलित किया गया है सुविधा की दृष्टि से उन्हें दो वर्गों में विभाजित किया गया है: 1. शुद्ध विज्ञान और 2. प्रौद्योगिकी। शुद्ध विज्ञान के अन्तर्गत सामान्य विज्ञान, गणित, खगोल विज्ञान, भौतिकी, रसायन विज्ञान, भू–विज्ञान, मौसम विज्ञान, जीवाश्म विज्ञान, मानव विज्ञान, जीव विज्ञान, वनस्पति विज्ञान और प्राणि विज्ञान आते हैं। प्रौद्योगिकी के क्षेत्र में सामान्य प्रौद्योगिकी, चिकित्सा, अभियान्त्रिकी, कृषि विज्ञान, गृह विज्ञान, व्यवसाय पद्धति, रासायनिक शिल्प विज्ञान, औद्योगिक निर्माण, शिल्प उद्योग तथा भवन निर्माण उद्योग आदि को सम्मिलित किया गया है। इस निर्देशिका की विशेषता यह है कि इस में लेखक और प्रकाशक अनुक्रमणिकाएं भी दी गई हैं। पत्र–पत्रिकाओं और बुलेटिनों की सूची दी गई है, जो सूचना प्रौद्योगिकी से अलग है।

इसे देखते हुए यह भ्रम शीघ्र ही टूट जाता है कि जब हिन्दी में ज्ञान--विज्ञान का साहित्य ही नहीं है तो हिन्दी को उच्च शिक्षा का माध्यम कैसे बनाया जाए। आज हिन्दी में ज्ञान--विज्ञान का विपुल साहित्य उपलब्ध है जिसके आधार पर इसे उच्च शिक्षा संस्थानों, प्रशिक्षण संस्थानों और विश्वविद्यालयों में पठन--पाठन और शोध का माध्यम बनाया जाना राष्ट्र की अनिवार्य आवश्यकता है। अंग्रेजी के माध्यम से हम विज्ञान के क्षेत्र में कोई मौलिक चिन्तन नहीं कर सकते और सदैव विदेशी भाषा के पराश्रित ही बने रहेंगे।

सरकारी कार्यालयों में हिन्दी के प्रयोग में मूलभूत कठिनाइयां और उनका निदान

स्वतन्त्रता से पूर्व भारत की राजभाषा अंग्रेजी थी। सरकारी कार्यालयों में सारा कार्य अंग्रेजी में ही होता था। आम जनता की भाषा न उस समय अंग्रेजी थी और न आज है। अंग्रेजी साम्राज्य का अंग होने के कारण अंग्रेजी रोज़गार के साथ जुड़ी थी। शासन पर अंग्रेजी का वर्चस्व था और समाज में अंग्रेजी जाननेवालों को प्रतिष्ठा और सम्मान की दृष्टि से देखा जाता था। जो लोग अंग्रेजी नहीं जानते थे उन्हें निम्न स्तर का माना जाता था। खेद है कि स्वतन्त्रता के बाद भी यह मनोवृत्ति नहीं बदल पाई है। सरकारी कामकाज में राज भाषा हिन्दी का समुचित रूप में प्रयोग न होने का सबसे बड़ा कारण भी यही है। हमें इस मनोवृत्ति को बदलना होगा। सामान्यतः आज भी यही धारण पाई जाती है कि उच्च अधिकारी यदि अंग्रेजी में लिखते हैं तो उनका रोब–ताब निचले स्तर के कर्मचारियों पर रहता है। इसलिए अंग्रेजी बोलना और लिखना शान की बात मानी जाती है। इसे रोकने के लिए कार्यालयों के अधिकारियों और कर्मचारियों में राष्ट्र और राष्ट्र भाषा के प्रति सम्मान की भावना का वातावरण बनाया जाए। हिन्दी से सम्बंधित बैठकों के अतिरिक्त अन्य बैठकों में भी हिन्दी का प्रयोग किया जाए। विभागाध्यक्ष समय–समय पर कर्मचारियों को सम्बोधित करे तथा उन्हें हिन्दी के प्रयोग के लिए प्रोत्साहित करें और उनका मनोबल बढ़ाएं।

2. प्रकृति का नियम है कि पानी ऊपर से नीचे को आता है, नीचे से ऊपर को नहीं। यदि हम चाहते हैं कि सरकार में हिन्दी का प्रयोग बढ़े तो सबसे पहले उच्च अधिकारियों को ही पहल करनी होगीं उसी से नीचे के कर्मचारियों को भी हिन्दी में काम करने की प्रेरणा मिलेगी। इसी से कर्मचारियों में हिन्दी के प्रति हीनता की भावना कम होगी। यदि ऊपर का अधिकारी एक भी पंक्ति हिन्दी में लिखता है तो नीचे का कर्मचारी 10. लाइन हिन्दी में लिखेगा और गौरव का अनुभव करेगा तथा हिन्दी लोकप्रिय होती चली जाएगी। संसदीय राजभाषा समिति के प्रतिवेदन में भी इसकी सिफारिश की गई है।

3. कार्यालयों में हिन्दी का अपेक्षित प्रयोग न बढ़ने का एक कारण यह है कि सभी कर्मचारियों को हिन्दी का समुचित ज्ञान नहीं होता। भारत एक विशाल देश है और देश के विभिन्न क्षेत्रों से लोग केन्द्रीय सरकार की सेवा में आते हैं। केन्द्रीय सरकार की सेवा में भर्ती के लिए हिन्दी का ज्ञान अनिवार्य नहीं है हाँ, किसी स्तर पर अंग्रेजी

भाषा का ज्ञान अवश्य अनिवार्य है। फिर भी उसे सेवाकाल में हिन्दी का ज्ञान प्राप्त करना अनिवार्य होता है। इस ज्ञान का समुचित लाभ नहीं उठाया जाता। यह देखने में आया है कि हिन्दी में प्रशिक्षण प्राप्त करना मात्र औपचारिकता और प्रलोभल रह गया है। व्यावहारिक रूप में उसके हिन्दी ज्ञान का प्रयोग नहीं होता। हमें इस ओर ध्यान देना होगा, जिससे उनका अभ्यास बना रहे। केवल पुरस्कार और प्रोत्साहन राशि के लिए ही हिन्दी का प्रशिक्षण नहीं होना चाहिए। ऐसे कर्मचारियों को इन पदों और स्थानों पर तैनात किया जाए जहाँ हिन्दी में काम होता हो। होता क्या है कि बहुधा ऐसे नव प्रशिक्षित आशुलिपि को और टंककों को ऐसे अधिकारियों के साथ लगा दिया जाता है, जहाँ हिन्दी में काम ही नहीं हो रहा होता है। इससे उसका अभ्यास रुक जाता है और प्रशिक्षण का कोई लाभ नहीं होता। यह भी देखने में आया है कि जो अधिकारी हिन्दी में काम करना चाहते हैं, उसे हिन्दी आशुलिपिक ही नहीं मिल पाता। इसके लिए प्रबंधन में कुशलता की बड़ी आवश्यकता है। हिन्दी को लोकप्रिय बनाने के लिए प्रोत्साहन योजना के साथ–साथ प्राप्त ज्ञान के समुचित उपयोग की भी आवश्यकता है।

4. केन्द्रीय सरकार के कार्यालयों, उपक्रमों, उद्यमों और निगमों आदि में व्यावसायिक प्रशिक्षण का माध्यम मुख्यतः हिन्दी ही होना चाहिए। इससे प्रशिक्षण के बाद कर्मचारियों को हिन्दी में कार्य करने में अधिक सुविधा होगी। इसके लिए प्रशिक्षण सामग्री और कार्यविधि साहित्य भी हिन्दी में ही तैयार किया जाए। समय–समय पर उनके ज्ञान को नवीनतम करने के लिए हिन्दी के पुनश्चर्या पाठ्यक्रम भी चलाए जाएं। इसके साथ ही सम्बंधित कार्यालय में प्रयुक्त होने वाले मानक मसौदों के हिन्दी रूपांतर भी प्रत्येक अनुभाग में उपलब्ध कराए जाएं ताकि इनके आधार पर मूल रूप से हिन्दी में मसौदा तैयार करने में सहायता मिले और अनुवाद का सहारा न लेना पड़े।

5. सरकारी कार्यालयों में हिन्दी के लोकप्रिय न होने का एक प्रमुख कारण हिन्दी का स्वरूप भी है। हिन्दी को राजभाषा बनाते समय हमारे संविधान निर्माताओं ने हिन्दी के स्वाभाविक गुणों पर गम्भीरता से विचार किया था। हिन्दी को राजभाषा इसलिए नहीं बनाया गया था कि वह देश की सबसे प्राचीन या समृद्ध भाषा है बल्कि इसलिए बनाया गया था कि यह भाषा देश के अधिकांश क्षेत्रों में अधिकतर लोगों द्वारा बोली और समझी जाती है। भारत की कोई अन्य भाषा चाहे वह कितनी भी समृद्ध क्यों न हो, यह कार्य नहीं कर सकती। इसलिए हिन्दी सम्पर्क की दृष्टि से सबसे उपयुक्त भाषा है। सदियों से भारत संतों, सूफियों, महात्माओं और विचारकों ने देश को एक सूत्र में बांधने के लिए इसका प्रयोग किया है। गांधी जी ने कहा था, 'भाषा वही श्रेष्ठ है जिसको जन समूह आसानी से समझ लें' उन्होंने इसे राष्ट्रीय एकता में सहायक

बताते हुए 'राष्ट्र भाषा' का नाम दिया था। संविधान में इसे ही भारत की 'राजभाषा' के रूप में स्वीकार कर लिया गया।

अब प्रश्न उठता है कि क्या हमने हिन्दी को राजभाषा बनाने के बाद इसके स्वाभाविक गुणों को अक्षुण्ण रखते हुए सही कदम उठाए हैं? क्या कारण है कि आज केन्द्रीय सरकार के कार्यालयों में 80 प्रतिशत से अधिक कर्मचारियों को हिन्दी का कार्य साधक ज्ञान होने पर भी हिन्दी में काम नहीं हो पा रहा है। संविधान के अनुच्छेद 343 में यही कहा गया है कि देवनागरी लिपि में लिखी जानेवाली हिन्दी भारत की 'राजभाषा' होगी।

पहले सरकार की ओर से इस सम्बन्ध में स्पष्ट दिशा निर्देश नहीं दिए गए थे कि भाषा सरल और स्वाभाविक होनी चाहिए जटिल और बोझिल नहीं। बहुत दिनों बाद राजभाषा विभाग का ध्यान इस ओर गया और 17 मार्च 1976 को जारी परिपत्र सं. 7/76 में निर्देश दिए गए कि सरकारी कार्यालयों में बोलचाल की भाषा का प्रयोग किया जाए। इस परिपत्र द्वारा सरकार की नीति स्पष्ट करते हुए, लोगों के मन से इस भ्रम को दूर करने का प्रयत्न किया गया कि क्या सरकारी हिन्दी कोई अलग किस्म की हिन्दी होती है।

इस परिपत्र में सरल भाषा के महत्व को स्पष्ट करते हुए कहा गया है कि लिखते वक्त हिन्दी लिखने की कोशिश करें, न तो संस्कृत और न देवनागरी लिपि में अंग्रेजी ही। यह ठीक नहीं होगा कि यह संस्कृत के दुरूह समस्त पदों की लड़ी हो या अंग्रेजी मूल का अटपटा अनुवाद मात्र। अंग्रेजी में मसौदा लिखकर उसका हिन्दी में अनुवाद करने के बजाय मसौदा मूल रूप से हिन्दी में तैयार किया जाए और वह भी हिन्दी की प्रकृति के अनुसार। जहाँ तक तकनीकी शब्दों का सम्बन्ध है, आधुनिक यन्त्रों, तरह–तरह के पुर्जों के जो अंग्रेजी नाम प्रचलित हैं उनका कृत्रिम अनुवाद करने की बजाय मूलरूप में देवनागरी लिपि में लिखना सभी के हित में होगा। हमें समास युक्त शब्दों से बचना चाहिए।

कई बार यह भी सुनने को मिलता है कि हिन्दी परिपत्रों और फार्मों की भाषा समझ में नहीं आती और अंग्रेजी पाठ को पढ़ना पढ़ता है। फिर ये हिन्दी में जारी ओदश किसके लिए हैं? होना यह चाहिए कि जिसे अंग्रेजी न समझ आए उसे हिन्दी में पढ़ ले। आज हिन्दी अनुवाद की भाषा बनकर रह गई है जो सामान्य पाठकों के लिए दुरूह और क्लिष्ठ होती जा रही है, इससे हिन्दी की सार्थकता और उसका उद्देश्य ही समाप्त हो रहा है।

संक्षेप में, हमें सरल और बोलचाल की भाषा का प्रयोग करना चाहिए जिससे कि सभी हिन्दी की ओर आकृष्ट हों और इसकी लोकप्रियता बढ़े। कई बार हम चाहते हुए भी हिन्दी टिप्पणी लिखने में इसलिए संकोच करते हैं कि कहीं शब्दों की वर्तनी गलत

न हो जाए और उससे हीनता का शिकार होना पड़े। इसलिए परिचित और सरल शब्दों का प्रयोग आवश्यक है। लिखने में झिझक न करें। प्रयोग से स्वतः ही अभ्यास हो जाएगा।

6. सामान्यतः सरकारी कार्यालयों में हिन्दी के अपेक्षित रूप में न बढ़ने का यह भी एक कारण है कि हम समझते हैं कि हिन्दी में काम करना तो हिन्दी अनुभाग का काम है। यह एक भ्रांति है। इसीलिए तो हिन्दी अनुवाद की भाषा बनी हुई है। जब तब प्रत्येक अधिकारी अपने को हिन्दी अधिकारी नहीं समझेगा, हिन्दी में मूल लेखन नहीं होगा। हिन्दी अनुभाग तो केवल सहायता के लिए हैं, मूल रूप से टिप्पणियां और आलेखन तो सम्बंधित अनुभागों और अधिकारियों को ही करना है। अतः जब तक फाइलों पर मूल लेखन हिन्दी में नहीं होगा, हिन्दी सही अर्थों में राजभाषा नहीं बन सकेगी। यह ज़िम्मेदारी सभी को उठानी पड़ेगी क्योंकि हिन्दी का प्रयोग हमारी राष्ट्रीय आवश्यकता है।

7. सरकारी कार्यालयों में हिन्दी के प्रयोग को बढ़ाने के लिए सभी कार्य–विधि साहित्य, मैनुअल, कोड और नियमावलियां द्विभाषिक रूप में उपलब्ध होनी चाहिए। यह नहीं कि ये नियमावलियां आदि हिन्दी और अंग्रेजी में अलग–अलग प्रतियों में प्रकाशित हों, बल्कि diglot रूप (अंग्रेजी हिन्दी साथ–साथ) में हों। नहीं तो हिन्दी में टिप्पणियां लिखने में सहायता नहीं मिलेगी। देखने में आया है कि कुछ प्राइवेट प्रकाशन केवल अंग्रेजी में ही विभिन्न नियमावलियां प्रकाशित कर देते हैं, जो सरकारी कार्यालयों और पुस्तकालयों में खरीद ली जाती हैं। इससे हिन्दी में कार्य करने में कोई सहायता नहीं मिलती। यदि कोई अधिकारी या कर्मचारी हिन्दी में कार्य करना भी चाहता है वह भी नहीं कर सकता। अतः कार्य–विधि साहित्य केवल अंग्रेजी में ही नहीं खरीदा जाए। इस प्रकार के आदेश सरकार की ओर से जारी किए जाने चाहिए।

8. केन्द्रीय सरकार के सभी कार्यालयों में राजभाषा सम्बन्धी आदेशों के कार्यान्वयन को सुनिश्चित करने के लिए जांच बिन्दुओं (Check Points) की व्यवस्था है। राजभाषा नियम 1976 के अनुसार केन्द्रीय सरकार के प्रत्येक कार्य के प्रशासनिक अध्यक्ष की ज़िम्मेदारी है कि वह राजभाषा अधिनियम 1963 और राजभाषा नियम 1976 के समुचित अनुपालन के लिए प्रभावकारी जांच बिन्दु बनाए, जिससे कि सामान्य आदेश आदि द्विभाषिक रूप में जारी होना और 'क' तथा 'ख' क्षेत्रों के राज्यों को हिन्दी में पत्र भेजा जाना, रबड़ की मोहरें, नाम पाट्ट और साइन बोर्ड आदि द्विभाषिक रूप में बनाया जाना सुनिश्चित हो सके। पत्रों को राजभाषा नियमों के अनुसार भेजे जाने की ज़िम्मेदारी पत्र पर हस्ताक्षर करनेवाले अधिकारी की होती है। यदि इस बारे में कोई चूक हो जाए तो उपर्युक्त जांच बिन्दु का जिम्मेदार व्यक्ति उक्त अधिकारी का ध्यान उस चूक की ओर आकर्षित करे।

9. जिन कर्मचारियों को राजभाषा नियम 1976 के नियम 10 (4) के अधीन अधिसूचित किया जा चुका है, वहाँ नियम 8 (4) के अधीन कुछ अनुभागों को पूर्णतः हिन्दी में काम करने के लिए चुना जाए। धीरे-धीरे ऐसे अनुभागों की संख्या बढ़ाते रहना चाहिए जिससे कि सम्पूर्ण कार्यालय को ही कालान्तर में हिन्दी में काम करने के लिए सक्षम कार्यालय बनाया जा सके। सभी कार्यालयों को इस लक्ष्य की प्राप्ति के लिए योजनाबद्ध ढंग से कार्य करना चाहिए। केवल हिन्दी में काम करने वाले कर्मचारियों के आंकड़े उपलब्ध कराने मात्र से काम नहीं चलेगा। हिन्दी तो निरन्तर उसका प्रयोग बढ़ाने से ही बढ़ेगी।

10. हिन्दी का प्रयोग बढ़ाने के लिए हिन्दी कार्यशालाएं आयोजित करते रहना बहुत आवश्यक है। सर्वप्रथम अधिकारी वर्ग की कार्यशालाएं चलाई जाएं, जिससे कि वे हिन्दी के महत्त्व को समझें और यह समझ सकें कि हिन्दी में काम करना कितना सरल है। इससे निचले स्तर के कर्मचारियों को प्रोत्साहन मिलेगा। जिन अनुभागों को पूर्णतया हिन्दी में काम करेन के लिए चुना गया है, वहाँ यह कार्यशाला उसी अनुभाग में लगाई जाए और अनुभाग के कर्मचारियों को अपना-अपना काम हिन्दी में करने को कहा जाए और वहीं पर उनकी कठिनाइयों को हल करने का प्रयत्न किया जाए। यह एक सफल विधि है जिस पर पुस्तक के लेखक द्वारा प्रयोग करके देखा जा चुका है।

11. अंतिम बात यह है कि आज हम जिस युग में रह रहे हैं वह सूचना और कम्प्यूटर का युग है। प्रगति की इस दौड़ में हिन्दी भी पीछे क्यों रहे? आमतौर से यह भ्रम फैलाया जाता है कि अब कम्प्यूटर के आने से हिन्दी बेमाअनी हो गई है। सभी जानते हैं कि कम्प्यूटर की अपनी कोई भाषा नहीं होती। उससे जिस भाषा में चाहो काम ले सकते हो। यह भ्रम इसलिए अधिक है क्योंकि हमारे यहाँ कम्प्यूटर का पदार्पण अंग्रेजी के माध्यम से हुआ। आज हिन्दी में कार्य करने के लिए कम्प्यूटर पर प्रायः सभी सुविधाएं उपलब्ध हैं। 'शब्द संसाधन' और 'डाटा संसाधन' की सुविधाएं मौजूद हैं, जिनसे द्विभाषिक रूप में कार्य किया जा सकता है। हिन्दी में ई-मेल की सुविधा भी उपलब्ध है। 'सी-डेक' और 'सॉफ्टेक लि.' के सहयोग से इलैक्ट्रॉनिकी विभाग द्वारा नई इंटरनेट वेबसाइट लांच की गई है। 'वर्ड-प्रोसेसिंग' प्रकाशन और संदेश तैयार करने के अलावा मल्टीपल-फांट्स की-बोर्ड ड्राइवर्स जैसे प्रयोग भी हो रहे हैं। एक प्रमुख अमेरिकी कम्पनी ने अंग्रेजी और हिन्दी दोनों भाषाओं में सेवा उपलब्ध कराने वाला द्विभाषी इंटरनेट भी विकसित कर लिया है। इस प्रकार नवीनतम इलैक्ट्रॉनिकी दौड़ में हिन्दी पीछे नहीं है। यदि पीछे है तो इनके प्रयोग की हमारी मनोवृत्ति, जिसे बदलना होगा। जब उपलब्ध इलैक्ट्रॉनिकी यांत्रिक सुविधाओं का उपयोग ही नहीं होगा, तो इनका हिन्दी के लिए विकास ही कैसे हो सकेगा? कम्प्यूटर

और सॉफ्टवेयर कम्पनियां तो अपनी वाणिज्यिक सम्भावनाओं के आकलन से ही तो उत्पाद बढ़ाती है। हमें इनका अधिक से अधिक उपयोग करना चाहिए। हमें यह नहीं भूल जाना चाहिए कि हिन्दी विश्व के सबसे बड़े गणराज्य की राजभाषा है और विश्व में सबसे अधिक बोली जानेवाली दूसरी बड़ी भाषा है।

अतः हिन्दी के प्रयोग को बढ़ाने के लिए हिन्दी में उपलब्ध कम्प्यूटर तथा नवीनतम यांत्रिक सुविधाओं का अधिक से अधिक प्रयोग किया जाए जिससे कि हिन्दी प्रगति की दौड़ में पीछे न रह जाए और उसकी लोकप्रियता बढ़ती चली जाए।

भाग - 3

भारत की भाषाई एकता में नागरी लिपि का योगदान

भारत अनेक भाषाओं और बोलियों का एक विशाल देश है। हमारे संविधान में भी भाषाओं की विविधता को स्वीकार करते हुए आठवीं अनुसूची में 18 भाषाओं का उल्लेख किया गया है। भाषाओं की इस विविधता के बावजूद इनमें आश्चर्यजनक एकता विद्यमान है। हमारे देश की यह एक विशेषता रही है कि यहां ऊपर से दिखने वाली विविधता के भीतर गहरी एकता है। विविधता इसके बाहरी रूप में है, एकता इसके विचारों की आंतरिक प्रवृत्तियों और संस्कति में है। इन सभी भाषाओं के साहित्य की आत्मा एक है। भारतीय वाङ्मय की वह एकता भारत के विचारों और संस्कृति की एकता की सूचक है, जो इतिहास के परिपाक के अनुसार अनेक भाषाओं, रूपों और परिस्थितियों में प्रकट हुई है। हमारी इस सामासिक सांस्कृतिक का केंद्र-बिंदु एक ही रहा है, भले ही इसकी अभिव्यक्ति का माध्यम विभिन्न क्षेत्रीय भाषाएं और लिपियां रही हों।

तमिल भाषा के प्रसिद्ध कवि सुब्रह्मण्यम् भारती ने भारतमाता स्तवन गीत में इसी स्वर को मुखरित करते हुए कहा था कि "भारतमाता 30 करोड़ मुख वाली है, किंतु सबमें चेतना समान है। यहां 18 भाषाएं बोली जाती हैं किंतु चिंतन सबमें समान है।"

डॉ. कैलाश चंद्र भाटिया ने ठीक ही कहा कि अब तक भारत में भाषाओं संबंधी जो कार्य हुआ है, उसमें एकता के स्थान पर विभेदता, अनेकता की ही छानबीन होती रही है। अब समय आ गया है कि हम इन भाषाओं के मूल में व्याप्त एकता के भी दर्शन करें।

यदि हम भारत की विभिन्न भाषाओं में रचित साहित्य पर एक दृष्टि डालें तो हम देखेंगे कि कश्मीर से कन्याकुमारी और कच्छ से कामरूप तक के प्रायः सभी कवियों और लेखकों ने अपनी रचनाओं में समसामायिक विचारधारा से अभिभूत होकर समान चिंतन की अभिव्यक्ति की है, चाहे उनकी भाषाएं भिन्न-भिन्न क्यों न रही हो। उदाहरण के लिए रामायण और महाभारत जैसे महाकाव्यों को ही लें तो हम देखते है कि आदि कवि बाल्मीकि की परंपरा का अनुसरण जहां हिंदी में रामचरितमानस, राम चंद्रिका तथा साकेत आदि महाकाव्यों के रूप में हुआ है, वहीं तमिल में कंबन रामायण को भी वही लोकप्रियता मिली। कन्नड़ भाषा में कुमार बाल्मीकि ने तोरवे रामायण की रचना की तो तेलुगु में लगभग बीस–पच्चीस प्रशस्त राम काव्य है। बंगला में भी रामायण और महाभारत के अनेक अनुवाद हुए, मूल रचनाएं भी हुईं जिनमें कृतिवास ओझा का रामायण अनुवाद प्रसिद्ध है। कवींद्र परमेश्वर तथा श्रीकर नंदी ने बंगला

में महाभारत के अनुवाद किए। ओड़िया में विलंका रामायण के अतिरिक्त अर्जुनदास ने रामविभा नाम से राम काव्य की रचना की। कश्मीरी में रामावतार चरित और प्रकाशराम की रामायण तथा साहिब कौल का कृष्ण चरित्र प्रसिद्ध है। 14वीं शती में ही मलयालम में कणिश्श रामायण लिखी गई। तेलुगु में नन्नय भट्ट द्वारा रचित आंध्र महाभारत सबसे अधिक लोकप्रिय रचना। आगे चलकर त्यागराज ने दक्षिण में रामकथा का माधुर्य फैलाया। समूचे दक्षिण भारत में तमिल, कन्नड़ और मलयालम-भाषी आज भी तन्मयता से उनके मधुर गीतों का गान करते हैं। भक्ति परंपरा को ही लीजिए, वह भी दक्षिण से उत्तर में आई और पश्चिम से पूर्व तक सारे भारत में फैल गई। असमिया भाषा में शंकरदेव, बंगला में चैतन्य महाप्रभु, मराठी में ज्ञानेश्वर, नामदेव, एकनाथ तथा तुकाराम आदि संत कवि हुए, तो गुजराती में भी नरसी मेहता, अखा तथा दयाराम आदि संत भी जनता को वही भक्ति का संदेश देते दिखाई पड़ते हैं।

जब भारत का स्वतंत्रता आंदोलन आरंभ हुआ तो भारत की सभी भाषाओं में नवजागरण और क्राति के समान स्वर सुनाई पड़ते हैं। हिंदी में जहां मैथिलीशरण गुप्त, दिनकर, सोहनलाल द्विवेदी की सिंह गर्जना सुनाई देती है, वहीं उर्दू में भी जोश, जफर खां और बिस्मिल जैसे शायर भी इंकलाब का नारा बुलंद करते दीख पड़ते हैं—

सरफरोशी की तमन्ना अब हमारे दिल में है,
देखना है ज़ोर कितना बाज़ूए कातिल में है।

यही स्थिति अन्य भारतीय भाषाओं की भी है। इस प्रकार हम देखते हैं कि सभी भाषाओं में मूल रूप से भावनात्मक एकता सदा से विद्यमान रही है। यदि हम इन भाषाओं के साहित्य को उनकी अपनी-अपनी लिपियों के अलावा एक समान लिपि देवनागरी में भी उपलब्ध करा दें, तो इन भाषाओं का साहित्य अन्य भाषा-भाषियों के लिए भी सुलभ हो सकेगा। नागरी लिपि इन भाषाओं के बीच सेतु का कार्य कर सकेगी। गांधीजी भी चाहते थे कि भारत में भाषाई एकता के लिए एक समान लिपि की बड़ी आवश्यकता है। उन्होंने एक स्थान पर लिखा है —

"लिपि विभिन्नता के कारण प्रांतीय भाषाओं का ज्ञान आज असंभव सा हो गया है। बंगला लिपि में लिखी हुई गुरुदेव की गीतांजलि को सिवाय बंगालियों के और कौन पढ़ेगा ? पर यदि वह देवनागरी में लिखी जाए तो उसे सभी लोग पढ़ सकते हैं।"

आज दक्खिनी हिंदी की भी यही स्थिति है, जिसका लगभग 400 वर्षों का अपार साहित्य फारसी लिपि में होने के कारण हिंदी शोधार्थियों की दृष्टि से ओझल है। कहना न होगा कि लिपि-भेद के कारण हिंदी साहित्य के इतिहास की इस कड़ी को हम अभी तक जोड़ नहीं पाए हैं। आज ग़ज़ल हिंदी की एक लोकप्रिय विधा बनती जा रही है। ग़ालिब, मीर, नज़ीर की काव्य रचनाओं की पुस्तकें उर्दू की अपेक्षा हिंदी में अधिक बिक रही हैं। इसका कारण देवनागरी में उर्दू साहित्य की उपलब्धता है। निश्चय ही, इससे दोनों भाषाओं को, जिनका आधार एक ही है, एक-दूसरे के समीप

आने में सहायता मिली है। अंग्रेजी के प्रसिद्ध पत्रकार श्री खुशवंत सिंह ने भी उर्दू साहित्यकारों को परामर्श दिया है कि वे उर्दू के लिए नागरी लिपि को ही अपना लें।

उर्दू को छोड़कर भारतीय भाषाओं की प्रायः सभी लिपियां प्राचीन ब्राह्मी लिपि से ही विकसित हुई हैं। खरोष्ठी और सैंधव लिपियों का कोई विशेष प्रभाव भारत की लिपियों पर नहीं पड़ा था। ब्राह्मी लिपि आगे चलकर दो शैलियों में बिकसित हुई — 1. उत्तरी शैली, और 2. दक्षिणी शैली। उत्तरी भारत की सभी लिपियां इसकी उत्तरी शैली से निकली और दक्षिणी भारत की तेलुगु, कन्नड़, तमिल, मलयालम तथा ग्रंथ लिपि (संस्कृत के लिए दक्षिण में प्रयुक्त लिपि) इसकी दक्षिणी शैली से विकसित हुई हैं। इसलिए इनमें बहुत कुछ समानता है। भारत ही नहीं, श्री लंका में यह "सिंहली" नाम से विकसित हुई और बृहत्तर भारत के देशों म्यांमार, जावा-सुमात्रा, कंबोडिया, थाई देश और फिलीपीन्स आदि तक पहुंची। सिद्ध पत्रिका के रूप में तिब्बत गयी और तिब्बती के रूप में विकसित हुई। ये सभी लिपियां बाएं से दाएं को लिखी जाती हैं। भारतीय भाषाओं की वर्णमाला प्रायः वही है, जिसका पाणिनी ने महेश्वर सूत्र में व्याख्यान किया है। सभी भाषाओं में ह्रस्व-दीर्घ का क्रम, व्यंजनों का विभाजन आदि प्रायः एक जैसा है और कुछ हेर-फेर के साथ उनमें ध्वनियों की संख्या भी लगभग समान है। इन ध्वनियों का वर्गीकरण वास्तव में एक वैज्ञानिक आधार पर हुआ है। इनका ध्वन्यात्मक क्रम भी पूर्णतः वैज्ञानिक है। पहले स्वर, फिर व्यंजन, अंत में अंतस्थ ऊष्म आदि कुछ विशेष ध्वनियां आती है। अतः भारत की किसी भी लिपि से परिचित व्यक्ति को देवनागरी लिपि को सीखने में अधिक कठिनाई नहीं होगी। इस प्रकार नागरी लिपि देश की भावात्मक एकता और भाषाई समन्वय में महत्त्वपूर्ण योगदान दे सकेगी। देवनागरी में अन्य भारतीय भाषाओं की ध्वनियों के सूचक प्रतीक निर्धारित करने और अक्षरों में एकरूपता लाने के लिए एक संशोधित और परिवर्धित वर्णमाला भारत सरकार द्वारा तैयार की गई है। इससे दक्षिण भारत की भाषाओं तथा कश्मीरी के विशिष्ट स्वरों और व्यजंनों के अतिरिक्त सिंधी और उर्दू की विशिष्ट स्वरों–ध्वनियों के लिप्यांतरण हेतु देवनागरी में अपेक्षित परिवर्धन किया गया है। इस प्रकार देवनागरी लिपि को सभी भारतीय भाषाओं के लिए उपयुक्त लिपि बनाने का प्रयास किया गया है।

आचार्य विनोबा भावे ने नागरी लिपि के महत्त्व को स्वीकारते हुए लिखा था— "हिंदुस्तान की एकता के लिए हिंदी भाषा जितना काम देगी, उससे बहुत अधिक काम देवनागरी देगी। इसलिए मैं चाहता हूं कि हिंदुस्तान की सभी भाषाएं देवनागरी में भी लिखी जाएं। सभी लिपियां चलें, साथ-साथ देवनागरी का भी प्रयोग किया जाए।" विनोबा जी नागरी "ही" नहीं, नागरी "भी" चाहते थे।

भारत की भाषाई और सांस्कृतिक एकता को अक्षुण्ण बनाए रखने के लिए अतीत में भी नागरी का ऐतिहासिक योगदान रहा है। यहां यह बताने की आवश्यकता नहीं हैं कि भारत के विभिन्न भागों में 8 वीं शती से भी पहले से किसी-न-किसी रूप

में इसका प्रयोग होता था। गुजरात, राजस्थान, राष्ट्रकूट, विजयनगरम् तथा पल्लव और चोल आदि शासकों के अभिलेखों में नागरी का प्रयोग हुआ है। आरंभ के मुस्लिम शासकों जैसे महमूद गजनवी, अल्तमश, अलाउद्दीन, शेरशाह ही नहीं, अकबर तक ने अपने सिक्कों पर इसका प्रयोग व्यावहारिक समझा था।

स्वतंत्रता पूर्व से ही इसके प्रयोग की आवश्यकता लगातार अनुभव की जाती रही है। गुजरात के महर्षि दयानंद सरस्वती, बंगला के ईश्वर चंद्र विद्यासागर तथा शारदाचरण मित्र, दक्षिण के कृष्णास्वामी अय्यर तथा अनंतशयनम् आयंगर के अतिरिक्त लोकमान्य तिलक, महात्मा गांधी, मुहम्मद करीम छागला तथा अन्य राष्ट्र नेताओं ने नागरी लिपि को अपनाएं जाने पर बल दिया था। जस्टिस शारदाचरण मित्र ने 1950 में नागरी के लिए एक लिपि विस्तार परिषद् की स्थापना भी की थी और देवनागर पत्र के माध्यम से नागरी लिपि के प्रचार-प्रसार के एक नए युग का सूत्रपात किया था।

अगस्त 1961 में मुख्यमंत्रियों के सम्मेलन में भी देश की भावात्मक एकता के लिए देवनागरी लिपि को अपनाए जाने की सिफारिश की गई थी, जिसमें कहा गया था— "समस्त भारतीय भाषाओं के लिए सामान्य लिपि का होना वांछनीय ही नहीं, आवश्यक भी है, क्योंकि ऐसी लिपि भारतीय भाषाओं के बीच एक सेतु का काम करेगी और इससे देश की भावात्मक एकता को बढ़ावा मिलेगा, किंतु खेद है कि इस दिशा में ठोस कदम नहीं उठाए गए। मुझे याद है कि कुछ संसद सदस्यों ने जिनमें मन्नूलाल द्विवेदी का नाम विशेष रूप से उल्लेखनीय है, नागरी लिपि को लोकप्रिय बनाने के लिए (देवनागर) पत्रिका फिर से निकालनी आरंभ की थी, जो कालांतर में बंद हो गई।

हमारे संविधान में नागरी लिपि में लिखी जाने वाली हिंदी को राजभाषा के रूप में स्वीकार किया गया है। इससे केंद्र की राजभाषा हिंदी के साथ-साथ देवनागरी का प्रयोग भी स्वतः सारे देश में बढ़ रहा है। इसलिए हिंदीतर भाषियों को अपनी-अपनी लिपियों के साथ इसे सीखने में अधिक कठिनाई नहीं होगी।

संविधान के अनुच्छेद 351 में हिंदी के विकास के लिए जो निर्देश दिए गए हैं, उनके अनुसार हिंदी में शब्द मूलतः संस्कृत से और गौणतः अन्य भारतीय भाषाओं से लिए जाएं। भारत की प्रायः सभी भाषाओं पर संस्कृत का अमिट प्रभाव है। प्राचीन काल में विद्वानों के बीच संपर्क भाषा के रूप में इसका प्रयोग सारे देश में होता था। आज भी धार्मिक और सांस्कृतिक उद्देश्यों के लिए यह सारे भारत में समादृत है। इसके लिए देवनागरी का ही प्रयोग अब सर्वमान्य है। अतः नागरी लिपि सरलता से भारतीय भाषाओं की संपर्क लिपि बन सकती है।

आज भारतीय भाषाओं को एक-दूसरे के समीप लाने के लिए जो प्रयास अंग्रेजी के माध्यम से किए जा रहे हैं, वे स्वाभाविक नहीं है। कितनी अजीब बात है कि आज दक्षिण की चारों भाषाएं जो एक-दूसरे के बहुत समीप है, परस्पर संप्रेषण के लिए

अंग्रेजी की मोहताज है। कितनी विडंबना है कि उर्दू, पंजाबी या गुजराती के साहित्य को जानने के लिए भी पाठकों को अंग्रेजी अनुवाद का सहारा लेना पड़ता है। कभी-कभी आवाज़ उठती है कि रोमन लिपि को हिंदी तथा भारतीय भाषाओं के लिए क्यों नहीं अपना लिया जाता। हाल ही में 5 वें विश्व हिंदी सम्मेलन में भी कई वक्ताओं ने रोमन की वकालत करनी चाही थी। रोमन लिपि की अपूर्णता और अवैज्ञानिकता से हम ही नहीं, जार्ज बर्नाड शॉ जैसे अंग्रेजी के मूर्धन्य विद्वान भी चिंतित रहे हैं, जिन्होंने रोमन लिपि में सुधार करने वाले को अपनी संपत्ति का एक अंश दे देने की वसीयत की थी। विनोबा जी ने कहा था— "मेरा पहला उद्देश्य है कि दक्षिण की चारों भाषाएं नजदीक आएं, एक-दूसरे का साहित्य पढ़ें, जो वैकल्पिक लिपि नागरी के माध्यम से आसानी से संभव है। इसी प्रकार उत्तर के लोग भी नागरी के द्वारा पश्चिम की भाषाओं से साहित्य के परिचित हो जाएंगे और नागरी लिपि भारत की भाषाओं को एक-दूसरे के समीप लाने में कड़ी का काम करेगी। उन्होंने भारतीय भाषाओं के लिपिगत भेद को अभेद में परिवर्तित करने की दृष्टि से नागरी के सामर्थ्य की सही पहचान की थी।

भारत में हिंदी के अतिरिक्त मराठी, संस्कृत और नेपाली के लिए इसका प्रयोग पहले से ही होता है। अब कोंकणी और सिंधी के लिए भी नागरी लिपि को स्वीकार कर लिया गया है। गुजराती, गुरुमुखी तथा उत्तर की अन्य भाषाओं जैसे बंगला, असमिया तथा उड़िया आदि की लिपियां भी इससे बहुत कुछ मिलती-जुलती हैं। इस प्रकार नागरी लिपि स्वाभाविक रूप से पूरे देश में आसानी से अपनायी जा सकती है।

भारत में अनेक बोलियां अभी भी ऐसी हैं, जिनकी अपनी कोई लिपि नहीं है। अरुणाचल प्रदेश, मेघालय, नागालैंड, मिज़ोरम और असम जैसे पूर्वोत्तर राज्यों में अनेक बोलियों के लिए विदेशी मिशनरियों द्वारा रोमन का प्रचार किया गया है, किंतु सभी जानते हैं कि रोमन लिपि इन बोलियों की ध्वनियों को उचित रूप में व्यक्त करने में असमर्थ हैं। यदि इन बोलियों के लिए देवनागरी को अपना लिया जाए तो इन भाषाओं और बोलियों के विकास में बड़ी सुगमता होगी और इन्हें भारत की मुख्यधारा से जोड़े रखने में भी स्वाभाविक रूप से सहायता मिलेगी इससे निश्चय ही यह कार्य देश की एकता को सुदृढ़ करने में सहायक होगा। "बोडो" भाषा के संबंध में सरकार ने नागरी लिपि के प्रयोग के लिए कुछ कदम उठाए थे। अब बोडो भाषा ने रोमन लिपि के समर्थक लोगों के विरोध के बावजूद नागरी लिपि को ही स्वीकार कर लिया है। यह एक अनुकरणीय उदाहरण है। अरुणाचल और मिजोरम में भी इस संबंध में प्रयास किए जा रहे हैं। इस प्रकार सारे देश की भाषाई और सांस्कृतिक एकता के लिए देवनागरी लिपि का बहुत ही महत्त्वपूर्ण योगदान हो सकता है।

वैकल्पिक लिपि के रूप में देवनागरी लिपि का औचित्य

भारत के संविधान के अनुच्छेद 343 (1) के अनुसार "संघ की राजभाषा हिंदी और लिपि देवनागरी होगी।" इससे स्पष्ट है कि सारे देश में केंद्रीय सरकार के कार्यालयों में हिंदी और देवनागरी लिपि के प्रयोग को समुचित प्रोत्साहन दिया जाएगा।

देवनागरी लिपि का महत्त्व केवल इस बात में ही नहीं है कि यह इस देश की राजभाषा हिंदी की मान्य लिपि है, बल्कि इस बात में है कि इस लिपि का प्रयोग भारत की प्राचीन भाषा संस्कृत तथा आधुनिक भारतीय भाषा मराठी के लिए भी होता है। अब इसका प्रयोग सिंधी और कोंकणी भाषाओं के लिए भी हो रहा है। यही नहीं, भारत से बाहर नेपाली भाषा के लिए भी देवनागरी का प्रयोग किया जाता है। गुजराती और गुरुमुखी लिपि भी देवनागरी लिपि के बहुत समीप है। इस प्रकार इस लिपि का प्रयोग भारत के एक बहुत बड़े भाग में किया जाता है।

भारतीय लिपियों की जननी ब्राह्मी लिपि है। सारे भारत में सम्राट अशोक के शिलालेख प्राकृत के विभिन्न रूपों में ब्राह्मी लिपि में पाए जाते हैं। उर्दू को छोड़कर, उत्तर भारत में प्रायः सभी लिपियां यथा नागरी, बंगला, असमिया, उड़िया, मैथिली, शारदा, गुरुमुखी, लहेंडा आदि परस्पर बहनें ही हैं, क्योंकि इन सबका उद्भव ब्राह्मी लिपि से ही है। भारत के प्रसिद्ध विद्वान श्री गौरीशंकर हीराचंद ओझा का स्पष्ट कथन है कि ब्राह्मी लिपि आर्यों की अपनी खोज से उत्पन्न एक मौलिक आविष्कार है। इसमें संदेह नहीं है कि इसका जन्म भारत में ही हुआ था। सर्वश्री टॉमस, डासन, कनिंघम आदि विद्वान भी ओझाजी के विचारों से सहमत हैं।

ब्राह्मी लिपि के प्राचीनतम नमूने 5 वीं सदी ई. पूर्व के मिले हैं। देवनागरी के प्राचीनतम लेख भी 7 वीं सदी के मिलते हैं।

दक्षिण भारत में भी इसी प्रकार से ब्राह्मी का विकास हुआ। छठीं शताब्दी के मध्य में पल्लव लिपि आई, जिससे आधुनिक तेलुगु और कन्नड़ लिपियों का तथा मलयालम, और ग्रंथ लिपि (तमिल प्रदेश में संस्कृत के लिए ग्रंथ लिपि का प्रयोग होता था) तथा तमिल लिपि का जन्म हुआ। इस प्रकार हम देखते हैं कि भारतीय लिपियां परस्पर संबंधित हैं और उनका विकास एक ही लिपि ब्राह्मी से हुआ है।

आचार्य विनोबा भावे ने भारतीय भाषाओं के लिए एक अतिरिक्त लिपि का ठीक ही सुझाव दिया था, क्योंकि प्राचीनकाल में भी अतिरिक्त लिपि के रूप में देवनागरी का प्रयोग कई स्थानों पर पाया जाता है। 7 वीं शताब्दी के **दाक्षिणात्य राष्ट्रकूट**

राजाओं के कई शिलालेखों में देवनागरी का प्रयोग मिलता है। इसी शताब्दी के गौड़ राजा शशांक के सिक्कों पर देवनागरी अंकित है। पल्लव राजाओं के 7 वीं शताब्दी के शिला-लेखों पर ग्रंथ और तमिल लिपि के अतिरिक्त देवनागरी का प्रयोग मिलता है। इसी प्रकार चोल राजाओं और 8 वीं शताब्दी के चालुक्य नरेशों के शिलालेखों में कन्नड़ लिपि के साथ-साथ देवनागरी का भी व्यवहार मिलता है। श्रवण वेल्गोला के 10 वीं 12वीं शताब्दी वाले शिलालेखों में भी ग्रंथ, कन्नड़ के साथ-साथ देवनागरी का भी प्रयोग हुआ है। विजय नगर राज्य में नंदिनागरी के नाम से देवनागरी प्रयुक्त हुई थी। वहां के तामपत्रों में इस लिपि के कई उदाहरण उपलब्ध होते हैं। 758 ई. राष्ट्र कूट के ताम्र पत्र पर देवनागरी अंकित है। 18 वीं शताब्दी में तंजाउर के शासकों ने इस लिपि को सर्वतोभावेन स्वीकार कर लिया था। मेवाड़ के गुहिल शासकों एवं सांभर और अजमेर के चौहानों, कन्नौज के गाहड़वालों, काठियावाड़ और गुजरात के सोलंकियों, आबू के परमारों, के अलावा चंदेलों और त्रिपुरी के कलचुरियों, सभी ने सर्वत्र उत्तर की देवनागरी को अपनाया।

अरबी और संस्कृत विद्‌वान अलबरूनी का कहना है कि सिद्‌ध मातृका की एक वर्णमाला कश्मीर और वाराणसी में प्रचलित थी और मालवा में इसे नागरी कहते थे। इसका अभिप्राय यह है कि अपने दो विभिन्न रूपों अर्थात् शारदा और नागरी में वही देवनागरी लिपि थी और इन दोनों का सामान्य नाम सिद्‌धमातृका था।

भारत में मुसलमानों के आने पर यद्‌यपि फारसी लिपि को बढ़ावा दिया गया, किंतु वह भी प्रचलित देवनागरी की उपेक्षा नहीं कर सके। महमूद गज़नवी ने अपने सिक्कों पर अरबी कलमें का संस्कृत अनुवाद "अव्यक्तमेक मोहम्मद अवतार" को देवनागरी में स्थान दिया। इसी प्रकार 12 वीं शताब्दी में मोहम्मद बिन कासिम के सिक्कों पर "श्री मदहमीर मुहम्मद साम" और शमसुद्‌दीन अल्तमश" के सिक्कों पर "शरीतन श्री समासदीन" टंकित है। बलबन के सिक्कों पर भी देवनागरी अक्षरों का प्रयोग मिलता है। देवनागरी का एक विकसित रूप अलाउद्‌दीन और शेरशाह सूरी जैसे मुस्लिम शासकों के सिक्कों पर अंकित रहा। यही नहीं, सम्राट अकबर के एक सिक्के पर "रामसीय" का प्रयोग हुआ है। इसी प्रकार मुस्लिम शासकों ने तत्कालीन हिंदी के साथ देवनागरी को अपनाकर जिस उदारता और दूरदर्शिता का परिचय दिया था, वह आज भी अनुकरणीय है। अतः यह लिपि अपने सार्वदेशिक और धर्मनिरपेक्षता स्वरूप में अनेक वर्षों से लोकप्रिय रही है। यही कारण है कि हमारे संविधान के निर्माताओं ने इस लिपि को संविधान में देश की राजभाषा हिंदी की लिपि के रूप में स्वीकार किया।

राष्ट्रपिता महात्मा गांधीजी ने भी इस लिपि को अपनाने के लिए अपना सुझाव दिया था। उनकी ही प्रेरणा से नवजीवन प्रकाशन, अहमदाबाद ने "सत्यनो प्रयोग" का गुजराती भाषा में देवनागरी लिपि में प्रकाशन किया। यही नहीं, गांधीजी से पूर्व गुजरात के रहने वाले और आर्य समाज के प्रवर्तक महर्षि दयानंद सरस्वती, बंगाल के

बंकिमचद्र चटर्जी, रवींद्रनाथ ठाकुर, जस्टिस शारदाचरण मित्र और महाराष्ट्र के लोकमान्य तिलक तथा गोखले प्रभृति महापुरुषों ने भी सारे देश के लिए एक सामान्य लिपि के रूप में देवनागरी को स्वीकार किया है। आचार्य विनोबा भावे ने तो यहां तक कहा था कि "हिंदुस्तान की एकता के लिए हिंदी भाषा जितना काम देगी, उससे बहुत अधिक काम देवनागरी लिपि देगी। इसलिए मैं चाहता हूं कि हिंदुस्तान की समस्त भाषाएं देवनागरी में लिखी जाएं।"

भारत में आज भी ऐसी अनेक बोलियां हैं, जिनकी अपनी कोई लिपि नहीं हैं। कुछ बोलियों के लिए यहां ईसाई मिशनरियों ने रोमन लिपि का प्रयोग किया और उसे प्रचलित करने का भी प्रयत्न किया। किंतु यह स्वाभाविक है कि रोमन लिपि अपनी अपूर्णता के कारण अनेक ध्वनियों का उच्चारण स्पष्ट नहीं कर पाती। सभी जानते हैं कि रोमन लिपि ध्वन्यात्मक लिपि नहीं है, और जैसा बोला जाता है वैसा शायद लिखा नहीं जा सकता। रोमन लिपि की इस अपूर्णता से दुःखी होकर अंग्रेजी भाषा के प्रसिद्ध साहित्यकार जार्ज बर्नाड शॉ ने मरते समय अपनी वसीयत में कुछ धनराशि अंग्रेजी भाषा के लिए अच्छी लिपि खोजने के लिए रख छोड़ी थी। रोमन की अपूर्णता का इससे अधिक स्पष्ट प्रमाण और क्या हो सकता है।

अब समय आ गया है कि हम भारतीय भाषाओं के लिए अतिरिक्त लिपि के रूप में देवनागरी का प्रयोग तो बढ़ाएं ही, साथ ही आदिवासी क्षेत्रों की बोलियों के लिए भी देवनागरी के प्रयोग को प्रचलित करें। इन बोलियों और भाषाओं का मूल रूप से देवनागरी में शब्दकोश तैयार किया जाए। एक प्रशंसनीय कार्य इस दिशा में मुझे डॉ. रामकृपाल तिवारी में देखने को मिला। उन्होंने भारत के अंडमान निकोबार द्वीप समूह के सुदूर दक्षिण में ग्रेटर निकोबार द्वीप में रहने वाली एक आदिम जाति शोंपेन की बोली का मूल देवनागरी लिपि में ही एक शब्दकोश तैयार किया है। इससे पूर्व ईसाई मिशनरियों ने इस बोली की ओर कोई ध्यान नहीं दिया था। डॉ. रामकृपाल तिवारी ने शोंपेन जाति में रहकर, जो अभी भी वनों में निर्वस्त्र और आदिम अवस्था में रहती हैं, उनकी बोलियों का अध्ययन किया, जो एक महान भाषा वैज्ञानिक कार्य तो है ही राष्ट्रीय एकता की दृष्टि से भी एक स्तुत्य कार्य है।

इस प्रकार अरुणाचल प्रदेश, मिजोरम, नागालैंड, असम और मेघालय की गारु, खासी और जैंतिया पहाड़ियों में रहने वाली जातियों की बोलियों के लिए भी देवनागरी लिपि के प्रयोग को बढ़ावा दिया जाना चाहिए।

यह कार्य शिक्षा मंत्रालय द्वारा इन बोलियों और भाषाओं के समुचित विकास के लिए किया जाना आवश्यक है। स्वैच्छिक संस्थाएं भी इस दिशा में महत्त्वपूर्ण कार्य कर सकती हैं। जहां तक उर्दू भाषा का प्रश्न है, हिंदी और उर्दू दोनों भाषाएं व्याकरणिक दृष्टि से एक ही हैं। किंतु लिपि भिन्न होने के कारण इनमें भिन्नता दिखाई देती है। यदि दोनों भाषाओं की लिपि देवनागरी हो जाए या उर्दू के साहित्यकार देवनागरी लिपि को भी एक अतिरिक्त लिपि के रूप में स्वीकार कर लें,

तो ये दोनों भाषाएं एक-दूसरे के बहुत समीप आ सकती हैं। न उर्दू केवल मुसलमानों की ही भाषा है और न हिंदी केवल हिंदुओं की ही भाषा है। ये दोनों भाषाएं एक ही थीं और इनके विकास का श्रेय भी दोनों धर्मावलंबियों को है। यह देखने में आया है कि उर्दू के जिस साहित्य का हिंदी में लिप्यांतरण हुआ है, वह अधिक लोकप्रिय हुआ है।

उर्दू के अनेक उदार और सुविज्ञ लेखकों ने खुले दिल से देवनागरी लिपि का समर्थन किया है। हजरत ताराशाह चिस्ती समिति, आगरा के अध्यक्ष, मौलाना हाफिज रमजान अली कादरी ने एक पत्र में स्पष्ट शब्दों में कहा है— "हम व हमारे मुरीदों व शिष्यों की निगाह में देवनागरी प्रचार का एक सच्चा आंदोलन है। इसमें कोई शक और संदेह नहीं है कि देवनागरी ही एक ऐसी लिपि है, जो एशिया को और कम से कम हिंदुस्तान को एक धागे में बांधने की ताकत रखती है। आंदोलन को सफल बनाने में हमारी खिदमतें आपके साथ हैं।"

महाराष्ट्र राज्य के भूतपूर्व राज्यपाल स्वर्गीय श्री अली यावर जंग ने अपना विचार इन शब्दों में प्रकट किया था— "मेरा मत यह है कि उर्दू सहित प्रत्येक भाषा को अपनी लिपि में लिखने की स्वतंत्रता होनी चाहिए, लेकिन देवनागरी लिपि का देश में जोड़ लिपि के रूप में प्रयोग किया जाना चाहिए।"

इस प्रकार देवनागरी लिपि को वैकल्पिक लिपि के रूप में अपनाया जाना निश्चय ही भारतीय भाषाओं की एकता एवं राष्ट्रीय अखंडता के हित में होगा।

आचार्य विनोबा भावे और नागरी लिपि

हमारे देश के स्वतंत्रता संग्राम के इतिहास में एक बहुत बड़ी घटना उस समय घटी जब 1940 ई. में महात्मा गांधी ने व्यक्तिगत सत्याग्रह आंदोलन के लिए प्रथम सत्याग्रही के रूप में एक ऐसे व्यक्ति को चुना, जिसका राजनीतिक जीवन में कोई स्थान नहीं था। वे गांधी जी के सच्चे अनुयायी और आश्रम के एक निष्ठावान सेवक थे। सबको गांधी जी के इस निर्णय पर आश्चर्य हुआ कि पं. जवाहर लाल नेहरू के होते हुए ऐसे व्यक्ति को प्रथम सत्याग्रही होने का दायित्व सौंपा गया ? यह व्यक्ति कौन था, जिन्हें गांधी जी ने प्रथम सत्याग्रही के रूप में चुना था। वे थे –आचार्य विनोबा भावे जिनके आत्म संयम, नैतिक बल, धैर्य, त्याग, अनुशासन और मानस सेवा पर गांधी जी को अटूट विश्वास था। यही वे विनोबा भावे थे, जिन्होंने देश की भाषाई एकता के लिए नागरी लिपि को आवश्यक बताया था।

गांधी जी ने हरिजन सेवक में एक छोटा-सा लेख लिखकर उन्हें जनता के सामने ला खड़ा किया। गांधी जी ने अपने लेख में लिखा था— "वह राजनीति के मंच पर कभी लोगों के सामने आए ही नहीं। कई साथियों की तरह उनका विश्वास है कि "सविनय आज्ञा भंग के अनुसंधान" में शांत रचनात्मक काम कहीं ज्यादा प्रभावकारी होता है, इसकी अपेक्षा कि जहां आगे राजनीतिक भाषा का अखंड प्रवाह चल रहा है, वहां जाकर और भाषण दिए जाएं।

आचार्य विनोबा भावे एक बहुआयामी व्यक्तित्त्व के धनी थे, वे कर्मठ स्वतंत्रता सैनानी होने के साथ-साथ बहुभाषाविद्, मनीषी, साहित्य और दर्शन के मर्मज्ञ स्वभाव के कर्मयोगी संत महापुरुष थे। उनमें विद्वता के साथ-साथ सत्यनिष्ठा एवं अहंकार हीनता का अनोखा सामंजस्य था।

विनोबा जी का जन्म 11 सितंबर, 1895 में हुआ था। इनका मूल नाम "विनायक नरहरि भावे" था जो अपनी विलक्षण प्रतिभा, देश सेवा और मानव प्रेम के कारण आचार्य विनोबा भावे के रूप में लोकप्रिय हुए। उनके संबंध में गांधी जी कहा करते थे "आश्रम के कुछ गिने हुओं में से विनोबा जी एक हैं। ऐसे लोग अपने व्यक्तित्त्व व बलिदान से आश्रम को कुछ देते हैं, लेते नहीं हैं।" विनोबा भावे युग पुरुष और भविष्य द्रष्टा थे। श्री बसंत नारगोलकर ने 1962 में लिखा था विनोबा जी जैसे व्यक्ति अपने जीवन काल में भी उस अवस्था का दृष्टांत प्रस्तुत कर देते हैं, जिस पर समूची मानवता को किसी-न-किसी दिन पहुंचना है।"

स्वतंत्रता संग्राम के एक मुख्य पुरोधा होते हुए भी वे "भूदान आंदोलन" के प्रर्वतक के रूप में विश्व में विख्यात हुए और "सर्वोदय", "ग्राम स्वराज्य", "शांति सेना",

"समन्वयन दर्शन" और "जय जगत" के अभिनव प्रणेता और नागरी के प्रबल समर्थक के रूप में लोकप्रिय हुए। वे "दरिद्र नारायण" के उपासक के रूप में भी जाने गए। उन्होंने स्वेच्छा से जमीन को जरूरत मंद लोगों को दान में देने का एक अभिनव आंदोलन चलाया जो "भूदान आंदोलन" के नाम से इतिहास में अपना एक महत्त्वपूर्ण स्थान रखता है।

विनोबा जी अनेक देसी और विदेशी भाषाओं के ज्ञाता थे। उन्होंने देखा कि देश की एकता के लिए देश की भाषाओं में परस्पर एकता की बड़ी आवश्यकता है। देश की विभिन्न भाषाओं की आत्मा एक ही है। उन सबका संदेश भी एक ही है। साहित्यिक और भावात्मक दृष्टि से ये सब एक होते हुए भी लिपि भेद के कारण अलग-थलग दिखाई देती हैं। उनमें संपर्क-सूत्र स्थापित किया जाना आवश्यक है। इसके लिए उन्होंने एक ऐसी संपर्क लिपि को चुना, जो अधिक वैज्ञानिक हो और सभी भाषाओं के लिए उपयुक्त हो। यह थी नागरी लिपि।

इस प्रकार देश की भाषाई एकता के लिए जो सबसे बड़ा कार्य उन्होंने किया वह था नागरी लिपि का प्रचार-प्रसार। रचनात्मक समाज, की प्रमुख कार्यकर्त्री कुमारी निर्मला देश पाण्डे ने लिखा है कि आचार्य विनोबा ने गांधी विचारधारा के लोगों को एक सूत्र में जोड़ने के लिए एक पंचायतन की स्थापना की और जिसमें "भूदान-ग्रामदान", शांतिसेना, "खादी ग्रामोद्योग", निर्भय-निष्पक्ष, "आचार्यों का संगठन तथा "नागरी लिपि" को स्थान दिया गया।

विनोबा जी ने नागरी लिपि की वैज्ञानिकता को देखते हुए अपना यह बहुमूल्य सुझाव दिया था कि सभी भारतीय भाषाओं को अपनी-अपनी लिपि के साथ-साथ नागरी लिपि को भी अपना लेना चाहिए। इससे इन भाषाओं में निकटता आएगी और नागरी लिपि एक जोड़ लिपि का कार्य करेगी। उन्होंने कहा था नागरी लिपि अगर हिंदुस्तान की सब भाषाओं के लिए चले, तो हम सब लोग बिल्कुल नज़दीक आ जाएंगे। खासकर दक्षिण की भाषाओं को नागरी लिपि का लाभ होगा। वहां की चार भाषाएं अत्यंत नजदीक हैं। उनमें संस्कृत शब्दों के अलावा उनके अपने जो प्रांतीय शब्द हैं तेलुगु, कन्नड़, मलयालम में बहुत शब्द समान हैं। ये शब्द नागरी लिपि में अगर आ जाते हैं, तो दक्षिण की चारों भाषाओं के लोग चारों भाषाएं 15 दिन में सीख सकते हैं।

"वे नागरी लिपि को सब भाषाओं पर थोपना नहीं चाहते थे। वे इन भाषाओं की लिपियों को भी चाहते हुए केवल वैकल्पिक रूप में नागरी लिपि के प्रयोग पर बल देते थे। इसलिए उन्होंने कहा था। मैं दूसरी लिपियों का विरोध नहीं करता। मैं तो चाहता हूं वे "भी" चले और नागरी "भी" चले। नागरी "ही" चले, यह मैं नहीं कहता। "मैं" भी वादी हूं। "यह भी चले" और "नागरी" लिपि भी चले।

श्री यशपाल जैन ने इस संबंध में एक घटना का उल्लेख किया है, जिसका उल्लेख मैं यहां आवश्यक समझता हूं। "जब विनोबा भावे ने नागरी लिपि को

अपनाने की बात कही तो लोगों ने कहा, "आप जोड़ने वाले व्यक्ति हैं, यह तोड़ने का काम क्यों कर रहे हैं?

"तोड़ने का। यह कैसे ?"

"अपनी लिपि को छोड़कर नागरी लिपि को कौन अंगीकार करेगा ? नागरी लिपि के प्रति उनका विद्वेष हो जाएगा।"

विनोबा ने कहा, "मैंने कब कहा कि अपनी लिपि को छोड़ दो ? मेरा कहना यह नहीं है कि नागरी लिपि का ही प्रयोग करो। मेरा कहना है, अपनी लिपि के साथ नागरी लिपि का भी इस्तेमाल करो।"

इस कथन से नागरी को अन्य भाषाओं पर थोपने की बात निराधार हो जाती है। विनोबा जी एक संत थे। वे थोपने की बात को अहिंसा नहीं मानते थे। वे तो सर्वोदय में विश्वास करते थे और सभी के उदय की बात करते थे।

नागरी लिपि के प्रचार के लिए विनोबा जी ने अपना शेष जीवन अर्पित किया। उन्होंने सर्वोदय के सेवकों को नागरी लिपि का प्रचार करने के लिए प्रेरित किया। अपने कार्यकर्त्ताओं को उन्होंने कहा, "देखो भैया, सोचो। हमने ग्रामदान में भूमिदान में 12-12 साल बिताए। काफी काम किया। 10-15 लाख एकड़ जमीन बांटी। यह हम लोगों की महिमा। परंतु 50 साल के बाद जमीन के टुकड़े हो जाएंगे, जनसंख्या और बढ़ेगी, उन हालात में आप लोगों के काम को सब लोग भूल जाएंगे। परंतु अगर हमारे प्रयत्न से भारत वर्ष में नागरी लिपि चली तो एक हजार साल तक इसका स्मरण होता रहेगा और भारत की एकता के लिए सर्वोदय के सेवकों ने महान कार्य किया, ऐसी उनकी प्रतिष्ठा होगी। यह मैंने इस सिलसिले में आप लोगों से कहा है कि यह ज़्यादा क्रांतिकारी है।"

विनोबा जी ने अपनी "सर्वोदय पत्रिका" भी देवनागरी में छपवाना शुरू किया था। उनके गीता-प्रवचन के अनुवादों को भिन्न-भिन्न भाषाओं में सर्व सेवा संघ ने देवनागरी में प्रकाशित किया। उनका कहना था कि "जरा-सी मेहनत करेंगे तो आप देखेंगे कि कम से कम उत्तर भारत की भाषाएं दो-चार-पांच दिन में ही सीख सकते हैं। मैं सिफारिश करता हूं कि अनेक भाषाओं की कुछ किताबें नागरी लिपि में निकालें। उनके सर्वोदय कार्यक्रम तथा भूदान आंदोलन का भी नागरी लिपि के प्रचार-प्रसार में महत्त्वपूर्ण योगदान रहा है।

आचार्य विनोबा भावे की सद्प्रेरणा से 17 अगस्त, 1975 को गांधी स्मारक निधि के तत्त्वाधान में "नागरी लिपि परिषद्" की स्थापना हुई थी, जिसके अध्यक्ष प्रसिद्ध गांधीवादी विचारक श्रीमन्ननारायण" बने। नागरी लिपि परिषद् के प्रचारार्थ एक पत्रिका निकालने का निर्णय किया गया, जो 'नागरी-संगम' के नाम से अब तक निरंतर प्रकाशित हो रही है।

विनोबा जी महात्मा गांधी के निधन के बाद सत्य, अहिंसा और नैतिक मूल्यों के प्रबल समर्थक के रूप में सारे विश्व में विख्यात हुए। लोग देश-विदेश से उनके

मूल्यवान और रचनात्मक विचारों के कारण मिलने आते थे। मुझे 1967 ई. में इनके दर्शनों का पवनार आश्रम में सौभाग्य प्राप्त हुआ था। इनके आश्रम में अनेक विदेशी विद्वान आए हुए थे। किंतु विनोबा जी उन दिनों मौन रहते थे। उन्होंने अपने सामने एक सलेट रखी हुई थी, जिसपर वे जिज्ञासुओं के प्रश्नों का संक्षेप में उत्तर देते थे। हमने भी उनसे कई शंकाओं का निराकरण कराया था।

विनोबा जी आयु-भर, देश-सेवा, मानव-सेवा और दरिद्र नारायण की उपासना में लगे रहे। मैं उनका सबसे बड़ा योगदान भारतीय भाषाओं के लिए नागरी लिपि के वैकल्पिक प्रयोग को मानता हूं। हम सब देशवासियों को उनके इस कार्यक्रम को आगे बढ़ाना चाहिए।

विश्व की भाषाओं के लिए देवनागरी लिपि का प्रयोग

भाषा विचारों के आदान-प्रदान का माध्यम होती है जिन्हें लिखित रूप में व्यक्त करने के लिए कुछ भाषा संकेतों का सहारा लिया जाता है जो लिपि चिह्न कहलाते हैं। विश्व के विभिन्न क्षेत्रों में विभिन्न भाषाओं के लिए अनेक प्रकार की लिपियों का आविष्कार किया गया। ये लिपियां अपनी क्षेत्रीय भाषाओं को व्यक्त करने का साधन बनी। आज वैज्ञानिक प्रगति के साथ-साथ विश्व इतना छोटा हो गया है कि हमें विभिन्न देशों के साथ निकट का संपर्क रखना पड़ता है। किंतु विभिन्न लिपियां सभी भाषाओं की ध्वनियों को व्यक्त करने में इतनी समर्थ नहीं हैं।

पाश्चात्य साहित्य और संस्कृति के प्रसार के साथ रोमन लिपि का भी प्रचार-प्रसार बढ़ा किंतु क्या रोमन लिपि विभिन्न भाषाओं की ध्वनियों को व्यक्त करने में सक्षम है? इसका उत्तर शायद हम इंग्लैंड के प्रसिद्ध साहित्यकार जार्ज बर्नाड शॉ द्वारा की गई वसीयत में व्यक्त इन विचारों में ढूंढ़ सकते हैं कि "मैं अपनी संपत्ति का एक अंश ऐसे व्यक्ति को देना चाहता हूं जो रोमन लिपि में आवश्यक सुधार कर इसे आदर्श लिपि बना सके।" इसी प्रकार के विचार उन विद्वानों ने भी रखे हैं जिन्हें रोमन लिपि की कमियां खलती रही हैं। अनेक विदेशी विद्वानों ने नागरी लिपि को सर्वश्रेष्ठ लिपि बताया है। ब्यूलर हार्नले, हुक्श मैक्डानल, थामस, आइजेक टेलर आदि ने नागरी लिपि की वैज्ञानिकता की प्रशंसा की है। आइजेक पिटमैन लिखते हैं— "संसार में यदि कोई पूर्ण अक्षर हैं तो देवनागरी के हैं।" प्रो. मोनियर विलियम्स ने कहा था देवनागरी अक्षरों से बढ़कर पूर्ण और उत्तम अक्षर दूसरे नहीं हैं। जान क्राइस्ट तो यहां तक कहते हैं" मावन के मस्तिष्क से निकली हुई वर्णमाला नागरी सबसे पूर्ण वर्णमाला है।" सर विलियम जॉन्स नागरी को रोमन की अपेक्षा श्रेष्ठ बताते हुए कहते हैं "हमारी भाषा अंग्रेजी की वर्णमाला तथा वर्तनी अवैज्ञानिक तथा किसी रूप में हास्यास्पद भी है।"

देवनागरी एक पूर्ण वर्णमाला

देवनागरी में प्रायः सभी ध्वनियों के लिए संकेत चिह्न हैं जो लगभग पचास से अधिक हैं। जो कुछ बोला जाता है प्रायः वही लिखा जाता है। इसमें एक ध्वनि के लिए एक ही लिखित रूप स्वीकार किया गया है। रोमन लिपि की भांति यह नहीं कि "क" ध्वनि की अभिव्यक्ति के लिए C, K, CH, तथा "ज" ध्वनि के लिए J, G, Z आदि कई-कई वर्ण मिलते हैं। नागरी में एक प्रतीक वर्ण से एक ही ध्वनि निकलती है। रोमन आदि में ऐसा नहीं है। जैसे —

'U' वर्ण- But में 'अ' ध्वनि

Put में 'उ' ध्वनि

Unit में 'यू' ध्वनि

लगभग यही स्थिति फारसी लिपि में भी है। 'ज' ध्वनि के लिए ج (ज़ीम); ز (ज़े) ذ (ज़ाल) ض (ज़्वाद); ظ (ज़ोय) आदि हैं س (सीन) ص और (स्वाद) की ध्वनियों में अंतर बताना कठिन है।

इस प्रकार हम देखते हैं कि रोमन लिपि में 'विश्व लिपि' के रूप में स्वीकार्य किए जाने की क्षमता नहीं है। फिर भी, विश्व लिपि के रूप में स्वीकार किए जाने की दृष्टि से सबसे अधिक गुण संभवतः देवनागरी लिपि में ही मिल सकते हैं। इस तथ्य पर सबसे अधिक चिंतन आचार्य विनोबा भावे का रहा है जिन्होंने देवनागरी लिपि को न केवल इस देश की विभिन्न भाषाओं के लिए उपयोगी बताया था बल्कि देश के बाहर के पड़ोसी देशों और विश्व की अन्य भाषाओं के लिए नागरी लिपि को सुविधाजनक माना था। भारतीय भाषाओं की लिपियों के संबंध में उनका कहना था कि "हिंदुस्तान की एकता के लिए हिंदी भाषा जितना काम करेगी उससे कहीं अधिक काम देवनागरी लिपि देगी। इसलिए मैं चाहता हूं कि हिंदुस्तान की समस्त भाषाएं देवनागरी में भी लिखी जाएं। नागरी लिपि सब भाषाओं में चले। इसका मतलब दूसरी लिपियों का निषेध नहीं है। दोनों लिपियां चलेंगी।"

विनोबा जी चाहते थे कि सभी भारतीय भाषाएं अपनी-अपनी लिपियों के साथ-साथ वैकल्पिक लिपि के रूप में देवनागरी का भी प्रयोग करें इससे देश की भाषाई एकता में सहायता मिलेगी।

विनोबा भावे ने नागरी लिपि को जहां इस देश की भाषाओं के लिए उपयोगी बताया वहीं देश से बाहर पड़ोसी देशों की भाषाओं के लिए भी इसे सुविधाजनक माना था। वे चाहते थे कि नागरी लिपि की वैज्ञानिकता और सरलता को देखते हुए यदि पड़ोसी देश भी इस लिपि का प्रयोग करें तो अंतर्राष्ट्रीय सद्‌भावना में अवश्य वृद्‌धि होगी।

उन्होंने एक लेख में जापानी और नेपाली तथा चीनी आदि भाषाओं का भी उल्लेख किया। उन्होंने कहा कि पड़ोसी देश नेपाल की भाषा नेपाली है, किंतु इसकी लिपि नागरी है। इस प्रकार दोनों देशों की पारस्परिक सांस्कृतिक और सामाजिक सद्‌भावना का बहुत कुछ श्रेय इस लिपि को भी है। जापानी भाषा के संबंध में उन्होंने कहा, "जापानी भाषा की लिपि चित्रमय लिपि है इसलिए इसके पास चित्रों की संख्या लगभग दो हजार है, जिसे सीखना सरल काम नहीं है। इसलिए वे लोग नई लिपि की खोज कर रहें है।" विनोबा जी ने जापानी भाषा और उसकी संरचना के संबंध में अपने विचार व्यक्त करते हुए लिखा— "भारतीय और जापानी भाषा की बनावट और एकरूपता की दृष्टि लगभग समान है इसमें प्रीपोजीशन (पूर्व–प्रत्यय) नहीं है, पोस्ट पोजीशन (उत्तर–प्रत्यय) है इस रूप में ऐसा नहीं है "कोठरी में" ऐसा

चलता है। वाक्य के पहले कर्ता फिर कर्म और फिर क्रिया ऐसा चलता है। मतलब शब्द जापानी का तजुर्मा करें तो हिंदी मराठी में हो सकता है। जापानियों को 'ल' बोलना कठिन होता है 'र' बोलना कठिन होता है। बचपन से राम-राम बोलने के लिए कहते तो मैं लाम-लाम कहता। इंग्लिश के कारण जापानी शब्द गलत ढंग से हमारे पास आते हैं टोकियो का उच्चारण है। तोकियो, जापानी कोश में पहला शब्द है 'आई', मराठी में भी यह शब्द है। उसका मतलब है 'माता' और जापानी में उसका अर्थ है 'प्रेम' तो बहुत समानता है। जापानी वर्णमाला का क्रम ठीक संस्कृत वर्णमाला के क्रम पर बना है। वाक्य विन्यास और उच्चारण की दृष्टि से भी हिंदी और जापानी खूब मिलती-जुलती है। जापानी विद्वान क्यूया दोई भी जापानी के लिए नागरी लिपि के पक्षधर थे।

यही बात चीनी भाषा के संबंध में भी है। यदि चीनी और जापानी देवनागरी लिपि को अपना लें, इसमें उनका भी भला है। चीनी भाषा के संबंध में मै अपने एक मित्र द्वारा सुनाए गए एक संस्मरण का उल्लेख करना चाहता हूं, जिसमें उन्होंने बताया था कि जब चीन के प्रधानमंत्री चाऊ एन लाई भारत यात्रा पर आए थे, तो कहा जाता है कि उन्होंने चीनी लिपि की जटिलता को देखते हुए चीनी भाषा के लिए नागरी लिपि अपनाए जाने की संभावनाओं के संबंध में प. जवाहर लाल नेहरू के सामने विचार रखे थे, किंतु इसकी औपचारिक अभिव्यक्ति आज कहीं नहीं मिलती।

उत्तर–पूर्व और दक्षिण पूर्व एशियाई देशों के साथ प्राचीनकाल से ही भारत के बड़े निकट संबंध रहे हैं। नेपाल, चीन, इंडोनेशिया, जावा सुमात्रा, बोर्नियो, वियतनाम म्यांमार थाईलैंड तथा तिब्बत, मंगोलिया, जापान और कोरिया तक हमारे गहन सांस्कृतिक संबंध रहे हैं। बौद्ध धर्म के प्रचार के साथ-साथ भारतीय दर्शन और साहित्य इन देशों में पहुंचा और व्यापारिक तथा राजनीतिक संबध भी काफी प्रगाढ़ रहे। इन भाषाओं की शब्दावली में भारत से गए अनेक समान शब्द आज भी उपलब्ध हैं। भाषा इंडोनेशिया में भारतीय संस्कृति के अनेक शब्द आज भी विद्यमान हैं। इन देशों की भाषाओं की लिपियां भी भारत की प्राचीन ब्राह्मी लिपि से ही निकली हैं और इनकी वर्णमाला का क्रम भी प्रायः वही है। इस प्रकार इन देशों में यदि देवनागरी लिपि का भी प्रचार किया जाए तो ये देश स्वेच्छा से स्वयं ही इस लिपि को एक वैकल्पिक लिपि के रूप में ग्रहण करने के लिए तत्पर हो सकते हैं।

जहां तक पाकिस्तान जैसे पड़ोसी देश का संबंध है वहां की राजभाषा उर्दू है जो एक प्रकार से हिंदी की विशेष शैली या सहोदरा है। यदि इस भाषा को देवनागरी लिपि में भी लिखा जाए तो बड़ी सरलता होगी। क्योंकि भारत में उर्दू का साहित्य अब देवनागरी में भी लोकप्रिय होता जा रहा है। उर्दू तो मूलतः भारत में ही जन्मी और विकसित भाषा है। इससे भारत और पाकिस्तान के संबंधों में भी सौहार्द आएगा। एक ईरानी विद्वान ने उर्दू के संबंध में अपनी पुस्तक 'आउट लाइंस ऑफ इस्लामिक कल्चर' खण्ड 1 पृ., 160 में लिखा है कि यदि उर्दू लेखक नागरी लिपि को अपना लें

तो भारत में ही उर्दू के तीव्र गति से प्रसार कार्य की दिशा में महान सेवा होगी।

हमें सबसे पहले इस कार्य को विनोबा भावे द्वारा बताए मार्ग पर चलते हुए नेपाल जैसे देशों के सहयोग से आगे बढ़ाना होगा। नेपाल सार्क अर्थात् दक्षेस देशों का मुख्यालय है और दक्षिण एशिया के देशों की बैठकें प्रायः यहीं होती हैं और उनके साथ पत्राचार नेपाल स्थित इस कार्यालय से ही होता है। इसलिए इस मुख्यालय के देशों को नागरी लिपि के द्वारा समीप लाने की दिशा में काम करने की काफी गुंजाइश है।

नागरी लिपि परिषद् ने जहां भारतीय भाषाओं के लिए नागरी लिपि में पुस्तकें तैयार करने की योजना बनाई है। पड़ोसी भाषाओं के लिए भी उसी प्रकार की योजनाएं बनाए जाना श्रेयस्कर होगा। नागरी लिपि परिषद् ने 'भाषा इंडोनेशिया' आधुनिक अरबी, सिंहल स्वयं शिक्षक, जापानी भाषा प्रवेश, आधुनिक फारसी, हिंदी–चीनी प्राइमर, इतालवी भाषा प्रवेश तथा रूसी भाषा प्रवेशिका जैसे उपयोगी ग्रंथों की रचना की है। यह अवश्य है कि हमें यथा आवश्यक नागरी में विशेष ध्वनियों के लिए और चिह्न बनाने होंगे। त्रिनिडाड और टुबैगो में 1996 में आयोजित पांचवें विश्व हिंदी सम्मेलन में भी नागरी लिपि के प्रचार-प्रसार पर विशेष बल दिया गया था।

कंप्यूटर युग की आशाएं और नागरी का भविष्य

आज यूरोप और अमेरिका आदि में कंप्यूटर सॉफ्टवेयर के विकास में जो शोध कार्य हो रहे हैं, उनमें भी नागरी लिपि की वैज्ञानिकता ने विशेषज्ञों का ध्यान आकृष्ट किया है। नागरी लिपि की उपयुक्तता को लेकर डॉ. रिग ब्रिग्स डॉ. व्यास हूस्टन और डॉ. डेविड लेविन आदि विद्वानों ने व्यापक रूप से लिखा है। कंप्यूटर में भी अब नए युग की आशाएं नागरी और संस्कृत की ओर प्रवृत्त होती दिखाई दे रही है। यहां तक भी कहा जाता है कि "यदि आप कंप्यूटर की भाषा सीखना चाहते हैं तो संस्कृत और नागरी सीखिए।" इस प्रकार विश्व की भाषाओं के लिए 'देवनागरी लिपि' के प्रयोग का भविष्य उज्ज्वल है।

भारतीय अंकों के अंतर्राष्ट्रीय रूप का विकास

भारत के संविधान के अनुच्छेद 343 (1) के अनुसार हिंदी को भारत की राजभाषा के रूप में स्वीकार किया गया है,जिसकी लिपि देवनागरी होगी। किंतु साथ ही यह भी कहा गया है कि "संघ के शासकीय प्रयोजनों के लिए प्रयोग होने वाले अंकों का रूप भारतीय अंकों का अंतर्राष्ट्रीय रूप होगा"। इस प्रकार केंद्रीय सरकार के कार्यालयों में हिंदी की लिपि तो देवनागरी होगी, किंतु अंक देवनागरी के न होकर अंतर्राष्ट्रीय स्वरूप के होंगे। प्रश्न उठता है कि क्या अंतर्राष्ट्रीय रूप में प्रचलित अंक प्रणाली मूल रूप में भारतीय ही है? इसका उत्तर खोजने के लिए हमें इतिहास में पीछे मुड़कर देखना होगा।

भारत और अरब देशों के व्यापारिक संबंध इस्लाम के अभ्युदय से भी बहुत प्राचीन है। प्राचीन काल में अरबों के व्यापारिक जहाज़ सीधे भारत के पश्चिमी तट के बंदरगाहों पर आते थे और यहां से माल लेकर अरब और यूरोप के देशों तक जाते थे। उनके लिए व्यापार का लेन-देन भारतीय अंकों में रखना ही सुविधाजनक रहता था। अरब और यूरोप के देशों में गणित का इतना विकास नहीं हुआ था। अरब वाले स्पष्ट रूप से कहते हैं कि उन्होंने 1 से 9 तक के अंक लिखने का ढंग हिंदुओं से सीखा[1] और इसीलिए अरब वाले अंकों को 'हिंदसा' और इस प्रणाली को 'हिसाब हिंदी' या 'हिंदी हिसाब' कहते हैं। आज उर्दू में भी इसीलिए अंकों के लिए 'हिंदसा' शब्द प्रचलित है। अमीर खुसरो (1253-1325) अपनी रचना नूह सिपहर में भारत की महानता के पक्ष में जो दस तर्क प्रस्तुत करते हैं, उनमें चौथा तर्क यह है—

'हुज्जते चहारूम रक्मे हिंदसः बीन,
कहले जहांन वज़अ न दीदंद चुनीन।
हम व यकीं सिपर केह नक्शीत तेही,
बीन चेह रमूजस्त च् हज्जीश देही।

अर्थात् चौथा तर्क 'इल्मे हिंदसा' (अंक विद्या) या अंकों को लिखने का ढंग है जिसका उदाहरण संसार में कहीं नहीं मिलता। केवल सिफर (शून्य) को ही लीजिए, यह मात्र एक चिह्न है किंतु इसमें कितने रहस्य छिपे हैं। गणित ज्योतिष और ज्यामिति तथा अन्य विज्ञान इसके ऋणी हैं। 'शून्य' के अभाव में तो इनका अस्तित्व ही न हो पाता। इस प्रकार वे कहते हैं कि 'हिंदसा' भारत की देन है और 'शून्य' का आविष्कार भारत में हुआ था, जिसके लिए विश्व भारत का ऋणी है। वेब्सटर की नवीन इन्साइक्लोपीडिया में भी कहा गया है कि यद्यपि प्राचीन मिस्र यूनान रोम और बेबीलोनिया सभी ने अंक प्रणाली का विकास किया था, किंतु शून्य का किसी ने

भी नहीं। छठी शती के आसपास अरब के गणितज्ञों द्वारा इसे भारत से लाकर प्रचलित किया गया था।[2]

'हिंदसा' शब्द 'हिंद' और 'असा' से मिलकर बना है। 'असा' नाम का एक ब्राह्मण था, जिसने अंक प्रणाली का परिचय अरबों को कराया था। उसी के नाम से 'हिंदसा' शब्द का प्रचलन हुआ। इससे पता चलता है कि अंकों का प्रयोग भारत से ही अरब आदि देशों में गया था। यूरोपीय देशों में तो यह प्रणाली अरब देशों से गई थी। इसलिए यूरोप के देशों में इन्हें 'अरबी' अंक अर्थात् Arabic Numerals कहा जाता है, जबकि अरब वाले इन्हें हिंद से गए मानते हैं। विश्व के सभी गणित शास्त्री इन अंकों को 'हिंदु अरेबिक' अंकों के नाम से अभिहित करते हैं। जी. एफ. हिल नामक गणितज्ञ ने भी अपने ग्रंथ 'The Development of Numerals in Europe' में इसकी पुष्टि की है। मेसोपोटेनिया के सिवेरस सिबोरेंट नाम के एक पादरी द्वारा ईसा की सातवीं शताब्दी के मध्य में लिखी गई गणित की एक पुस्तक में सबसे पहले इनका प्रयोग मिलता है। लगभग इसी काल में भारतीय ज्योतिष और गणित की एक पुस्तक में सबसे पहले इनका प्रयोग पाया जाता है। लगभग इसी काल में भारतीय ज्योतिष और गणित का प्रवेश भारत से अरब के देशों में हुआ था। वहीं से यह स्पेन के रास्ते यूरोप के देशों में पहुंचा था।

मध्य पूर्व के देशों में इस्लाम के प्रचार के साथ बग़दाद शिक्षा और ज्ञान का एक महान केंद्र बन गया था जहां अरब, यूनान, ईरान, मिस्र यहूदी तथा अन्य देशों के विद्वान परस्पर विचार विनिमय के लिए एकत्रित होते रहते थे। सन् 771 ई. में भारत से भी विद्वानों का एक शिष्टमंडल मंसूर के दरबार में बगदाद गया था। उसके साथ एक भारतीय पंडित गणित ज्योतिष की एक पुस्तक जिसका नाम — बृहस्पति सिद्धांत' था अपने साथ ले गया था। उसका वहां 'अससिंद हिंद' के नाम से अरबी में अनुवाद किया गया। उसी से भारतीय अंक प्रणाली वहां प्रचलित हुई। मौ. सैयद सुलेमान नदवी भी इसकी पुष्टि करते हुए लिखते हैं कि "मेरी समझ में ठीक बात यह है कि जिस 'सिद्धांत' का अनुवाद हुआ था, उसी के तेहरवें और चौबीसवें प्रकरण में गणित और अंकों का उल्लेख है और उसी से यह ढंग अरबों में चला था"।[3]

अरबी में पहले अक्षरों में संख्याएं लिखते थे। फिर, यहूदियों और यूनानियों की भांति 'अ, ब, ज, द' के ढंग से (अर्थात् अ=1, ब=2, ल=3 और द=4) संख्याएं लिखने लगे। अब भी अरबी ज्योतिष में संक्षिप्त और शुद्ध लिखने के लिए यही पद्धति प्रचलित है। इसी आधार पर 'बिस्मिल्लाउर्रहमान रहीम' लिखने के लिए केवल 786 ही लिखना पर्याप्त माना जाता है। रोमन सभ्यता में रोमन लिपि के अक्षरों द्वारा संख्याएं बताई जाती थीं। आज भी रोमन अंक उसी प्रकार प्रचलित है जैसे I, II, III, IV, V आदि। इसमें यदि 313 लिखना हो तो तीन बार सौ (C) का चिह्न और फिर दस (X) का तथा तीन बार एक (I) का चिह्न बनाना पड़ेगा जैसे CCCXIII। यह पद्धति जटिल थी। भारतीयों ने 1 से 9 तक प्रत्येक अंक के लिए चिह्न निश्चित

कर लिए। जैसा ऊपर कहा गया है 'शून्य' का आविष्कार भी सर्वप्रथम भारत में हुआ जो गणित शास्त्र मे एक महान उपलब्धि मानी जाती है। संख्याओं को अंकों द्वारा अभिव्यक्त करने, शून्य लगाकर इनका दस गुना मान बढ़ाने तथा इकाई-दहाई आदि स्थानों के मान निर्धारित करने की गणित शास्त्रीय पद्धति सबसे पहले भारत में निकली थी, जो अरबों के माध्यम से अन्य देशों में जाकर अंतर्राष्ट्रीय रूप में प्रचलित हुई थी। यह एक माना हुआ ऐतिहासिक तथ्य है। इसे ही दशमलव प्रणाली कहा जाता है।

अरब में भारतीय अंकों के सबसे पहले प्रयोग का श्रेय मुहम्मद बिन मूसा ख़्वारिज़्मी (780-840 ई.) को जाता है। उसी ने भारतीय हिसाब को अरबी सांचे में ढाला।[4] यही रूप अंदलुस के मार्ग से यूरोप पहुंचा। यूरोप में गणित की एक शाखा को Algorithm, Algoritems, Algorism कहते हैं। ये सब इसी अलख़्वारिज्मी के बिगड़े हुए रूप हैं। अलख़्वारिज़्मी के अरबी ग्रंथ का लगभग 1120 ई. में एडेलॉर्ड ऑफ बाथ ने लैटिन में अनुवाद किया, जिसका नाम हैं 'Liber Algorismi De Numero Indorum' । इस पुस्तक ने यूरोप और इंग्लैंड में इन अंकों को फैलाया। इन्हीं भारतीय अंकों को 'हिसाबुल गुब्बार' भी कहा जाता है। इसका कारण यह है कि हिंदू लोग ज़मीन या धूल पर अंक लिखना अर्थात् धूलि कर्म सिखाते थे। इसीलिए इन्हें 'हिसाबुल गुब्बार' कहा जाने लगा। गुब्बार का अर्थ है धूल। यूरोप के अंक इन्हीं गुब्बार अंकों से निकले हैं। अलबेरूनी भी इसी मत का समर्थन करता है।[5] अरब में अंकों का दो प्रकार से विकास हुआ। पश्चिमी अरब में गुब्बारी प्रणाली का विकास हुआ, जिसका प्रचलन यूरोप के देशों में फैला और पूर्वी अरब के देशों में अरबी ने जो अंक प्रणाली अपनाई वही आज भी प्रचलित है।

इससे स्पष्ट है कि अंतर्राष्ट्रीय कहे जाने वाले अंक अरब के नहीं भारत के हैं। इसका एक कारण यह भी है कि अरबी लिपि की लेखन प्रणाली के ठीक विपरीत ये अंक बाएं से दाएं लिखे जाते हैं।

अलख़्वारिज़्मी के बाद मुसलमानों में भारतीय गणित का प्रचार करने वाला दूसरा व्यक्ति अली बिन अहमद नसवी (980-1040 ई.) है जिसने 'अलमुकन्नअ फिल हिसाबिल हिंदी' नामक पुस्तक लिखी। कहा जाता है कि प्रसिद् हकीम और दार्शनिक बू अली सैना (1015 ई.) ने बचपन में यह भारतीय हिसाब एक कुंजड़े से सीखा था। इससे पता चलता है कि भारतीय गणित सर्व साधारण में चल पड़ा था। इंसाइक्लोपीडिया ब्रिटेनिका के खण्ड-19 में दिए गए वर्णन से पता चलता है कि हिसाब रखने का यह ढंग भारत से चलकर अरब के रास्ते किस प्रकार यूरोप पहुंचा।[6] यूरोप में इस प्रणाली के विलंब से पहुंचने पर पश्चात्ताप करते हुए 'प्रिंस ऑफ मैथेमेटिक्स' अर्थात् गणित के राजकुमार कहे जाने वाले कार्ल फेड्रिक गौस ने कहा था कि "ईसा पूर्व की तीसरी शती में आशीमिदस भारतीय अंक प्रणाली का पूर्वानुमान नहीं कर सका, नहीं तो विज्ञान कितना विकसित हो गया होता।"

भारत की प्राचीन लिपि ब्राह्मी में जिससे भारत की प्रायः सभी भाषाओं की (उर्दू को छोड़कर) लिपियां निकली हैं, अंतर्राष्ट्रीय अंकों का प्रयोग मिलता है। श्री कलानाथ शास्त्री के अनुसार ईसा पूर्व चौथी शताब्दी के नानाघाट के शिला लेखों में 2, 4, 6, 7 और 9 अंतर्राष्ट्रीय अंक ही प्रयुक्त पाए गए हैं। नासिक की गुफाओं में ईसा की पहली और दूसरी शती के शिला लेखों में 2, 3, 4, 5, 6, 7 और 9 के अंतर्राष्ट्रीय अंक मिले हैं। इसी प्रकार 250 ई. पू. के अशोक के शिला लेखों में भी 1, 4 और 6 अंक अंतर्राष्ट्रीय रूप में प्रयुक्त हैं। कालांतर में भारतीय भाषाओं के अंकों में परिवर्तन होता गया। देवनागरी के अंक भी प्राचीन ब्राह्मी लिपि के अंकों का ही विकसित रूप है।

यहां पर यह बताना भी अप्रासांगिक न होगा कि हिंद महासागर में स्थित मालदीव गणराज्य की भाषा 'दिवेही' में तो संख्याओं को बोलने का ढंग भी हिंदी से मिलता-जुलता है। दोनों देशों की संख्याओं के उच्चारण में अद्‌भुत साम्य है।

इन तथ्यों के आधार पर यह बात स्पष्ट हो जाती है कि आज अंतर्राष्ट्रीय रूप में प्रचलित अंक भारतीय अंकों का ही रूप है, जो भारत से ही विदेशों में गए थे और जिन्हें अब भारतीय संविधान में राजभाषा हिंदी के लिए स्वीकार किया गया है।

1. तारीखुल् अतविया, खंड - 2, पृ. - 35 (मिस्र)
2. The ancient agyptians, Greek, Roman and babylonıan all evolved number system, although none had a zero which was introduced from India by way of Arab mathmaticians in about the 6th century A.D. -- Page-818 Western's New world Encyclopedia, 1992.
3. अरब और भारत के संबंध : मौ. सैयद सुलेमान नदवी पृ. 109.
4. तबक़ातल उम्मा साइद अंदलसी, पृ. 14 (बेरूत)।
5. Al Beruni reported that in Hidus frequently performed computations in the sand and his statement suggests a possible origin -- collier's Encyclopedia Vol. 8, Page - 13.
6. Thus use of zero and the use of Western Arabic (Gobar), numerals are spread throughout Europe in the 10th Century prinicipally by the effect of Gerbert, who later became Pope sylwester II. -- the new Encyclopedia Britannica, Vol. 16.

भारतीय अंकों के अंतर्राष्ट्रीय रूप का विकासक्रम

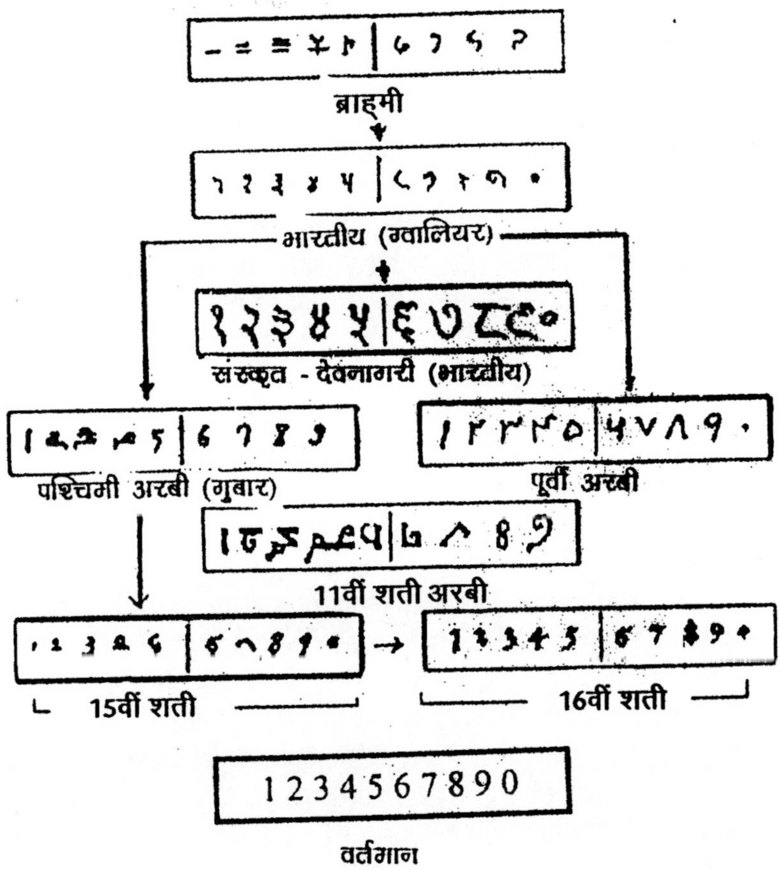

परिशिष्ट - क

भारत के एक द्वीप मिनिकॉय की भाषा "महल" और उसकी लिपि

विचित्रताओं से परिपूर्ण भारत का एक द्वीप **है - मिनिकॉय**, जो भारत के संघ शासित क्षेत्र लक्षद्वीप समूह का ही एक द्वीप है। यह द्वीप भारत के दक्षिण-पश्चिम में अरब सागर में स्थित है और केरल के कोच्चि समुद्र तट से 398 किलोमीटर की दूरी पर है। मार्कोपोलो ने 13 वीं शताब्दी के अपने यात्रा वर्णन में इस द्वीप को "स्त्री द्वीप" कहा था।[1] कारण यह कि यहां पुरुषों की अपेक्षा महिलाओं की जनसंख्या तो अधिक है ही जीवन के हर क्षेत्र में स्त्रियों का ही प्राधान्य है। संस्कृति, वेषभूषा, खानपान और भाषा तथा रीति-रिवाज की दृष्टि से भी यह द्वीप अपने समीपवर्ती सभी द्वीपों से भिन्न है।

भाषा की दृष्टि से लक्षद्वीप के प्रायः सभी द्वीपों की भाषा अपने समीपवर्ती राज्य केरल की भांति मलयालम ही है, किंतु मिनिकॉय की भाषा इससे भिन्न है, जिसे महल कहा जाता है। यह भाषा भारत के अन्य किसी भी क्षेत्र से नहीं बोली जाती। इस भाषा की लिपि भी एकदम भिन्न है, जिसे "दिवेही ताना" लिपि कहा जाता है। संसार की अन्य किसी भी भाषा की यह लिपि नहीं है।

यह आश्चर्य की बात है कि भारत के भाषाई मानचित्र पर इसका उल्लेख शायद ही कहीं मिले। सर जार्ज ग्रियर्सन ने "भारत के भाषा सर्वेक्षण " नामक अपने ग्रंथ में इसका नामोल्लेख तो किया है, किंतु विवरण केवल एक वाक्य में ही समाप्त कर दिया। भाषाविज्ञान के अन्य अध्येताओं ने भी इस भाषा के संबंध में अधिक प्रकाश नहीं डाला। हमारे प्रशासनिक क्षेत्र में भी इस भाषा को लेकर अभी भी एक प्रकार से अनभिज्ञता ही व्याप्त रही है। अधिकतर लोग सारे लक्षद्वीप की भाषा को मलयालम ही मान बैठे हैं, जबकि स्थिति इससे भिन्न है। इस भ्रांति का एक चित्र उस समय देखने को मिला जब 20 अक्तूबर 1985 को भारत के तत्कालीन राष्ट्रपति, ज्ञानी ज़ैल सिंह ने यहां की एक सभा को संबोधित किया। मैं भी उनके साथ वहां उपस्थित था। अन्य द्वीपों की भांति जब इस द्वीप में भी हिंदी से मलयालम में अनुवाद के लिए एक दुभाषिए की सेवाएं ली गईं तो वहां उपस्थित लोगों ने कहा कि नहीं, आप हिंदी में ही बोलिए। हमें समझ में आती है। जिज्ञासा वश जब हमने इस रहस्य को जानने की कोशिश की तो पता चला कि वहां की भाषा मलयालम है ही नहीं। वहां मलयालम तथा अंग्रेजी की अपेक्षा बोलचाल की हिंदी से ही काम चल जाता है।

भाषिक दृष्टि से "महल" भाषा भी भारोपीय परिवार की ही एक भाषा है, जो भारत के निकटवर्ती देश मालद्वीप में भी बोली जाती है। इस भाषा पर विचार करने से पूर्व यहां की ऐतिहासिक पृष्ठभूमि पर भी विचार करना प्रासंगिक होगा। इस द्वीप पर इस्लाम के प्रसार से पूर्व बौद्ध और हिंदू धर्म ही प्रचलित था। कुछ दिनों पूर्व यहां अलूड़ी के स्थान पर महात्मा बुद्ध की एक खंडित मूर्ति भी प्राप्त हुई है, जिससे इस तथ्य की पुष्टि हो जाती है। बौद्ध धर्म के कारण ही यहां पाली और संस्कृत भाषा के अनेक शब्द जो उस समय उत्तरी भारत में प्रचलित यहां आए थे। सिंहली भाषा के शब्द भी इसे मिले, क्योंकि सिंहल द्वीप (श्रीलंका) के साथ ही साथ यहां भी बौद्ध धर्म का प्रवेश हुआ था।

कालांतर में यहां इस्लाम का प्रवेश हुआ[2] और इनका सीधा संबंध अरब से हो गया। अरबी भाषा के अनेक शब्द इस भाषा में आए। यहां की भाषा ने अरबी लिपि तो स्वीकार नहीं की किंतु उसके सहयोग से एक नई लिपि तैयार हो गई जिसे "दिवेही ताना" कहा जाता है।

मिनिकॉय से कोई-80 किलोमीटर की दूरी पर मालदीव गणराज्य स्थित है। भाषा और संस्कृति की दृष्टि से दोनों क्षेत्रों में भारी समता है। परिस्थित वश दोनों की ऐतिहासिक पृष्ठभूमि भी समान रही है। यह भी धारणा है कि इन सभी द्वीपों और श्रीलंका में भारत से आर्यों का प्रवेश एक ही समय हुआ था। बाद में बौद्ध धर्म भी साथ ही यहां फैला था। इसीलिए सिंहली भाषा और मालद्वीप तथा मिनिकॉय की भाषा में बहुत कुछ समान विशेषताएं हैं जबकि लक्षद्वीप के अन्य द्वीपों की भाषा में वह समानता नहीं है।

महल भाषा

महल भाषा को दिवेही भी कहा जाता है जिसका अर्थ है— द्वीपों की भाषा। इस भाषा को श्री कोलिन पी. मासिका ने असंसक्त भारत-आर्याई भाषाओं के अंतर्गत माना है।[3] मिनिकॉय के एक कवि श्री एम. अली इस्माइल ने मुझे बताया कि इस भाषा में काव्य परंपरा भी है। आकाशवाणी कोज़िकोट (कालीकट) केंद्र से इस भाषा में संगीत प्रसारण भी होता है जो यहां बहुत लोकप्रिय है। उसने अपनी एक कविता भी सुनाई। यहां इस समय इब्राहीम मानिकफेन नाम से एक अन्य प्रसिद्ध कवि भी है।

महल भाषा को एक विकसित भाषा माना जा सकता है। इसका अपना साहित्य और अपनी पृथक् लिपि है। भारतीय नृ-विज्ञान सर्वेक्षण के अनुसार महल भारोपीय भाषा समूह के एक उप-परिवार (सिंहली वर्ग) की भाषा है। 1971 की जनगणना के अनुसार भारत में इसके बोलने वालों की जनसंख्या - 5,035 थी। इसके बोलने वालों में मानिकफेन, रावरी, ठाकरू और ठाकरू फेन नाम की अनुसूचित जनजातियों के लोग हैं[4] भारत के भाषाई अल्पसंख्यक आयोग की 1981 की रिर्पोट के अनुसार लक्षद्वीप के द्वीपों में महल भाषा बोलने वाले लोगों की जनसंख्या - 6,658 थी, जो

लक्षद्वीप की कुल जनसंख्या का 15.15 प्रतिशत है। इस प्रकार महल भाषी लोग इस समय लगभग 8000 के करीब है। इस भाषा का महत्त्व इसलिए भी अधिक है कि प्रायः यही भाषा निकटवर्ती मालद्वीप गणराज्य में भी बोली जाती है।

भाषिक दृष्टि से इस भाषा का हिंदी और पालि से अद्भुत साम्य है। संबंध तत्त्व और अर्थ तत्त्व दोनों दृष्टियों से ही इसमें अनेक समानताएं लक्षित होती हैं।

बानगी के लिए कुछ शब्द यहां द्रष्टव्य हैं-

परिता (परिचय), बस (भाषा), अमो (अम्मा), बफो (बाप, पिता), रुई (रुधिर), असगिन (अग्नि), सिहा (सिंह), समसा (चमचा), सतरी (छतरी),[5] दिवस (दिवस), देकुन (दक्षिण), उतरु (उत्तर), पुरवा (पूर्व), लोनु (प्रा. लौण, लवण, हिं. नामक)

फुरि, (पूर्ण) प्रा. पूरिता, हिला (शिला) ताबू (थंब सं. स्तंभ), नौ (नाव) बीर. (बधिर), मिरू (मधुर) अंदीरी (अंधेरा), इंगीली (अंगली), हकुरू (सर्कर), सं. इक्ष > इक्खु > इकखुरू > हकुरू, मादु (मध्य) फेन (पानी) अख (इक्षु), हुर्वे (शपथ) प्रा. सपथ, (हेकी) सं. साक्षी-प्रा.-साखी (कानु) (काना) कतीरी (योद्धा सं. क्षत्रि) फुहेन (पूछना), बिस (अंडा), सं. बीजः अरबी बेजा, फिरी (पुरुष) प्राकृत-पुरिषा ओदान (सं. अवदान), फुरादान (प्रधान), फिरि उपसर्ग से कई पुरुषवाचक संज्ञाएं बनाई गई हैं, यथा— फिरिकलेगी=पति, और फिरूकनबलि= बैल आदि।

इस प्रकार सर्वनामों में भी बहुत साम्य है-

मा (मैं), मा-जे (मुझ से), मा-रा (मुझको), तिया (तू), इना (वह), इनाया (उसको, उनको) आदि।

संख्यावाचक शब्द

महल भाषा में गिनती और संख्या का क्रम भी प्रायः हिंदी के समान ही है। प्रो. विल्हेम गैगर के अनुसार कुछ अंक तो सिंहली की अपेक्षा पालि से अधिक मिलते-जुलते हैं।[6] इनसे पता चलता है कि कभी उत्तरी भारत के साथ यहां का व्यापारिक और सामाजिक संबंध प्रगाढ़ रहा होगा। दिवेही की अंक तालिका द्रष्टव्य है—

महल	हिंदी	महल	हिंदी
एक	एक	इगारा	ग्यारह
द्वे	दो	बारा	बारह
तिने	तीन	तेरा	तेरह
हतरे	चार	सौदा	चौदह
पंहे, फहे	पांच	फनरा	पंद्रह
हये	छह	सोला	सोलह
हते	सात	सतरा	सत्रह
अरे	आठ	उनवीहि	उन्नीस
नुबे	नौ	वीहि	बीस
दिहये	दस		

यही नहीं, इससे आगे का संख्या क्रम भी लगभग समान है जैसे—

21	इकवीस	29	उनतीरिस
22	बावीस	30	तीरिस
23	तेवीस	40	सालिस
24	सावीस	41	एकालिस
25	फंसवीस	42	बयालिस
26	सब्बीस	50	फसास
27	हतवीस	100	सतेक (शत)
28	अरवीस	1000	हा हे (सहस्र)
		100000	लक्का (लाख)

हिंदी में सामान्यतः जिस प्रकार से संख्या में "वां" प्रत्यय लगाकर क्रमांक निश्चित किया जाता है। जैसे पांचवां, सांतवां आदि।

उसी प्रकार से महल में क्रमांक के लिए संख्या में "वना" प्रत्यय लगाकर क्रम निश्चित कर लिया जाता है जैसे—

महल	**हिंदी**
फरतमा	प्रथम
देवना	द्‌वितीय
तिनवना	तृतीय
हतरावना	चतुर्थ
दिहावना	दसवां
सालिसवना	चालिसवां आदि।

मिनिकॉय तथा मालदीव की भाषा को भारोपीय परिवार की भाषा के रूप में स्वीकार करने के अनेक कारण हैं। इसकी शब्दावली और भाषा की प्रकृति के अध्ययन से सहज ही हम इस निष्कर्ष पर पहुंच सकते हैं। 1795 ई. से मालदीव के सुल्तान द्‌वारा इस भाषा में लिखे गए एक पत्र का नमूना यहां द्रष्टव्य है। इसकी आरंभिक पंक्तियों से सहज ही अनुमान लगाया जा सकता है कि इसमें संस्कृत मूल के कितने अधिक शब्द हैं, देखिए—

-स्वस्ति श्रीमत महा श्री वरी कुश फुरदान
श्री कुल सद इरा सैक सस्त्र, ओदान
केतीरी अस्सुल्तान हसन नूरुद्‌दीन इस्कंदर कतीरी कोवन
महारदुन कोलुबु गोस्नुदोखि किया रासजेफना मित
लाक हस फरवा सलाम मनिकुफानुमीज कोलुबुगे इहु ऊ,[7]

यहां स्वास्ति, श्रीबरी (श्री भारी), फुरदान (प्रधान), सद (चंद्र), इरा (सूर्य), सस्तरु (शास्त्र), ओदान (अवदान), कतीरी (क्षत्रि), बेवन (भुवन), महा और लाक (लाख) आदि अनेक शब्दों का उद्‌गम संस्कृत में सरलता से खोजा जा सकता है।

भारत के राष्ट्रपति जी के सम्मान में जो मान पत्र मिनिकॉय में प्रस्तुत किया गया था उसमें एक ओर महल भाषा (दिवेवेही ताना लिपि) में मूल पाठ है और दूसरी ओर उसका हिंदी रूपातंर है।

लिपि

जैसा कि पहले कहा गया है कि इस भाषा की लिपि संसार की अन्य लिपियों से भिन्न है। यह अरबी भाषा के अंकों पर आधारित है। अरबी या सामी (SAMATIC) परिवार की भाषाओं की भांति दाएं से बाएं को लिखी जाती है। यह पूर्णतः एक मौलिक आविष्कार है, जो आविष्कर्ता (अज्ञात) की सूझ-बूझ का परिणाम है।[8] श्री डी. सिल्वा के अनुसार "ताना" लिपि स्वानिकी की दृष्टि से पूर्णतः कुशल लिपि कही जा सकती है। वह तो यहां तक कहने को तैयार है कि शायद दक्षिण एशिया में सर्वाधिक वैज्ञानिक वर्णमाला इस लिपि की है।[9] इसकी एक विशेषता यह है कि इस भाषा में स्वानिमिक महाप्राण पूर्णतः लुप्त हैं।[10]

लिपि के विभिन्न रूप

जैसा कि कहा गया है महल भाषा की लिपि को "दिवेही ताना" कहा जाता है। मालदीव में इसके तीन विभिन्न रूप मिलते हैं। लेफ्टिनेंट यंग और क्रिस्टोफर ने भी उन द्वीपों में अक्षरों की प्रकृति के तीन स्वरूपों का उल्लेख किया है। इनमें एक अति प्राचीन रूप है। उसने कब्रों पर लगे प्रस्तर लेखों से पढ़कर यह अनुमान लगाया है कि यहां के अति प्राचीन लेखों की लिपि आज से बिल्कुल भिन्न थी। यहां के निवासी इस प्राचीन लिपि को दिवेही हकुर (दिवेही के अक्षर) नाम देते हैं। अब इस लिपि का ज्ञान रखने वालों की संख्या नगण्य ही रह गई है। यह लिपि ब्राह्मी लिपि की भांति बाएं से दाएं को लिखी जाती थी। इसकी एक विशेषता यह है कि इसके कुछ व्यंजनों का स्वरूप उनसे मिलने वाली विभिन्न स्वर-ध्वनियों के अनुसार परिवर्तित हो जाता है। इसके अक्षरों की सरंचना बिल्कुल भिन्न थी।[11]

प्रो. ग्रे का कहना है कि प्राचीन स्वरूप 12 वीं सदी की प्राचीन सिंहली वर्णमाला से बहुत कुछ मिलता-जुलता हैं। प्रो. ग्रेगर का मत है कि यह लेखन पद्धति अशोक की वर्णमाला के अधिक समीप है। दिविस अकरू के उद्गम के संबंध में उनका अनुमान है कि इसका संबंध मध्यकालीन सिंहली से इतना नहीं है, जितना दक्षिण भारत के मालाबार जिलों की तुलु से है, जो लक्षद्वीप और मालदीव के ठीक सामने स्थित है। निस्संदेह यह "तुलु-मलयालम" या "आर्य इळुत" की प्राचीन ग्रंथ लिपि के अधिक समीप है।[12]

दूसरी लिपि अरबी पर आधारित है। इसके दो भिन्न स्वरूप थे—प्राचीन और नवीन। इस समय इसका प्राचीन स्वरूप प्रचलित नहीं है। कब्रों पर लिखे प्रस्तर लेखों से स्पष्ट है, कि इनसे पूर्व "दिवेही" स्वरूप प्रचलित थी, जिसे "अबेला" कहते

हैं। इस्लाम के आगमन के बाद अरबी का यह स्वरूप प्रचलित हुआ। "ताना" की लेख प्रणाली भी कई प्रकार की है। इनमें अरबी से प्रभावित प्रणाली का नाम "गबली-ताना" है। वर्ण माला के अक्षरों को अंकों के रूप से प्रयुक्त किया जाता है और उन्हें दस की बजाय 12 - के क्रम से गिना जाता है।[13] प्रो. ग्रे का विचार है कि वर्तमान लिपि चिह्न पर आधारित है जो अरबी के 9-अंकों के अतिरिक्त कुछ नहीं है।[14] इन लिपियों की एक सारणी यहां प्रस्तुत है—

जेंस प्रिंसेप के अनुसार वास्तव में ये अक्षर अरबी के 9-अंक ही है। उनका शून्य के अंक से विभेद करने के लिए उनके ऊपर डैश का चिह्न (—) लगा दिया जाता है। स्वर संकेत प्रणाली कुछ तो अरबी की नकल है। और कुछ भारतीय पद्धति की।

दिवेही के संबंध में अनेक भाषा वैज्ञानिकों ने कार्य किया है। श्री डी. सिल्वा ने मालदीवी लेखन प्रणाली की भाषा वैज्ञानिक कुशलता पर प्रकाश डालते हुए "महल भाषा" और "दिवेही" के संबंध में 1969 में कई खोजपूर्ण तथ्य सामने रखे थे।

"हरू 1980 नाम से माले से एक पुस्तिका "विधेसी नाह फाही दिवेही (विदेशियों के लिए सरल दिवेही) भी प्रकाशित हुई है, जो दिवेही जानने के लिए एक उपयोगी पुस्तक है। रॉयल एसियाटिक सोसाइटी द्वारा प्रो. विल्हेम गेगर ने इस भाषा का 1919 में एक भाषा वैज्ञानिक अध्ययन प्रस्तुत किया था, जिसमें उसने इब्न बतूता से लेकर तब-तक के विद्वानों द्वारा किए गए कार्य का सिंहावलोकन किया है। इन विद्वानों में फ्रेंकोइस पियार्ड, लीडन, कोपन हेगन, जेम्सप्रिसेप, विलमेट, क्रिसटोफर, साइमन केसी, जेम्स चिट्टी, मुदालियर, जेम्स डी अलविस, लूई डी जोइसा, एल्बर्ट ग्रे, इब्राहीम दीदी एफेंडी तथा अब्राहम मेडिस गुणसेखर आदि विशेष रूप से उल्लेखनीय हैं। आज कल सी. एच. बी. रेनोल्ड, टर्नर तथा एम. अली इस्मालइल का कार्य भी प्रशंसनीय है। आशा है भारतीय भाषा वैज्ञानिक भी इस शोधकार्य को आगे बढ़ाने में अपना योगदान देंगे, क्योंकि इस भाषा पर संस्कृत पालि, तेलुगु, मलयालम, हिंदी बंगला का प्रभाव दृष्टिगोचर होता है। यहां साइमन के, चिट्ठी का यह उद्धरण भी बड़ा प्रासंगिक है, जिसमें उसने मालदीव को "मलयद्वीप" की संज्ञा देते हुए लिखा है कि "दिवीभाषा में अरब और बंगला के शब्द भी पहुंचे हैं। उसने लिखा है कि नवंबर में कल्पेंटीन के स्थान पर मालदीव की एक नौका आई।

हमें यह देखकर आश्चर्य हुआ कि नाखुदा (मल्लाह) बड़ी कुशलता से हिंदुस्तानी में बोल रहा था।[15]

मिनिकॉय की इस भाषा को यदि "दिवेही ताना" के साथ-साथ वैकल्पिक रूप में देवनागरी लिपि में भी लिखने के प्रयास आरंभ किया जाए, तो इससे देश की भाषाई एकता में बड़ी सहायता मिलेगी और अन्य भारतीयों के लिए भी यह भाषा सुगम बन सकेगी।

संदर्भ

1. भारत के सुंदर द्वीप - डॉ. परमानंद पांचाल, पृ. 54.
2. कहा जाता है कि सन् 663 ई. में हज़रत उबैदुल्ला यहां अरब से आए थे, उसी ने यहां इस्लाम का प्रचार किया। श्री रोबिंसन के अनुसार 13 वीं सदी में यहां इस्लाम फैला।
3. The Indo/-Aryan Languages (1991) - Collin P Masica P-437.
4. पिपिल्स आफ इंडिया, खंड-4 लैंग्वेज एंड स्क्रिप्ट्स, के. एल. सिंह तथा एस. मनोहरन (1993) - पृ. 312-313.
5. इसमें हिंदी की "च" ध्वनि "स" और "प" ध्वनि "फ" में बदलने की प्रवृत्ति भी मिलती है।
6. मालदीवियन लिंग्विस्टिक स्टडीज, पृ. 10.
7. मालदीवियन लिंग्विस्टिक स्टडीज - पृ. 173.
8. दि इंडो एरियन लैंग्वेजेज, कोलिन पी, मसिका पृ. 153.
9. एंथ्रोपो लोजिकल लिंग्विस्टिक्स, सिल्वा, एम. डब्लू. एस.- 109.
10. दि इंडो एरियन लैंग्वेजेज, पृ. 103.
11. मालदीवियन लिंग्विस्टिक स्टडीज, प्रो. विल्हेम ग्रेगर- पृ. 20.
12. वही - पृ. 151.
13. ट्रॉसेक्शन ऑफ दि ज्योग्राफिकल सोसाइटी, बंबई। पृ. 68-69.
14. Modern signs to the nine letters H, R, N, B, L, K, A, V, are nothing but the arabic Numeicals 1, 2, 3, 4, 5, 6, 7, 8, 9. Maldivian Lingustic Studies P. - 25.
15. सीलोन गजेटियर-1834.

'महल' भाषा की वर्णमाला (लिपि–दिवेही ताना)

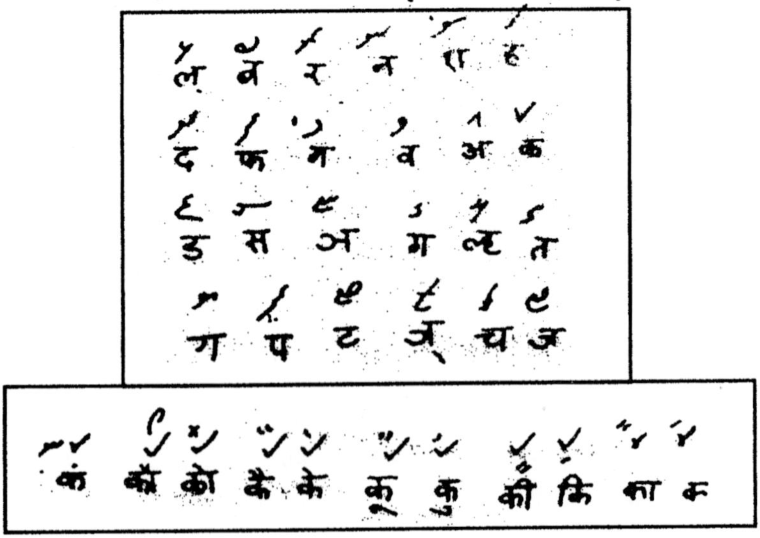

– श्री के. एम. मणिकफान के सौजन्य से

* ऊपर दिवेही ताना ध्वनि–चिह्न के नीचे नागरी ध्वनि चिह्न भी दर्शाए गए हैं।

परिशिष्ट - ख

वे दिन वे बातें
जब राष्ट्रपति भवन में हिंदी गौरवान्वित हुई

भारत को विदेशी दासता से मुक्त हुए तीन दशक से भी अधिक समय हो चुका था किंतु विदेशी भाषा उसी राजकीय सम्मान के साथ राष्ट्रपति भवन में अभी तक प्रतिष्ठित थी। प्रथम राष्ट्रपति डॉ. राजेंद्र प्रसाद जी के प्रयासों से वहां हिंदी को प्रवेश तो मिल गया था किंतु वह मात्र औपचारिक बनकर ही रह गया था। वहां वर्चस्व अभी भी केवल अंग्रेजी का ही था। ज्ञानी ज़ैलसिंह जब राष्ट्रपति पद पर आसीन हुए तो वातावरण बदलने लगा। हिंदी और भारतीय भाषाओं का महत्त्व बढ़ा। उन्होंने अपने दैनिक कार्यों में हिंदी के वास्तविक प्रयोग को बढ़ावा दिया। देश हो या विदेश सभी जगह उन्होंने अपने भाषण प्रायः हिंदी में ही दिए। इससे हिंदी को राष्ट्रीय गौरव प्राप्त हुआ।

ज्ञानी ज़ैलसिंह भारत के एक महान सपूत और निर्भीक स्वतंत्रता सेनानी थे। उनकी राष्ट्र सेवा, त्याग और बलिदान के अप्रतिम गुणों ने ही उन्हें राष्ट्रपति के सर्वोच्च पद तक पहुंचाया था। ज्ञानी जी की एक सबसे बड़ी विशेषता यह थी कि वे हिंदी और भारतीय भाषाओं के प्रबल समर्थक थे। देश में भी और देश से बाहर भी वे सभी जगह वे अपने देश की राजभाषा हिंदी का प्रयोग करने में गौरव का अनुभव करते थे।

हिंदी के प्रयोग के वे इसलिए भी पक्षधर थे क्योंकि भारत के संविधान में हिंदी को राजभाषा के रूप में स्वीकार किया गया है। संविधान का संरक्षक होने के नाते वे संविधान में प्रदत्त राजभाषा हिंदी को ही प्रश्रय देते थे। यही नहीं, राष्ट्रपति पद से मुक्त होने के पश्चात् भी वे हिंदी की सेवा में आजीवन समर्पित रहे। 1986 में 33 वें राष्ट्रीय फिल्म पुरस्कार वितरण समारोह में उन्होंने कहा था—

"जो देश अपनी माँ और अपनी मातृभाषा का आदर नहीं कर सकता दुनिया में कोई उसकी इज्जत नहीं करेगा। अपनी माँ दूसरे की माँ से कितनी भी कम सुंदर और कम समझदार हो, फिर भी वह अपनी माँ है। इसलिए बच्चों को अपनी माँ और अपनी मातृभाषा का आदर बढ़ाना चाहिए।"

ज्ञानीजी की मातृभाषा पंजाबी थी,जिसके वे प्रकांड पंडित अर्थात् "ज्ञानी" थे। उर्दू भाषा पर उन्हें ज़बरदस्त अधिकार था। शायद ही कोई ऐसा समारोह हो जिसमें वे उर्दू में कोई-न-कोई शेर न बोलते हों। अंग्रेजी अच्छी तरह समझते और पढ़ते थे। स्वतंत्रता दिवस और गणतंत्र दिवस जैसे राष्ट्रीय महत्त्व के अवसरों पर राष्ट्र के नाम

अपना संदेश वे हिंदी और अंग्रेजी दोनों में स्वयं देते थे। फिर भी, उन्हें हिंदी से अगाध प्रेम रहा। राष्ट्रपति भवन में स्व. आचार्य क्षेमचंद्र 'सुमन' के "दिवंगत हिंदी सेवा" ग्रंथ का विमोचन करते हुए उन्होंने कहा था—

"हिंदी ही एकमात्र भाषा है, जो समूचे देश को एक कड़ी में पिरोती है। हिंदी यदि कमज़ोर होती है, तो देश कमज़ोर होता है। अगर हिंदी मज़बूत हुई तो देश की एकता मज़बूत होगी।"

उन्होंने आगे कहा— "हिंदी भाषा को कई सौ वर्षों से कमजोर बनाने के प्रयत्न होते रहे, फिर भी वह बिना राजकीय सहयोग के देश के कोने-कोने में बोली और समझी जाती रही। इसको सींचने में हमारे ऋषियों-मुनियों, साधु-संतों, पीरो-फकीरों ने अपनी महत्त्वपूर्ण भूमिका निभाई। इसके विकास में मुसलमानों और ईसाइयों का बहुत बड़ा योगदान रहा है। आज़ादी की लड़ाई में महात्मा गांधी और पं. जवाहर लाल नेहरू आदि नेताओं ने हिंदी के ज़रिए जंगे आजादी में कमाल का काम किया था।

ज़ैलसिंह जी भारतीय भाषाओं के प्रबल पक्षधर थे और अंग्रेजी के बजाय देश में क्षेत्रीय भाषाओं के प्रयोग पर बल देते थे। उर्दू के संबंध में इनका कहना था कि उर्दू और हिंदी दोनों का जन्म भारत में हुआ है, दोनों ही भारतीय भाषाएं हैं, जो सारे भारत में समझी जाती हैं। लिपि को छोड़कर दोनों में ज्यादा अंतर भी नहीं है। ये दोनों एक दूसरे की पूरक हैं। हमें इन दोनों भाषाओं के विकास के लिए कदम उठाने चाहिए। यह भूल होगी यदि इनमें से किसी एक की भी उपेक्षा हो। उनका कहना था कि किसी भी भाषा को किसी धर्म विशेष के साथ जोड़ना ठीक नहीं है।

उनका कहना था कि विश्वविद्यालयों को, डॉक्टर, इंजीनियर और तकनीशियन अपनी क्षेत्रीय भाषा के माध्यम से ही तैयार करने चाहिए न कि अंग्रेजी के। पुणे विश्वविद्यालय में दीक्षांत भाषण देते हुए उन्होंने कहा था-

"जब रूस, चीन और जर्मनी तक ऐसे विशेषज्ञ अपनी भाषा में तैयार कर सकते हैं तो फिर हम क्यों नहीं? अंतरिक्ष में अगर अंग्रेजी बोलने वाले अमरीकी गए हैं तो रूसियों ने भी बिना अंग्रेजी के सहारे यह सफलता हासिल की है। हम भारतीयों को भी हिंदी के प्रति अपनी कुंठा की भावना को त्याग देना चाहिए और हिंदी माध्यम को खुलेआम दिल से अपनाना चाहिए।"

पंजाब विश्वविद्यालय, चण्डीगढ़, में 31 मार्च, 1985 के अपने दीक्षांत भाषण में तो उन्होंने अपने दिल को खोलकर रख दिया। अंग्रेजी में सारी कार्यवाही चलते देखकर उन्होंने कहा—

"आज यहां की सारी कार्यवाही अक्षर-अक्षर अंग्रेजी में हो रही है। लेकिन मैंने हिंदी में अपना भाषण दिया। मैं भी इंगलिश में लिखित भाषण दो-चार दफे दबादब पढ़ देता, तो भी गुज़ारा हो सकता था। लेकिन मैंने वह नहीं किया और शायद मेरी इस बात के लिए गुस्ताखी नहीं समझेंगे। हमें अपनी क्षेत्रीय भाषाओं को भी बढ़ावा

देना चाहिए और हमारी तो "ऑफिशियल लैंगुएज" हिंदी है, उसको भी सारे भारत में सम्मान मिलना चाहिए। यह मेरी समझ से दूर है कि 37 साल के बाद अब तक हम इंजीनियर नहीं बन सकते इंगलिश के बगैर क्या हम डॉक्टर नहीं बन सकते, हम साइंसदा नहीं बन सकते बिना अंग्रेजी के। दुनिया में जो जर्मनी देश है, वहां जर्मन भाषा में हर मजमून के विशेषज्ञ हैं। रूस और चीन, इनके अलावा जापान और फ्रांस जैसे छोटे देशों में भी हैं तो भारत में क्यों नहीं ? मैं अंग्रेजी के खिलाफ नहीं हूं। हमारे संविधान ने हमको 15 साल के लिए कहा था, फिर हमें समय बढ़ाना पड़ा, अभी भी बढ़ाएंगे। समय तो बढ़ाना पड़ेगा, लेकिन ये जो हमारे गुरु और प्रोफेसर यहां बैठे हैं, अध्यापक हैं, कॉलेजों के प्रिंसिपल हैं और हेड ऑफ डिपार्टमेंट भी हैं। इनसे मैं यह प्रार्थना करता हूं कि हमें गुलामी की निशानियों से कब निजात दिलाओगे और क्या हमने गुलामी की निशानी को अपने माथे पर दाग न समझते हुए तिलक समझ रखा है ? इसको मिटाना होगा।"

रोमन लिपि की विसंगतियों की तरफ भी उन्होंने कई बार संकेत किया था। उनका मानना था कि "रोमन लिपि ने हमारी संस्कृति के शब्दों को बिगाड़कर रख दिया है। भगवान राम को "रामा" बना दिया, नाम था, उनका "राम जी", महात्मा बुद्ध को "बुद्धा" बना दिया, कृष्ण का "कृष्णा" कर दिया। सभी कार्य बिगाड़कर रख दिए। जब रिश्ते नातों में आ जाएं तो पता नहीं लगता। इंट्रोडक्शन करवाते हैं— "प्लीज मीट माई ब्रदर इन लॉ" फिर इसकी व्याख्या करनी पड़ती है कि वह मेरी पत्नी का भाई है या मैं उसकी पत्नी का भाई हूँ।"

एक बार की घटना है कि राष्ट्रपति जी एक समारोह का उद्घाटन करने गए थे। उसमें तत्कालीन मंत्री, श्री नारायण दत्त तिवारी भी मौजूद थे। वे अपना भाषण अंग्रेजी में दे रहे थे। राष्ट्रपति जी ने मुस्कान भरे स्वर में कहा कि "तिवारी जी मेरे से अच्छी हिंदी जानते हैं और सुनने वाले भी सब हिंदी समझते हैं, वे एक बहुत बड़े हिंदी भाषी राज्य के मुख्यमंत्री रह चुके हैं। फिर क्यों वे अपना भाषण अंग्रेजी में दे रहे हैं? समझ नहीं आता ? इनके इतना कहते ही धारा बदल गई और सभी वक्ता हिंदी में ही बोले।"

ऐसी एक घटना तब हुई जब वे ताज होटल में कुछ उद्यमियों को उनके श्रेष्ठ कार्यों के लिए राष्ट्रीय एकता पुरस्कार से सम्मानित कर रहे थे। श्री हरिकृष्ण शास्त्री (स्व. लाल बहादुर शास्त्री जी के पुत्र) ने भी अपना भाषण अंग्रेजी में दिया, तो महामहिम ने पूछा कि क्या मजबूरी है जो आप भी यहां अंग्रेजी में बोल रहे हैं ? इसके बाद उस समारोह में धन्यवाद प्रस्ताव अंग्रेजी के स्थान पर केवल हिंदी में ही हुआ।

एक बार बाल्टेयर विश्वविद्यालय में योग शिक्षा केंद्र का उद्घाटन करते हुए, राष्ट्रपति ज्ञानी ज़ैलसिंह ने क्षेत्रीय भाषाओं को महत्त्व देते हुए कहा था कि योग शिक्षा के संबंध में आयोजित इस समारोह की सारी कार्यवाही अंग्रेजी में ही हो रही है। कौन बताए क्या विवशता है ? क्यों नहीं तेलुगु या राष्ट्रभाषा हिंदी में लोग अपने विचार व्यक्त करते ? योग का सारा साहित्य मूल रूप से संस्कृत में है। इसलिए

तेलुगु या संस्कृत ही इसके लिए उचित है।

राष्ट्रपति का पद संभालने के बाद विदेशों में भी जहां-जहां वे गए, उन्होंने अपना भाषण हिंदी में ही दिया, जिनका हिंदी से सीधा अनुवाद उन देशों की भाषाओं में कराया गया। इसके लिए अंग्रेजी का सहारा लेने की कोई आवश्यकता नहीं पड़ी। काश कि उनकी इस परंपरा का पालन बाद में होता रहता। जब वे मैक्सिको, अर्जेंटीना, चैकोस्लोवाकिया, यमन, कतर, मॉरिशस, पोलैंड और नेपाल की यात्रा पर गए, तो उन्होंने हिंदी में ही अपने भाषण दिए। अर्जेंटीना की संसद (नेशनल कांग्रेस) के दोनों सदनों के समक्ष उनका भाषण हिंदी में हुआ, जिसका सीधा अनुवाद स्पेनिश भाषा में किया गया। चैकोस्लोवाकिया में हिंदी के चैक विद्वान डॉ. स्मेकल ने उनके भाषण का चैक भाषा में अनुवाद किया। अपने भाषण में उन्हें कहीं भी अंग्रेजी की बैसाखी का सहारा नहीं लेना पड़ता था।

उनका मत था कि जब कोई विदेशी मेहमान अपने देश की भाषा का प्रयोग करता है तो हमें उसे अंग्रेजी में उत्तर देने की हिमाकत नहीं करनी चाहिए बल्कि उसकी भाषा का सम्मान करना चाहिए और अपनी भाषा में बात करनी चाहिए। आवश्यकता पड़े तो ऐसे दुभाषिए की सहायता लेनी चाहिए जो सीधे दोनों भाषाओं को जानता हो। अंग्रेजी की बैसाखी का सहारा क्यों लिया जाए? आश्चर्य तब होता है जब पाकिस्तान, नेपाल या मॉरीशस जैसे देशों के साथ बात करते समय भी अंग्रेजी का प्रयोग किया जाता है।

उन्होंने अपनी इस परंपरा को उस समय भी नहीं तोड़ा जब महारानी ऐलिजाबेथ द्वितीय इस देश की दूसरी यात्रा पर आई थीं। राष्ट्रपति भवन में राजकीय भोज के अवसर पर उनके सम्मान में उन्होंने हिंदी में ही भाषण दिया। यह पहला अवसर था जबकि भारत के किसी राष्ट्रपति ने उनके सम्मान में हिंदी में ही भाषण दिया हो। प्रतिवर्ष संसद के दोनों सदनों के समक्ष वे अपना अभिभाषण मूल रूप से हिंदी में ही देते थे, जिसे अंग्रेजी में अनुवाद उपराष्ट्रपति द्वारा पढ़ा जाता था।

राष्ट्रपति ज्ञानी जैलसिंह राष्ट्रभाषा हिंदी का सम्मान बढ़ाने के लिए सदैव तत्पर रहते थे। हिंदी का इतना हिमायती होने के कारण आज वे हिंदी सम्मान के प्रतीक बन गए हैं। उनके जन्म दिन 5 मई को भारतीय भाषा दिवस के रूप में मनाए जाने की परंपरा भी आरंभ हो गई थी, जिसे चलाए रखने में भारतीय भाषाओं का ही सम्मान है।

परिशिष्ट - ग

अनुवाद

विज्ञान, कला और कौशल का समवाय है

(अनुवाद के संबंध में पत्रकार श्री विकास मिश्र को एक इंटरव्यू देते समय व्यक्त विचार)

प्रश्न : भारत में संप्रति अनुवाद की क्या स्थिति है ? अनुवाद के महत्त्व का मूल्यांकन क्यों नहीं हो पा रहा है ?

डॉ पांचाल - हमारे देश में अनुवाद का बहुत अधिक महत्त्व है, किंतु अभी हम अनुवाद के साथ पूरी तरह से न्याय नहीं कर पा रहे हैं। भारत एक बहुभाषी देश है, जहां संविधान की आठवीं अनुसूची में अठारह मुख्य भाषाएं हैं। भारत साहित्यिक, सांस्कृतिक दृष्टि से एक है, इसकी आत्मा एक है, लेकिन हम आपस में अपनी भाषाओं में संचित ज्ञान को नहीं बांटते । हमें चाहिए कि एक भाषा में लिखे अच्छे साहित्य को दूसरी भाषा में लाने का प्रयास करें। इसके लिए अनुवाद कला का विकास आवश्यक है। हमारे देश में पहले राजभाषा फारसी रही, फिर अंग्रेजी हुई। इन भाषाओं का साहित्य देश में आया। आज ज्ञान-विज्ञान का जो साहित्य आ रहा है, वह अधिकांश अंग्रेजी में ही है। इसलिए अंग्रेजी से अनुवाद की समस्या यहां बराबर बनी हुई है। बापू ने कहा था कि जर्मनी में जो उत्तम साहित्य लिखा जाता है, एक सप्ताह के भीतर वह अंग्रेजी भाषा में अनूदित हो जाता है। जब तक हम विश्व की अन्य भाषाओं के साहित्य को हिंदी में नहीं लाएंगे, तब तक हमें आधुनिकता की दौड़ में पीछे ही रह जाना पड़ेगा। संचार माध्यमों के विकास से संसार दिन-प्रतिदिन छोटा होता जा रहा है, इसलिए ज्ञान-विज्ञान एक भाषा से दूसरी भाषा में आना चाहिए। अनुवाद के महत्त्व को लोगों तक पहुंचाने में सरकारी प्रयास भी शिथिल हैं, इसलिए इसकी महत्ता को लोग समझ नहीं पा रहे हैं।

प्रश्नः आज अनुवाद को दूसरे दर्जे का काम माना जा रहा है। इस सोच में बदलाव के लिए क्या उपाय किए जाने चाहिए ?

डॉ पांचाल- यह सच है कि भारत में मूल सृजन की अपेक्षा अनुवाद को कम प्रतिष्ठा मिली। लोग यह मानते हैं कि इस कार्य में अनुवादक को अपनी ओर से कुछ नहीं करना पड़ता है, लेकिन सच्चाई यह नहीं है, कि अनुवादक को अपनी भाषा, जिसमें वह अनुवाद कर रहा है और जिस भाषा से अनुवाद कर रहा है, दोनों का पूर्ण

ज्ञान और उनमें पारंगत होना आवश्यक है। यदि दोनों भाषाओं का सम्यक् ज्ञान उसे नहीं होगा तो वह अनुवाद नहीं कर पाएगा। मूल लेखक केवल एक भाषा का ज्ञान रखते हुए सृजन कर सकता है, जबकि अनुवादक को दो गुनी मेहनत करनी पड़ती है। इसलिए ऐसी सोच रखकर हम अनुवादक के साथ न्याय नहीं कर रहे हैं।

प्रश्नः- आज अच्छे अनुवादकों की प्रायः कमी है। आपके विचार में क्या विश्वविद्यालय स्तर पर इसके लिए कोई पाठ्यक्रम चलाया जाना चांहिए ?

डॉ. पांचालः- जी हां, यह आवश्यक है और इस आवश्यकता का अनुभव भी किया गया है। कई विश्वविद्यालयों ने अनुवाद में डिप्लोमा कोर्स प्रारंभ किया है। जिनमें अनुवाद का प्रशिक्षण दिया जा रहा है। मेरी समझ में प्रत्येक विश्वविद्यालय में अनुवाद का पाठ्यक्रम प्रारंभ होना चाहिए। इस क्षेत्र में कुछ साहित्यिक संगठनों को भी आना चाहिए।

प्रश्नः- आपकी दृष्टि में अनुवाद कला है, विज्ञान है या कौशल ?

डॉ. पांचालः अनुवाद विज्ञान तो है ही, साथ ही साथ कलात्मकता भी इसमें जुड़ी है और बिना कौशल के इस कार्य को नहीं किया जा सकता, इसलिए अनुवाद विज्ञान, कला और कौशल का समन्वय है। जब तक अनुवादक कुशल नहीं होगा, तक तक अनुवाद प्रवाहमय, सरल, सुबोध और सर्वग्राह्य नहीं होगा। अनुवाद में चूंकि अभ्यास की आवश्यकता होती है, इसलिए शिल्प भी इसमें निहित है।

प्रश्नः- अनुवाद की कई प्रवृत्तियां उभरकर आई हैं, जैसे शब्दानुवाद, शब्द प्रति शब्द अनुवाद, भावानुवाद, अर्थानुवाद, लिप्यांतरण आदि। आप इनमें से किस प्रवृत्ति का समर्थन करते हैं ?

डॉ. पांचालः वास्तव में "मक्षिका स्थाने मक्षिका" तो अनुवाद है ही नहीं, लेकिन जिन्हें दोनों भाषाओं पर पूर्ण अधिकार नहीं होता, वे शब्द कोश के अनुसार शब्दार्थ रखते चले जाते हैं। इससे भाव स्पष्ट नहीं हो पाता। शब्द प्रति-शब्द अनुवाद नहीं है बल्कि अनुवाद तो मन और मस्तिष्क में होता है। अनुवादक जिस भाषा में लिखता है, उसकी स्वाभाविकता अनुवाद में आनी चाहिए न कि उस भाषा की, जिससे वह अनुवाद कर रहा है। ऐसा न करने से अनुवाद जटिल और दुर्बोध होगा।

प्रश्नः- कुछ लोगों का यह मन्तव्य है कि अनुवाद से अर्थबोध में बाधा पड़ती है। आपके विचार में यह कहां तक सही है ?

डॉ. पांचालः कई संदर्भों में यह बात सही है, किंतु अर्थबोध न हो पाने का मुख्य कारण अनुवादकों का दोनों भाषाओं पर पूर्ण अधिकार का न होना है। जब तक अनुवाद की भाषा में सरलता रोज़मर्रा और मुहावरों आदि का प्रयोग नहीं आएगा, तब तक संपूर्ण और सही अनुवाद नहीं कहा जाएगा, उसमें अर्थबोध में बाधा पड़ेगी। आज सरकारी कार्यालयों में जो अनुवाद कार्य होता है, कभी-कभी वह बहुत अटपटा हो जाता है, क्योंकि उसमें आम बोलचाल की स्वाभाविकता और प्रवाह न होने के कारण वह कृत्रिम और दुरूह बन जाता है। आज आवश्यकता इस बात की है कि

अनुवाद में लक्ष्य शब्दों को न बनाकर, अर्थ को बनाया जाए और अनुवाद में सरलता, स्वाभाविकता और सुबोधता हो, जिससे अर्थबोध में कठिनाई न हो।

प्रश्नः- आजकल काव्यानुवाद की प्रवृत्ति बढ़ी है, इसमें कौन-कौन सी व्यावहारिक कठिनाइयां हैं ?

डॉ. पांचालः काव्यानुवाद हमेशा भावानुवाद होता है, क्योंकि के काव्य गुण, छंद, अलंकार आदि जैसे एक भाषा में होते हैं, वैसे ही दूसरी भाषा में अनूदित नहीं किए जा सकते। मूलकृति में जो भावना निहित है उसको जितनी सुंदरता के साथ हम अपनी भाषा में ला सकें, उतना ही बेहतर अनुवाद होगा। इसमें मूलकृति की भावनाओं को समझने की कठिनाई है।

प्रश्नः- संचार और पत्रकारिता के क्षेत्र में अनुवाद की क्या भूमिका है ?

डॉ. पांचालः इसी क्षेत्र में तो अनुवाद की सबसे बड़ी भूमिका है। जैसा कि मैंने पहले कहा, संचार के विकास के कारण विश्व अब बहुत छोटा हो गया है। एक स्थान की घटना की सूचना तुरंत ही सुदूर स्थानों तक पहुंच जाती है। यह कार्य संचार से ही होता है। टेलीप्रिंटर, टेलीफोन, फैक्स, ई-मेल और इंटरनेट आदि माध्यमों से हम शीघ्र ही जानकारी प्राप्त कर लेते हैं और इसे अन्य लोगों तक उनकी अपनी भाषा में पहुंचाने के लिए अनुवाद की आवश्यकता होती है। आजकल तो रेडियो, टेलीवीजन और समाचार-पत्रों के कार्यालयों में सबसे बड़ी संख्या अनुवादकों की ही रहती है, क्योंकि अनुवाद के ही सहारे हम देश के बाहर के समाचार अपने देश में तथा अपने देश के समाचार बाहर भेज सकते हैं। इसलिए द्रुत संचार के लिए अनुवाद एक अनिवार्य अंग बन चुका है।

प्रश्न :- वैज्ञानिक साहित्य के अनुवाद में क्या कठिनाइयां हैं ?

डॉ . पांचालः वैज्ञानिक साहित्य अधिकतर यूरोपियन, अंग्रेजी और जापनी भाषाओं से यहां अधिक आ रहा है, क्योंकि यहां विज्ञान साहित्य का अभी तक अपेक्षित विकास नहीं हुआ है। वैज्ञानिक साहित्य के अनुवाद में जो पारिभाषिक शब्द आते हैं, उनके लिए हमें कठिनाई होती है, लेकिन उन सभी शब्दों को रूपांतरित करने की आवश्यकता नहीं है। बल्कि जो अति-प्रयुक्त या अंतर्राष्ट्रीय शब्द हैं उनके अनुवाद की लिए हमें बहुत माथापच्ची नहीं करनी चाहिए। कई बार लोग रेल, बस, प्लेटफॉर्म आदि के रूपांतरण का प्रयास करने लगते हैं तो इसके लिए बहुत मजाक भी उड़ाया जाता है। यह आवश्यक नहीं है, क्योंकि ज्ञान-विज्ञान के शब्द अंतर्राष्ट्रीय धरोहर है। यदि कहीं आविष्कार होता है तो वह पूरी मानवता का कार्य है। इसलिए वैज्ञानिक शब्दों के पर्याय ढूंढ़ने के बजाय इन्हें यथावत ग्रहण करना चाहिए। इससे भाषा में प्रवाह बढ़ेगा, दुरूहता कम होगी और मेरी दृष्टि में इससे भाषा का विकास भी होगा। उसकी लोकप्रियता बढ़ेगी।

प्रश्नः- मूल सृजन पर कई संस्थाएं पुरस्कार देती हैं, जबकि अनुवाद को प्रोत्साहित करने के लिए "भारतीय अनुवाद परिषद्" जैसी कुछ संस्थाएं ही कुछ कार्य कर रही

है। इस कार्य को आगे बढ़ाने के लिए क्या उपाय होने चाहिए ?

डॉ. पांचालः अनुवादकों को पुरस्कारों से प्रोत्साहित किया जाना चाहिए। "अनुवाद" पत्रिका इस संदर्भ में बहुत ही श्रेष्ठ कार्य कर रही है और मेरी जानकारी में इस प्रकार का यह पहला कार्य है जो उन्होंने सरकारी तंत्र से हटकर निजी रूप से चलाया है। इस कार्य की प्रशंसा होनी चाहिए। विश्वविद्यालयों और साहित्य परिषदों और साहित्यिक संगठनों तथा ज्ञानपीठ जैसी पुरस्कार देने वाले संस्थाओं को चाहिए कि वे मूल सृजन के अतिरिक्त अनुवाद पर भी पुरस्कारों की परम्परा विकसित करें। सरकारी तौर पर अनुवाद के लिए कुछ क्षेत्रों में पुरस्कारों की व्यवस्था है, साहित्य अकादेमी भी भारतीय भाषाओं में परस्पर अनुवाद के लिए पुरस्कार देती है, पर अभी इस क्षेत्र में बहुत काम होना बाकी है। संसार की सभी उत्कृष्ट एवं उपयोगी रचनाओं का अपनी सभी भाषाओं में अनुवाद होना चाहिए और इसको प्रोत्साहित किया जाना चाहिए।

प्रश्नः- अनुवाद के क्षेत्र में आपका अनुभव किस प्रकार का रहा?

डॉ. पांचालः अनुवाद मेरे अपने व्यवसाय का मुख्य भाग रहा है। अनुवादक के ही रूप में मैंने सरकार को अपनी सेवाएं दी। सरकारी कागजात, पत्राचार, बजट और राष्ट्रपति के अभिभाषण आदि तैयार करने में मुझे अंग्रेजी से हिंदी तथा हिंदी से अंग्रेजी में अनुवाद करना होता था। मैंने देखा कि अनुवादक यदि अपनी भाषा को लेकर सचेत नहीं रहेंगे तो उनकी भाषा बिगड़ेगी और दुरूह हो जाएगी। आज हिंदी के ऊपर क्लिष्ठ और कठिन होने का जो लांछन लगता है, इसके लिए अनुवादक भी काफी जिम्मेदार हैं। उन्हें अपना अनुवाद सरल और सुबोध बनाना चाहिए। मैं अपने अनुवाद के पुनर्निरीक्षण के लिए अनूदित सामान्य परिपत्रों को अपने चपरासी को बुलाकर उसके सामने पढ़ता था। यदि उसने उसे समझ लिया तो मैं समझता था कि अनुवाद ठीक है, इसके विपरीत अगर उसकी समझ में नहीं आया तो समझता था कि कहीं कोई कमी है, क्योंकि इस प्रकार का अनुवाद हम सभी लोगों के लिए करते हैं, कुछ चुनिंदा लोगों के लिए नहीं। जब तक अनुवाद और मूल सृजन में अंतर बना रहेगा, जब तक भाषा कठिन रहेगी और अर्थबोध में भी कठिनाई होगी। अनुवाद ऐसा होना चाहिए कि जिसे पढ़कर लगे कि यह मूल लेखन है, अनुवाद नहीं।

प्रश्नः- उर्दू से हिंदी में अनुवाद का आपका लंबा अनुभव है। इस संदर्भ में क्या कठिनाइयां हैं ?

डॉ. पांचालः मैंने उर्दू से हिंदी में कई ग्रंथों का अनुवाद किया, जिनमें जिगर मुरादाबादी, मिर्जा रफी अहमद सौदा तथा फिराक़ गोरखपुरी का नाम लिया जा सकता है। इस संदर्भ में मैंने पाया कि हिंदी और उर्दू व्याकरण की दृष्टि से अलग नहीं है, लेकिन उर्दू में अरबी और फारसी के शब्द जब आ जाते हैं तो इसकी वजह से अंतर पड़ता है। यदि हम सावधानी से अनुवाद करें तो उर्दू और हिंदी में कोई विशेष अंतर नहीं है। उर्दू कविता के लिप्यांतरण में अरबी फारसी से आगत् उर्दू के कठिन

शब्दों के अर्थ पाद टिप्पणी में लिख दिए जाएं,नहीं तो उनकी सरलता एवं स्वाभाविकता नष्ट होने का खतरा रहता है। इसलिए उर्दू पद्य—नज्म या ग़ज़ल आदि के अनुवाद की आवश्यकता नहीं है, बल्कि उनके कठिन शब्दों के अर्थ समझाने से ही अर्थबोध हो जाता है। गद्य का अनुवाद ही किया जाना श्रेयस्कर है।

प्रश्न:- किस कृति का अनुवाद करने में आपको सर्वाधिक आनंद आया?

डॉ. पांचाल: सबसे पहले मैंने एक अंग्रेजी ग्रंथ का अनुवाद किया था, जिसका नाम था— "बर्ट्रेन्ड रसेल स्पीक्स हिज माइण्ड"। यह शिक्षात्मक ग्रंथ था। उसके दर्शन और विज्ञान संबंधी विचारों का हिंदी में अनुवाद करते समय मुझे बहुत अच्छा लगा और यह अनुवाद बहुत अच्छा बन पड़ा था। इसके बाद उर्दू से हिंदी अनुवाद में मुझे फ़िराक गोरखपुरी 'गुफ़्तगु' के अनुवाद में हार्दिक प्रसन्नता मिली।

परिशिष्ट घ

भारत सरकार द्वारा अनुमोदित मानक हिन्दी वर्तनी

भारत संघ तथा कुछ राज्यों की राजभाषा स्वीकृत हो जाने के फलस्वरूप हिंदी का मानक रूप निर्धारित करना बहुत आवश्यक था, ताकि वर्णमाला में सर्वत्र एकरूपता रहे और टाइपराइटर, कंप्यूटर आदि यंत्रों के उपयोग में लिपि की अनेकरूपता बाधक न हो।

इन सभी बातों को ध्यान में रखकर केंद्रीय हिंदी निदेशालय ने देश के शीर्षस्थ विद्वानों के साथ वर्षों के विचार–विमर्श के पश्चात् हिंदी वर्णमाला तथा अंकों का जो मानक रूप निर्धारित किया, वह इस प्रकार है:—

हिंदी वर्णमाला

वर्णमाला का क्रम इस प्रकार होगा:—

स्वर*

अ आ इ ई उ ऊ ऋ ए ऐ ओ औ

टिप्पणी: संस्कृत के लिए प्रयुक्त देवनागरी वर्णमाला में तो ॠ, ऌ तथा ॡ भी सम्मिलित हैं, किंतु हिंदी में इनका प्रयोग न होने के कारण इन्हें हिंदी की मानक वर्णमाला में स्थान नहीं दिया गया है।

मूल व्यंजन**

क	ख	ग	घ	ङ
च	छ	ज	झ	ञ
ट	ठ	ड	ढ	ण

* स्वर की मात्राओं को स्वर वर्णमाला में सम्मिलित नहीं किया गया है। अध्ययन के अवसर पर बारहखड़ी सिखाते समय इनका व्यंजनों के साथ यथा रूप संयोजन बताया जाना चाहिए।

** मूल व्यंजनों के शुद्ध रूप को दर्शाते समय प्रत्येक व्यंजन के साथ हल् चिह्न (्) लगाया जाना चाहिए था, यहाँ वर्णमाला में इन्हें अंतर्निहित स्वर वर्ण 'अ' के साथ ही प्रस्तुत किया गया है।

त थ द ध न

प फ ब भ म

य र ल व

श ष स ह

ड़ ढ़

इस तरह हिंदी वर्णमाला में मूलतः 11 स्वर तथा 35 व्यंजन हैं।

संयुक्त व्यंजन

क्ष (क् + ष), त्र (त + र), ज्ञ (ज् + ञ), श्र (श् + र)

अनुस्वार (शिरोबिंदु) ं

विसर्ग ः

चंद्रबिंदु ँ

अर्धचंद्र ॅ

हल् चिह्न ्

गृहीत व्यंजन*

ख़ ज़ फ़

देवनागरी अंक

१ २ ३ ४ ५ ६ ७ ८ ९ ०

भारतीय अंकों का अंतर्राष्ट्रीय रूप

1 2 3 4 5 6 7 8 9 0

टिप्पणी: संविधान के अनुच्छेद 343 (1) के अनुसार संघ के राजकीय प्रयोजनों के लिए प्रयुक्त होने वाले अंकों का रूप भारतीय अंकों का अंतर्राष्ट्रीय रूप होगा, परंतु राष्ट्रपति, संघ के किसी भी राजकीय प्रयोजन के लिए भारतीय अंकों के अंतर्राष्ट्रीय रूप के साथ–साथ देवनागरी रूप का प्रयोग प्राधिकृत कर सकते हैं।

कुंजीपटल और फ़ॉन्ट के संबंध में सुझाव

भारत सरकार द्वारा तैयार किए गए इनस्क्रिप्ट मानक कुंजीपटल का ही प्रयोग हो और इसमें वर्णमाला में सुझाए गए संशोधन कर लिए जाएँ।

इनस्क्रिप्ट में अपने आप से (Default) मानक वर्णमाला ही सामने आए। उससे भिन्न (पुराने) वर्णों के निर्माण के लिए वैकल्पिक व्यवस्था की जाए।

---

* गृहीत व्यंजन पाँच हैं : क़ ख़ ग़ ज़ फ़। हिंदी वर्णमाला में व्यापक अर्थभेदक तीन व्यंजनों को ही सम्मिलित किया गया है।

हिंदी के फ़ॉन्ट अनिवार्य फ़ॉन्ट के रूप में भारत में बिकने वाले सभी कंप्यूटरों पर उपलब्ध हों। डी.टी.पी. कार्यक्रम सिर्फ उन्हीं व्यक्तियों या कार्यालयों को खरीदना पड़े जो संपादन की विशेष सुविधाएँ चाहते हैं।

यह आधार रूप फ़ॉन्ट ही निर्माताओं द्वारा अन्य विविध फ़ॉन्ट के निर्माण का आधार होगा ताकि डी.टी.पी. के फ़ॉन्ट और आधार रूप फ़ॉन्ट एक–दूसरे में अंतरित किए जा सकें।

द्विभाषी कंप्यूटर की दृष्टि से यह आवश्यक होगा कि विराम चिह्न अंग्रेजी तथा हिंदी में समान कुंजियों पर मिलें। इस दृष्टि से इनस्क्रिप्ट में कुछ संशोधन की आवश्यकता हो सकती है।

आधारभूत फ़ॉन्ट सभी कंप्यूटर कार्य प्रणालियों के लिए तैयार किए जाएँ। जैसे:– यूनिक्स, लाइनक्स, माइक्रोसॉफ्ट तथा मैक। इसी तरह एस्की, यूनीकोड आदि व्यवस्थाओं के लिए ए.टी.एम., ट्रू टाइप, एच.टी.एम.एल. आदि के फॉन्ट उपलब्ध हों।

वर्तनी जाँच संबंधी क्रमादेश सारे सॉफ्टवेयर निर्माताओं के लिए एक ही होना चाहिए जो मानक वर्तनी के आधार पर हो।

वाक् से पाठ, पाठ से वाक्, ओ.सी.आर. आदि कार्यक्रम समन्वित रूप से बनाए जाएँ और ये कार्यक्रम मानक लिपि और वर्तनी पर आधारित हों।

अकारादि क्रम

यह व्यवस्था अकारादि क्रम से शब्दों को क्रमबद्ध करने के लिए सबसे अधिक आवश्यक है। शब्दकोश निर्माण में भी सही अकारादि क्रम का पालन आवश्यक है, जिससे छात्र सही स्थान पर शब्द ढूँढ सकें। अकारादि क्रम की कुंजी प्रत्येक शब्दकोश के आरंभ में दी जानी चाहिए।

मानक वर्णमाला में 'अ' से लेकर 'ह' तक वर्ण अकारादि क्रम का आधार हैं। कंप्यूटर मात्राओं को स्वरों के रूप में पहचानेगा। संयुक्त वर्ण में आधा अक्षर संबंधित वर्ण के सभी मात्रायुक्त रूपों के अंत में आएगा। जैसे:– मान माना मानो मान्य।

'क्ष' को संयुक्त क् + ष, 'त्र' को संयुक्त व्यंजन त् + र, 'ज्ञ' को संयुक्त व्यंजन ज् + ञ तथा 'श्र' को संयुक्त व्यंजन श् + र के रूप में मानकर तदानुसार उन्हें यथास्थान देखें। जैसे:– क्या क्र क्ल क्व ; ज्ज ज्झ ज्ञ ; त्य त्र त्व ; श्य श्र श्ल श्व आदि।

स्वरों के लिपि चिह्नों का क्रम निम्न प्रकार होगा:

आं आँ	आ	ऑ	आः			
कं	कँ	क	का	कॉ	कः	क् (क)

अनुस्वार और अनुनासिक वाले वर्ण सामान्य वर्ण से पहले आएँगे। जैसेः– हंस, हँस, हसन।

विसर्ग वाले शब्द सामान्य स्वर के बाद आएँगे। जैसेः– प्राय, प्रायः।

ऑ वाला शब्द आ के बाद आएगा। जैसेः– लाज, लॉज।

हिंदी वर्तनी का मानकीकरण

किसी भी भाषा के सीखने–सिखाने में सहायक या बाधक बनने वाले दो प्रमुख तत्व हैं–उसका व्याकरण और लिपि। लिपि का एक पक्ष है–सामान्य और विशिष्ट स्वनों के पृथक् प्रतीक–वर्णों की समृद्धि, उनका परस्पर स्पष्ट आकार–भेद, लिखावट में सरलता तथा स्थान–लाघव एवं प्रयत्न–लाघव।

लिपि का दूसरा पक्ष है–वर्तनी। एक ही स्वर को प्रकट करने के लिए विविध रूपी वर्णों का प्रयोग वर्तनी को जटिल बना देता है और यह लिपि का एक सामान्य दोष माना जाता है। यद्यपि देवनागरी लिपि में यह दोष न्यूनतम है, फिर भी उसकी कुछ अपनी विशिष्ट कठिनाइयाँ भी हैं।

इन सभी कठिनाइयों को दूर कर हिंदी वर्तनी में एकरूपता लाने के लिए भारत सरकार के तत्कालीन शिक्षा मंत्रालय ने सन् 1961 में एक विशेषज्ञ समिति नियुक्त की थी। समिति ने अप्रैल, 1962 में अपनी अंतिम सिफारिशें प्रस्तुत कीं, जिन्हें सरकार ने स्वीकृत किया। इन्हें 1967 में हिंदी वर्तनी का मानकीकरण शीर्षक पुस्तिका में व्याख्या तथा उदाहरण सहित प्रकाशित किया गया था। स्कूलों की पाठ्य पुस्तकों में, विशेष रूप से राष्ट्रीय शैक्षिक अनुसंधान और प्रशिक्षण परिषद् द्वारा प्रकाशित हिंदी की पाठ्य पुस्तकों में, वर्तनी के इसी मानक स्वरूप का प्रयोग किया जा रहा है। अन्य राज्य स्तरीय शैक्षिक अनुसंधान और प्रशिक्षण परिषदों, पाठ्य पुस्तक बोर्डों, हिंदी के प्रकाशकों तथा पत्रकारिता क्षेत्र की निजी संस्थाओं से आग्रह है कि हिंदी के सार्वदेशिक हित को ध्यान में रखते हुए इस मानकीकृत हिंदी वर्तनी वाले रूप का ही प्रयोग करें।

जिन शब्दों के लेखन में दो या दो से अधिक रूप प्रचलित हैं और सन् 1982 वाली पुस्तिका में जिनके लिए यह कहा गया था कि "फिलहाल इनकी एकरूपता आवश्यक नहीं समझी गई", उन शब्दों का मानकीकरण वर्ष 2003 वाली अखिल भारतीय संगोष्ठी में कर दिया गया है।

वर्तनी संबंधी अद्यतन नियम इस प्रकार हैं:–

संयुक्त वर्ण

खड़ी पाई वाले व्यंजन

खड़ी पाई वाले व्यंजनों के संयुक्त रूप परंपरागत तरीके से खड़ी पाई को हटाकर

ही बनाए जाएँ। यथा:—

ख्याति, लग्न, विघ्न	व्यास
कच्चा, छज्जा	श्लोक़
नगण्य	राष्ट्रीय
कुत्ता, पथ्य, ध्वनि, न्यास	स्वीकृति
प्यास, डिब्बा, सभ्य, रम्य	यक्ष्मा
शय्या	त्र्यंबक
उल्लेख	

अन्य व्यंजन

क और फ/फ़ के संयुक्ताक्षर:—

संयुक्त, पक्का, दफ़्तर आदि की तरह बनाए जाएँ, न कि संयुक्त, पक्का, दफ़्तर की तरह।

ङ, छ, ट, ठ, ड, ढ, द और ह के संयुक्ताक्षर हल् चिह्न लगाकर ही बनाए जाएँ। यथा:—

वाङ्मय, लट्टू, बुड्ढा, विद्या, चिह्न, ब्रह्मा आदि।

(वाङ्मय, लट्टू, बुड्ढा, विद्या, चिह्न, ब्रह्मा नहीं)

संयुक्त 'र' के प्रचलित तीनों रूप यथावत् रहेंगे। यथा:—

प्रकार, धर्म, राष्ट्र।

श्र का प्रचलित रूप ही मान्य होगा। इसे 'श्र' के रूप में नहीं लिखा जाएगा। त+र के संयुक्त रूप के लिए पहले त्र और त्र दोनों रूपों में से किसी एक के प्रयोग की छूट दी गई थी। परंतु अब इसका परंपरागत रूप त्र ही मानक माना जाए। श्र और त्र के अतिरिक्त अन्य व्यंजन+र के संयुक्ताक्षर उपर्युक्त नियमानुसार बनेंगे। जैसे:— क्र, प्र, ब्र, स्र, ह्र आदि।

हल् चिह्न युक्त वर्ण से बनने वाले संयुक्ताक्षर के द्वितीय व्यंजन के साथ 'इ' की मात्रा का प्रयोग संबंधित व्यंजन के तत्काल पूर्व ही किया जाएगा, न कि पूरे युग्म से पूर्व। यथा:— कुट्टिम, चिट्ठियाँ, द्वितीय, बुद्धीमान, चिह्नित आदि (कुट्टिम, द्विवतीय, बुद्धिमान, चिह्नित नहीं)।

टिप्पणी:— संस्कृत भाषा के मूल श्लोकों को उदधृत करते समय संयुक्ताक्षर पुरानी शैली से भी लिखे जा सकेंगे। जैसे:— संयुक्त, चिह्न, विद्या, चञ्चल, विद्वान, वृद्ध, अङ्क, द्वितीय, बुद्धि आदि। किंतु यदि इन्हें भी उपर्युक्त नियमों के अनुसार ही लिखा जाए तो कोई आपत्ति नहीं होगी।

कारक चिह्न

हिंदी के कारक चिह्न सभी प्रकार के संज्ञा शब्दों में प्रातिपदिक से पृथक् लिखे जाएँ। जैसेः– राम ने, राम को, राम से, स्त्री का, सेवा में आदि। सर्वनाम शब्दों में ये चिह्न प्रातिपदिक के साथ मिलाकर लिखे जाएँ। जैसेः– तूने, आपने, तुमसे, उसने, उसको, उससे, उसपर आदि (मेरेको, मेरेसे आदि रूप व्याकरण सम्मत नहीं हैं)।

सर्वनामों के साथ यदि दो कारक चिह्न हों तो उनमें से पहला मिलाकर और दूसरा पृथक् लिखा जाए। जैसेः– उसके लिए, इसमें से।

सर्वनाम और कारक चिह्न के बीच 'ही', 'तक' आदि का निपात हो तो कारक चिह्न को पृथक् लिखा जाए। जैसेः– आप ही के लिए, मुझ तक को।

क्रिया पद

संयुक्त क्रिया पदों में सभी अंगीभूत क्रियाएँ पृथक्–पृथक् लिखी जाएँ। जैसेः– पढ़ा करता है, आ सकता है, जाया करता है, खाया करता है, जा सकता है, कर सकता है, किया करता था, पढ़ा करता था, खेला करेगा, घूमता रहेगा, बढ़ते चले जा रहे हैं, आदि।

हाइफन (योजक चिह्न)

हाइफन का विधान स्पष्टता के लिए किया गया है।

द्वंद्व समास में पदों के बीच हाइफ़न रखा जाए। जैसेः– राम–लक्ष्मण, शिव–पार्वती संवाद, देख–रेख, चाल–चलन, हँसी–मज़ाक, लेन–देन, पढ़ना–लिखना, खाना–पीना, खेलना–कूदना आदि।

सा, जैसा आदि से पूर्व हाइफ़न रखा जाए। जैसेः– तुम–सा, राम–जैसा, चाकू–से तीखे।

तत्पुरुष समास में हाइफ़न का प्रयोग केवल वहीं किया जाए जहाँ उसके बिना भ्रम होने की संभावना हो, अन्यथा नहीं। जैसेः– भू–तत्व। सामान्यतः तत्पुरुष समास में हाइफ़न लगाने की आवश्यकता नहीं है। जैसेः– रामराज्य, राजकुमार, गंगाजल, ग्रामवासी, आत्महत्या आदि।

इसी तरह यदि 'अ–नख' (बिना नख का) समस्त पद में हाइफ़न न लगाया जाए तो उसे 'अनख' पढ़े जाने से 'क्रोध' का अर्थ भी निकल सकता है। अ–नति (नम्रता का अभाव): अनति (थोड़ा), अ–परस (जिसे किसी ने न छुआ हो): अपरस (एक चर्म रोग), भू–तत्व (पृथ्वी–तत्व): भूतत्व (भूत होने का भाव) आदि समस्त पदों की भी यही स्थिति है। ये सभी युग्म वर्तनी और अर्थ दोनों दृष्टियों से भिन्न–भिन्न शब्द हैं।

कठिन संधियों से बचने के लिए भी हाइफ़न का प्रयोग किया जा सकता है।

जैसेः– द्‌वि–अक्षर (द्‌व्यक्षर), द्‌वि–अर्थक (द्‌व्यर्थक) आदि।

अव्यय

'तक', 'साथ' आदि अव्यय सदा पृथक् लिखे जाएँ। जैसेः– यहाँ तक, आपके साथ।

आह, ओह, अहा, ऐ, ही, तो, सो, भी, न, जब, तब, कब, यहाँ, वहाँ, कहाँ, सदा, क्या, श्री, जी, तक, भर, मात्र, साथ, कि, किंतु, मगर, लेकिन, चाहे, या, अथवा, तथा, यथा और आदि अनेक प्रकार के भावों का बोध कराने वाले अव्यय हैं। कुछ अव्ययों के आगे कारक चिह्न भी आते हैं। जैसेः– अब से, तब से, यहाँ से, वहाँ से, सदा से आदि। जैसेः– आप ही के लिए, मुझ तक को, आपके साथ, गज़ भर कपड़ा, देश भर, रात भर, दिन भर, वह इतना भर कर दे, मुझे जाने तो दो, काम भी नहीं बना, पचास रुपए मात्र आदि।

सम्मानार्थक 'श्री' और 'जी' अव्यय भी पृथक् लिखे जाएँ। जैसेः– श्री श्रीराम, कन्हैयालाल जी, महात्मा जी आदि। (यदि श्री, जी आदि व्यक्तिवाचक संज्ञा के ही भाग हों तो मिलाकर लिखे जाएँ। जैसेः– श्रीराम, रामजी लाल, सोमयाजी आदि)।

समस्त पदों में प्रति, मात्र, यथा आदि अव्यय जोड़कर लिखे जाएँ। (यानी पृथक् नहीं लिखे जाएँ)। जैसेः– प्रतिदिन, प्रतिशत, मानवमात्र, निमित्तमांत्र, यथासमय, यथोचित आदि। यह सर्वविदित नियम है कि समास होने पर समस्त पद एक माना जाता है। अतः उसे व्यस्त रूप में न लिखकर एक साथ लिखना ही संगत है। 'दस रुपए मात्र', 'मात्र दो व्यक्ति' में पदबंध की रचना है। यहाँ मात्र अलग से लिखा जाए (यानी मिलाकर नहीं लिखें)।

अनुस्वार (शिरोबिंदु/बिंदी) तथा अनुनासिकता चिह्न (चंद्रबिंदु)

अनुस्वार व्यंजन है और अनुनासिकता स्वर का नासिक्य विकार। हिंदी में ये दोनों अर्थभेदक भी हैं। अतः हिंदी में अनुस्वार (ं) और अनुनासिकता चिह्न (ँ) दोनों ही प्रचलित रहेंगे।

अनुस्वार

संस्कृत शब्दों का अनुस्वार अन्यवर्गीय वर्णों से पहले यथावत् रहेगा। जैसेः– संयोग, संरक्षण, संलग्न, संवाद, अंश, कंस, हिंस्र आदि।

संयुक्त व्यंजन के रूप में जहाँ पंचम वर्ण (पंचमाक्षर) के बाद सवर्गीय शेष चार वर्णों में से कोई वर्ण हो तो एकरूपता और मुद्रण/लेखन की सुविधा के लिए अनुस्वार का ही प्रयोग करना चाहिए। जैसेः– पंकज, गंगा, चंचल, कंजूस, कंठ, ठंडा, संत, संध या, मंदिर, संपादक, संबंध आदि (पङ्कज–पङ्‌कज, गङ्गा–गङ्‌गा, चञ्चल, कञ्जूस,

कण्ठ, ठण्डा, सन्त, मन्दिर, सन्ध्या, सम्पादक, सम्बन्ध वाले रूप नहीं)। बंधनी में रखे हुए रूप संस्कृत के उद्धरणों में ही मान्य होंगे। हिंदी में बिंदी (अनुस्वार) का प्रयोग करना ही उचित होगा।

यदि पंचमाक्षर के बाद किसी अन्य वर्ग का कोई वर्ण आए तो पंचमाक्षर अनुस्वार के रूप में परिवर्तित नहीं होगा। जैसेः– वाङ्मय, अन्य, चिन्मय, उन्मुख आदि (वांमय, अंय, चिंमय, उंमुख आदि रूप ग्राह्य नहीं होंगे)।

पंचम वर्ण यदि दृवित्य रूप में (दुबारा) आए तो पंचम वर्ण अनुस्वार में परिवर्तित नहीं होगा। जैसेः– अन्न, सम्मेलन, सम्मति आदि (अंन, संमेलन, संमति रूप ग्राह्य नहीं होंगे)।

अंग्रेजी, उर्दू से गृहीत शब्दों में आधे वर्ण या अनुस्वार के भ्रम को दूर करने के लिए नासिक्य व्यंजन को पूरा लिखना अच्छा रहेगा। जैसेः– लिमका, तनखाह, तिनका, तमगा, कमसिन आदि।

संस्कृत के कुछ तत्सम शब्दों के अंत में अनुस्वार का प्रयोग म् का सूचक है। जैसेः– अहं (अहम्), एवं (एवम्), परं (परम्), शिवं (शिवम्)।

अनुनासिकता (चंद्रबिंदु)

हिंदी के शब्दों में उचित ढंग से चंद्रबिंदु

हिंदी के शब्दों में उचित ढंग से चंद्रबिंदु का प्रयोग अनिवार्य होगा।

अनुनासिकता व्यंजन नहीं है, स्वरों का ध्वनिगुण है। अनुनासिक स्वरों के उच्चारण में नाक से भी हवा निकलती है। जैसेः– आँ, ऊँ, एँ, माँ, हूँ, आएँ।

चंद्रबिंदु के बिना प्रायः अर्थ में भ्रम की गुंजाइश रहती है। जैसेः– हंस : हँस, अंगना : अँगना, स्वांग (स्व+अंग): स्वाँग आदि में। अतएव ऐसे भ्रम को दूर करने के लिए चंद्रबिंदु का प्रयोग अवश्य किया जाना चाहिए। किंतु जहाँ (विशेषकर शिरोरेखा के ऊपर जुड़ने वाली मात्रा के साथ) चंद्रबिंदु के प्रयोग से छपाई आदि में बहुत कठिनाई हो और चंद्रबिंदु के स्थान पर बिंदु का (अनुस्वार चिह्न का) प्रयोग किसी प्रकार का भ्रम उत्पन्न न करे, वहाँ चंद्रबिंदु के स्थान पर बिंदु के प्रयोग की छूट रहेगी। जैसेः– नहीं, में, मैं आदि। कविता आदि के प्रसंग में छंद की दृष्टि से चंद्रबिंदु का यथास्थान अवश्य प्रयोग किया जाए। इसी प्रकार छोटे बच्चों की प्रवेशिकाओं में जहाँ चंद्रबिंदु का उच्चारण अभीष्ट हो, वहाँ मोटे अक्षरों में उसका यथास्थान सर्वत्र प्रयोग किया जाए। जैसेः– कहाँ, हँसना, आँगन, सँवारना, मेँ, मैँ, नहीँ आदि।

विसर्ग (:)

संस्कृत के जिन शब्दों में विसर्ग का प्रयोग होता है, वे यदि तत्सम रूप में प्रयुक्त

हों तो विसर्ग का प्रयोग अवश्य किया जाए। जैसेः– 'दुःखानुभूति' में। यदि उस शब्द के तद्भव रूप में विसर्ग का लोप हो चुका हो तो उस रूप में विसर्ग के बिना भी काम चल जाएगा। जैसेः– 'दुख–सुख के साथी'।

तत्सम शब्दों के अंत में प्रयुक्त विसर्ग का प्रयोग अनिवार्य है। यथाः– अतः, पुनः, स्वतः, प्रायः, पूर्णतः, मूलतः, अंततः, वस्तुतः, क्रमशः आदि।

'ह' का अघोष उच्चारित रूप विसर्ग है, अतः उसके स्थान पर (स)घोष 'ह' का लेखन किसी हालत में न किया जाए (अतः, पुनः आदि के स्थान पर अतह, पुनह आदि लिखना अशुद्ध वर्तनी का उदाहरण माना जाएगा)।

दुःसाहस/दुस्साहस, निःशब्द/निश्शब्द के उभय रूप मान्य होंगे। इनमें द्वित्व वाले रूप को प्राथमिकता दी जाए।

निःस्वार्थ मान्य है (निस्वार्थ उचित नहीं होगा)।

निस्तेज, निर्वचन, निश्चल आदि शब्दों में विसर्ग वाला रूप (निःतेज, निःवचन, निःचल) न लिखा जाए।

अंतःकरण, अंतःपुर, प्रातःकाल आदि शब्द विसर्ग के साथ ही लिखे जाएँ।

तद्भव/देशी शब्दों में विसर्ग का प्रयोग न किया जाए। इस आधार पर छः लिखना गलत होगा। छह लिखना ही ठीक होगा।

प्रायद्वीप, समाप्तप्राय आदि शब्दों में तत्सम रूप में भी विसर्ग नहीं है।

विसर्ग को वर्ण के साथ मिलाकर लिखा जाए, जबकि कोलन चिह्न (उपविराम :) शब्द से कुछ दूरी पर हो। जैसेः– अतः, यों हैः–

हल् चिह्न (्)

(्) को हल् चिह्न कहा जाए न कि हलंत। व्यंजन के नीचे लगा हल् चिह्न उस व्यंजन के स्वर रहित होने की सूचना देता है, यानी वह व्यंजन विशुद्ध रूप से व्यंजन है। इस तरह से 'जगत्' हलंत शब्द कहा जाएगा क्योंकि यह शब्द व्यंजनांत है, स्वरांत नहीं।

संयुक्ताक्षर बनाने के नियमों के अनुसार ड् छ् ट् ठ् ड् ढ् द् ह् में हल् चिह्न का ही प्रयोग होगा। जैसेः– चिह्न, बुड्ढा, विद्वान आदि में।

तत्सम शब्दों का प्रयोग वांछनीय हो तब हलंत रूपों का ही प्रयोग किया जाए; विशेष रूप से तब जब उनसे समस्त पद या व्युत्पन्न शब्द बनते हों। यथाः– प्राक्–(प्रागैतिहास), वाक्–(वाग्देवी), सत्–(सत्साहित्य), भगवन्–(भगवद्भक्ति), साक्षात्–(साक्षात्कार), जगत्–(जगन्नाथ), तेजस्–(तेजस्वी), विद्युत्–(विद्युल्लता) आदि। तत्सम संबोधन में हे राजन्, हे भगवन् रूप ही स्वीकृत होंगे। हिंदी शैली में हे राजा, हे भगवन लिखे जाएँ। जिन शब्दों में हल् चिह्न लुप्त हो चुका हो, उनमें उसे

फिर से लगाने का प्रयत्न न किया जाए। जैसेः– महान, विद्वान आदि; क्योंकि हिंदी में अब 'महान' से 'महानता' और 'विद्वानों' जैसे रूप प्रचलित हो चुके हैं।

व्याकरण ग्रंथों में व्यंजन संधि समझाते हुए केवल उतने ही शब्द दिए जाएँ, जो शब्द रचना को समझने के लिए आवश्यक हों (उत् + नयन = उन्नयन, उत् + लास = उल्लास) या अर्थ की दृष्टि से उपयोगी हों (जगदीश, जगन्माता, जगज्जननी)।

हिंदी में हृदयंगम (हृदयम् + गम), उद्धरण (उत्/उद् + हरण), संचित (सम् + चित्) आदि शब्दों का संधि–विच्छेद समझाने की आवश्यकता प्रतीत नहीं होती। इसी तरह 'साक्षात्कार' 'जगदीश' 'षट्कोण' जैसे शब्दों के अर्थ को समझाने की आवश्यकता हो तभी उनकी संधि का हवाला दिया जाए। हिंदी में इन्हें स्वतंत्र शब्दों के रूप में ग्रहण करना ही अच्छा होगा।

स्वन परिवर्तन

संस्कृतमूलक तत्सम शब्दों की वर्तनी को ज्यों–का–त्यों ग्रहण किया जाए। अतः 'ब्रह्मा' को 'ब्रम्हा', 'चिह्न' को 'चिन्ह', 'उऋण' को 'उरिण' में बदलना उचित नहीं होगा। इसी प्रकार ग्रहीत, दृष्टव्य, प्रदर्शिनी, अत्याधिक, अनाधिकार आदि अशुद्ध प्रयोग ग्राह्य नहीं हैं। इनके स्थान पर क्रमशः गृहीत, द्रष्टव्य, प्रदर्शनी, अत्यधिक, अनाधिकार ही लिखना चाहिए।

जिन तत्सम शब्दों में तीन व्यंजनों के संयोग की स्थिति में एक द्वित्वमूलक व्यंजन लुप्त हो गया है उसे न लिखने की छूट है। जैसेः– अर्द्ध > अर्ध, तत्त्व > तत्व आदि।

'ऐ', 'औ' का प्रयोग

हिंदी में ऐ (ै), औ (ौ) का प्रयोग दो प्रकार के उच्चारण को व्यक्त करने के लिए होता है। पहले प्रकार का उच्चारण 'है', 'और' आदि में मूल स्वरों की तरह होने लगा है; जबकि दूसरे प्रकार का उच्चारण 'गवैया', 'कौवा' आदि शब्दों में संध्यक्षरों के रूप में आज भी सुरक्षित है। दोनों ही प्रकार के उच्चारणों को व्यक्त करने के लिए इन्हीं चिह्नों (ऐ, ै; औ, ौ) का प्रयोग किया जाए। 'गवय्या', 'कव्वा' आदि संशोधन की आवश्यकता नहीं है। अन्य उदाहरण हैंः– भैया, सैयद, तैयार, हौवा आदि।

दक्षिण के अय्यर, नय्यर, रामय्या आदि व्यक्तिनामों को हिंदी उच्चारणों के अनुसार ऐयर, नैयर, रामैया आदि न लिखा जाए, क्योंकि मूलभाषा में इसका उच्चारण भिन्न है।

अव्वल, कव्वाल, कव्वाली जैसे शब्द प्रचलित हैं। इन्हें लेखन में यथावत् रखा जाए।

संस्कृत के तत्सम शब्द 'शय्या' को 'शैया' न लिखा जाए।

पूर्वकालिक कृदंत प्रत्यय 'कर'

पूर्वकालिक कृदंत प्रत्यय 'कर' क्रिया से मिलाकर लिखा जाए। जैसेः– मिलाकर, खा–पीकर, रो–रोकर आदि।

कर + कर से 'करके' और करा + कर से 'कराके' बनेगा।

वाला

क्रिया रूपों में 'करने वाला', 'आने वाला', 'बोलने वाला' आदि को अलग लिखा जाए। जैसेः– मैं घर जाने वाला हूँ, जाने वाले लोग।

योजक प्रत्यय के रूप में 'घरवाला', 'टोपीवाला' (टोपी बेचने वाला), दिलवाला, दूधवाला आदि एक शब्द के समान ही लिखे जाएँगे।

'वाला' जब प्रत्यय के रूप में आएगा तब तो मिलाकर लिखा जाएगा; अन्यथा अलग से। यह वाला, यह वाली, पहले वाला, अच्छा वाला, लाल वाला, कल वाली बात आदि में वाला निर्देशक शब्द है। अतः इसे अलग ही लिखा जाए। इसी तरह लंबे बालों वाली लड़की, दाढ़ी वाला आदमी आदि शब्दों में भी वाला अलग लिखा जाएगा। इससे हम रचना के स्तर पर अंतर कर सकते हैं। जैसेः–

गाँववाला – villager   गाँव वाला मकान – village house

श्रुतिमूलक 'य', 'व'

जहाँ श्रुतिमूलक य, व का प्रयोग विकल्प से होता है वहाँ न किया जाए, अर्थात् किए : किये, नई : नयी, हुआ : हुवा आदि में से पहले (स्वरात्मक) रूपों का प्रयोग किया जाए। यह नियम क्रिया, विशेषण, अव्यय आदि सभी रूपों और स्थितियों में लागू माना जाए। जैसेः– दिखाए गए, राम के लिए, पुस्तक लिए हुए, नई दिल्ली आदि।

जहाँ 'य' श्रुतिमूलक व्याकरणिक परिवर्तन न होकर शब्द का ही मूल तत्व हो वहाँ वैकल्पिक श्रुतिमूलक स्वरात्मक परिवर्तन करने की आवश्यकता नहीं है। जैसेः– स्थायी, अव्ययीभाव, दायित्व आदि (अर्थात् यहाँ स्थाई, अव्यईभाव, दाइत्व नहीं लिखा जाएगा)।

विदेशी ध्वनियाँ

उर्दू शब्द

उर्दू से आए अरबी–फारसी मूलक वे शब्द जो हिंदी के अंग बन चुके हैं और जिनकी विदेशी ध्वनियों का हिंदी ध्वनियों में रूपांतर हो चुका है, हिंदी रूप में ही स्वीकार किए जा सकते हैं। जैसेः– कलम, किला, दाग आदि (क़लम, क़िला, दाग़

नहीं)। पर जहाँ उनका शुद्ध विदेशी रूप में प्रयोग अभीष्ट हो अथवा उच्चारणगत भेद बताना आवश्यक हो, वहाँ उनके हिंदी में प्रचलित रूपों में यथास्थान नुक्ते लगाए जाएँ। जैसे:– खाना : ख़ाना, राज : राज़, फन : हाइफ़न आदि।

अंग्रेज़ी शब्द

अंग्रेज़ी के जिन शब्दों में अर्धविवृत 'ओ' ध्वनि का प्रयोग होता है, उनके शुद्ध रूप का हिंदी में प्रयोग अभीष्ट होने पर 'आ' की मात्रा के ऊपर अर्धचंद्र का प्रयोग किया जाए (ऑ, ॉ)। जहाँ तक अंग्रेज़ी और अन्य विदेशी भाषाओं से नए शब्द ग्रहण करने और उनके देवनागरी लिप्यंतरण का संबंध है, अगस्त–सितम्बर, 1962 में वैज्ञानिक तथा तकनीकी शब्दावली आयोग द्वारा वैज्ञानिक शब्दावली पर आयोजित भाषाविदों की संगोष्ठी में अंतर्राष्ट्रीय शब्दावली के देवनागरी लिप्यंतरण के संबंध में की गई सिफ़ारिश उल्लेखनीय है। उसमें यह कहा गया है कि अंग्रेज़ी शब्दों का देवनागरी लिप्यंतरण इतना क्लिष्ट नहीं होना चाहिए कि उसके वर्तमान देवनागरी वर्णों में अनेक नए संकेत–चिह्न लगाने पड़ें। अंग्रेज़ी शब्दों का देवनागरी लिप्यंतरण मानक अंग्रेज़ी उच्चारण के अधिक–से–अधिक निकट होना चाहिए।

द्विधा रूप वर्तनी

हिंदी में कुछ प्रचलित शब्द ऐसे हैं जिनकी वर्तनी के दो–दो रूप बराबर चल रहे हैं। विद्वत्समाज में दोनों रूपों की एक–सी मान्यता है। कुछ उदाहरण हैं:– गरदन/गर्दन, गरमी/गर्मी, बरफ़/बर्फ़, बिलकुल/बिल्कुल, सरदी/सर्दी, कुरसी/कुर्सी, भरती/भर्ती, फुरसत/फुर्सत, बरदाश्त/बर्दाश्त, वापस/वापिस, आखिरकार/आखीरकार, बरतन/बर्तन, दुबारा/दोबारा, दुकान/दूकान, बीमारी/बिमारी आदि। इन वैकल्पिक रूपों में से पहले वाले रूप को प्राथमिकता दी जाए।

अन्य नियम

शिरोरेखा का प्रयोग प्रचलित रहेगा।

फुलस्टॉप (पूर्ण विराम) को छोड़कर शेष विरामादि चिह्न वहीं ग्रहण कर लिए गए हैं जो अंग्रेज़ी में प्रचलित हैं। यथा:– – (हाइफ़न/योजक चिह्न), – (डैश/निर्देशक चिह्न), :– (कोलन एंड डैश/विवरण चिह्न), , (कोमा/अल्पविराम), ; (सेमीकोलन/अर्धविराम), : (कोलन/उपविराम), ? (क्वश्चनमार्क/प्रश्न चिह्न), ! (साइन ऑफ इंटेरोगेशन/विस्मयसूचक चिह्न), ' (अपोस्ट्राफ़ी/ऊर्ध्व अल्प विराम), " " (डबल इन्वर्टेड कोमाज़/उद्धरण चिह्न), ' ' (सिंगल इन्वर्टेड कोमा/शब्द चिह्न), ( ), * (तीनों कोष्ठक), ...(लोप चिह्न), (संक्षेपसूचक चिह्न)/(हंसपद)।

विसर्ग के चिह्न को ही कोलन का चिह्न मान लिया गया है। पर दोनों में यह अंतर रखा गया है कि विसर्ग वर्ण से सटाकर और कोलन शब्द से कुछ दूरी पर रहे।

पूर्ण विराम के लिए खड़ी पाई (।) का ही प्रयोग किया जाए। वाक्य के अंत में बिंदु (अंग्रेज़ी फुलस्टॉप .) का नहीं।

मानक वर्तनी के प्रयोग का उदाहरण

हिंदी एक विकासशील भाषा है। संघ की राजभाषा घोषित हो जाने के बाद यह शनैः शनैः अखिल भारतीय रूप ग्रहण कर रही है। अन्य क्षेत्रीय भाषाओं के संपर्क में आकर, उनसे बहुत कुछ ग्रहण करके और हिंदीतर भाषियों द्वारा प्रयुक्त होते–होते उसका यथासमय एक सर्वसम्मत अखिल भारतीय रूप विकसित होगा – ऐसी आशा है।

यद्यपि यह सही है कि एक विस्तृत भू–खंड में और बहुभाषी समाज के बीच व्यवहृत किसी भी विकासशील भाषा के उच्चारणगत गठन में अनेकरूपता मिलना स्वाभााविक है, उसे व्याकरण के कठोर नियमों में जकड़ा नहीं जा सकता; उसके प्रयोगकर्ताओं को, किसी ऐसे शब्द को जिसके दो या अधिक समानांतर रूप प्रचलित हो चुके हों, एक विशेष रूप में प्रयुक्त करने के लिए बाध्य नहीं किया जा सकता; ऐसे शब्दरूपों के बारे में किसी विशेषज्ञ समिति द्वारा निर्णय दे देने के बाद भी उनकी ग्राह्यता–अग्राह्यता के विषय में मतभेद बना ही रहता है; फिर भी प्रथमतः कम–से–कम लेखन, टंकण और मुद्रण के क्षेत्र में तो हिंदी भाषा में एकरूपता और मानकीकरण की तत्काल आवश्यकता है। क्या ऐसा करना आज के यंत्राधीन जीवन की अनिवार्यता नहीं है?

भाषाविषयक कठोर नियम बना देने से उनकी स्वीकार्यता तो संदेहास्पद हो जाती है, साथ ही भाषा के स्वाभाविक विकास में भी अवरोध आने का थोड़ा–सा डर रहता है। फलतः भाषा गतिशील, जीवंत और समयानुरूप नहीं रह पाती। हिंदी वर्णमाला के मानकीकरण में और हिंदी वर्तनी के एकरूपता विषयक नियम निर्धारित करते समय इन सब तथ्यों को ध्यान में रखा गया है और इसीलिए जहाँ तक बन पड़ा है, काफी हद तक उदारतापूर्ण नीति अपनाई गई है।

हिंदी के संख्यावाचक शब्दों की एकरूपता

हिंदी प्रदेशों में संख्यावाचक शब्दों के उच्चारण और लेखन में प्रायः एकरूपता का अभाव दिखाई देता है। इसलिए एक से सौ तक सभी संख्यावाचक शब्दों पर विचार करने के बाद इनका जो मानक रूप स्वीकृत हुआ, वह इस प्रकार हैः–

एक	सोलह	इकतीस	छियालीस	इकसठ	छिहत्तर	इक्यानवे
दो	सत्रह	बत्तीस	सैंतालीस	बासठ	सतहत्तर	बानवे
तीन	अठारह	तैंतीस	अड़तालीस	तिरसठ	अठहत्तर	तिरानवे
चार	उन्नीस	चौंतीस	उनचास	चौंसठ	उनसी	चौरानवे
पाँच	बीस	पैंतीस	पचास	पैंसठ	अस्सी	पचानवे
छह	इक्कीस	छत्तीस	इक्यावन	छियासठ	इक्यासी	छियानवे
सात	बाईस	सैंतीस	बावन	सड़सठ	बयासी	सतानवे
आठ	तेईस	अड़तीस	तिरपन	अड़सठ	तिरासी	अठानवे
नौ	चौबीस	उनतालीस	चौवन	उनहत्तर	चौरासी	निन्यानवे
दस	पच्चीस	चालीस	पचपन	सत्तर	पचासी	सौ
ग्यारह	छब्बीस	इकतालीस	छप्पन	इकहत्तर	छियासी	
बारह	सत्ताईस	बयालीस	सत्तावन	बहत्तर	सतासी	
तेरह	अट्ठाईस	तैंतालीस	अट्ठावन	तिहत्तर	अठासी	
चौदह	उनतीस	चवालीस	उनसठ	चौहत्तर	नवासी	
पंद्रह	तीस	पैंतालीस	साठ	पचहत्तर	नब्बे	

हज़ार, लाख, करोड़, अरब (सौ करोड़ नहीं), साठ अरब (छह हज़ार करोड़ नहीं), पाँच खरब (पचारा हज़ार करोड़ नहीं) आदि–आदि।

क्रमसूचक संख्याएँ (Ordinal numbers)

पहला, दूसरा, तीसरा, चौथा, पाँचवाँ, छठा (छठवाँ नहीं), सातवाँ, आठवाँ, नवाँ, दसवाँ (प्रथम, द्वितीय, तृतीय, चतुर्थ, पंचम, षष्ठ (षष्ठम नहीं), सप्तम, अष्टम, नवम, दशम)

भिन्नसूचक संख्याएँ (Fractional numbers)

एक चौथाई, आधा, पौन, सवा (सवा एक नहीं), डेढ़ (साढ़े एक नहीं), पौने दो, सवा दो, ढाई (साढ़े दो नहीं), पौने तीन, सवा तीन, साढ़े तीन आदि।

परिवर्धित देवनागरी

केंद्रीय हिंदी निदेशालय का एक प्रमुख उद्देश्य देवनागरी को भारतीय भाषाओं के लिप्यंतरण का सशक्त माध्यम बनाना भी रहा है। इसके लिए यह भी आवश्यक था कि देवनागरी में अन्य भाषाओं की ध्वनियों के सूचक प्रतीक विकसित किए जाएँ। अतः निदेशालय ने विशेषज्ञों के साथ विचार–विमर्श के बाद सन् 1966 में परिवर्धित देवनागरी नामक पुस्तिका प्रकाशित की, जिसमें दक्षिण भारत की भाषाओं तथा कश्मीरी के विशिष्ट स्वरों और व्यंजनों के अतिरिक्त सिंधी और उर्दू की विशिष्ट ध्वनियों के

लिप्यंतरण के लिए देवनागरी में अपेक्षित परिवर्धन किया गया। सिंधी को छोड़कर तब तक संविधान की आठवीं सूची में परिगणित शेष सभी भारतीय भाषाओं में संविधान के एक अंश का लिप्यंतरण इस परिवर्धित देवनागरी में किया गया था।

परिवर्धित देवनागरी की न्यूनताओं पर बाद में भी विचार चलता रहा और इनके निराकरण के लिए प्रयास किया गया तथा विद्वानों से इस प्रसंग में सम्मतियाँ भी माँगी गईं। प्राप्त सम्मतियों और सुझावों के अनुसरण में एक तुलनात्मक सारणी बनाई गई जिसमें संविधान की अष्टम अनुसूची की सभी भाषाओं को समाविष्ट किया गया। यह सारणी निदेशालय की विभिन्न बहुभाषी कोष–योजनाओं में काफी सहायक सिद्ध हुई। कालांतर में इस सारणी में संशोधन–परिवर्धन करने की आवश्यकता जान पड़ी। फरवरी, 1980 में निदेशालय में हुई भाषा विशेषज्ञों की बैठक में कुछ लिपि चिह्नों को हटा दिया गया और कुछ अन्य लिपि चिह्न जोड़े गए। तद्नुसार अन्य भारतीय भाषाओं की विशिष्ट ध्वनियों को व्यक्त करने के लिए देवनागरी वर्णमाला में जो विशेषक चिह्न (डाएक्रिटीक मार्क्स) जोड़े गए, वे इस प्रकार हैं:–

देवनागरी वर्णमाला

विशेषक चिह्न :

स्वर	
ह्रस्व ए और ओ	ए आ
कश्मीरी के विशिष्ट स्वर	उ ऊ अ आ ॲ ऑ
व्यंजन	
कश्मीरी चवर्ग	च़ छ़
सिंधी अंतःस्फोटी व्यंजन	ॻ ॼ ॾ ॿ
तमिल ழ और मलयालम ഴ	ऴ
बंगला–असमिया	य़
दक्षिण भारत की भाषाओं के	
'र' का कठोर उच्चारण	ऱ
तमिल ன	ऩ
मलयालम ന का वत्स्र्य उच्चारण	ऩ
फ़ारसी–अरबी और अंग्रेज़ी से गृहीत स्वन	क़ ख़ ग़ ज़ झ़ फ़
उर्दू अ़ैन (ع)	अ़

स्थिति के अनुसार	अ़ा (आ़दत), अ़ि (अ़िबादत),
	अ़ी (अ़ीद), अ़ु (अ़ुमर),
	अ़ै (अ़ैब), अ़ौ (अ़ौरत) आदि।

–केन्द्रीय हिंदी निदेशालय मानव संसाधन विकास मंत्रालय से साभार उद्धृत

परिशिष्ट ङ

कहां जा रही है हिंदी

जीवंत भाषा प्रवहमान होती है। परिवर्तनशील होती है। ठहराव भाषा के अंत का द्योतक है। कबीर ने भाषा को ठीक ही 'बहता नीर' की संज्ञा दी थी। उसने इसे 'कूप जल' न बनने के प्रति सजग भी किया था। पिछले एक हज़ार वर्ष के अपने इतिहास में हिंदी का निरंतर किसी न किसी रूप में विकास होता रहा है। इसके मानक स्वरूप को स्थिर होने में भी समय लगा है। कभी यह भाषा क्षेत्रीय प्रभाव में अवधी के रूप में मुखरित हुई, तो कभी ब्रजभाषा के साँचे में ढलकर काव्य का व्यापक माध्यम बनकर असम तक पहुंची। ऐतिहासिक कारणों से दिल्ली में सत्ता केन्द्र बनने से यहां की समीपवर्ती बोली की उंगली पकड़कर खड़ी हो गई। इसका मानक रूप स्वतः खड़ी बोली पर आधारित हो गया। जब भारत से गए लोग इसे मॉरीशस, फीजी, सूरीनाम और त्रिनिडाड आदि देशों में ले गए तो वहां भोजपुरी का रंग इस पर चढ़ गया। सूरीनाम में यह सरनामी कहलाई।

आज हिंदी मात्र साहित्यिक भाषा ही नहीं है, विश्व के सबसे लोकतन्त्र भारत संघ की राजभाषा भी है। इसलिए प्रशासन, व्यापार, चिकित्सा, संचार माध्यम, पत्रकारिता, प्रौद्योगिकी के इस युग में विश्व की विभिन्न भाषाओं के शब्द इसमें आ रहे हैं। इसके लिए हमें डरने की आवश्यकता नहीं है। विश्व की कोई भी भाषा भूमंडलीकरण के इस दौर में अन्य भाषाओं के प्रभाव से बच नहीं सकती। हर विकासशील भाषा अन्य भाषाओं के शब्द ग्रहण करती रहती है। अंग्रेजी ने तो सबसे अधिक शब्द उधार लिए हैं। हम अपनी भाषा के दरवाजे बंद करके इसे अभिव्यक्ति का सशक्त माध्यम नहीं बना सकते। भाषा की इकाई वाक्य होती है और वाक्य की आत्मा उसकी क्रिया होती है। शब्द भले ही कहीं से आएं, क्रिया यदि हिंदी की है, तो वह हिंदी ही रहेगी।

हिंदी निःसंदेह बढ़ रही है, किंतु उसकी दिशा को देखकर चिंता होती है। कारण, देश में अंग्रेजी का बढ़ता हुआ वर्चस्व है। वह रोजगार से निरंतर जुड़ी है। छात्र हिंदी और भारतीय भाषाओं से दूर होते जा रहे हैं। मैकाले का जादू सर पर चढ़कर बोलने लगा है। सोच अंग्रेजी में होने के कारण बोलचाल में अंग्रेजी शब्दों का प्रयोग धड़ल्ले

से हो रहा है। कोई स्पष्ट भाषा नीति ने होने के कारण, सरकार उदासीन नजर आती है। राजभाषा तो केंद्रीय सरकार के कार्यालयों तक वैकल्पिक रूप में सीमित होकर औपचारिकता निभाने मात्र के लिए रह गई है। सच यह है कि एक प्रकार से अंग्रेजी ही मुख्य भाषा बनी हुई है। हिंदी तो अनुवाद की भाषा के रूप में खाना–पूर्ति के लिए है।

हिंदी के सामने एक बड़ी कठिनाई इसका बढ़ता हुआ 'रोमनीकरण' है। सिनेमा और विज्ञापनों में हिंदी का रोमन लिपि में लिखने का प्रचलन बढ़ रहा है और 'हिंगिलिश' नाम की एक कृत्रिम भाषा बन रही है, जो हिंदी के लिए अशुभ लक्षण है। हिंदी अपनी देवनागरी लिपि के कारण ही 'हिंदी' है। रोमन इसका स्वरूप बिगाड़ देगी। इतिहास साक्षी है कि हिंदी, फारसी लिपि में लिखी जाने पर 'उर्दू' हो गई। हमें इसके प्रति सजग रहना होगा।

भाषा प्रयोगशाला से नहीं, प्रयोग से बढ़ती है। आज कंप्यूटर का युग है। भारत में इसका प्रवेश अंग्रेजी और रोमन के माध्यम से हुआ। हिंदी ने इसे अपनाने में देर की। अंग्रेजी का वर्चस्व और बढ़ गया। अतः समय रहते हिंदी को पूर्णतः कंप्यूटर के प्रयोग को अपना लेना चाहिए और प्रत्येक स्तर पर शिक्षा का माध्यम हिंदी हो, इस पर विशेष जोर देना चाहिए। विकसित भाषा वही है जो हर स्तर पर शिक्षा का माध्यम हो।